21世纪经济学系列教材
ECONOMICS

第二版

产业经济学

Industrial Economics

简新华　杨艳琳　主编

WUHAN UNIVERSITY PRESS
武汉大学出版社

图书在版编目(CIP)数据

产业经济学/简新华,杨艳琳主编 .—2 版.—武汉：武汉大学出版社,
2009.9(2019.7 重印)
21 世纪经济学系列教材
ISBN 978-7-307-06980-0

Ⅰ.产… Ⅱ.①简… ②杨… Ⅲ.产业经济学—高等学校—教材
Ⅳ.F062.9

中国版本图书馆 CIP 数据核字(2009)第 051155 号

责任编辑:柴 艺 责任校对:刘 欣 版式设计:詹锦玲

出版发行：**武汉大学出版社** (430072 武昌 珞珈山)
(电子邮箱：cbs22@ whu.edu.cn 网址：www.wdp. com.cn)
印刷：湖北睿智印务有限公司
开本:720×1000 1/16 印张:18.75 字数:373 千字 插页:1
版次:2001 年 10 月第 1 版 2009 年 9 月第 2 版
2019 年 7 月第 2 版第 8 次印刷
ISBN 978-7-307-06980-0/F · 1267 定价:35. 00 元

总　序

一个学科的发展，物质条件保障固不可少，但更重要的是软件设施。软件设施体现在三个方面：一是科学合理的学科专业结构，二是能洞悉学科前沿的优秀的师资队伍，三是作为知识载体和传播媒介的优秀教材。一本好的教材，能反映该学科领域的学术水平和科研成就，能引导学生沿着正确的学术方向步入所向往的科学殿堂。作为一名教师，除了要做好教学工作外，另一个重要的职能就是，总结自己钻研专业的心得和教学中积累的经验，以不断了解学科发展动向，提高自己的科研和教学能力。

正是从上述思路出发，武汉大学出版社准备组织一批教师在几年内编写出一系列经济学和管理学教材，同时出版一批高质量的学术专著，并已和武汉大学商学院达成共识，签订了出版合作协议，这是一件振奋人心的大事。

我相信，这一计划一定会圆满地实现。第一，合院以前的武汉大学经济学院和管理学院已分别出版了不少优秀教材和专著，其中一些已由教育部通过专家评估确定为全国高校通用教材，并多次获得国家级和省部级奖励，在国内外学术界产生了重大影响，对如何编写教材和专著的工作取得了丰富的经验。第二，近几年来，一批优秀中青年教师已脱颖而出，他们不断提高教学质量，勤奋刻苦地从事科研工作，已在全国重要出版社，包括武汉大学出版社，出版了一大批质量较高的专著。第三，这套教材必将受到读者的欢迎。时下，不少国外教材陆续被翻译出版，在传播新知识方面发挥了一定的作用，但在如何联系中国实际，建立清晰体系，贴近我们习惯的思维逻辑，发扬传统的文风等方面，中国学者有自己的优势。

这一系列经济学和管理学教材将分期分批问世，武汉大学商学院教师将积极地参与这一具有重大意义的学术事业，精益求精地不断提高著作质量。系列丛书的出版，说明武汉大学出版社的同志们具有远大的目光，认识到，系列教材和专著的问世带来的不止是不小的经济效益，更重要的是巨大的社会效益。作为武汉大学出版社的一位多年的合作者，对这种精神，我感到十分钦佩。

谭崇台

2001 年秋于珞珈山

第二版前言

我们是怀着欣慰、感激和尽责之情进行《产业经济学》第二版的编写的，因为本书自2001年第一版发行以来，全国有几十所高校采用本教材，年年重印，得到了相当多的产业经济学教师和学生的认可，多次有老师和同学当面对我们说“这本教材简明扼要、通俗易懂、老师好教、学生好学”，这是对我们极大的肯定和鼓励。我们深受鼓舞，也甚感责任重大。这本教材并非完美无缺，还存在许多不足，尤其是2001年以来中国产业经济发展和产业经济学研究突飞猛进，成绩显著，作为教科书，决不能误人子弟，不仅要弥补原来的缺陷，更要与时俱进，尽可能吸收最新研究成果，不断修改、补充、更新、完善。正是基于这样的考虑，我们决定修改、再版《产业经济学》。修订的原则是：吸收最新研究成果，修改不完善部分，补充不足内容，提高理论深度，力求概念明确、原理清晰、结构合理、逻辑严密、简明扼要、通俗易懂、好学好教。

与第一版相比，第二版主要有以下充实和更新：

第一，调整了框架结构，由8章变为9章，构建理论体系框架结构的逻辑顺序调整为产业→产业经济学→产业类型→产业之间的关系（包括本质联系和数量关系）→产业的空间分布→产业内部企业之间的关系→产业发展→产业管理的主要内容和手段（产业规制和产业政策）。

第二，补充了新内容，主要有：

（1）增加了产业集聚理论，包括产业集聚（产业集群）的内涵、特征、类型、动因、效应和形成机制。

（2）增加了工业化与工业化道路，包括工业化的界定、衡量、必然性、历程、工业化道路等。

（3）增加了产业“空洞化”的说明，改写了产业组织合理化的内容。

（4）增加了产业规制，包括产业规制的界定、原因、类型、理论基础、内容等。

第三，纠正了已经发现的第一版中字句和论述上存在的不足。

第二版由简新华和杨艳琳任主编，参加编写的人员有：简新华（前言、第1章、第3章、第5章、第7章、第8章、第9章）、杨艳琳（第2章、第5章）、刘传江（第6章）、魏珊（第4章）、李雪（第8章、第9章）。首先由主编提出写作大纲，然后由作者分别撰写初稿，最后由主编修改、统编、定稿。余江做了电子版课件和一些计算机处理工作。魏珊由于健康原因不再担任第二版副主编。

第二版在写作中参考了大量国内外产业经济研究的论著和教材，吸收了许多专家、学者的研究成果，特在此致以诚挚的谢意！尽管做了修改、补充，由于编者水平有限、研究也不够，疏漏和谬误同样难以避免，热忱希望各位专家和读者批评、指正，以利进一步完善。

简新华

2009年2月6日于武昌珞珈山

前 言

从20世纪70年代末开始的中国经济转型，包括三大方面的转变：第一是经济体制由传统计划经济体制向社会主义市场经济体制转轨；第二是经济增长方式由粗放型向集约型转换，发展战略由传统赶超战略向现代化战略转换；第三是经济结构由传统二元经济向现代化一元经济转变，由产业结构畸形化向产业结构合理化转变。适应这种需要，改革开放以来，中国不仅形成了学习和研究市场经济学、发展经济学、新制度经济学、过渡经济学的热潮，而且产业经济学也得以引进、介绍和发展起来，人们发表了大量有关论著，仅产业经济学的教材就出版了十几种，为中国的结构调整和合理化作出了重大的贡献。从"十五"计划开始，中国进入全面建设小康社会、加快推进社会主义现代化、以结构调整促进经济发展的新阶段，面临产业结构优化升级、同时实现发达工业化和信息化的双重任务，产业经济学的作用显得更加突出和重要。

本书正是为了适应新世纪中国经济结构大调整的要求，满足经济类和管理类专业的本科生和研究生教学的需要，新编的一本产业经济学教科书。本教材的特点是：

（1）在参考、借鉴国内外大量产业经济学方面的论著和国内已经出版的10多种产业经济学教材的基础上，提出了我们认为体系更完整、逻辑性更强、层次更清楚、结构更合理的理论框架，尽量吸收最新研究成果，主要论述比较成熟的理论。

（2）对目前产业经济学中流行的一些观点提出了不同的看法，比如产业经济学的定性定位问题、产业分类方法与产业类型问题、产业政策分类等，力求对这些问题的认识和论述更为准确、科学。

（3）补充了一些其他同类教材中没有或者论述不多、不全、不深的内容，如产业革命、产业结构与经济发展的关系、产业结构的类型、产业组织合理化、产业布局合理化、知识经济时代的产业经济学、产业发展的内涵等。尽可能克服目前产业经济学教材中存在的两种偏差，即一方面把不是产业经济学的理论如经济增长理论、经济运行机制理论等纳入产业经济学的理论体系加以详细介绍，使得教材内容过于庞杂；另一方面又没有对某些本应属于产业经济学的内容进行必要的论述，努力使产业经济学教材的内容更为全面、准确、合理。

本书的理论体系按照产业及其类型→产业之间的关系（包括本质联系和数量

关系）→产业的空间分布→产业内部企业之间的关系→产业的发展→产业政策（产业管理的主要内容和手段）的逻辑顺序构建框架结构。全书共分8章，第1章主要介绍产业经济学的研究对象、学科性质、研究方法和意义；第2章说明产业分类的标准、方法和主要类型；第3章论述产业结构的类型、变化规律和优化，定性分析产业之间的经济技术联系；第4章介绍投入产出法，定量分析产业之间的数量关系；第5章阐述产业地区分布的原则、机制、影响因素、理论依据和合理化；第6章介绍产业组织理论，主要从市场结构、市场行为和市场绩效等三个方面分析产业内部企业之间的关系；第7章论述产业发展的内容、途径、产业革命和产业发展战略；第8章阐明产业政策的必要性、内容、类型和措施，介绍产业结构政策、产业组织政策、产业发展政策的主要内容。

本书由简新华任主编，魏珊任副主编，参加编写的人员有：简新华（前言、第1章、第3章、第7章、第8章）、杨艳琳（第2章、第5章）、刘传江（第6章、第8章）、魏珊（第4章、第7章）、李雪（第8章）。首先由主编提出写作大纲，然后由作者分别撰写初稿，再按主编意见修改，最后由主编修改、定稿。

本书在写作中参考了大量国内外产业经济研究的论著和教材，吸收了许多专家、学者的研究成果，特在此致以诚挚的谢意！由于编者水平有限、研究也不够，疏漏和谬误难以避免，热忱希望各位专家和读者批评、指正。

本书被列为武汉大学重点研究生教材和经济学系列教材，得到武汉大学研究生院的资助和武汉大学出版社的大力支持，也在这里表示衷心的感谢！

目　录

第一章 导 论

产业经济学同其他任何一门学科一样，开宗明义第一章，首先说明什么是产业经济学，研究对象是什么，包括哪些基本内容，是什么性质的学科，有什么特点，是如何形成和发展的，怎样研究产业经济学，为什么要学习和研究产业经济学等基本问题。

第一节 什么是产业经济学

一、产业经济学的研究对象

（一）产业经济学与产业

产业经济学是研究产业及其发展规律的经济学。顾名思义，产业经济学的研究对象就是产业。什么是产业呢？产业是指国民经济中以社会分工为基础，在产品和劳务的生产与经营上具有某些相同特征的企业或单位及其活动的集合。在国民经济中，从各类物质生产部门到提供各种服务的各行各业，都可以称之为产业。产业既不是微观经济的概念，也不是宏观经济的范畴，而是介于二者之间的中观经济概念。微观企业的集合构成产业，产业是国民经济的组成部分，产业的集合与消费者和政府的经济活动构成国民经济。揭示微观经济活动的规律是微观经济学的任务，揭示宏观经济运行的规律是宏观经济学的任务，揭示产业经济活动的规律则是产业经济学的任务。

产业存在产业本身、产业之间、产业内部、产业分布和产业发展等多层次、多方面的内容和特征，所以产业经济学的研究对象又分为多种不同的具体研究对象，主要包括产业类型、产业结构、产业关联、产业分布、产业组织、产业发展、产业规制和产业政策等。产业之间的关系涉及资源在产业之间的配置状况及其变化，研究产业之间关系的根本目的，是为了促进产业之间资源的优化配置。产业分布涉及资源在地区之间的配置状况及其变化，研究产业分布的根本目的，是为了促进资源在地区之间的优化配置。产业内部企业之间的关系和产业本身的特征涉及资源在产业内部的配置状况及其变化，研究产业内部企业之间的关系和产业本身的特征的根本目的，是为了促进资源在产业内部的优化配置。产业发展涉及资源在产业发展过程中的配置状况及其变化规律，研究产业发展的根本目的，是为了促进资源在产业发展过程中的动态优化配置。产业规制和产业政策涉及政府对产业发展过程中出现的资源配置不合理情况的管理和调节，研究产业规制和产业政策的根本目的，是为了促进政府在产业发展过程中更好地进行必要的管理和调节，以消除资源配置的不合理现象。因此，产业经济学的实质，是研究产业经济中资源的优化配置，产业经济学的根本目的是促进资源在产业层次上的优化配置。

（二）产业与社会分工

产业是社会生产力发展的结果，是社会分工的产物，并随着社会生产力水平和分工专业化程度的提高而不断变化和发展。社会分工是指在社会范围内人们分别专门或主要从事某种经济和社会活动的现象，或者说是人们在社会不同的部门从事工作的情况。社会分工是社会生产发展的产物。随着生产经验和知识的增加、生产能力的提高，人们可分别从事不同种类的劳动，使社会分工具有可能性，而且社会分工能够极大地提高劳动生产率，促进社会经济的发展，使社会分工具有必要性。一般来说，社会分工越发达，生产专业化的程度越高，社会生产力发展的水平也越高。

在原始社会的早期，生产力水平极其低下，人类的生产活动主要是采集和渔猎，一般必须共同进行，大家都从事基本上相同的劳动，只能实行简单的自然分工，不存在社会分工和职业的划分，因此也就无所谓产业。在原始社会中、后期，随着生产力水平的提高，先后发生了三次社会大分工，各种不同的产业才开始初步形成。第一次社会大分工大约发生在原始社会中期，由于人类的生产活动由单纯的采集和渔猎发展到饲养动物和种植植物，游牧部落逐步形成，原始农业与原始畜牧业发生分离，最早的农业和畜牧业形成。第二次社会大分工发生在原始社会末期，人类的生产活动不仅是种植和饲养，还包括手工制造生产工具和生活用品。随着手工制造劳动的专业化水平的提高，手工业从农业中分离出来，形成原始的手工业。第三次社会大分工发生在原始社会向奴隶社会过渡的时期，随着生产力的发展、劳动生产率的提高、剩余产品的增加，交换更加频繁，出现了专门或主要从事商品买卖的商人，商业与其他产业部门相分离，成为一个独立的产业部门。三次社会大分工形成的是原始农业、畜牧业、手工业和商业。在这之后是长达数千年的以农为主的农业经济时代，手工业和商业虽然也有了一定的发展，但水平相当低。直到第一次产业革命发生之后，人类社会进入工业经济时代和市场经济时代，工业和商业才真正成为成熟发达的产业。

工业化是以农为主的农业经济时代向以工为主的工业经济时代转变的社会经济发展过程，是任何国家和地区由贫穷落后走向发达繁荣的必由之路。产业的概念正是在工业化过程中，在产业革命发生、机器大生产出现时形成的。工业生产就是机器大生产，产业革命也就是工业革命，所以，最开始的产业概念主要指工业，二者在英语中都是一个词：industry。随着社会经济的发展、社会分工和专业化程度的提高，产业的内涵和外延才逐步扩大到三次产业，包括国民经济的所有部门。

二、产业经济学的内容体系和特点

（一）产业经济学的主要内容

产业经济学的研究对象，决定产业经济学的理论内容；产业经济学的具体研究对象的多层次、多方面的特点，决定产业经济学的理论也具有多层次、多方面的内容。产业经济学的内容，主要包括产业分类理论、产业结构理论、产业关联理论、产业布局理论、产业组织理论、产业发展理论、产业规制和产业政策理论。研究产业类型的是产业分类理论；研究产业构成及其经济技术联系和变化规律的是产业结构理论；研究产业之间数量比例关系及其变化规律的是产业关联理论；研究产业在空间上分布及其变化规律的是产业布局理论；研究产业内部企业之间相互关系及其规律性的是产业组织理论；研究产业发展状况、过程及其规律的是产业发展理论；研究以产业经济学基本理论作指导，合理进行产业规制，正确制定各类产业政策，以促进产业优化和发展的是产业规划和产业政策理论。

（二）产业经济学的理论体系

产业经济学多层次、多方面内容的内在联系决定按照以下逻辑顺序构建产业经济学的理论体系更为合理。这个逻辑顺序就是：从理论前提到基本理论，再到理论应用；从产业的质的联系到量的关系；从产业的各层次、各方面的具体内容到产业的发展。具体来说，就是在明确产业经济学的研究对象和研究方法的基础上，首先分析产业类型，接着研究不同产业之间的质和量的相互关系，然后考察产业的空间布局，进一步分析产业内部企业之间的相互关系，再探讨产业的发展，最后研究运用产业经济学基本理论的产业规制和产业政策。产业经济学的理论体系可用图 1-1 表示。

图 1-1 表明，产业经济学的理论体系由三个层次和六个主要方面构成。第一个层次是理论前提，包括产业经济学的研究对象和方法、产业分类理论两个方面。第二个层次是基本理论，这是产业经济学的主体部分，包括广义的产业结构、产业组织和产业发展理论三大方面，其中广义的产业结构理论又包含狭义的产业结构、产业关联和产业布局等三个部分。狭义的产业结构专指产业在质上的构成及其经济技术联系；产业关联是指产业之间在量上的比例关系；产业布局则是指产业在空间上

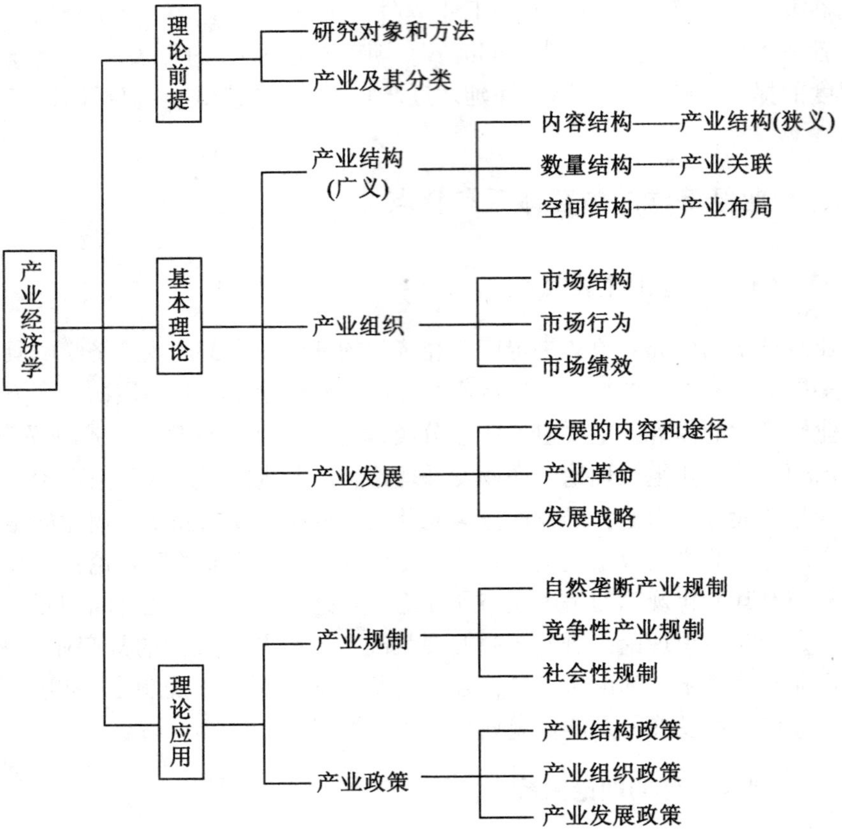

图 1-1　产业经济学理论体系结构图

的分布结构。第三个层次是理论应用，这是产业经济学基本理论在产业管理中的运用，包括产业规制、产业政策两个方面。

（三）产业经济学的特点

产业经济学与微观经济学和宏观经济学相比，具有不同的特点：一是研究对象和内容不同。微观经济学研究单个经济主体的经济行为，宏观经济学研究国民经济总量，产业经济学则研究产业。二是产业经济学的理论体系形成较晚。最早是微观经济学，形成于 19 世纪末；后来是宏观经济学，形成于 20 世纪 30 年代；最晚是产业经济学，直到 20 世纪 70 年代才基本形成。三是产业经济学作为比较年轻的经济学分支，理论体系还不十分成熟、完善，需要研究的问题更多，发展的空间更大。

三、产业经济学的形成和发展

（一）产业经济学的形成

任何经济学都是社会经济发展到一定阶段的产物，都是为了说明和解决现实经济生活中存在的问题，适应经济发展的需要而形成和发展起来的。产业经济学也不例外，它在第一次产业革命之后开始形成其理论渊源。第二次世界大战以后，随着产业结构、产业组织、产业关联、产业选择、产业布局等在经济发展中的作用逐渐增大，产业经济学才逐步成为一门新的经济学学科。人们对社会经济活动的认识经历着一个由浅入深、由片面到全面的发展过程；人们对市场经济的分析经历了从微观层次到宏观层次，再到中观层次逐步深化的过程；理论经济学也经历了由微观经济学产生、成熟到宏观经济学出现，再到产业经济学形成的演进过程。产业经济学是在微观经济学、宏观经济学之后产生的中观经济学。

在第二次世界大战以前，产业经济学只是产生了各自独立的几个主要组成部分的理论渊源，还没有形成把各个组成部分有机地联系起来的比较完整的理论体系。直到第二次世界大战以后，在产业组织理论、产业关联理论形成、走向成熟且产业结构理论和产业政策研究有了相当发展的基础上，才在20世纪70年代由日本学者提出了产业经济学的基本理论框架。

产业组织理论最早可以追溯到英国古典经济学家亚当·斯密的名著《国富论》中提出的自由竞争市场和分工协作原理。而其理论渊源主要来自英国经济学家马歇尔、琼·罗宾逊和美国经济学家张伯伦，他们被人们视为产业组织理论的鼻祖。① 马歇尔在1890年出版的名著《经济学原理》中把“组织”作为第四生产要素进行了分析，揭示了被后人称为“马歇尔冲突”的规模经济与竞争的矛盾；张伯伦和琼·罗宾逊在1933年同时出版的各自的专著《垄断竞争理论》和《不完全竞争理论》，都提出了垄断竞争理论，奠定了市场结构分析的基础。完整的产业组织理论体系是以梅森、贝恩和谢勒为代表的哈佛学派在20世纪40—60年代建立的，他们提出了按市场结构（market structure）、市场行为（market conduct）和市场绩效（market performance）的逻辑顺序构成的SCP分析框架，标志着产业组织理论的正式形成。

产业结构理论最早可以追溯到英国古典经济学家威廉·配第，他在1672年出版的《政治算术》中，提出不同产业的收入也不同，商业比制造业高，制造业又比农业多，会引起劳动力的流动，影响各类不同产业的发展。英国经济学家克拉克则在新西兰经济学家费歇尔于20世纪30年代确立的三次产业分类法的基础上，明

① 苏东水．产业经济学．北京：高等教育出版社，2000：77.

确提出了著名的“配第—克拉克定律”。德国经济学家霍夫曼在1931年出版的专著《工业化的阶段和类型》中，提出了工业结构存在重工业化趋势的霍夫曼定律，这实际上是马克思和列宁提出的生产资料生产较快增长规律的另外一种表现形式。20世纪30年代日本经济学家赤松则提出了产业结构国际化的“雁行形态理论”。第二次世界大战以后，许多发展经济学家对产业结构理论也作出了重大贡献。美国著名发展经济学家刘易斯提出了二元经济结构理论，赫希曼提出了产业“关联效应”、“最有效次序”和不平衡发展理论，钱纳里提出了经济发展过程中的产业结构变化理论。以上所有这些理论构成了产业结构理论的基本内容。

产业关联理论最早可以追溯到法国重农学派经济学家魁奈的经济表和马克思的社会资本再生产理论，这是最早分析国民经济中不同物质生产部门之间互相交换产品的数量比例关系的理论，是产业关联理论的渊源。产业关联理论主要是投入产出理论，是由美国经济学家里昂惕夫在20世纪30—40年代创立的。第二次世界大战后产业关联理论得到发展，出现了“最佳产业结构理论”，投入产出分析也呈现动态化、内生化和应用领域多元化、国际化的特点。

欧美发达国家的产业经济学实际上只是产业组织理论，投入产出经济学、产业结构理论都是各自独立的经济理论，并不与产业组织理论结合构成产业经济学。产业经济学比较完整的理论体系是由日本经济学家在20世纪70年代首先提出来的。日本经济学家宫泽健一在1975年出版的《产业经济学》一书中，明确提出了由产业组织理论、产业联系理论、产业结构理论组合而成的产业经济学的理论体系，表明产业经济学已经基本形成。①

（二）产业经济学的发展

20世纪80年代以来，产业经济学得到了较大发展，主要表现在以下几个方面。

1. 产业组织理论的发展

这方面的成果主要是由美国经济学家作出的。芝加哥学派提出了产业生命周期假说，在市场结构、行为、绩效三者关系上形成了与哈佛学派不同的看法；鲍莫尔、帕恩查和韦利格等人在芝加哥学派的产业组织理论的基础上形成了“可竞争性市场”理论；新制度经济学派把交易费用学说引入产业组织的研究，形成了新的研究视角和方法；以泰勒尔、克瑞普斯等为代表的经济学家将博弈论引进产业组织理论的研究，分析了非市场的制度安排对企业行为的影响，发展了传统的产业组织理论。

2. 产业布局理论的发展

① 杨治．产业经济学导论．北京：中国人民大学出版社，1985：19.

产业布局理论发展最重要的成果是产业集聚理论的形成和发展。产业在空间上的集中分布即产业集聚，越来越成为影响产业、地区经济、国家经济发展、资源配置效率和国际竞争力提高、国际贸易变动的重要因素，日益受到经济学界的关注，特别是20世纪90年代以美国迈克尔·波特、保罗·克鲁格曼为代表的经济学家，融合了产业经济学、新经济地理学、区域经济学、国际经济学（国际分工和贸易理论）、发展经济学等多学科的相关知识，提出了包括产业集聚的内涵、特征、类型、动因、形成机制、效应等内容的比较系统的产业集聚理论，充实和完善了产业布局理论，极大地增强了产业布局理论的完整性、现代性、解释力和应用价值。

3. 产业规制理论的发展

产业规制理论的发展主要体现在，引入“经济人”假设和供求分析方法，运用信息经济学、博弈论、激励理论，把产业规制的研究由公共利益规制理论转向利益集团规制理论和激励性规制理论，由强调规制的必要性转向更注意规制的效果和合理化、由加强规制转向放松规制而引入竞争、由单向限制转向博弈和激励、由限制垄断和不正当竞争转向规制与竞争平衡、由信息完全转向信息不完全、由作为外生变量转向内生变量、由注重需求分析转向注重供给分析，指出规制不能完全取代竞争、竞争也无法替代规制、没有理想的规制和竞争、理想状态是规制和竞争的兼容协调，深化和完善了产业规制理论，更好地说明了“为什么规制、怎样规制、规制是否有效”等基本问题，使产业规制理论更加贴近现实，更具解释力，并且加强了具体产业的规制的实证研究和应用研究，实现了产业规制理论的实践价值①。

4. 产业政策研究的深化

20世纪90年代由于泡沫经济破灭，日本陷入长达10年的经济衰退的困境，人们开始反思日本政府产业政策的利弊得失，看到政府对产业发展过度和不当的干预在短期内可能有一定效果，但对经济长远的发展可能产生不利影响；与此同时，美国“信息高速公路计划”和“星球大战计划”极大地推动了美国以信息产业为主导的高新技术产业的发展，带来了20世纪90年代“新经济”的繁荣，人们又感到适当的政府引导和支持对产业的发展又是必要的、有益的。日美经济发展的这种巨大的反差、鲜明的对照，加深了人们对产业政策目标、手段和作用的认识。

5. 中国经济学界的贡献

改革开放以前，中国对产业经济学的了解不多，更没有形成系统的产业经济学理论。直到20世纪80年代中国才开始引进、学习和研究产业经济学，并结合中国经济改革和发展的实践，发展了产业经济学。首先，明确了产业经济学与微观经济学、宏观经济学、工业经济学、中观经济学、区域经济学、产业组织学的区别和联

① 张红凤．规制经济学的变迁．经济学动态，2005（8）．

系，深化了对产业经济学研究对象和学科性质的认识；其次，提出了产业结构调整和优化升级的理论，丰富和发展了产业结构理论；再次，健全和充实了产业政策理论，使产业政策的研究更为全面、深入；中国经济学界最大的贡献是在日本学者提出的产业经济学的框架结构中加入了产业发展、产业布局、产业规制的内容，充实和完善了产业经济学的理论体系。

四、知识经济时代的产业经济学

21 世纪是知识经济的时代。知识经济是不同于工业经济的崭新的经济形式，经济形式的更新必然要求经济理论也相应发生变革。现存的经济学是适应工业经济时代的经济理论，已不完全适应知识经济发展的要求。知识经济的发展对现存的经济学提出了严峻的挑战，现存经济学必须革新。现存的产业经济学也不例外，要适应知识经济发展的要求，至少在以下几个方面进行修改、补充和完善。

（一）产业结构理论需要发展

知识经济的发展将导致产业结构发生新变化。根据三次产业分类法的分类，按照三次产业在国民经济中的比重和地位不同进行排序，越是排在前面的产业占的比重越大、地位越重要的方法确定产业结构的模式，农业经济时代的产业结构是以农业为主的 1、2、3（即第一次产业、第二次产业、第三次产业）型结构；工业经济时代实现工业化阶段的产业结构是以工业为主的 2、3、1 型结构，工业经济的发达阶段则是以服务业为主的 3、2、1 型结构。在知识经济时代，在农业、制造业和服务业之外，还增加了一个所谓的“第四次产业”——以信息产业为代表的高新技术产业，知识经济的产业结构是以高新技术产业为主的 4、3、2、1 型结构。据有关统计，美国信息产业已成为最大的产业，其产值已占美国国内生产总值的 10%以上，大大超过建筑业、汽车业、食品业等支柱产业。所以，以三次产业为基础的产业结构理论将向以“四次产业”为基础的产业结构理论发展。

（二）产业关联理论需要修改

在知识经济时代，由于产业结构的变化、“第四次产业”的出现，高新技术产业是知识经济的支柱产业，知识经济的生产主要是知识产品的生产，产业的技术基础也发生了巨大的变化，产业关联理论中原来以物质生产为基础的社会再生产理论必须改进，原来以农业和制造业为基础的投入产出表和投入产出模型必须根据知识经济的新特征加以修正。

（三）产业组织理论需要完善

知识经济生产的主要不是有形的物质产品，而是无形的知识产品；知识经济的生产主要不是集中化、标准化（刚性化）、大批量的生产，而是小批量、多品种、多样化的生产，存在分散化、非标准化（柔性化）的趋势。因此，产业组织理论中原有的企业行为分析和规模经济理论，必须根据知识经济的新特点予以改善。在工业经济时代，市场竞争会形成垄断，垄断会引起生产和技术停滞的趋势，会使消费者遭受损害。但是，在知识经济中垄断的性质和作用将发生重大变化。知识经济意味着知识是财富的主要源泉，新知识的发现者、新技术的发明者、新产品的开发者，在初期处于垄断地位，可以获得高额垄断收入，这有助于激励人们去发明创造，推进知识经济的发展。知识更新加快、新技术开发周期缩短，使得产品换代加速，新科技很难长期垄断。所以，知识经济中的垄断一般不会带来生产和技术的停滞、阻碍产品的升级换代、减少消费者的福利。现在，电脑公司、软件公司不断自动地淘汰自己的产品，降低产品的价格，就是典型的例证。当然，较长时期的垄断也会妨碍新技术的推广、知识的共享。因此，在知识经济中，既要在法律上保护知识产权，承认新知识、新技术的垄断性，又要规定一个保护期，避免长期垄断的弊端。所以，产业组织理论中关于市场结构、竞争与垄断的分析，也需要根据知识经济的新情况加以充实。

（四）产业发展理论需要创新

农业经济和工业经济的增长主要靠自然资源，必然会耗竭资源、牺牲环境；物质资源的稀缺性，决定存在增长的极限；主要靠增加资本和劳动力来发展的工业经济，在达到最佳规模之前是收益递增，但之后则会出现收益递减，还会存在经济运行的周期波动。所以，不转变经济增长方式，物质经济很难实现可持续发展。由于知识经济主要依靠的智力资源具有丰富性、可再生性，其发展不存在极限；知识越使用价值越大，存在收益递增趋势；科学的迅速发展，创新的步伐加快，技术和产品更新换代的周期缩短，会大大缓解经济运行的周期波动；知识经济不仅能高效利用现有的稀缺资源，而且能开发新的富有资源，高新技术本身包括环保技术，能够节约资源、保护环境。所以，知识经济能够实现可持续发展。产业发展理论必须根据知识经济可持续发展的新特征进行创新，研究知识经济时代产业总体的可持续发展。

第二节　产业经济学的学科性质

由于产业经济学是一门产生不久的新学科，欧美发达国家的多数经济学家甚至把产业经济学只看成是产业组织学，因此，在产业经济学的研究对象、主要内容、学科特征和性质等基本理论问题上，还存在一些模糊认识和意见分歧，需要深入探讨，以求达到科学的共识，从而更好地掌握和发展产业经济学。本节主要针对当前中国经济理论界的一些流行观点，提出我们的看法。①

一、产业经济学是中观经济学

社会经济存在三个大的层次（国际经济关系除外），与此相适应的研究社会基本经济问题的理论经济学也由三大部分组成，如图 1-2 所示：

社会经济
- 微观经济
  - 企业
  - 消费者 ……………………微观经济学
- 中观经济——产业（部门）…………中观经济学
- 宏观经济——国民经济总体…………宏观经济学

（微观经济学、中观经济学、宏观经济学）→ 理论经济学

图 1-2　社会经济与理论经济学结构图

研究单个企业和消费者的经济行为的是微观经济学；研究国民经济总体的是宏观经济学；研究产业之间的经济关系和产业内部企业之间的经济关系的是中观经济学。产业经济学是专门研究产业的经济学，所以是中观经济学。

有的学者认为，中观经济学是“研究介于宏观经济和微观经济之间的集团经济或地区经济活动规律的科学”②。我们认为这种定义不准确、不科学，值得商榷。介于宏观经济与微观经济之间的中观经济，不是地区经济，更不是集团经济，而是产业经济。企业的集合是产业，产业的集合和消费者、政府的经济活动构成国民经济，产业正是处于中间层次，介于宏观经济与微观经济之间。地区经济即区域经济，既有一国之内的不同地区的经济，如上海经济、广东经济、西部经济等；也有由若干个国家或地区组成的跨国的区域经济，如北美经济、欧盟经济等。不论国内的区域经济，还是国际的区域经济，都有三个层次的经济问题，即微观企业、中观产业、区域总量的问题，区域经济分析要以微观、中观、宏观经济学为理论基础，区域经济不是介于微观经济与宏观经济之间的中观经济。所以，研究区域经济的区域经济学是应用经济学，不是中观经济学。集团经济是一个难以界定的模糊概念，也不属于中观经济。只有产业经济才是中观经济，也只有产业经济学才是中观经济学。可以说，产业经济学就是研究社会经济中观层次的经济活动及其规律的经济学。

二、产业经济学是理论经济学

我国出版的大多数产业经济学的教科书把产业经济学说成是一门新兴的应用经

① 简新华．产业经济学发展的几个基本理论问题．经济评论，2000（3）．

② 中南财经大学．经济科学学科辞典．北京：经济科学出版社，1987：50．

济学科，其主要依据是认为产业经济学是研究现实经济问题的，是为政府制定产业政策服务的经济理论，所以是应用经济学①。其实这种看法至少是片面的，甚至是不确切的。

理论经济学是指研究社会经济中的基本理论问题，揭示经济活动的一般规律的科学。如马克思主义的政治经济学、西方经济学中的微观经济学、宏观经济学、国际经济学等，就属于理论经济学。应用经济学则是指运用理论经济学的一般原理研究某一具体经济领域或特定经济问题的科学，是与理论经济学相对称的另一类经济学。比如，各种不同的部门经济学、边缘交叉经济学都属于应用经济学。如前所述，社会经济存在三个层次：微观经济、中观经济、宏观经济，研究微观经济的微观经济学和研究宏观经济的宏观经济学都是理论经济学，为什么研究中观经济的中观经济学即产业经济学是应用经济学，而不是理论经济学呢？实际上，产业经济学从其研究对象和基本内容来看，揭示的也是社会经济的一般规律，同宏观经济学、微观经济学一样，也是理论经济学。不能由于产业经济学研究实际经济问题，是产业政策的理论基础，就认为产业经济学是应用经济学，不是理论经济学。因为，所有的经济学都是研究实际经济问题的，理论经济学是，应用经济学也是；产业经济学是，宏观、微观经济学也是。问题的关键不在于是否研究实际经济问题，而在于不同经济学科研究不同层次、不同领域的实际经济问题。理论经济学研究的是社会经济基本层次的实际问题，应用经济学则是研究某一具体、特定领域的实际经济问题。产业经济学研究的正是社会经济基本层次的实际问题，自然属于理论经济学。的确，产业经济学是政府制定产业政策的理论基础，产业经济学的系统著作中都包含有产业政策的内容，但宏观经济学、微观经济学也是政府制定宏观、微观经济政策的理论基础，至少宏观经济学的系统著作中也大多包含宏观经济政策的主张。②既然宏观经济学、微观经济学是理论经济学，产业经济学当然也是理论经济学。

三、产业经济学不只是产业组织学

产业经济学是以产业为研究对象的经济学。产业是指国民经济中以社会分工为基础，在产品和劳务的生产和经营上具有某些相同特征的企业或单位及其活动的集合。产业经济学主要研究的内容包括产业结构、产业关联、产业布局、产业组织、产业发展、产业规制和产业政策等。这是我国经济学界大多数人的看法。但是，有的学者提出产业组织理论也称产业组织学或产业经济学，认为“产业组织理论与

---

① 杨治．产业经济学导论．北京：中国人民大学出版社，1985：1；史忠良．产业经济学．北京：经济管理出版社，1998：3；杨公仆，夏大慰．产业经济学教程．上海：上海财经大学出版社，1998：1.

② 杨德明．西方经济学．太原：山西经济出版社，1987：635.

产业结构理论和产业关联理论是相互独立的不同学科”①。这种观点实际上就是主张产业经济学只包括产业组织理论，不包含产业结构理论和产业关联理论，我们认为这种理解是不准确的。

第一，产业经济学是研究产业的经济学，包括产业内部企业之间的相互关系、产业之间的相互关系，产业之间的相互关系又包含产业结构、地区分布、比例关系、投入产出联系等，所以不能认为产业经济学只是产业组织学。

第二，产业结构理论和产业关联理论都属于研究社会经济的基础理论，按照研究社会经济三大层次基础理论的大类划分，既不能归入宏观经济学，也不属于微观经济学，更不可能是与微观、中观、宏观经济并列的独立的基本经济理论，只能是产业经济学的组成部分，属于中观经济学的内容。

四、产业经济学与宏观经济学、微观经济学

产业经济学与宏观经济学、微观经济学的关系，已有不少论著作了较好的说明，但有些方面不够深入，这里想作一点补充。

以往的理论经济学中没有中观经济学，因而是残缺不全的，产业经济学作为专门研究中观经济的独立的经济学形成以后，填补了理论经济学的空缺，才使理论经济学发展成为包括微观、中观、宏观经济学和国际经济学在内的一个完整的体系。马克思主义政治经济学实际上也包含这四个方面的内容。长期以来，西方经济学中的微观经济学和宏观经济学是相互分裂的两大部分，如何使二者联系在一起，一直是一个难题。②我们认为，产业经济学可以作为中介，使二者有机结合起来。产业经济学与宏观经济学、微观经济学，既有区别又有联系。微观经济学只进行个量分析，专门研究单个企业和消费者的经济行为，并不考察同一产业内部企业与企业的关系，而后者正是产业经济学研究的内容；宏观经济学只进行总量分析，专门研究整个国民经济总体的运行，并不考察产业与产业的关系、各个经济部门之间的生产和交换关系，而后者又正是产业经济学研究的领域。产业经济学中的产业组织理论可以看做是微观经济学的延伸和发展，使其与微观经济学紧密联系在一起；产业经济学中的产业结构理论、产业关联理论、产业布局理论、产业发展理论等，实际上是宏观经济总量分析的深化、细化和具体化，使其与宏观经济学紧密联系在一起。宏观经济学、微观经济学可以通过产业经济学联系起来，构成一个有机的整体。

五、产业经济学与工业经济学

尽管产业与工业在英语中是一个词“industry”，但产业经济学与工业经济学是

---

① 于立，王询．当代西方产业组织学．大连：东北财经大学出版社，1996：4.

② ［美］斯蒂格利茨．经济学．北京：中国人民大学出版社，1997：17.

两个不同的经济学科，二者不能混为一谈。工业经济学是研究工业部门中的经济关系和经济活动规律的科学，属于应用经济学；产业经济学是研究产业的科学，属于理论经济学。虽然产业经济学与工业经济学的研究对象和学科性质都不同，但是，两者并非毫不相干，而是有着紧密的联系。工业经济学作为应用经济学，实际上主要是产业经济学的应用。工业经济的研究，必须以产业经济学作为理论基础，运用产业结构、产业关联、产业布局、产业组织、产业发展等理论去研究工业经济中的相关问题。作为产业经济学研究对象的产业，首先就是工业。工业经济学的研究成果为产业经济学的研究提供材料；产业经济学的基本理论为工业经济学的研究提供指导。两者是一种基本理论与具体运用的相辅相成的关系。

第三节 产业经济学的研究方式

由于产业经济学的研究对象是具有多层次、多方面内容和特征的复杂系统，产业之间、产业内部都存在线性和非线性的错综复杂的相互关系，并且在不断变化和发展；产业经济学的目的和任务也决定对产业及其发展必须进行定性和定量、时间和空间、静态和动态、实证和规范的分析研究，只有这样才能全面正确地认识产业经济活动的规律，更好地促进产业经济的优化和发展，因此产业经济学必须运用多种科学的方法和手段对产业进行研究。

一、产业经济学的基本研究方法

（一）唯物辩证法

唯物辩证法是建立在唯物论基础上的辩证法，是揭示了自然、人类社会和思维发展的一般规律的科学理论和方法，是研究和认识世界上任何事物的根本方法，也是产业经济学的根本研究方法。唯物辩证法认为世界是运动、变化、发展的，对立统一规律、质量互变规律、否定之否定规律是事物发展的普遍规律，事物之间存在着本质与现象、内容与形式、原因与结果、必然与偶然、可能与现实等多方面的联系。①产业本身、产业之间、产业内部的企业之间也存在复杂多样的经济技术联系，也是不断变化和发展的，只有运用唯物辩证法分析研究产业，才能全面正确地认识产业的各个方面，把握产业经济发展的规律性。比如，在产业结构、产业关联、产业布局的研究中，我们不能孤立地、静止地研究某个产业、某个地区的产业分布，必须联系其他产业、其他地区的产业分布进行动态研究，这样才能正确认识变动的趋势，我们的研究才更有预见性、更有价值；在研究产业组织时，由于企业之间、

① 李达．唯物辩证法大纲．北京：人民出版社，1978：235-386.

竞争与垄断之间都是一种对立统一的矛盾关系，只有按照唯物辩证法揭示的事物变化的普遍规律去分析，才能正确认识这种矛盾关系及其规律性；在产业选择中，必须运用主要矛盾和次要矛盾及矛盾转化的分析方法，正确确定主导产业、先导产业、支柱产业，又不片面强调某些产业，防止产业结构畸形化；在研究产业结构调整时，必须实事求是，注意可能性与现实性，不能仅从良好的主观愿望出发，不考虑本国实际情况和国际经济环境。

（二）实证研究与规范研究相结合的方法

实证研究和规范研究是经济学研究的基本方法，也是产业经济学研究的基本方法。所谓实证研究是对社会经济的实际运行情况进行描述、分析和解释的方法。实证研究分析实际经济运行的过程及其规律，所要说明的是社会经济现象“实际是什么”，不涉及对实际经济运行的状况和后果的评价，不回答社会经济现象是好还是坏的问题。实证研究又分为理论实证研究和经验实证研究两种类型。①理论实证研究是先通过考察实际经济运行情况，从中归纳出可能的经济运行规律，然后从一定的前提假设出发，按严密的逻辑演绎证明或推断预测经济规律和运行结果；经验实证研究则是通过考察经济运行的实际案例，以事实验证经济规律或预测结果。所谓规范研究是分析社会经济应该怎样运行的方法。规范研究是要对社会经济运行的过程和结果作出伦理分析与价值判断，评价利弊得失、功过是非，回答社会经济现象“应该是什么”的问题。实证研究与规范研究的内容和作用不同，但二者并不是对立关系，而是互补关系。实证研究是规范研究的基础，规范研究是实证研究的升华。经济学的最终目的是要为经济发展服务，是具有功利性的科学。因此，不能只进行实证研究，否则，实证研究成果的价值就得不到体现，实证研究的作用就得不到发挥；当然也不能反过来，只搞规范研究，不然，规范研究可能脱离实际，会得出非科学的结论，如用以指导经济实践，就可能导致严重失误，造成巨大的经济损失。产业经济学既要实事求是地分析产业的现状、变化过程、实际结果和发展规律，又要研究产业结构、布局、组织的合理化，判断市场绩效的优劣，求得对产业应该如何发展的正确认识，以利提出合理的产业政策建议。所以，产业经济学既要进行实证研究，又要进行规范研究，必须把二者紧密结合起来，首先进行实证研究，然后再进行规范研究，真正发挥产业经济学揭示规律、促进发展的作用。

（三）定性分析与定量分析相结合的方法

定性分析与定量分析是经济学研究常用的方法，也是产业经济学必须运用的研究方法。定性分析就是质的分析，是分析事物的内涵、性质、特征、内在联系、因

---

① 苏东水．产业经济学．北京：高等教育出版社，2000：16.

果关系等的方法，是要解决事物“是什么”的问题；定量分析就是量的分析，是分析事物的数量比例及其变动的关系的方法，是要解决事物“是多少”的问题。任何事物都有质和量的两个方面，要全面准确地认识事物，必须进行质和量两个方面的研究，对事物作出质的判断和量的评估，二者缺一不可。定性分析和定量分析，虽然是不同的方法，但二者不是互相对立排斥的关系，而是互相补充、相辅相成的关系。定性分析是定量分析的前提，能够减少定量分析的复杂性和难度；定量分析加深定性分析，使定性分析具体化、数量化、精确化、可操作化。产业之间、产业内部的企业之间都在质和量上存在极其复杂的经济技术联系，要准确地把握产业结构、布局、组织、政策的合理化，全面分析市场绩效、产业关联、产业资源的优化配置等，既要进行定性分析，又要进行定量分析，并且必须把二者有机结合起来。只有这样，对产业的研究才能真正做到全面、准确。

（四）静态分析与动态分析相结合的方法

静态分析和动态分析也是经济学研究的重要方法，产业经济学的研究也必须结合使用这两种方法。静态分析是分析事物在某一时间点或横截面上的状况和带有规律性的特征的方法，这种方法有助于认识事物的现状，有助于进行比较研究，进一步考察事物的变化情况；动态分析是分析事物随着时间的推移而发生的变化和显现出来的规律的方法，这种方法更有利于揭示事物发展的规律。静态分析是动态分析的起点和基础，动态分析是静态分析的深化和发展。产业经济学需要运用静态分析方法考察产业结构、产业关联、产业布局、产业组织的现状和特征，更需要采用动态分析方法，引入时间变量，研究产业各层次、各方面变化和发展的规律。

除了上述几种基本方法之外，产业经济学的研究方法还有比较研究、系统分析、结构分析、归纳和演绎、分析和综合等。

二、产业经济学的主要研究工具

（一）数学和统计学工具

数学和统计学工具是产业经济学研究不可缺少的常用工具。无论是定量分析，还是实证研究，都需要运用包括概率论、线性代数、微积分、各种统计分析方法在内的许多数学和统计学工具，否则，产业经济学的实证研究和定量分析无法展开。比如，市场集中度的分析、市场竞争状态的分析、市场绩效的判断、产业关联度的衡量等，都离不开数学和统计学方法。

（二）投入产出分析

投入产出分析是美国经济学家里昂惕夫首先提出的研究产业关联的主要手段，

没有投入产出分析法，也就没有现在的产业关联理论。投入产出分析法运用投入产出表和投入产出模型，对一个国家一定时期社会再生产过程中国民经济各个部门、各种生产要素和产品的投入产出关系进行数量分析，从数量比例上揭示产业之间的经济技术联系及其规律性。

（三）社会调查和案例研究

社会调查和案例研究也是产业经济学研究的重要手段。产业经济学的实证研究，必须以占有反映产业各方面实际情况的资料为前提，没有对实际情况的了解，实证分析只能是无米之炊。产业实际情况的收集和了解，只能来自社会调查和统计。产业组织的研究还离不开典型案例的研究，产业内部企业众多、关系复杂，不可能对所有的企业及其相互之间的所有关系逐一进行研究，案例研究就显得特别重要。通过案例研究，我们能够揭示普遍规律及其在不同条件下的具体表现形式。案例的了解和选择，也需要进行社会调查。

（四）系统论

系统是由若干相互联系和制约的要素按一定的方式组成的具有特定功能的有机整体。系统论则是研究系统整体及其构成要素的相互关系，说明系统的结构、功能、行为和动态变化的理论与系统分析方法。① 系统分析方法主要包括系统工程、系统管理、运筹学、决策论、信息论、控制论、结构分析、系统动力分析等多种方法。产业就是一个复杂的系统，系统论对产业经济学的研究显得特别重要。无论是分析产业与产业之间的关系、企业与企业之间的关系，还是研究产业结构的变化和优化、产业布局的调整、产业政策的作用和反馈，都需要以系统论作指导，运用系统分析的方法。

（五）博弈论

博弈是一些个人、团队或组织，在一定的环境条件和规则下，同时或先后，一次或多次，从各自允许选择的行为或策略中进行选择并加以实施而各自取得相应结果的过程。博弈论则是系统研究各种各样博弈问题的理论和方法。②产业内部企业与企业之间的关系，实际上是一种博弈关系，竞争和垄断行为也是一种博弈行为，产业规制则是政府与企业之间的博弈，因此，博弈论的理论和方法成为现代产业组织理论的重要研究工具，常用于研究寡头垄断、不完全竞争市场的定价、企业的决策行为及其相互作用、企业兼并、反垄断规制等问题。

---

① 金哲等．世界新科学总览．重庆：重庆出版社，1987：18.

② 谢识予．经济博弈论．上海：复旦大学出版社，1997：3-5.

第四节　产业经济学的意义

产业经济学作为一门新的理论经济学，虽然还不十分成熟、完善，也没有像微观经济学和宏观经济学那样受到人们的重视，但其价值并不亚于宏观经济学、微观经济学。学习和研究产业经济学，具有重大的理论意义和实践意义。

一、产业经济学的理论意义

从理论上来看，产业经济学最大的贡献在于建立了一门新的理论经济学科，填补了中观经济研究的空缺，完善了理论经济学的体系，并且为应用经济学和管理学提供了新的重要理论基础。

产业经济是构成和制约国民经济及其发展的重要方面，是联结微观经济和宏观经济的中间层次，理论经济学只有包含中观经济学，才能形成完整、系统的科学体系。但是，长期以来理论经济学只有微观经济学、宏观经济学、国际经济学，没有中观经济学，甚至连在世界上广为流行、再版了十多次的美国著名经济学家萨缪尔森编写的《经济学》都一直没有中观经济学这一部分，缺乏对产业经济全面、系统的分析，不能不说是一个很大的缺憾。微观经济学与宏观经济学，研究对象截然不同，各司其职，彼此独立，相互割裂。二者不仅都不研究客观存在的产业，而且微观经济学也不能全面说明企业与企业之间的关系，宏观经济学也解释不了个量与总量的关系、个量如何整合成总量。理论经济学教科书一般都是微观经济学和宏观经济学这两个相互独立的部分的拼盘，形不成一个存在内在逻辑联系的完整统一的科学体系。以产业作为研究对象的产业经济学的产生，正好克服这些缺陷，通过产业经济这个层次把微观经济和宏观经济联系起来，可能形成理论经济学完整统一、联系紧密的科学体系。

二、产业经济学的实践意义

（一）产业经济学为产业规制和产业政策提供理论基础

为了弥补市场失灵，政府需要进行产业管理，实行产业规制，制定和执行产业政策，以促进产业的发展和资源的优化配置。产业经济学的基本理论，揭示了产业结构、产业布局、产业组织、产业发展的规律，为产业规制的确定和实行，为产业政策制定原则的明确、政策目标的确定、实现手段的选择，提供了有益的理论指导，减少了盲目性，提高了自觉性，能够使产业政策更合理，执行更有效。

（二）产业经济学能够促进产业各方面的合理化

产业各方面的状况如何，是制约国民经济发展的关键性因素。产业结构是否优化，决定资源在产业之间的配置能否合理，关系到国民经济能否协调高效发展；产业布局是否合理，决定资源在地区之间的配置能否合理、各地区的比较优势能否充分发挥，关系到地区经济能否协调健康发展；产业组织是否合理，决定资源在产业内部企业之间的配置能否合理，关系到企业的效益能否提高、产业能否顺利发展。产业经济学全面系统地研究了产业结构、布局、组织等各方面的状况和变化规律，提出了各方面合理化的标志、影响因素和实现途径。人们掌握了产业经济学的理论，就能更自觉有效地推进产业各方面的合理化。

（三）产业经济学有助于企业生产经营的正确决策

企业的生产经营活动离不开产业。企业决定生产什么、生产多少、在哪些领域投资、选择什么建设项目、进入或退出什么行业、如何营销、怎样定价，等等，首先必须进行产业分析和调查研究，全面、深入、正确地了解各种产业发展的现状和前景、在国民经济中的地位和作用、市场容量、市场结构、市场行为、市场绩效、竞争或垄断的态势、进入和退出的壁垒、国家的产业规制和政策，等等。否则，企业的生产经营就会陷入盲目性，造成决策失误、经营失败。产业经济学正是系统科学的产业分析理论和方法，正好为企业的产业分析提供了现成的理论基础和基本方法。

（四）产业经济学对发展中国家的经济发展具有特别重要的指导作用

产业组织理论主要产生于欧美发达国家，直到现在大多数学者仍把产业经济学仅看成是产业组织理论。欧美发达国家对产业结构、产业布局和产业发展理论作出贡献的学者，主要是发展经济学家。产业政策的理论和实践，以日本最为典型，取得的成效更为显著，产业经济学比较完整的理论体系也是后来才成为发达国家的日本的经济学家提出来的。最大的发展中国家——中国，也对产业经济学理论体系的完善作出了贡献。在产业经济学的发展历程中，为什么会出现这样的情况呢？我们认为这不是偶然的。后发国家之所以更加重视产业经济学，尤其是完整的产业经济学，是因为这些国家在产业方面存在的问题更多，对经济发展的影响更大。

欧美发达国家主要通过市场机制的作用，实现产业的发展和产业结构的优化升级，产业政策的作用并不明显，而且在第二次世界大战以后，已经普遍实现了发达工业化所要求的产业结构的合理化。后发国家则不同，产业发展普遍落后，产业结构普遍不合理、层次低，普遍存在二元经济结构，地区发展极不平衡，面临的主要任务是优化经济结构尤其是产业结构，如果仅靠市场机制的作用去推进产业的优化和发展，可能过程较长，费时较多，很难较快实现赶超目标，因此特别需要以产业经济学作指导，制定正确的产业政策，进行结构调整，促进产业结构的优化升级和产业布局的合理化，更加重视先导产业和主导产业的选择和扶持，以制定正确的经济发展战略，更好地带动整个国民经济更快地增长。由此可见，完整的产业经济学，特别是其中的产业结构理论、产业布局理论、产业发展理论、产业选择理论和产业政策等，对发展中国家的意义更大。日本、亚洲“四小龙”的成功经验证明了这一点。

本章小结

产业经济学是研究产业及其发展规律的经济学。产业是国民经济中以社会分工为基础，在产品和劳务的生产和经营上具有某些相同特征的企业或单位及其活动的集合。产业是社会分工的产物，具有多层次、多方面的内容。产业经济学的主要任务是揭示产业经济活动的规律，根本目的是促进资源在产业层次上的优化配置。

产业经济学的内容主要包括：研究对象和方法、产业分类、广义的产业结构、产业组织、产业发展、产业规制、产业政策。广义的产业结构则包括狭义的产业结构、产业关联和产业布局。

产业经济学是中观经济学、理论经济学，不只是产业组织学，更不是工业经济学。理论经济学包括微观经济学、中观经济学、宏观经济学、国际经济学。

产业经济学的基本研究方法包括：唯物辩证法、实证研究与规范研究相结合的方法、定性分析与定量分析相结合的方法、静态分析与动态分析相结合的方法；主要研究工具包括：数学和统计学工具、投入产出分析、社会调查和案例研究、系统论、博弈论。

思考题

1. 产业经济学的研究对象、任务和目的是什么？
2. 产业经济学的主要内容有哪些？
3. 为什么说产业经济学是中观经济学？
4. 为什么说产业经济学是理论经济学，不是应用经济学？
5. 学习和研究产业经济学有什么意义？

第二章 产业分类

产业是产业经济学的研究对象。在前面已经明确产业的内涵和形成的基础上，本章集中阐述产业如何分类，以什么作为标准，采用什么方法分类，产业类型主要有哪些，中国的产业如何分类。弄清这些问题，是研究产业结构、产业关联、产业布局和产业发展的前提条件，也是制定产业政策、进行产业规制和管理的基础。

第一节 产业分类方法

一、产业分类的必要性

产业分类是把具有不同特点的产业按照一定标准划分成各种不同类型的产业，以便进行产业研究和管理。

（一）产业分类是产业管理的需要

产业是国民经济的中观层次，产业及其相互关系错综复杂，产业的状况和发展是关系整个国民经济发展的重要方面，产业也不可能完全依靠市场机制、自发地实现结构优化、布局合理、组织完善、发展健康，因此社会尤其是国家必须进行适当的管理。合理有效的管理，首先要求对产业进行分类，实行分类管理。

（二）产业分类是产业理论研究的条件和任务

一方面，产业分类是科学地进行产业研究的前提条件。产业分类可以形成多层次、多类型的产业概念，是对具有不同性质、特征、作用的产业进行研究、建立产业结构概念和进行产业结构研究的基础，产业分类是为产业和产业结构研究服务的。要进行产业研究，必须首先进行产业分类，产业分类是进行产业研究的前提条件。

另一方面，合理的产业分类又是进行产业研究的首要任务。由于研究产业结构、产业发展的角度和目的是多种多样的，产业研究和分析的目的与内容不同，产业分类的方法也有所不同，因此，要正确理解和把握产业的内涵和特征，首先必须解决产业分类问题，合理的产业分类是进行产业研究的首要任务。

二、产业分类标准和方法

产业分类必须按照一定的标准进行，分类标准也就是分类的依据。产业分类包括对产业进行分解和组合两个方面，也就是把产业按不同特点进行分解，把具有相同特点的产业加以组合，以形成不同类型的多层次的产业概念。无论是分解，还是组合，都必须首先确定产业分类标准。不同的产业分析目的和内容决定不同的产业分类标准，不同的产业分类标准形成不同的产业分类方法。产业分类标准和方法很多，主要有以下几种。

（一）马克思的两大部类分类法

这是以产品的最终用途不同作为分类标准的分类方法。马克思根据产品是作为生产资料用于生产消费，还是作为生活资料用于生活消费，把社会生产部门分为两大部类即生产生产资料的产业部类和生产消费资料的产业部类①，目的是为了分析不同物质生产部门的相互关系，揭示社会再生产的实现条件。

马克思的两大部类产业分类法揭示了社会再生产顺利进行时两大部类产业间的实物和价值构成的比例平衡关系。它不仅是研究资本主义社会再生产过程的理论基础，也是产业结构理论的基本来源之一，它对于研究资本主义再生产关系和指导社会主义经济实践具有重要的理论意义。马克思关于两大部类产业的分类法对于研究现代市场经济条件下如何通过政府的宏观调控来正确处理两大部类之间的关系，如何实现社会再生产的总量平衡和结构平衡，以保持国民经济持续、快速、健康发展具有重要的现实意义。

由于马克思运用两大部类对社会再生产过程分析的目的在于揭示剩余价值产生的秘密，两大部类产业分类法在产业结构理论的实际应用中存在着一些局限性。主要表现为：第一，从分类范围来看，两大部类分类方法未能将一切物质生产领域和非物质生产领域包括进去。两大部类分类法中仅包括了被马克思称为能够创造价值和剩余价值的物质生产部门，如农业、工业和建筑业，它不仅没有包括诸如教育、科学技术、卫生、商业等非物质生产部门，而且没有包括运输、生产性服务等物质生产部门。第二，从分类界限来看，有些产品难以确定为两大部类中的生产资料或消费资料。由于使用价值的多样性和产品新的使用价值不断被发现以及技术进步基础上的产品综合利用等方面的原因，有相当一部分产品同时具有生产资料和消费资料的双重属性，它们既可以用于生产，也可以用于消费，或者说既可以划归第Ⅰ部类也可以划归第Ⅱ部类，所以两大部类分类法难以直接应用于实际工作中，否则会导致产品划分界限的困难或者出现产品划分范围上的重复问题。

---

① 参见马克思恩格斯全集（第24卷）．北京：人民出版社，1972：438-439.

（二）农轻重产业分类法

这是以物质生产的不同特点为标准的分类方法。这里所讲的生产特点，主要指劳动对象、劳动资料、生产过程、加工方式和劳动产品的不同。农轻重产业分类法就是将社会经济活动中的物质生产划分成农业、轻工业和重工业三个产业大类的产业分类法。

农轻重产业分类法的应用实践表明，它具有比较直观和简便易行的特点。它的确可以大致显示社会再生产过程中两大部类之间的比例关系，而且对于从宏观上安排国民经济计划和进行计划调控，对于研究社会工业化实现进程，具有较大的实用价值。正因为如此，农轻重产业分类法不仅曾经为社会主义国家所应用，而且也被一些实行其他经济体制的国家和世界组织所采用。如联合国工业发展组织（United Nations Industrial Development Organization，UNIDO，简称“工发组织”）认为“按轻重工业来考察制造业产值，有助于说明制造业各部门总的发展情况”①，并在其研究报告中采用过农轻重产业分类法。

农轻重产业分类法是马克思两大部类分类法在经济实践中的应用，并在某些方面对两大部类分类法作了一些修正和改进，但它本身仍然存在着局限性。第一，农轻重产业分类法虽然包括了国民经济活动的绝大部分物质生产部门，但没有把全部物质生产部门都包括进去，更没把非物质生产部门包括进去。这种分类法针对主要的物质生产部门，因而存在着涵盖面不全的缺点。第二，农轻重产业分类法中农轻重三者的界限越来越模糊，确定产业划分界限日益困难。一方面，随着经济发展和科学技术的进步，出现了越来越多的这个部门生产那个部门的产品的现象，这使传统的农轻重产业之间的界限尤其是轻重工业之间的界限日益模糊。如属于传统重工业部门的机械工业越来越多地生产家用小汽车、家用电器等消费资料。另一方面，工农业之间也出现了同样性质的相互渗透现象，这些现象在工业发达国家更为明显。在中国，既出现了工业部门的企业投资发展现代高科技农业的情况，也出现了传统农业向工商业发展的趋势，特别是传统的农村副业已发展成规模巨大的乡镇工商业，且农业产业化发展出现了农工贸一体化趋势。因此，农轻重产业分类法在分类界限上已日益模糊，划分界限的确定将更加困难。

（三）霍夫曼的产业分类法

德国经济学家霍夫曼（W. G. Hoffmann）在1931年出版了《工业化的阶段和类型》。他为研究工业化及其发展阶段而将产业划分为三大类：一是消费资料产

---

① 联合国工业发展组织．世界各国工业化概况和趋向．北京：中国对外翻译出版公司，1980：81.

业，包括食品工业、纺织工业、皮革工业和家具工业。二是资本资料产业。资本资料就是主要的生产资料。该产业包括冶金及金属材料工业、运输机械工业、一般机械工业和化学工业。三是其他产业，包括橡胶、木材、造纸、印刷等工业。

霍夫曼产业分类的主要目的在于区分消费资料产业和资本资料产业，研究二者比例的变化趋势。为了避免生产某种产品的工业既属于消费资料产业又属于资本资料产业的重复现象出现，霍夫曼在进行产业分类时确定了产业分类原则：当某产业产品的用途有75%以上是消费资料时即将该产业归入消费资料产业，而当某产业产品的用途有75%以上是资本资料时即将该产业归入资本资料产业。难以用上述分类原则确定产业归属的产业就全部归入其他产业之中。霍夫曼产业分类法是他关于工业化过程中工业结构演变规律及工业化阶段理论的基础。

（四）三次产业分类法

这是以产业发展的层次顺序及其与自然界的关系作为标准的分类方法。三次产业分类方法就是把全部的经济活动划分为第一次产业（primary industry）、第二次产业（secondary industry）和第三次产业（tertiary industry）。它是西方产业结构理论中关于产业分类的最重要的分类法之一。新西兰经济学家费歇尔（A. G. B. Fisher）是三次产业分类法的创始人，英国经济学家、统计学家克拉克（C. G. Clark）在继承费歇尔的研究成果的基础上使三次产业分类法得到广泛普及。当1971年诺贝尔经济学奖获得者库兹涅茨（Simon Kuznets）运用这一方法系统研究和揭示三次产业在国民经济中的变化规律之后，三次产业分类法逐渐为各国所接受，并已成为世界通行的产业分类和统计方法。

根据人类经济活动与产业发展的相互关系，费歇尔最早于1935年在《安全与进步冲突》一书中系统地提出了三次产业的分类方法和分类依据。费歇尔认为，与人类经济活动的发展阶段相对应，可以将人类经济活动分为三个产业，即第一次产业、第二次产业和第三次产业，这是因为第一次产业和第二次产业并没有包括全部的经济活动，所以需要把除了第一次产业和第二次产业之外的所有其他经济活动统称为第三次产业。其中，第一次产业是与人类第一个初级生产阶段相对应的农业和畜牧业，第二次产业是与工业的大规模发展阶段相对应、以对原材料进行加工并提供物质资料的制造业为主的产业，第三次产业是以非物质产品为主要特征的、包括商业在内的服务业。

三次产业分类法是一种有效的产业经济分析方法，它之所以闻名于世并被许多国家广泛采用，并非由于这种分类方法本身的科学性，而是由于克拉克以及库兹涅茨等经济学家运用它来解释经济发展的条件和结果。库兹涅茨的分类法表现为，将国民经济活动划分为A部门（农业产业）、I部门（工业产业）和S部门（服务产业），简称“AIS分类法”。其中，A部门包括农业、林业、狩猎业和渔业；I部门包括矿业及采掘业、制造业、建筑业、电力、煤气、供水、运输和通信；S 部门包括商业、银行、保险、房地产、住房的所有权、政府及国防、其他服务。库兹涅茨运用三次产业分类法系统研究并揭示了三次产业在国民生产总值中所占份额随经济增长所发生的变化规律，因而使三次产业分类法更具实用性。从应用经济学的角度来看，从研究伴随经济发展的资源分配结构的变化趋势来说，三次产业分类法是一种简明的较实用的经济分析工具，这就是它成为现在世界通行的产业分类和统计分析方法的重要原因。

事实上，三次产业分类法本身存在着较多局限性：第一，三次产业分类法试图对“全部经济活动”进行最简明的分类，并把除家庭内部活动以外的一切社会经济活动都视为能够创造国民收入的生产部门，社会再生产过程被描述得过分笼统与简单。第二，在具体划分现实的经济活动方面，三次产业分类法尚存在较多的难以自圆其说的矛盾。如在划分第一次产业与第二次产业的界限时存在着矛盾：采矿业是取自于自然的产业，理应归入第一次产业，但矿业与农业、林业、畜牧业、渔业、狩猎业等产业归在一起，在逻辑上是很不协调的，因为它有更多的属性与制造业相同。对于这个问题，克拉克最初把矿业当成一种例外的既非第一次产业又非第二次产业的特殊产业部门，1951 年克拉克在《经济进步的条件》第 2 版中将矿业列入第二次产业，与制造业归在一起。这样，在一般的产业结构研究中，都将矿业列入第二次产业。又如在划分第二次产业与第三次产业的界限时也存在着矛盾：煤气、供电、供水等类行业，或将其归入第二次产业，或将其归入第三次产业，都是行得通的。对此，不同的产业经济学家各有各的说法，各有各的分法，没有统一标准，这对于使用相关统计数据带来了不便。第三，第三次产业的内容非常庞杂。第三次产业是除了属于第一次产业和第二次产业以外的所有其余经济活动，把性质相距甚远的部门、行业混杂在一起，难以分析第三次产业的变化实质，尤其是科技、教育等领域的差异更大，不应该笼统地都归入一类。

（五）生产要素集约分类法

这是根据不同的产业在生产过程中对资源的需求种类和依赖程度的差异，即以生产要素集约程度的不同作为标准划分产业的一种分类方法。这里的资源是指劳动、资本、土地、知识、信息和技术、管理、自然资源等投入生产活动的生产要素的总和。由于产品的技术、特征各不相同，各产业在生产单位产量时所需投入的各个生产要素的量有很大差别，所以，以生产要素的集约度或密集度为标准可将产业划分为劳动密集型产业、资本密集型产业、技术密集型产业、知识密集型产业。产业的生产要素密集度可以用总资本的构成特别是有机构成的高低衡量。

生产要素集约分类法的特征在于产业划分标准的相对性而非绝对性。因为任何一个产业被确定为某一资源密集型产业都是相对的，它会随着科学发展、技术进步和资本有机构成提高而发生动态变化。如传统农业是劳动密集型产业，而现代农业已成为资本密集型产业；电子计算机产业既可以视为技术密集型产业，又可以视为劳动密集型产业。而且，产业的生产要素密集度存在极为复杂的情形，既有技术、资本都比较密集的产业，如航天工业、原子能工业，也有技术、劳动都比较密集的产业，如计算机软件产业、现代服务业。

生产要素集约分类法的优点表现为：第一，有利于将各个产业使用的各种生产要素的组合在产业之间进行比较。第二，有利于判断整个国家的经济发展水平。因为从发达国家经济发展历程来看，工业化使产业结构一般经历了以劳动密集型为主的产业结构过渡到以资本密集型为主的产业结构，再过渡到以技术（知识）密集型为主的产业结构的发展过程；对于某一个产业发展而言，也会由劳动密集型向资本密集型、技术密集型方向发展。所以经济发展阶段与不同生产要素在生产过程中的作用有较强的相互关系。第三，有利于研究产业之间对生产要素依赖程度的差异，对于求得最佳宏观经济效益和制定经济发展战略具有重要的意义。

生产要素集约分类法的局限性是各种产业类型的划分范围不易界定。由于各个产业使用的工艺技术上的特征决定了各产业之间对生产要素依赖程度的差异，且各种生产要素在生产过程中具有一定的可替代性，这导致了同一产业在不同地区对各个要素需求强度的差异，其结果是同一产业在不同地区可能会分属于不同的类型。由此可见，生产要素集约分类法在理论上还不够成熟，有待进一步完善。

（六）产业地位分类法

这是以产业在国民经济中的地位和作用的不同为标准进行产业分类。不同的产业对国民经济发展所起的作用是不同的，按照产业在国民经济中的地位和作用的不同，可以将产业划分为基础产业、瓶颈产业、支柱产业、主导产业、战略产业和先行产业等类型。这种划分方法又称为产业的功能分类法。

产业地位分类法的目的主要在于确定不同产业在国民经济发展中的地位和作用。其优点是有利于研究产业与经济发展的关系，有利于政府通过制定相关产业政策和进行相关产业管理，促进产业发展并带动整个国民经济发展。但是，这种分类法强调产业之间的横向地位问题，容易忽视产业之间的纵向关系和产业群的培育与形成。

（七）产业发展状况分类法

这是根据产业发展的状况和变化趋势进行分类的方法。它具体包括以下三种方法。

1. 按技术先进程度进行产业分类

科学技术发展对产业发展和产业结构变迁起着重要的推动作用，因此，产业经济学家注意运用科技进步理论解释产业发展问题。其中首先是以产业技术水平不同为标准进行产业分类，按技术先进程度的不同将产业划分为传统产业和高新技术产业，这就是产业的技术分类法。按照技术先进程度进行产业分类的目的主要在于确定技术先进程度在产业发展中的地位和作用。这种分类法有利于研究工业化过程中高技术产业与传统产业的比例关系和结构演变状态，对于揭示产业结构在工业化过程中的技术演变特征提供了有利条件。

2. 按产业发展趋势进行产业分类

按产业发展趋势的不同，可以将产业划分为朝阳产业和夕阳产业两类。这种划分方法称为产业的趋势分类法，目的主要是为了把握产业发展变化的趋势，弄清产业的现状与未来之间的关系。其优点是有利于了解影响产业变化的因素，有利于准确掌握产业变化的趋势和规律，从而提前制定相关调整或预防的政策。

3. 按产品供求情况进行分类

按产品供求情况的不同，可以将产业划分为长线产业和短线产业两类。这种划分可称为产业供求分类法，目的主要是为了把握产业的供求状况，优点是能够了解产业的规模、与市场需求的关系及发展前景，为压缩长线产业、发展短线产业提供决策依据，有助于制定正确的产业政策，进行产业结构调整，使之趋于合理。

（八）标准产业分类法

标准产业分类法（standard industrial classification，简称 SIC）是为统一国民经济统计口径而由权威部门制定和颁布的一种产业分类方法。

全面的、精确的、统一的经济活动统计对经济理论的探讨和整个国民经济问题的研究，对政府制定经济政策和进行国民经济的宏观管理都是十分必要的。服务于产业结构研究和国民经济管理的经济统计的基础就是产业分类的标准化，即进行标准产业分类。

标准产业分类法必须具备下列条件：第一，权威性。标准产业分类由权威机构编制和颁布，并负责解释。没有统一的标准产业分类就不可能有全面的、精确的经济统计，而制定产业分类标准既是国家标准化事业的重要内容，也是经济管理的基础性工作，因此，各国政府都将标准的产业分类作为“官方统计”的依据，并由政府的权威机构负责编制、颁布和解释。在中国，此项工作是由国家标准局主管在国家统计局协助下进行的。第二，统一性。标准产业分类的一个基本要求是划分界限的统一性。只有统一产业划分界限，才能确立统一的国民经济统计口径，保证产业分类的标准性和权威性。第三，完整性。标准产业分类应对一国的全部产业进行分类，划分时应做到详尽。对一国产业涵盖的完整性要求既不遗漏某个产业，又不对某个产业进行重复统计，同时还要根据新产业的出现和发展、旧产业的衰退等发展新动向不断地对产业分类标准进行增减或调整。第四，实用性。任何产业分类法都是为一定的目的服务的，标准产业分类法也不例外。标准产业分类的实用性表现在两个方面：一方面要有利于经济的统计分析，为政府制定政策和进行管理服务；另一方面要具有广泛的适应性和普遍性，既便于用来进行各种目的的分析和研究，便于进行各国产业的比较和分析，又能在信息技术迅速发展的今天适应于利用计算机等现代工具进行统计和数据处理。

标准产业分类在划分产业时主要考虑以下三个因素：社会产品和服务的种类、生产工艺与技术的相似性、统计上的需要和方便。标准产业分类的主要用途在于将全部经济活动不遗漏地予以划分并使之规范化，因此，这种分类法的优点是能够使得产业统计具有很高的可比性，能为各种各样的产业分析所利用。如在产业经济学的产业联系理论中，投入产出表的编制一般就是以标准产业分类法为基础的。

国际劳工组织（International Labor Organization，ILO）在1952年制定的《社会保障最低标准公约》中不仅确定了各种社会保障条款，而且提供了全部经济活动的国际产业标准分类的附录。这是最早的标准产业分类。联合国为了促进各国产业分类的统一，在1971年颁布了《全部经济活动的国际标准产业分类索引》（*Indexes to the International Standard Industrial Classification of All Economic Activities*，简称ISIC）。1971年版的“国际标准产业分类”将“全部经济活动”分为10个大项，在每个大项下面分成若干中项，每个中项下面又分成若干小项，最后将小项分解成若干细项，不仅将全部经济活动划分为大项、中项、小项、细项四级，而且各大项、中项、小项、细项都规定有统一的统计编码，便于计算机管理。其中10个大项的产业是：

1. 农业、狩猎业、林业和渔业；
2. 矿业和采石业；
3. 制造业；
4. 电力、煤气、供水业；
5. 建筑业；
6. 批发与零售业、餐馆与旅店业；
7. 运输业、仓储业和邮电通信业；
8. 金融业、不动产业、保险业及商业性服务业；
9. 社会团体、社会及个人的服务；
10. 不能分类的其他活动。

以编号3的大项产业——制造业为例，其所属的中项产业如下：

31. 食品、饮料、烟草；
32. 纺织、服装、制革；
33. 木材与木制品；

34. 造纸与纸制品、印刷与出版；
35. 化工产品和药品、石油加工、煤炭加工、塑料制品、橡胶制品；
36. 非金属矿产品（除石油、煤炭加工产品以外的）；
37. 冶金工业；
38. 金属制品、机械和工业设备；
39. 其他制造业。

再以编号 38 的金属制品、机械和工业设备为例，其所属的小项产业如下：

381. 除机械和工业设备以外的金属制品；
382. 电气机械以外的机械；
383. 电机、电器及供电设备；
384. 运输工具；
385. 不包括在以上行业的科学仪器、测试仪器、控制仪器、感光和光学器材。

最后以编号 384 的运输工具为例，其所属的细项产业如下：

3841. 造船及修理；
3842. 铁路机车与车辆；
3843. 汽车；
3844. 摩托车与自行车；
3845. 航空工业；
3846. 其他运输工具。

联合国颁布的国际标准产业分类（ISIC）的特点是：它与三次产业分类法保持着稳定的联系。国际标准产业分类中的大项产业很容易地组合成三次产业：第 1 大项为第一次产业；第 2~5 大项为第二次产业；第 6~10 大项为第三次产业。这样，国际标准产业分类法就与三次产业分类法保持一致，从而有利于对产业结构的分层次深入研究。联合国的标准产业分类法既便于调整和修订，也为各国各自制定标准产业分类以及进行各国产业结构的比较研究提供了十分方便的条件。如中国制定的国家标准《国民经济行业分类与代码》（GB/T4759—94）及其修改版（GB/T4754—2002）就采用了《国际标准产业分类》（ISIC）1988 年第三次修订版的分类标准。

西方国家多根据联合国国际标准产业分类的标准和特点，各自制定供官方使用的标准产业分类法。美国在 1972 年制定的标准产业分类法，设有 7 位数字编码。第一位数字代表产业部门，前两位数字代表产品类，共有 99 种主要类，然后再逐层细分，一直细分到 7 位数字，总共分为 7 500 种不同的产品类。美国 1984 年公布的《美国标准行业分类法》对 1972 年制定的标准产业分类进行了修订。英国制定的标准产业分类法中有 27 个产业大种类，细分为 181 个产业亚类。日本总务厅制定了《日本标准产业分类表》。其他国家也有编制原理相同的类似标准产业分类方法。

这些都是对三次产业进行具体化、系统性的标准分类。除此以外，还有对第三次产业进行专项性的标准分类。为了便于世界各国进行服务贸易，世界贸易组织（WTO）秘书处在1991年5月提出了有关服务部门分类表，并且指出服务部门分类表将根据国际服务谈判参与者讨论的结果提出进一步修改。WTO秘书处所提出的服务部门分类表实际上就是有关服务业的国际标准分类。它将服务部门分为12大类（含31个中类），包括商业服务（含6个中类）、通信服务（含5个中类）、建筑及有关工程服务（含1个中类）、销售服务（含1个中类）、教育服务（含1个中类）、环境服务（含1个中类）、金融服务（含3个中类）、健康与社会服务（含1个中类）、与旅游有关的服务（含1个中类）、娱乐、文化与体育服务（含1个中类）、运输服务（含9个中类）、其他服务（含1个中类）。

综上所述，产业分类标准是多种多样的，而产业分类标准又与产业分类方法紧密联系在一起。这种关系表现为，产业分类标准不同，所形成的产业分类方法也不相同，不同的产业分类方法是以不同的产业分类标准为前提条件的，因此，产业分类方法是产业分类标准的具体运用，如表2-1所示。

表2-1 **产业分类标准与产业分类方法**

产业分类标准	产业分类方法
产品的最终用途不同	马克思两部类分类法
物质生产特点的不同	农轻重分类法
工业生产的特点不同	霍夫曼分类法
产业发展层次顺序及其与自然界关系不同	三次产业分类法
生产要素集约程度不同	生产要素集约分类法
产业在国民经济中的地位和作用不同	产业地位分类法
产业技术先进程度与发展趋势	产业发展状况分类法
统计标准	标准产业分类法

第二节 产业类型

由于产业分类的标准和方法很多，用这些标准和方法划分出来的产业类型也很多，这里介绍的是主要的、分析中常用的产业类型。

一、按产业发展层次顺序分类的产业

（一）第一次产业

第一次产业是指产品直接取自自然的物质生产部门，即广义的农业，包括农业（指种植业）、畜牧业、林业、渔业、狩猎业。

（二）第二次产业

第二次产业是指加工取自自然的物质和第一次产业产品的物质生产部门，即广义的制造业或工业，包括采矿业、制造业、建筑业、电力、燃气及水等工业部门。

（三）第三次产业

第三次产业是指派生于有形物质财富生产活动之上的无形财富的生产部门，即广义的服务业，也即除第一、二次产业以外的其他行业，包括商业、金融业、保险业、生活服务业、旅游业、科学、文化、教育、卫生、政府行政及其他公共事业等。根据发展程度、技术含量、服务内容和方式的不同特点，服务业可以细分为传统服务业和现代服务业。现代服务业主要包括现代金融保险业、网络信息服务业、法律和咨询服务业、物流服务业、电子商务等。根据服务对象的不同，服务业还可以划分为生产性服务业和消费性服务业，生产性服务业是指在研究、开发、设计、供应、销售、运输、融资等方面为生产提供服务的服务业。

这里需要说明的是，现在理论界有"第四次产业"的提法，所谓"第四次产业"，主要是指以信息产业为代表的高新技术产业。虽然为了更好地反映现代产业结构的新变化、新特点，"第四次产业"的提法是可以使用的，但这个概念的界定还不严密、成熟，很难作为与三次产业并列的产业。因为，信息产业中的计算机、网络的硬件制造属于第二次产业，网络信息服务则是现代服务业，属于第三次产业。

二、按生产要素密集程度分类的产业

（一）劳动密集型产业

劳动密集型产业是指在生产过程中对劳动力的需求依赖程度较大的产业，或者说是资本有机构成水平较低，在总资本中用于购买劳动力的资本较多，在其生产的产品中活劳动尤其是体力劳动所占比例较大的产业。如传统种植业、食品业、服装业、服务业等产业都属于劳动密集型产业。

（二）资本密集型产业

资本密集型产业是指在生产过程中对资本的需求依赖程度较大的产业，或者说是资本有机构成水平较高，在总资本中用于购买生产资料的资本较多，在其生产的产品中物化劳动即投入资本量所占比例较大的产业。如钢铁、机械、造纸、化工等产业都属于资本密集型产业。

（三）技术密集型产业

技术密集型产业是指在生产过程中对技术的需求依赖程度较大的产业，或者说是在总资本中用于技术方面的资本较多，在其生产的产品或劳务中技术含量高、脑力劳动所占比例较大的产业。如航天、电子计算机、新材料、新能源、测控仪器、信息服务、金融服务等产业都属于技术密集型产业。

（四）知识密集型产业

知识密集型产业是指在生产和服务过程中对知识的需求依赖程度较大的产业，或者说是在总资本中用于知识方面的资本较多，以知识的生产和传播为主体的产业。实际上，技术也是知识，技术密集型产业也可以说是知识密集型产业，广义的知识密集型产业包含技术密集型产业。

三、按产业地位分类的产业

（一）基础产业

基础产业是指在产业结构体系中为其他产业的发展提供基本条件并为大多数产业提供服务的产业。基础产业是其他产业赖以发展的基础和前提条件，因此，一般要求先行发展基础产业。如果基础产业得不到先行的、充分的发展，它就会成为整个国民经济进一步发展的制约因素。从广义来看，农业、基础设施产业、资源产业都属于基础产业；从狭义来看，一般只将基础设施产业视为基础产业。基础产业的具体内容或种类结构会随着经济发展而不断发生变化。

（二）瓶颈产业

瓶颈产业是指在产业结构体系中未得到应有发展而已严重制约其他产业和国民经济发展的产业。瓶颈产业的存在，会使产业结构体系的综合产出能力受到较大的限制。如果基础产业未得到先行的、充分发展，那么它就可能成为瓶颈产业。因此，优化产业结构，提高产业的综合产出能力，就应该克服产业的瓶颈限制，优先发展瓶颈产业。

（三）支柱产业

支柱产业是指在产业结构体系的总产出中占较大比例的产业。支柱产业在产业结构体系的总产出中占较大比例，是一国财政收入的主要来源，它对国民生产总值的增长和整个国民经济的发展都具有重要的作用，因此，支柱产业是一国经济的主要支柱，是一国需要重点支持发展的产业。当然，处于成熟期的支柱产业，其地位也不是固定不变的，随着产业结构的演进，新兴产业逐渐进入成熟期而发展成为新的支柱产业，而现有的支柱产业会逐渐进入衰退期而失去支柱产业的地位。

（四）主导产业

主导产业是指在产业结构体系中处于主体地位并起着产业发展的引导和支撑作用的产业。主导产业的产业关联性强，具有带动其他产业一起发展的功能，因此，主导产业在很大程度上决定了该产业结构的基本特征和发展方向。

（五）先行产业

先行产业是指在产业结构体系中因关系到国民经济发展而必须优先发展的产业。其内涵有广义与狭义之分，广义的先行产业包括狭义的先行产业和先导产业。狭义的先行产业是指根据产业结构发展的内在规律必须先行发展以免阻碍其他产业发展的产业，它包括瓶颈产业和基础产业；先导产业则是指按国民经济发展的需要，必须先行发展而又能够带动和引导其他产业发展的产业。

四、按产业发展状况分类的产业

（一）按技术先进程度来确定不同发展状况的产业

1. 传统产业

传统产业是指其应用的技术并不代表现代新技术的发展，在经济发达国家中增长缓慢甚至下降的产业。如传统种植业、纺织业、钢铁业、煤炭业、造船业、一般机械制造业以及传统服务业等产业都属于传统产业。虽然传统产业在经济发达国家的产业结构体系中存在下降趋势，但是在经济落后的发展中国家的产业结构体系中仍然占有十分重要的地位，有些传统产业还是发展中国家的支柱产业。传统产业往往采用落后的低水平技术，但传统产业不一定永远是低技术产业，可以通过技术更新改造，用高新技术武装传统产业，提高技术水平。

2. 高新技术产业

高新技术产业（high-tech industries）是高技术产业和新技术产业的统称。它是指其应用的技术代表了世界技术的高水平和新的发展趋势，且在经济发展中增长较快的产业。按联合国有关机构的分类，高新技术产业包括信息产业、生命工程产业、新能源与可再生能源产业、新材料产业、航空航天产业、海洋开发产业、环境保护产业、咨询服务产业。技术是不断进步的，水平也是不断提高的，新技术层出不穷，因此高技术、新技术是相对概念，其具体内容并不是一成不变的，而是不断变化的。以往的高技术，今天可能会变成传统低技术；现在的新技术，将来可能成为落后的技术。与此相应的高新技术产业在不同的发展阶段也会不相同。某产业在过去是高技术产业，在现在或者将来可能不是高技术产业。

（二）按发展趋势来确定不同发展状况的产业

1. 夕阳产业

夕阳产业又称衰退产业。这是指其产品需求量逐步下降，产业增长率低于国民经济各产业的平均增长率且呈下降趋势，在国民经济和整个产业结构中的地位与作用不断下降的产业。随着科技的发展和产业结构升级，原来的支柱产业可能被替代，成为夕阳产业。如在英国工业化发展过程中，纺织工业曾是主导产业，随着机械工业的发展，特别是高新技术产业的发展，纺织工业退居夕阳产业地位。一般来说，传统产业都可能变成夕阳产业，但传统产业并不等同于夕阳产业。在现代多元化的复杂产业结构体系中，有些传统产业仍有存在的必要性，需要运用高新技术进行更新改造，使之重新焕发青春。如果不对夕阳产业进行技术改造，那么夕阳产业发展到一定时候，就会因技术老化、需求萎缩、成本上升、长期亏损而不能适应市场需求而退出市场，成为淘汰产业。因此，夕阳产业的出现是产业生命周期自身演化和产业结构有序变动的必然结果。为了将低效率、低效益的夕阳产业的资本存量向高效率、高效益的主导产业、支柱产业或新兴产业有序转移，以优化资源配置和推动产业结构高度化，需要制定和实施对夕阳产业进行援助或调整的产业政策。

2. 朝阳产业

朝阳产业又称新兴产业。这是指其产品需求量逐步上升，产业增长率高于国民经济各产业的平均增长率且呈上升趋势，在国民经济和整个产业结构中的地位与作用不断上升的产业。朝阳产业代表着市场的新需求，代表着产业结构转换的新方向，代表着现代科学技术产业化的新水平，它能对产业结构的演进起重要的导向作用。在现代经济中，与作为物质产品生产部门的第一次产业和第二次产业相比，第三次产业就是朝阳产业，它如旭日东升，在国民生产总值和社会就业总量中所占的比例日益上升，地位和作用日渐重要。一般来说，高技术产业、新兴的环境保护产业、信息产业、生态产业、网络产业、现代服务业等都属于朝阳产业。朝阳产业的产生和发展既是科技发展的必然结果，也是产业结构升级的必然要求。但是，朝阳产业在产生初期都较弱小，也称为幼稚产业或幼小产业，在产业竞争中处于劣势地位，因此需要制定和实施对它进行扶植、培育和保护的产业政策。

（三）按产品供求情况来确定不同发展状况的产业

1. 长线产业

这是指生产规模较大、产品已经满足市场需求甚至过剩的产业。长线产业一般是由重复投资、重复生产形成的，它会造成资源的浪费。在产业结构调整和升级的过程中，主要采取压缩、限制长线产业发展的政策。

2. 短线产业

这是指生产规模较小、产品不能满足需求的产业。短线产业也可能是瓶颈产业。不仅造成市场供不应求，而且影响其他产业以至整个国民经济的发展。在产业结构调整和升级的过程中，主要采取支持短线产业发展的政策，也就是“限长补短”，压缩长线产业，弥补短线产业，增加短线产业的产品供给，克服产业“瓶颈”制约。

五、两大部类产业①

（一）第一部类

这是指专门生产生产资料的产业部门，目的是要满足社会生产消费的需要。第一部类又分为两个小的副类：一是为生产资料生产提供生产资料的产业部门；二是为生活资料生产提供生产资料的产业部门。

（二）第二部类

这是指专门生产生活资料的产业部门，目的是要满足社会消费需求。第二部类又分为两个小的副类：一是生产必要消费品的产业部门，以满足基本生活需要；二是生产奢侈消费品的产业部门，以满足发展和享受的生活需要。

六、按物质生产的特点分类的产业

（一）农业

农业指广义的农业，包括种植业、畜牧业、渔业和林业。种植业主要包括粮棉油种植业和经济作物种植业，畜牧业包括草原畜牧业和山区畜牧业，渔业包括淡水渔业和海洋渔业，林业包括原始林业和人造林业。

（二）轻工业

轻工业是主要生产消费资料的各工业部门的总称。轻工业的主要部门包括纺

---

① 马克思恩格斯全集（第24卷）. 北京：人民出版社，1972：448.

织、食品、缝纫（服装）、制革、毛皮、家具、造纸、印刷、家用电器、钟表、日用金属、日用化工、玻璃、陶瓷、卷烟、医药、文教体育艺术用品等。轻工业生产的产品主要用于生活消费，也有一部分用于生产消费，因此中国在计划经济时期和改革初期，还将轻工业具体划分为第一轻工业（生产生活消费品的轻工业部门）和第二轻工业（部分产品用于生产消费的轻工业部门，如工业用布、工业用革等部门）。

（三）重工业

重工业是主要生产生产资料的各工业部门的总称。重工业的主要部门包括采矿、燃料、冶金（如钢铁）、煤炭、石油、化工、电力、机械、建筑材料等。重工业生产的产品主要用于生产消费，也有一部分产品用于生活消费，如生活用的电力、煤炭等。

第三节 中国的产业分类

一、中华人民共和国产业分类的形成和发展

（一）改革前的中国产业分类

关于中国的产业分类问题，在前面有关马克思两大部类产业分类法、农轻重产业分类法、三次产业分类法以及标准产业分类法等产业分类方法的论述中，从比较或例证的角度作了简要说明。事实上，从新中国成立到改革开放前的产业分类和经济统计中，一直采用的是 MPS 分类法即物质产品平衡表体系分类法，也就是五部门分类法，它将物质生产领域的国民经济活动划分为农业、工业、建筑业、运输业和商业。第三次产业的迅速发展使五部门分类法具有日益明显的局限性。

（二）改革以来产业分类的变化和发展

中国在 20 世纪 80 年代初期引入三次产业分类方法，随后国家统计局于 1984 年 5 月对中国的三次产业进行了划分，发布了经济行业分类标准。这个标准基本上是参照国际标准产业分类（ISIC）制定的，只不过根据中国的一些特殊情况作了必要的调整和更改。就工业分类而言，对全部工业作了四个层次的划分：第一层次将工业分为采掘业和制造业；第二层次再将采掘业和制造业分为 41 大类，其中采掘业包括 9 个大类，制造业包括 32 个大类；第三层次进一步将 41 大类细分为 212 个中类；第四层次继续将 212 个中类细分为 548 个小类。

1985年5月，国家统计局确定了中国三次产业的划分界限，正式提出了《关于建立第三产业统计的报告》，随后中国发布了《国务院办公厅转发国家统计局关于建立第三产业统计的意见》，确定了中国的三次产业划分标准。第一次产业为农业，包括林业、畜牧业和渔业等；第二次产业为工业和建筑业，其中工业包括采掘业、制造业、自来水、电力、蒸汽、煤气的制造和供给业；第三次产业指除了上述第一次产业和第二次产业之外的其他产业，又分为两大部分和四个层次。第三次产业的两大部分是流通部门和服务部门。四个层次分别是：（1）流通业，包括交通运输业、邮电通信业、商业、饮食业、物资供销业和仓储业；（2）为生产和生活服务的行业，包括金融业、保险业、地质普查业、房地产业、公用事业、居民服务业、旅游业、咨询业、信息服务业和各类技术服务业；（3）为提高科学文化水平和居民素质服务的各个行业部门，包括教育、文化、广播电视、科学研究、卫生、体育和社会福利等；（4）为社会公共需要服务的行业部门，包括国家机关、政党机关、社会团体和军队警察等部门。虽然第四层次的行业部门列入第三次产业范围，但不计算产值。

1987年10月，国家统计局发布了《投入产出部门分类和代码》，确定了各产业分类，并用5位编码表示产业小类。中国政府通常采用的第三次产业分类方法还有一种是国家统计局在《投入产出部门分类和代码》中，将第三次产业划分为8个大类（第26~33大类），每个大类又细分为若干中类，每个中类再细分为若干小类，具体如下：

26101：铁路货运业，26102：公路货运业，26103：水上货运业，26104：航空货运业，26105：管道运输业，26200：邮电通信业；

27101：国内商业，27102：粮油商业，27200：对外贸易业；

28000：饮食业；

29001：铁路客运业，29002：公路客运业，29003：水上客运业，29004：航空客运业；

30100：房地产业，30200：公用事业，30300：居民服务业；

31101：卫生事业，31102：体育事业，31103：社会福利事业，31201：教育事业，31202：文化艺术和广播电视事业，31301：科学研究事业，31302：综合技术服务事业；

32001：金融业，32002：保险业；

33000：行政机关。

1988年，《中国统计年鉴（1988）》首次使用三次产业统计，从而使中国的产业分类与世界大多数国家相对一致。1994年，中国根据国际标准产业分类（ISIC）1988年第三次修订版制定了中国产业分类的国家标准《国民经济行业分类与代码》（GB/T4754—94）。2003年5月，中国颁布了根据《国民经济行业分类与代码》

（GB/T4754—2002）制定的《中华人民共和国三次产业划分规定》，指出该规定从发布之日起执行，同时废止 1985 年制定的关于三次产业划分的规定。以下从国家标准和国有资本金统计分类的具体应用规定两个方面分别介绍中国的标准产业分类。

二、中国产业分类的国家标准

中国现行的产业分类的国家标准是《国民经济行业分类与代码》（GB/T4754—2002），该标准等效采用国际标准产业分类（ISIC）1988 年第三次修订版①，是在《国民经济行业分类与代码》（GB/T4754—94）的基础上调整、修改、完善而形成的。

（一）国家标准的内容与适用范围

该标准规定了国民经济行业分类的原则和划分行业的基本单位、编码方法及代码。该标准适用于企业、事业单位、国家机关、社会团体。在计划、统计、财务会计、税收、工商行政管理和国家宏观管理、部门管理等项工作中，应按照该标准的规定，处理行业分类资料，进行有关的分析研究工作。

（二）国家标准的分类原则

第一，以新国民经济核算体系中关于统计单位划分的原则作为划分行业的基本原则，并在分类中注意区分第一、二、三次产业。

第二，依据按经济活动性质的同一性进行分类的原则，即主要按企业、事业单位、机关团体和个体从业人员所从事的生产经营活动或其他社会经济活动性质进行行业分类，而不按其所属行政管理系统分类。某一行业就其实质来说是指从事一种或主要从事一种活动的所有单位的集合体。

第三，积极吸取世界各国行业分类标准的经验，在具体分类中尽可能向联合国的国际标准产业分类（ISIC）靠拢，以便进行国际资料对比。

（三）国家标准划分行业的基本单位

企业、事业单位、国家机关和社会团体等各类组织机构，均以产业活动单位作为划分国民经济行业的基本单位。产业活动单位是指在一个场所从事一种或基本上从事一种经济活动的单位。对于大多数企业、行政事业单位来说，因为它们从事的经济活动比较单一，所以它们就是产业活动单位。但对于大型联合企业、集团公司

---

① 中华人民共和国财政部统计评价司．1998 年国有资产年报编制手册．北京：经济科学出版社，1998：165-202.

或从事两种及两种以上重要经济活动的单位，则需要进一步按经济活动划分产业活动单位。产业活动单位应同时具备以下三个条件：（1）具有一个场所，从事一种或主要从事一种经济活动；（2）单独组织生产、经营或业务活动；（3）掌握收入和支出的会计核算资料。

乡、镇以及村办的工业、建筑、批发零售贸易、交通运输、文教卫生等单位，具备产业活动单位条件的，按经济活动性质划分其所属的行业。其中，乡、镇以及村办企业中，可划归工业各行业的单位应当同时具备以下四个条件：（1）有固定的（或相对固定的）生产组织、场所、生产设备和从事工业生产的人员；（2）常年从事工业生产活动或从事季节性生产，全年开工时间在3个月以上；（3）具有单独的账目，能够同农业及其他生产行业分开核算；（4）在当地工商行政管理部门注册登记并领取营业执照。

对于农村中本身以从事农业为主，而只在某些时候兼做一些工业生产活动或其他生产活动的农户，按其从事的主业应划归农业。

以上有关行业基本单位的划分有利于进行国民经济统计、经济普查及产业管理和研究。

（四）国家标准的编码方法

新行业分类采用了级分类法，将社会经济活动划分为门类、大类、中类和小类四级。与此相对应，该体系编码主要采用层次编码法。门类在体系中与大类的联系并不紧密，它的编码与大、中、小类的编码方法独立。具体地说，门类采用了字母顺序编码法，即用ABC…T顺次表示门类；大、中、小类依据等级制和完全十进制，形成三层4位数字码的产业类别标识系统。但大类在参与层次编码的同时，又采用了数字顺序编码法，即代码前2位表示大类，从01开始依据分类体系的排列次序按升序给大类赋码；代码的前3位和前4位分别表示中类和小类，每层代码从1开始编，按升序排列，最多编到9。如《国民经济行业分类与代码》（GB/T4754—94）中82表示大类“信息、咨询服务业”，822表示中类“咨询服务业”，8223表示小类“会计、审计、统计咨询服务业”；修改的《国民经济行业分类与代码》（GB/T4754—2002）中82表示大类“居民服务业”。

在《国民经济行业分类与代码》（GB/T4754—94）中分类的每一层设立了带有“其他”字样的收容类，为了能够标识这些类别，每层都有特殊的数字表示。即大类代码为“99”时，表示大类的收容类；中类和小类的代码末位数字为“9”时，分别表示中类和小类的收容类。修改的《国民经济行业分类与代码》（GB/T4754—2002）取消了大类中的收容类，不仅减少了中类和小类的收容类，而且按照实际的顺序赋码。

如果大类或中类不再细分，则它们后面的代码补“0”直到第4位。

各层尽可能留有空码，以适应今后增加或调整类目需要。如在大类中，《国民经济行业分类与代码》（GB/T4754—94）留有38、66、69、71、77、88、98共7个大类的空码，而修改的《国民经济行业分类与代码》（GB/T4754—2002）只留有12、38、64共3个大类的空码。

（五）国家标准的国民经济行业分类与代码表

国家标准的国民经济行业分类与代码表（GB/T4754—94）是按照门类（A~P共16个门类）、大类（用2位编码表示，包括7个大类的空码共99个大类）、中类（用3位编码表示，不包括空码共360个中类）、小类（用4位编码表示，不包括空码共812个小类）、类别名称、说明等6项内容来制表的。现将其归纳如表2-2所示。

表2-2 **中国国民经济行业分类（数）、类别名称与代码索引表** （GB/T4754—94）

门类	大类（数）	中类（数）	小类（数）	类别名称	说明	代码索引
A	5	14	16	农、林、牧、渔业	略	0110-0590
B	7	11	21	采掘业		0610—1220
C	30+1	172	543	制造业		1311—4392
D	3	7	10	电力、煤气及水的生产和供应业		4411—4620
E	3	7	7	建筑业		4710—4900
F	2	8	15	地质勘查业、水利管理业		5010—5100
G	9	21	22	交通运输、仓储及邮电通信业		5200—6030
H	6+1	32	67	批发和零售贸易、餐饮业		6111—6799
I	2+2	8	11	金融、保险业		6810—7000
J	3	3	3	房地产业		7200—7400
K	9+1	29	36	社会服务业		7511—8490
L	3+1	11	17	卫生、体育和社会福利业		8511—8790
M	3	18	25	教育、文化艺术及广播电影电视业		8911—9130
N	2	12	12	科学研究和综合技术服务		9210—9390
O	4+1	5	5	国家机关、政党机关和社会团体		9400—9720
P	1	2	2	其他行业		9910—9990
16	92+7	360	812			

注：表中大类C、H、I、K、L、O中的加数表示留有的空码个数，共7个空码。

修改的国民经济行业分类与代码表（GB/T4754—2002）是按照门类（A~T共

20个门类）、大类（用2位编码表示，包括3个大类的空码共98个大类）、中类（用3位编码表示）、小类（用4位编码表示）、类别名称、说明等6项内容来制表的。除了3个大类的空码外，第一产业包括5个大类产业，第二产业包括43个大类产业，第三产业包括47个大类产业。现将其归纳如表2-3所示。

表2-3 中国国民经济行业分类（数）、类别名称与代码索引表

（GB/T4754—2002）

产 业	门类	大类（数）	中类（数）	小类（数）	类 别 名 称	说明	代码索引
第一产业	A	5			农、林、牧、渔业	略	略
第二产业	B	6+1			采矿业	略	略
	C	30+1			制造业		
	D	3			电力、燃气及水的生产和供应业		
	E	4			建筑业		
第三产业	F	9			交通运输、仓储和邮政业	略	略
	G	3			信息传输、计算机服务和软件业		
	H	2+1			批发和零售业		
	I	2			住宿和餐饮业		
	J	4			金融业		
	K	1			房地产业		
	L	2			租赁和商务服务业		
	M	4			科学研究、技术服务和地质勘查业		
	N	3			水利、环境和公共设施管理业		
	O	2			居民服务和其他服务业		
	P	1			教育		
	Q	3			卫生、社会保障和社会福利业		
	R	5			文化、体育和娱乐业		
	S	5			公共管理和社会组织		
	T	1			国际组织		
20		95+3					

说明：（1）表中大类B、C、H中的加数表示留有的空码个数，共3个空码；（2）中类产业和小类产业的数量未统计。

三、中国产业分类的具体应用

中国标准产业分类不仅有国家标准，而且有部门标准，它们广泛应用于国民经

济统计、经济普查、产业管理、产业研究的各个领域。中国标准产业分类的国家标准在国有资本金统计分类中的具体应用表现为《国有资本金统计分类具体规定（修订）》①。

为规范国有资本金统计分析工作，建立科学和统一的分类标准，深入开发国有资产年报数据，根据国家标准《国民经济行业分类与代码》，对全国国有资本金统计分类统一作了规定②。

（一）基本分类

该规定以国家标准《国民经济行业分类与代码》（GB/T4754—94）的基本分类为依据，参照国家有关部门经济管理工作习惯用法，将国有资本金统计分为7类。③

按产业结构划分，分为第一产业、第二产业、第三产业。

按产业作用划分，分为基础性行业、一般生产加工行业、商贸服务及其他行业。

按产业特征划分，分为垄断性行业、竞争性行业、公益性及其他行业。

按产业管理部门划分，分为农牧渔业、林业、工业、建筑业、地质勘查及水利业、交通运输业、邮电通信业、贸易及餐饮业、金融保险业、房地产业、社会服务业和其他行业。其中，工业产业包括：煤炭工业、石油工业、冶金工业、建材工业、化学工业、森林工业、食品工业、烟草工业、纺织工业、石化工业、医药工业、机械工业、军工工业、电子工业、电力工业、市政公用工业及其他工业；贸易及餐饮业包括：内贸、外贸、粮油、餐饮。

按具体行业划分，是根据国家技术监督局发布的国家标准《国民经济行业分类与代码》（GB/T4754—94）中的大类、中类和小类标志划分。

按经济带划分，分为东部沿海地区、中部内陆地区、西部边远地区。东部沿海地区包括北京、天津、河北、辽宁、上海、江苏、浙江、福建、山东、广东、广西、海南、重庆④、大连、宁波、厦门、青岛、深圳18个省、自治区、市；中部内陆地区包括山西、内蒙古、吉林、黑龙江、安徽、江西、河南、湖北、湖南9个省、自治区⑤；西部边远地区包括四川、贵州、云南、西藏、陕西、甘肃、青海、

---

① 该规定根据1998年10月16日财政部［1998］财统字3号文制定。

② 中华人民共和国财政部统计评价司．1998年国有资产年报编制手册．北京：经济科学出版社，1998：254-260.

③ 该规定正在根据新的国家标准（GB/T4754—2002）进行调整修改，在未正式公布之前仍采用旧的国家标准（GB/T4754—94）。

④ 重庆直辖市，在产业经济带上将它划为东部沿海地区，在产业行政区上将它划为西南地区。

⑤ 中国中央政府2005年12月提出实施中部崛起战略，其在政策上所指的中部地区包括山西、河南、湖北、湖南、安徽、江西6个省。

宁夏、新疆9个省、自治区。该划分未包括台湾省和香港、澳门特别行政区。

按行政区域划分，分为华北、东北、华东、中南、西南和西北地区。华北地区包括北京、天津、河北、山西、内蒙古5个省、市、自治区；东北地区包括辽宁、吉林、黑龙江、大连4个省、市；华东地区包括上海、江苏、浙江、安徽、福建、江西、山东、宁波、厦门、青岛10个省、市；中南地区包括河南、湖北、湖南、广东、广西、海南、深圳7个省、市、自治区；西南地区包括重庆、四川、贵州、云南、西藏5个省、市、自治区；西北地区包括陕西、甘肃、青海、宁夏、新疆5个省、自治区。该划分未包括台湾省和香港、澳门特别行政区。

(二) 具体划分

依据产业分类的国家标准制定的《国有资本金统计分类具体规定（修订）》，将国有资本金统计分为上述7类，每类都有具体划分标准，并按产业（部门或行业）分类、范围及标志代码、备注等项目制表。现将按产业结构划分、按产业作用划分、按产业特征划分的具体内容分别列表，见表2-4、表2-5、表2-6。

表2-4　**按产业结构划分国有资本金的统计分类**

产业分类	范围及标志代码
第一产业	农业（01） 林业（02） 畜牧业（03） 渔业（04） 水利管理业（51）
第二产业	工业（06~46） 建筑业（47~49）
第三产业	农林牧渔服务业（05） 地质勘查业（50） 交通运输业（52~58） 仓储业（59） 邮电通信业（60） 金融保险业（68、70） 批发和零售、贸易和餐饮业（61~67） 房地产业（72~74） 社会服务业（75~84） 卫生体育和社会福利业（85~87） 教育、文化艺术及广播电影电视业（89~91） 科学研究和综合技术服务业（92~93） 国家机关、政党机关和社会团体及其他行业（94~99）

表 2-5 **按产业作用划分国有资本金的统计分类**

分　　类	范围及标志代码	备　注
一、基础性行业	采掘业（06～12） 原材料制造业（25、31、32、33、261） 电力、煤气及水的生产和供应业（44～46） 建筑业（472、473、481） 交通运输、仓储及邮电通信业（52～60）	
二、一般生产加工行业	农林牧渔业（01～04） 一般加工制造业（13～24、26～30、34～43） 建筑业（49、471、482）	不含 261
三、商贸服务及其他行业	农林牧渔服务业（05） 批发和零售、贸易及餐饮业（61～67） 金融、保险业（68、70） 房地产业（72～74） 社会服务业（75～84） 卫生、体育和社会福利业（85～87） 教育、文化艺术及广播电影电视业（89～91） 科学研究和综合技术服务业（92、93） 国家机关、政党机关和社会团体及其他行业（94～99）	

表 2-6 **按产业特征划分国有资本金的统计分类**

分　　类	范围及标志代码	备　　注
一、垄断性行业	石油工业（07） 船舶工业（376） 航天航空工业（337） 核工业（0966） 武器弹药制造业（39） 电力工业（441、442） 铁路运输业（52） 航空运输业（56） 邮电通信业（60） 金融保险业（68、70）	

续表

分　类	范围及标志代码	备　注
二、竞争性行业	煤炭工业（06、45）	
	冶金工业（08、09、3171、3179、32、33）	不含 0966
	建材工业（101、109、31、341、346）	不含 3142~3148、3171、3179
	化学工业（102、26、28、29、30）	
	森林工业（12、20）	
	食品工业（13、14）	
	烟草工业（16）	
	纺织工业（17）	
	石化工业（25）	
	医药工业（27）	
	机械工业（34、35、36、37、40、42）	
	电子工业（41）	
	其他工业（11、15、18~24、314、43、103）	不含 341、346、376、377
	建筑业（47、48、49）	
	公路运输业（53）	不含 3141、3149
	水上运输业（55）	
	管道及其他运输业（54、57、58）	
	仓储业（59）	
	房地产业（72、73、74）	
	批发和零售、贸易及餐饮业（61~67）	
三、公益性及其他行业	农林牧渔服务业（05）	
	市政公用工业（443、46）	
	地质勘查及水利业（50、51）	
	社会服务业（75~84）	
	卫生体育福利业（85、86、87）	
	教育、文化艺术广播电影电视业（89、90、91）	
	科学研究和综合技术服务业（92、93）	
	国家机关、政党机关和社会团体及其他行业（94~99）	
	农林牧渔业（01~04）	

依据产业分类的国家标准制定的《国有资本金统计分类具体规定（修订）》，其适用范围包括：国有资本金和集体资本金年报数据、季报数据、月报数据的汇总与分析；清产核资的汇总与分析；根据国有资本金统计数据测算企业效益评价指标标准值和保值增值指标比较系数。国有资本金对产业发展具有重要作用，对国有资

本金分别按产业结构、产业作用、产业特征、产业管理部门、具体行业、经济带、行政区域进行划分，不仅有利于进行规范化的统计，而且有助于进行统一比较分析，因此，它是中国标准产业分类的重要组成部分，其应用对于促进中国产业发展具有积极意义。

本章小结

产业分类是把具有不同特点的产业，按照一定标准划分成各种不同类型的产业，以便进行产业研究和管理。产业分类既是产业管理的需要，也是产业理论研究的条件和任务。

产业分类必须按照一定的标准进行，分类标准也就是分类的依据。产业分类标准和方法主要有：马克思的两大部类分类法、农轻重产业分类法、霍夫曼的产业分类法、三次产业分类法、生产要素集约分类法、产业地位分类法、产业发展状况分类法、标准产业分类法。按照不同分类标准进行产业分类，形成了多种多样的产业，它们构成不同结构的产业体系。

改革开放以前的中国产业分类就是将产业分为农业、工业、建筑业、运输业和商业。改革开放以来产业分类方法主要采用三次产业分类法，并根据国际标准产业分类制定和修改了中国三次产业分类的国家标准——《国民经济行业分类与代码》(GB/T4754—2002)，并广泛地应用于产业管理、产业研究的各个领域。

思考题

1. 产业分类的标准和方法主要有哪些？
2. 三次产业分类法和标准产业分类法的内容是什么？
3. 按产业地位分类的产业有哪些？按产业发展状况分类的产业有哪些？
4. 按产品的产业发展特征分类的产业有哪些？
5. 简述中国产业分类的国家标准。
6. 你能提出定量分析不同产业的不同生产要素密集度的方法吗？

第三章　产 业 结 构

产业结构的状况，既是社会经济发展水平的标志，又是社会经济发展的决定性因素，因此产业结构的研究特别重要。产业结构实质上是产业与产业之间的经济技术关系，是产业经济学研究的最重要的内容；产业结构理论是研究产业之间的经济技术联系及其变动的理论，也是产业经济学最重要的组成部分。本章论述产业结构理论，主要包括产业结构的含义、类型、与经济发展的关系、决定和影响产业结构状况和变化的因素、产业结构变动的规律、产业结构的优化、工业化及其道路。

第一节　产业结构概述

一、产业结构的概念

一般来说，“结构”是指事物的各个构成部分的组合及其相互关系。产业结构是指国民经济中产业的构成及其相互关系。产业结构存在“广义”和“狭义”之分。狭义产业结构的内容主要包括：构成产业总体的产业类型、组合方式，各产业之间的经济技术联系，各产业的技术基础、发展程度及其在国民经济中的地位和作用。广义产业结构除了狭义产业结构的内容之外，还包括产业之间在数量比例上的关系、在空间上的分布结构。如果把产业内部的结构即产业内部企业的构成及其相互关系也当成是广义产业结构的内容，从这种广义产业结构的角度看，产业经济学就可以说是研究广义产业结构的经济学，我们认为这样理解过于宽泛。本书所讲的广义产业结构，不包含产业内部的企业构成。广义产业结构理论包括从数量比例上分析各类产业之间关系的产业关联理论和从空间上分析产业分布结构的产业布局理论，本章专门介绍狭义产业结构理论。

二、产业结构的类型

产业有多种不同的类型，产业结构也有各种不同的类型。由于产业结构中各产业的状况、发展程度有差别，相互之间的关系及其在国民经济中的地位和作用是不断变化的，所以产业结构的状况会不相同，并且也会不断发生变动，也就必然存在各种不同种类的产业结构。正确划分产业结构的类型，是研究产业结构状况和发展规律的理论前提。产业结构主要存在按以下几种不同标准和方法划分的类型。

（一）三次产业构成不同的类型

根据三次产业分类法的分类，按照三次产业在国民经济中所占的比重、所处的地位不同进行排序，越是排在前面的产业占的比重越大、地位越重要的方法，产业结构可分为1、2、3（其中1是第一次产业，2是第二次产业，3是第三次产业，下同）型，2、1、3型，2、3、1型，1、3、2型，3、1、2型和3、2、1型等六种类型；在图形上表现为金字塔形、鼓形（橄榄形）、哑铃形（工字形）和倒金字塔形等四大类型，如图3-1所示：

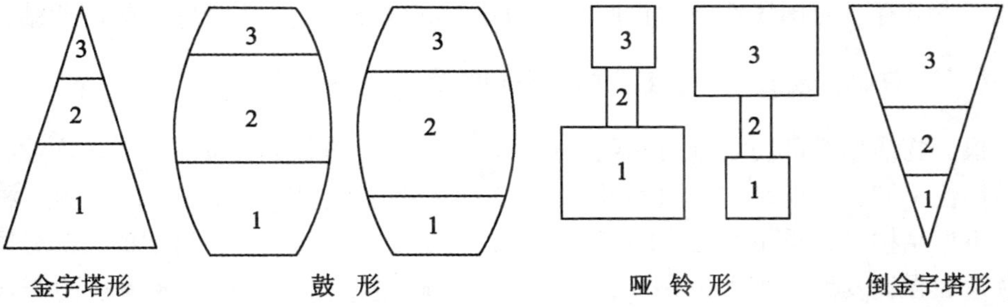

图3-1　三次产业构成不同的产业结构类型

图3-1中，1表示第一次产业，2表示第二次产业，3表示第三次产业。在图形中所占面积的大小，表示各产业在国民经济中所占比重的多少。

所谓金字塔形结构，也就是1、2、3型结构，是指第一次产业在国民经济中占的比重最大、工业和服务业的比重都很小、工业主要是手工业、以第一次产业为主的产业结构，这是农业社会或农业国的产业结构。

所谓鼓形结构，又称橄榄形结构，是指第二次产业在国民经济中占的比重最大，第一、三次产业占的比重比较小，以制造业为主的产业结构，这是工业社会或工业国的产业结构。鼓形结构又有两种情况：一是第一次产业的比重比第三次产业大的2、1、3型结构，这是工业化前期的结构，农业的比重还比较大；二是第三次产业的比重比第一次产业大的2、3、1型结构，这是工业化中期的结构，服务业的比重已经超过农业。

所谓哑铃形结构，又称工字形结构，是指第二次产业在国民经济中占的比重比较小，第一、三次产业占的比重比较大的特殊型结构，这是部分发展中国家或地区在特定条件下形成的产业结构。比如以石油等矿产品出口为主或者以旅游等服务业为主、工业发展又比较落后的国家和地区，往往会形成这种产业结构。哑铃形结构也有两种情况：一是第一次产业的比重比第三次产业大的1、3、2型结构；二是第三次产业的比重比第一次产业大的3、1、2型结构。

所谓倒金字塔形结构，也就是3、2、1型结构，是指第三次产业在国民经济中占的比重最大、第二次产业其次、第一次产业最小、以服务业为主的产业结构，这是后工业社会或发达的工业化国家的产业结构。

（二）产业比例关系不同的类型

按照产业之间比例关系状况的不同，产业结构可分为协调型和失衡型两大类。协调型结构也称均衡型结构，是指产业之间数量比例合理，投入产出均衡，没有过剩和短缺现象或者不严重，国民经济能够协调发展的产业结构；失衡型结构也称畸形结构，是指产业之间数量比例失调、投入产出失衡，某些产品严重过剩或严重短缺或二者并存，对国民经济的长期发展和效益的提高会产生不利影响的产业结构。

（三）农业、轻工业和重工业构成不同的类型

根据物质生产部门划分为农业、轻工业、重工业的分类，按照三者在产业结构中的地位不同，产业结构可分为重型结构、轻型结构、以农为主型结构等三种类型。重型结构是以重工业为主的产业结构，这是处于工业化中、后期的大部分国家或者片面强调发展重工业的国家的产业结构；轻型结构是以轻工业为主的产业结构，这是一般处于工业化初期的国家的产业结构；以农为主型结构则是没有实现工业化国家的产业结构。重型结构又有两种不同的类型：一是以原材料、燃料、动力、交通运输、基础设施等基础工业为重心的重型结构，这是重工业化前期的产业结构；二是以高加工度制造业为重心的重型结构，这是重工业化后期的产业结构。

（四）产业发展层次不同的类型

按照产业的发展程度、技术水平、生产要素密集度、加工程度和附加值大小的不同，产业结构可分为初级结构、中级结构、高级结构等三个不同等级的类型。初级结构是指以技术落后产业、劳动密集型产业、加工度比较低和附加值比较小的产业或第一次产业为主的产业结构，这是发展水平最低的产业结构；中级结构是指以技术水平较高产业、资本密集型产业、加工度比较高和附加值比较大的产业或第二次产业为主的产业结构，这是发展水平较高的产业结构；高级结构是指以高新技术产业、技术密集型产业、高加工度和高附加值的产业或第三次产业为主的产业结构，这是发展水平最高的产业结构。所谓产业结构的高度化或高级化，主要就是指产业结构由初级结构向中级结构、高级结构发展的过程。

三、产业结构与经济发展

产业结构理论之所以是产业经济学最重要的组成部分，学习和研究产业结构理

论之所以意义重大，最根本的原因在于产业结构与经济发展的关系十分密切。产业结构与经济发展互为条件、互为因果，产业结构是过去经济发展的产物，又是未来经济发展的基础、动力和关键因素。产业结构的状况及其演进对经济发展的影响和作用，主要表现在以下几个方面。

（一）产业结构的改善是经济发展的重要组成部分

社会经济发展包括经济数量的增长、经济结构的改善和生活质量的提高。其中，经济结构主要是产业结构。由此可见，产业结构改进的本身就包含在经济发展之中，产业结构的改善就意味着经济的发展，经济要发展就必须改善产业结构。而且，经济数量的增长、水平的提高，又有助于产业结构的优化升级，既为产业结构的优化创造了有利条件，又提出了产业结构必须改善的要求。

（二）产业结构的状况是经济发展水平的主要标志

衡量经济发展水平的标准，主要不是经济增长、规模扩张、数量增加，而是产业结构的状况，产业结构优化的程度是经济发展水平高低的主要标志。比如，经济发展水平不同的农业经济社会、工业经济社会、知识经济社会的界定和区分，都以产业结构的状况作为标志。之所以叫农业经济社会，就是因为产业结构是以农业为主；之所以叫工业经济社会，又是因为产业结构是以工业为主；之所以称为知识经济社会，也是因为产业结构是以生产和传播知识的产业为主。

（三）产业结构的改进是经济协调和持续发展的必要条件

经济发展要协调，产业结构必须合理，数量比例必须恰当，投入产出关系必须均衡，社会再生产的实现条件必须满足。否则，必然是比例失调、结构失衡、短缺和积压并存，连简单再生产都难以维持。经济发展要持续，产业结构必须不断优化升级，必须发展环保产业、知识技术密集型产业，发展节约、保护、高效利用资源的产业。否则，必然导致环境污染、资源破坏、生态失衡，根本不可能实现可持续发展。

（四）产业结构的状况是经济效益高低的决定性因素

产业结构是决定资源在产业之间能否优化配置、高效利用的关键性因素。在产业层次上，只有产业结构合理化，资源才能充分利用，防止积压和浪费；只有产业结构高级化，产业的资源才能高效利用。宏观资源的优化配置，主要体现为资源在产业之间的优化配置。产业结构优化带来的经济效益不仅是决定宏观经济效益的重要因素，而且产业效益比企业效益意义更大，因为单个企业效益再高，如果整个产业部门生产过剩，等于无效益。

（五）优化的产业结构是经济发展的强大动力

产业结构对经济发展具有双重作用：不合理的产业结构，意味着产业的比例失调，会导致资源浪费，严重妨碍经济的发展，使社会需求得不到较好的满足；优化的产业结构，意味着产业的比例协调、技术先进、发展层次高，能够实现产业资源的优化配置和高效利用、改善供给、增加有效供给、创造新的需求，带来经济快速、协调、高效发展，使社会需求得到较好的满足。

四、产业结构效应

产业结构之所以能够对经济发展产生巨大的影响，主要原因在于产业结构的特殊功能。产业结构的特殊功能来自产业结构效应的作用。产业结构效应是指产业结构及其变化对经济发展产生影响的方式和效果。① 产业结构效应主要包括产业结构的结构关联效应、结构弹性效应、结构成长效应、结构开放效应、结构供给效应、结构需求效应。

（一）结构关联效应

产业结构不仅在内部具有产业关联效应、扩散效应、辐射效应、带动效应，即一种产业的发展可以带动前向、后向、旁向、环向产业的发展，一种产业的新技术能够广泛用于其他产业，提高产业总体的技术水平，而且产业结构还存在结构关联效应，即产业结构的变动能够引起资源结构、城乡结构、地区结构、就业结构、消费结构、分配结构等其他结构的变化，进而影响经济发展的作用和效果。

（二）结构弹性效应

产业结构的结构弹性效应是指产业结构作为供给结构，具有可变性和适应性，能够适应需求结构变动而促进经济增长效率提高的作用和效果。

（三）结构成长效应

产业结构的结构成长效应是指产业结构的变动能够重新配置资源，使资源流向生产率更高的部门，引起有效产出极大增长的作用和效果。

（四）结构开放效应

产业结构的结构开放效应是指参与国际分工和国际贸易，利用国际产业结构变动的机遇，调整本国产业结构，促进经济增长的作用和效果。

---

① 苏东水．产业经济学．北京：高等教育出版社，2000：281.

（五）结构供给效应

产业结构的结构供给效应是指产业结构的改善能够提高供给能力，增加有效供给，减少无效供给的作用和效果。

（六）结构需求效应

产业结构的需求效应是指产业结构的改进能够更好地满足需求、引导需求、创造新的需求的作用和效果。

第二节 产业结构的制约因素

产业结构的现状及其变动对经济发展的影响巨大，进一步分析决定和影响产业结构现状和变动的因素就显得特别重要。研究和了解制约产业结构及其变动的因素，有助于正确认识产业结构现状和变动的原因、规律及趋势，从而制定合理的产业结构政策，有效地调整产业结构，优化产业结构，促进经济发展。制约产业结构的因素很多，主要有经济发展因素、需求因素、供给因素、技术因素、制度因素、社会因素、国际因素等。①

一、经济发展因素

产业结构是经济发展的产物，经济发展因素是制约产业结构最重要、最基本的因素，主要包括生产力发展的水平、经济发展所处的历史阶段、社会分工和专业化的程度、经济总量的规模和增长速度等。在生产力水平低下的自给自足的自然经济发展阶段，产业结构只能以农业为主、以劳动密集型产业为主；在生产力发展水平比较高的机器大生产阶段，产业结构必然以工业为主、以资本密集型产业为主；在生产力高度发达的知识经济时代，产业结构将是以高新技术产业、知识技术密集型产业为主的高级结构。经济总量规模的大小和增长速度的快慢，对产业结构的影响也相当大。经济总量的规模越大，分工专业化的程度相对越高，产业门类可能越齐全，产业结构会越复杂；反之，则相反。经济增长速度越快，对产业结构改进的要求越高，越有利于高新技术产业的发展、短线产业的扩张；经济增长速度越慢，越有利于压缩长线产业、淘汰落后产业。除此之外，需求因素、供给因素、技术因素等其他制约产业结构的因素，也要受到经济发展状况的影响。

---

① 苏东水．产业经济学．北京：高等教育出版社，2000：240-245；潘强恩，马传景．经济结构与经济增长．北京：经济科学出版社，1998：13-20.

二、需求因素

社会生产的最终目的都是要满足需求，因此，需求的状况及其变化是制约产业结构的重要因素。需求的状况及其变动与人口的数量和结构、经济发展的状况和人均收入水平的高低等许多因素紧密相关。决定和影响产业结构的状况及其变动的需求因素很多，主要是需求总量和需求结构及其变化。需求总量和结构的现状，要求社会生产提供相应的一定数量的各种不同类型的产品和劳务，是决定产业结构现状的重要因素；需求总量和结构的变化，都会引起相应产业的收缩或扩张，也会导致旧产业的衰落和新产业的诞生，从而造成产业结构的变动。

（一）需求总量

从需求总量上看，总量的多少会影响产业结构规模的大小，即构成产业结构的产业数量的多少及其规模的大小。需求总量越大，要求提供的产品和劳务越多，相应的产业总体规模也会越大，产业结构规模也就越大；反之，则越小。由于需求总量要受人口数量、经济发展状况、人均收入水平、物价总水平和投资总量的影响，随着人口数量、经济发展状况、人均收入水平、物价水平、投资规模的变化，需求总量也会发生变化，必然推动产业结构也发生相应的变化。人口数量的增加、经济发展的加快、收入水平的提高、投资规模的扩大，需求总量也会扩大，产业规模就会相应扩大。

（二）需求结构

需求结构是制约产业结构的需求因素中最直接、最主要的因素。生产为了需求，需求存在多层次、不同种类的区别，需求结构决定生产结构，生产结构从某种意义上说就是产业结构，需求结构的状况及其变化，必然决定和影响产业结构的现状和变动。需求包括投资需求和消费需求两大部分，需求结构则主要有消费结构、投资结构、消费与投资的比例结构三个方面。

1. 消费结构

消费结构是指消费种类的构成，各类消费支出在消费支出总额中所占的比重及其相互关系。这里的消费指生活消费，不包括生产消费。人们对消费品和劳务的需求的种类和各类需求的数量及其变化，直接决定着产业的种类和规模及其变化，也就影响着产业结构的状况及其变动。消费结构主要影响生产生活消费资料的产业的构成。消费结构的状况及其变化，主要受经济发展程度、收入水平高低、人口结构和消费物价水平等因素的影响，会随着这些因素的变化而变化。消费需求存在多种类型，按层次不同可分为生存需求、发展需求和享受需求；按消费水平高低不同可分为饥寒型、温饱型、小康型和富裕型。首先满足生存需要，然后再满足发展和享受的需要，这是消费结构变动的一般规律。随着人均收入水平的提高，人们用于食、衣、住、用、行、文化娱乐的消费支出在消费总支出中所占的比重会发生依次逐步增加的变动，消费结构也会发生相应的变化。恩格尔定理揭示了消费结构随着收入水平提高而变动的趋势，即随着人均收入水平的提高，人们用于食物的消费支出占消费总支出的比重下降的规律。消费结构的变化规律直接制约着生产消费品产业的构成变动的方向，引起相应产业的收缩或扩张、衰亡或兴起，进而导致整个产业结构的变动。

2. 投资结构

投资结构是指投资在国民经济的各部门、各行业、各地区之间的分配情况和比例关系。投资结构也是制约产业结构的直接的重要的因素。投资提供产业发展所需的资金，形成新的生产能力甚至新的产业，扩大对生产资料的需求。投资结构能够从多方面影响产业结构的形成和变动。首先，投资在各产业之间的分布和比例的不同，会引起各产业不同程度的发展，导致产业结构的变动；其次，投资作为增量可以引起产业存量的变化，也会导致产业之间数量比例关系的变化；再次，不同的投资方向会形成对生产资料的不同需求，引起生产生产资料产业构成的变动；最后，投资结构一般与消费需求结构变化的要求相一致，从而进一步促进产业结构的变动；如果投资增加对劳动力的需求，还会增加对消费资料的需求，也会间接引起产业结构的变化。

3. 消费与投资的比例结构

消费需求与投资需求的比例结构也是需求结构的重要方面，也是制约产业结构的直接的重要因素。消费与投资的比例关系直接决定生产消费资料的产业与生产生产资料的产业的比例关系；消费与投资比例的变化会直接引起生产消费资料的产业与生产生产资料产业的比例的变化。在工业化过程中，一般存在的生产资料产业增长更快、比重逐步增大，消费资料产业增长相对缓慢、比重相对缩小的产业结构变动的趋势，正是消费与投资比例结构变化的结果。

三、供给因素

制约产业结构的供给因素是指生产要素供给方面的因素，主要包括自然条件和资源的禀赋、劳动力资源和资本供应状况等。

（一）自然条件和资源的禀赋

合理的产业结构必须发挥本国自然条件和资源禀赋的比较优势，这样才能更好地促进国民经济的高效快速发展。因此，气候、水土、森林、矿产等自然条件和资源的禀赋状况，是制约产业结构的重要因素，对形成具有比较优势的产业结构有决定性的作用。气候条件优越、水资源丰富、土地广阔肥沃的国家和地区，更适合农业的发展，农业在产业结构中可能处于重要地位；自然人文景观独特、旅游资源丰富的国家和地区，更适合发展旅游服务业；石油、煤、铁、有色金属等矿产资源丰富的国家和地区，资源开发型的产业会占相当大的比重，甚至可能形成以资源开发型产业为主导的产业结构，如石油输出国以石油开采为主导的产业结构；自然资源匮乏的国家和地区，不可能形成资源开发型产业，往往只能建立以加工制造业、知识密集型产业或服务业为主体的产业结构。

（二）劳动力资源

劳动力是最主要的生产要素，劳动力的数量、素质、结构（年龄、性别）和价格等劳动力资源的状况及其变化，是决定和影响产业结构形成和变动的重要因素。劳动力资源丰富价廉的国家和地区，更适合发展劳动密集型产业；劳动力素质好、受教育程度高的国家和地区，发展知识技术密集型产业更为有利，而且更有助于提高产业发展的水平，实现产业结构高度化；年轻劳动力、女性劳动力多，发展更多使用这些劳动力的产业更为有利；劳动力价格昂贵的国家和地区，最好以资本和技术密集型产业为主。只有这样才能形成合理的产业结构，充分利用劳动力资源，带来更高的经济效益。

（三）资本供应状况

资本也是重要的生产要素，是产业维持和扩张的重要条件，资本供应的情况也是制约产业结构的重要因素。资本供应的总量规模、增长速度、充足程度、价格水平（利息率等），直接影响产业的形成和发展。资本总量规模越大，越有利于发展重工业，因为重工业耗资巨大，只有达到最低资本规模，重工业才能发展；资本越是短缺，资本价格越是昂贵，越是妨碍重工业、部分高新技术产业等资本有机构成高的产业的发展；资本越是充足、资本价格越是低廉，越有条件调整不合理的产业结构，拉长短线产业，发展资本密集型产业和高新技术产业，促进产业结构的合理化和高级化。

四、科学技术因素

科学技术是第一生产力，技术创新是经济发展的强大动力，科学技术进步是推动产业结构变化的最根本、最主要的因素。科学技术水平、技术创新、科学技术进步等科学技术因素对产业结构的决定和影响作用主要表现在以下几个方面。

（一）科学技术进步推动产业结构高度化

科学技术进步是产业结构高度化的决定性因素。产业结构实际上包含产业的技术基础和生产的技术结构，科学技术进步直接改变产业的技术基础和生产的技术结构，从而推进产业结构的高度化。由以劳动密集型产业为主向以资本、技术密集型产业为主的演进，由以第一次产业为主向以第二、三次产业为主的演进，由农业经济社会向工业经济社会、知识经济社会的演进，都是以科学技术进步、劳动生产率提高为基础的。

（二）科学技术进步影响需求结构

科学技术进步能够开发新产品，使消费品升级换代，从而改变消费需求结构；科学技术进步可以降低资源消耗，增加可替代资源，开发新资源，从而改变生产需求结构；科学技术进步还能够减少生产成本、降低产品价格、改善产品性能、提高产品质量，使产品价廉物美，从而扩大市场需求，改变需求结构。需求结构又是制约产业结构的重要的直接因素。因此，科学技术进步通过引起需求结构的变化，能够导致产业结构变动。

（三）科学技术进步影响供给因素

科学技术进步能够改善自然环境，保护自然资源，开发新的资源，形成新的比较优势，从而改进资源供给状况；科学技术进步可以降低成本，增加收入，扩大积累，从而改善资本供给状况；科学技术还能够通过教育和培训，用先进的科学知识武装劳动者，提高劳动力的素质和技术水平，从而改善劳动力的供给状况。供给因素也是制约产业结构的重要因素。所以，科学技术进步通过引起供给因素的变化，也能够促进产业结构的变动。

（四）科学技术进步改善产业结构

科学技术进步除了推动产业结构高度化之外，还能够从其他方面改善产业结构。科学技术进步可以提高社会分工和专业化的程度，形成新兴产业，从而改善产业结构；科学技术进步能够用高新技术改造和武装传统产业，提高传统产业的技术水平，增强传统产业的生命力，从而改善产业结构；科学技术还可以提高产业在国际市场上的竞争力，促进出口产业的发展，从而改善产业结构。

五、制度因素

制度是影响经济发展的重要因素，也是制约产业结构的重要因素。这里所讲的制度，主要指经济制度、经济体制、经济发展战略和包括产业政策在内的经济政策等，这些因素都会极大地影响产业结构的形成和变动。其中，有的因素对产业结构直接发生作用，比如市场机制或计划机制、重工业优先的不平衡经济发展战略或农轻重协调的平衡发展战略、出口导向战略或进口替代战略、产业结构调整的措施和产业政策等，就能够直接影响产业结构的形成和变动；有的因素对产业结构间接发生作用，比如微观企业制度、财政金融制度、收入分配政策、人力政策、技术政策等，则是通过影响其他制约产业结构的需求、供给、技术等因素的变化，间接地导致产业结构的变动。建立和健全合理的经济制度，形成有效的经济运行机制和管理体制，制定和实施正确的经济发展战略，制定和执行恰当的经济政策，是产业结构优化的必要条件。

六、社会因素

由于产业结构涉及国民经济与社会生活的各个环节和方面，所以许多社会因素也制约着产业结构的形成和变动。这里所讲的社会因素主要是指除了自然生态和经济因素之外的政治法律、军事外交、文化传统、生活习惯、教育事业、人口状况等因素。大多数社会因素不是直接制约产业结构，而是通过影响其他制约产业结构的因素，间接地影响产业结构的形成和演变。政治法律涉及经济制度的建立和完善、经济体制的形成和健全、经济发展战略和产业政策的制定和实施，关系到社会稳定、投资环境，影响着制约产业结构的制度因素、投资因素、需求因素等；军事外交因素制约着经济发展战略的内容、产业结构的调整和产业政策的目标，比如为了保障国家安全、应付紧张复杂的国际形势和外交关系，都需要发展军事工业；文化传统和生活习惯影响着消费结构；教育事业的状况和发展影响劳动力的素质，关系到知识技术密集型产业的发展和产业技术水平的提高；人口的数量规模、增长速度、性别、年龄结构和素质等状况及其变化，则决定着需求总量和结构、劳动力供给等重要因素，间接影响产业结构的状况和变动，如人口老龄化要求社会发展满足老年人需求的所谓“白色产业”。

七、国际因素

产业结构不仅受到各种国内因素的影响，还要受到许多国际因素的制约。影响一国产业结构状况及其变动的国际因素主要有国际分工、世界市场、国际贸易、国际金融、国际投资、国际产业转移等。

（一）国际分工和国际产业转移

国际分工能够发挥各国的比较优势，获得比较利益，合理的产业结构必须发挥本国的比较优势。在经济日益全球化的条件下，国际分工越来越发达，任何一个国家都不可能置身于国际分工之外，都必须积极参与国际分工，促进本国经济更快更好地发展。参与国际分工，意味着本国多生产或只生产具有比较优势、机会成本低的某些产品，少生产或不生产不具有比较优势、机会成本高的某些产品，而且国际分工、比较优势、机会成本会随着国内外经济的发展而变化，这就必然影响本国产业结构的形成和变动。

国际分工、比较优势、机会成本的变动，还会引起国际间产业的转移，资本充足和技术先进的国家往往会把劳动密集型产业、资源消耗型产业向劳动力资源、自然资源丰富的国家转移，这种转移对各类国家的产业结构都会产生重大影响，引起各类国家产业结构相应的变动。

（二）国际市场和国际贸易

国际贸易是国与国之间通过国际市场在产品、资源、技术、劳务等方面的交换，主要包括出口和进口两大部分。国际市场和国际贸易都是制约本国产业结构的重要因素。国际市场上供求的变动、价格的涨落、竞争的态势，都会引起本国进出口贸易的变化，进出口贸易的变化则会影响本国的产业结构。出口增加会推动出口产业的发展，但某些产品如初级产品出口过多，也可能会抑制本国某些产业的发展；进口的增加会影响本国同类产品的发展，又可能满足别的产业发展对机器设备、原材料和新技术的需要。这些都会对本国产业结构的状况和变动产生重大影响。

（三）国际金融和国际投资

国际金融是国际货币流通和资金融通的总称，主要包括世界范围内的货币流动、资金借贷、融通、外汇、有价证券和黄金的买卖。国际金融为国际贸易和国际投资提供服务，会影响一个国家的资金供求和金融稳定及安全，国际金融的投机和动荡还可能造成一个国家的金融危机，从而给一个国家的经济造成损害，这些都会间接地影响产业结构。国际投资包括外国在本国的投资和本国在外国的投资。外国的投资会引起外国产业转移，增加本国的资本供给，导致本国产业结构的变化；到国外投资则会减少本国资本供给，引起本国产业转移，也会导致本国产业结构的变动。

以上所有这些制约产业结构的因素，既有直接因素，又有间接因素；既有经济因素，又有非经济因素；既有国内因素，又有国际因素；既有正面的影响，又有负面的影响；既有促进的作用，又有妨碍的作用。各种因素的作用都不是孤立的，而是互相联系、相互交织、互相制约、相互作用的，共同、综合地影响和决定着产业结构的状况与变动。

第三节　产业结构演进的规律

研究和揭示产业结构变动的规律是产业结构理论的主要任务。这是因为，社会经济发展的过程也是产业结构演进的过程，产业结构在许多经济和非经济因素的作用下形成和变动，极大地影响着经济的发展。只有正确地把握产业结构变动的规律，才能制定恰当的产业政策，更好地发挥产业结构对经济发展的促进作用。根据以往的研究，人们已经认识到的产业结构演进的规律主要有：产业按比例协调发展规律、生产资料生产优先增长规律、工业化过程中的重工业化规律、三次产业比重变动规律、生产要素密集型产业地位变动规律、产业结构高加工度和高附加值化规律、主导产业转换规律、产业结构由低级向高级演进的规律。

一、产业按比例协调发展规律

在社会化大生产条件下，国民经济中存在许多产业部门，各产业部门只有配置必要的生产资料和劳动力，才能进行生产，而且生产资源只有按一定比例恰当配置，才能使得各产业部门的产品正好能满足本部门和其他产业部门生产或生活的需要。只有这样，产业与产业之间的关系才协调，才能在产业层次上优化资源配置，产业结构才合理，社会再生产才能顺利进行，国民经济才能协调高效发展。如果产业之间的资源配置和生产的比例失调，不是有的产业资源配置多了、生产过剩、产品供过于求、积压、浪费，就是有的产业资源配置少了、生产不足、产品供不应求、造成短缺，或者两者同时存在，国民经济都不能协调高效发展。国民经济的各产业部门都要保持一定的比例关系，是马克思社会资本再生产理论揭示的社会化大生产的客观必然性，是产业结构变动的普遍规律之一。

二、生产资料生产更快增长规律

（一）生产资料生产更快增长的内容和必然性

马克思在分析社会资本再生产的实现条件时，提出了社会使用更多的劳动生产生产资料的规律性。①列宁则深入分析了物质生产两大部类之间的相互关系和变动趋势，明确指出：资本发展的规律就是不变资本比可变资本增长得快，也就是说，新形成的资本愈来愈多地转入制造生产资料的社会经济部门。因而，这一部门必然比制造消费品的那个部门增长得快。因而，个人消费品在资本主义生产总额中所占的地位日益缩小。②增长最快的是制造生产资料的生产资料生产，其次是制造消费资料的生产资料生产，最慢的是消费资料的生产。③生产资料生产更快增长的客观必然性在于，技术进步会引起资本有机构成的提高，资本有机构成的提高又会使得不变资本相对更快地增长，对生产资料的需求也就增加更快，必然要求生产资料生产更快地增长，以满足更快增长的更多的生产资料需求。

---

① 马克思．资本论．北京：人民出版社，1975：489.

② 列宁全集（第2卷）．北京：人民出版社，1959：122.

③ 列宁全集（第1卷）．北京：人民出版社，1961：71.

（二）必须正确理解生产资料生产更快增长规律

对生产资料生产更快增长的规律，不能绝对地、片面地理解。这个规律并不意味着先发展生产资料生产，然后再发展消费资料生产，只是说生产资料生产的增长比生活资料生产的增长更快些；也不意味着生产资料的生产可以脱离生活资料的生产而孤立地、片面地发展。生产资料生产最终是为消费资料生产服务的，要受生活资料生产的制约；生产资料生产的增长，归根结底还是要为生活资料的生产提供更多的生产资料，终究要依赖生活资料生产的发展。如果没有生活资料生产的相应发展，生产资料生产的增长迟早要碰到困难和障碍。生产资料生产更快增长是物质生产领域产业之间相互关系变化的规律，并不反映非物质生产领域的产业变化趋势。

三、工业化过程中的重工业化规律

（一）工业结构重工业化规律的内容

工业化是人类社会经济发展的必经阶段。一般来说，工业化是指工业在国民收入和劳动人口中所占的比重不断上升的过程。工业化的过程实质上是产业结构演进的过程。既是以农业为主的产业结构向以工业为主的产业结构演进的过程，也是工业内部结构演进的过程。工业部门结构的演进存在消费品工业比重逐步下降、资本品工业比重不断上升并逐步占优势的发展趋势，具有重工业化（或称工业重型化）的规律性。

德国经济学家霍夫曼对工业化过程中工业结构演变规律作了权威性的研究。他运用计算消费品工业净产值与资本品工业净产值比率（即霍夫曼比例）的方法，对近20个国家工业化的实证资料进行统计分析，发现在工业化过程中霍夫曼比例存在下降的趋势，也就是消费品工业比重下降、资本品工业比重上升的趋势。这个结论被人们称为“霍夫曼定理”或“霍夫曼工业化经验法则”。① 霍夫曼比例的计算公式是：霍夫曼比例（N）= 消费品工业净产值（C）/资本品工业净产值（P）。他根据霍夫曼比例变化的趋势，把工业化过程划分为三个发展阶段：

第一阶段，消费品工业在制造业中占主导地位，霍夫曼比例在6∶1和4∶1或5（±1.5）∶1之间，这是工业化起步阶段的状况。

第二阶段，资本品工业的增长快于消费品工业的增长，但消费品工业的规模仍然比资本品工业的规模大，霍夫曼比例在3.2∶1和1.6∶1或2.5（±1）∶1之间，这是工业化有了相当发展的阶段。

第三阶段，资本品工业继续比消费品工业更快地增长，资本品工业的规模达到

① 谭崇台．发展经济学．上海：上海人民出版社，1989：236-338.

甚至超过消费品工业的规模，霍夫曼比例在 1.5∶1 和 0.6∶1 或 1（±0.5）∶1 之间。其中，霍夫曼比例在 1∶1 以下的情况表明资本品工业的净产值超过消费品工业的净产值，已经处于主体地位，这是进入重工业化阶段的重要标志。

在实际应用中，由于消费品工业主要是轻工业，资本品工业主要是重工业，霍夫曼比例往往用轻工业品的净产值与重工业品的净产值的比例来表示。尽管对什么是重工业、资本品工业与消费品工业如何准确划分、资本品与重工业的关系、霍夫曼比例在现代经济条件下的变化等，都存在不同的看法，但在工业化过程中工业结构的确客观存在重工业化趋势。

（二）工业结构重工业化的必然性

工业结构重工业化（重型化）趋势形成的原因在于：在工业化初期，由于食品、纺织品等消费品工业是满足人们最基本需要的部门，也是最迫切需要发展的生产部门，只有基本需要得到满足以后，才能把更多的资源用于发展其他工业；而且，消费品工业投资少、周期短、技术要求不高、见效快，更容易发展；另外，由于工业化初期资本缺乏、技术落后、劳动力成本低而且比较丰富，更适合发展多数为劳动密集型产业的消费品工业，所以消费品工业首先得到发展。随着消费品工业的发展，对资本品的需求增长，资本积累规模扩大，技术进步，劳动力成本提高，为资本品工业的发展创造了必要的条件，提出了加速发展的要求，所以资本品工业增长加快，超过消费品工业的增长，逐渐成为主导产业。

（三）正确认识工业结构重工业化规律

这里主要有两点需要正确认识：

第一，生产生产资料（或称之为资本品）的工业部门主要是重工业部门，更快发展并逐步占优势地位是工业化过程中产业结构演变的一般规律。霍夫曼提出的工业结构重工业化规律和马克思、列宁发现的生产资料生产优先增长规律，是从两种不同角度、运用不同的方法揭示的产业结构演变的同一规律。霍夫曼定理实际上是马克思和列宁生产资料生产更快增长理论的具体体现、深化和发展。

第二，霍夫曼关于工业化阶段的划分并不包含工业化的全部过程，霍夫曼定理也不反映工业化全过程中产业结构演进的趋势。① 虽然霍夫曼定理是通过对 1931 年以前各个工业化国家统计资料的分析得出的结论，是实践经验的总结，是已被历史证明的工业化发展的客观规律，但是 1931 年以前各个工业化国家的工业化都没有完结，都还在继续，也没有一个国家成为我们今天所说的进入后工业社会的发达

---

① 简新华，余江．重新重工业化不等于粗放增长和走旧型工业化道路——对吴敬琏研究员相关论述的质疑．学术月刊，2006（5）．

工业化国家，所以霍夫曼定理没有揭示工业化全过程的产业结构演进规律。工业化全过程中的产业结构演进趋势是先轻工业化或以轻工业为主导（工业化初期），再重工业化或以重工业为主导（工业化中期），最后进入以服务业为主导的发达工业化（工业化后期）。这是主要发达国家工业化的实践证明了的一般规律。霍夫曼定理揭示的只是工业化初期工业结构轻型化、中期工业结构重型化的趋势，没有发现发达工业化阶段（工业化后期）产业结构将以服务业为主导，但霍夫曼定理并没有说进入重工业化阶段以后永远都要以重工业为主导，而且揭示了工业化中期以重工业为主导的必然趋势，不能因为霍夫曼定理没有说明工业化后期服务化的趋势，就完全否定霍夫曼定理的正确性。

四、三次产业比重变动规律

（一）三次产业比重变动规律的内容

由于三次产业构成不同而形成的产业结构主要有四大类。三次产业在国民经济中的比重和地位存在第一次产业逐步下降，第二、三次产业依次逐步上升的趋势，相应的由三次产业构成的产业结构类型存在由以第一次产业为主的金字塔形产业结构，逐步向以第二次产业为主的鼓形产业结构转变，再向以第三次产业为主的倒金字塔形产业结构演进的规律。

（二）三次产业比重变动规律的发现

最先研究三次产业比重变动规律的是英国古典经济学创始人威廉·配第。他在1690年出版的《政治算术》一书中，运用算术（数字计量）方法，主要研究了英国、法国、荷兰的经济结构及其形成的原因和政策，提出“工业的收益比农业多得多，而商业的收益又比工业多得多”,①劳动力向收入高的部门流动对经济发展更为有利，实际上初步揭示了工业和商业的比重会扩大的趋势。但是，这时还没有三次产业的划分，还不可能明确提出三次产业比重变动的规律。直到20世纪30年代，新西兰经济学家费歇尔才首次提出对产业结构理论影响深远的三次产业分类法。英国经济学家克拉克在配第和费歇尔研究的基础上，提出了著名的“配第—克拉克定理”。他在1940年出版的《经济发展条件》一书中，通过对40多个国家和地区不同时期三次产业劳动投入和总产出资料的整理、分析和比较，揭示了在经济发展过程中就业会由以第一次产业为主向以第二次产业为主、继而向以第三次产

---

① 配第经济著作选集．北京：商务印书馆，1981：19.

业为主转变，人均收入变化引起劳动力流动，进而导致产业结构演进的规律。①

（三）三次产业比重变动的必然性

随着人均国民收入的增加，就业人口首先会由第一次产业向第二次产业转移，第二次产业在国民经济中的比重增大，产业结构也由以第一次产业为主的金字塔形结构向以第二次产业为主的鼓形结构转变；当人均国民收入进一步增加后，就业人口又会大量向第三次产业转移，第三次产业在国民经济中的比重也会增大，产业结构则会由以第二次产业为主的鼓形结构向以第三次产业为主的倒金字塔形结构转变。造成三次产业地位变动的趋势的原因主要有以下两个方面。

1. 科学技术进步和劳动生产率提高

随着科学技术进步、机器大生产的逐步普遍推行，劳动生产率会普遍提高。而农业机械化的实现、劳动生产率的提高，使得同样的劳动能够提供更多的农产品或生产同样数量的农产品所需的劳动力大幅度下降，农业生产先进入边际收益递减阶段，农产品价格下降，农民的收入相对偏低，引起农业劳动力过剩，农业就业人数减少，农业在国民经济中所占的比重和地位不断下降。

科学技术进步和劳动生产率提高，为制造业的发展提供了必要的技术基础，农村剩余劳动力为工业发展提供了廉价的劳动力资源，第二次产业开始迅速发展，处于边际收益递增阶段，制造业劳动者的收入相对较高，能够吸引农村剩余劳动力的流入，引起第二次产业在国民经济中所占的比重和地位逐步提高，直至处于主导地位。而且，随着科学技术的进步，生产同样数量的制造业产品需要的劳动力也会减少，劳动力也会过剩，就业人数也会减少，第二次产业也会进入边际收益递减阶段，也会引起劳动力向第三次产业的转移，第三次产业的就业人数就会相应增加，在国民经济中所占的比重和地位也会提高，直至成为占主体地位的产业。

2. 人均收入水平提高和消费结构变化

随着社会经济的发展，人均国民收入水平的提高，消费结构会相应发生变化。一般来讲，农产品的收入弹性较小，工业消费品和服务的收入弹性较大，随着收入水平的提高，人们的消费总支出中用于衣、食部分的支出会逐步减少，用于住、用、行、乐的部分则会逐步增加。第一次产业主要满足人们衣、食的需要，第二、三次产业主要满足人们住、用、行、乐的需要。收入水平和消费结构的变化趋势，必然导致第一次产业的比重下降，第二、三次产业的比重顺次逐步提高。

---

① 约翰·依特维尔等．新帕尔格雷夫经济学大辞典（第1卷：A—D）．北京：经济科学出版社，1992：467.

五、生产要素密集型产业地位变动规律

按照生产要素的密集度不同，产业可以划分为劳动密集型产业、资本密集型产业、知识技术密集型产业等三种类型。这三种不同类型的产业在产业结构或国民经济中所处的地位并不相同，也不是一成不变的，会形成不同类型的产业结构并且会发生变动，存在着产业结构先是以劳动密集型产业为主，然后转向以资本密集型产业为主，最后变为以知识技术密集型产业为主的演变规律。这种生产要素密集型产业地位变动规律存在的原因，主要是经济发展、技术水平、生产要素的禀赋、丰度、供求、价格和比较优势等方面的状况和变化。在经济发展落后、技术水平低下、资本严重缺乏的情况下，资本和技术供应不足、价格昂贵，只有劳动力资源丰富价廉，拥有比较优势，因此产业结构必然以劳动密集型产业为主。随着经济发展水平的提高、人均国民收入的增加、人们生活的改善、资本的大规模积累、科学技术的进步，会使得劳动力价格上涨，丧失比较优势，资本和技术的供给充足、价格下降，形成比较优势，必然引起劳动密集型产业的收缩、资本和技术密集型产业的发展，出现产业的技术集约化趋势，各个产业部门越来越多地采用先进的技术、工艺和设备，机械化、自动化的程度越来越高，形成新的高新技术产业，导致产业结构由以劳动密集型产业为主转向以资本密集型产业为主，再向以知识技术密集型产业为主演进，促进产业结构的高度化。

六、产业结构高加工度和高附加值化规律

各种不同的产业，对劳动对象的加工程度（即加工的次数、环节、持续的过程的长短等）有高低的不同，通过加工新增加的价值也有大小的差别。产业结构的演变存在产业的加工度提高和附加值增加的趋势，高加工度和高附加值产业在产业结构中越来越占优势地位、起主导作用的规律。产业结构高加工度和高附加值化规律存在的原因，主要在于科学技术的进步、人类知识的增加。科技进步、知识增加，会促进社会分工深化、细化，专业化程度提高，大幅提高劳动生产率，使人们不仅知道怎样进行深加工、增加附加值，而且也懂得提高加工度、增加附加值的重要意义。通过提高加工程度，人们能够更充分有效地利用资源，特别是劳动对象，生产出种类和数量更多、功能更全、性能更好、质量更高的产品，满足人们更高层次的、更为复杂多样的需要，而且附加值也会更大，高附加值能够带来高效益。所以，产业的加工度和附加值必然越来越高，产业结构中高加工度和高附加值的产业必然越来越处于主导地位。

七、主导产业转换规律

主导产业是在产业结构中处于主体地位，发挥引导和支撑作用的产业。主导产

业是变动的，不同经济发展阶段的主导产业也不同。主导产业对产业结构的性质和特点具有决定性的影响；主导产业不同，产业结构也就不相同；产业结构会随着主导产业的转换而变动，主导产业转换的过程也是产业结构变动的过程。随着主导产业的变化，产业结构一般要经历包括以下几个阶段的演变过程：

第一阶段，产业革命还没有发生，农业在国民经济中占绝对优势，处于主导地位，制造业和服务业都相当落后，产业结构是以农业为主的结构。

第二阶段，以纺织机、蒸汽机的发明和普遍采用为主要标志的第一次产业革命发生，工业化进程开始，主要生产消费品和利用廉价农村劳动力、技术要求比较低、投资少、见效快的轻纺工业首先快速发展，重工业和服务业也得到了一定的发展，农业比重减少、地位下降、轻工业取代农业成为主导产业，产业结构转变成以轻工业为主导的结构。

第三阶段，以内燃机、电力的发明和广泛运用为主要标志的第二次产业革命发生，轻纺工业继续发展，对工业生产资料的需求大量增加，尤其是以原材料、燃料、动力、交通运输、基础设施等为主要内容的基础工业是制约整个工业发展的先行产业，如果不先行快速发展，就会成为限制整个工业发展的瓶颈产业，比如煤炭、石油、钢铁、造船、铁路、普通机械制造等工业部门。因此，以基础工业为重心的重工业加快发展，增长速度和在国民经济中的比重超过轻纺工业，并取代轻工业成为主导产业，农业比重继续下降，服务业有所增长，产业结构转换成基础工业作为重心的以重工业为主的结构。

第四阶段，第二次产业革命进一步深化，以电子计算机、原子能、新材料、航空航天技术为主要标志的第三次科技革命及其引起的第三次产业革命开始兴起，以技术要求更高、加工程度更深、附加值更大的加工制造业为重心的重工业迅速发展起来，比如飞机、航天器、汽车、精密机械、电子计算机、机器人制造、精细化工、石油化工等重工业部门，在国民经济中的比重大幅度提高，成为国民经济的主导产业和经济增长的主要推动力，产业结构又变成高加工度工业作为重心的以重工业为主的结构。

第五阶段，第三次科技革命及其引起的第三次产业革命进一步展开，工业生产规模十分庞大，生产半自动化和自动化开始实现，劳动生产率普遍大幅度提高，需求结构发生重大变化，人们高层次多样化的需求迅速增长，使得第二次产业增长速度放慢，在国民经济中的比重下降，包括现代商业、金融保险、房地产、通信、物流、交通、旅游服务业在内的第三次产业高速发展起来，在国民经济中的比重上升到优势地位，取代工业成为主导产业，产业结构转变为以第三次产业为主的结构。

第六阶段，第三次科技革命及其引起的第三次产业革命发展到信息化、网络化、数字化的新阶段，以信息产业为核心的高新技术产业快速发展，形成所谓“第四次产业”，信息产业日益成为国民经济的新的主导产业和支柱产业，人类社会正在由工业社会向后工业社会转变，由工业经济时代向知识经济或信息经济时代迈进，产业结构将演进成以信息产业或“第四次产业”为主的结构。

以上分析表明，主导产业转换引起的产业结构变动，存在着从以农业为主的结构开始，按顺序依次向以轻工业为主的结构、基础工业作为重心的以重工业为主的结构、高加工度工业作为重心的以重工业为主的结构、以第三次产业为主的结构、以信息产业或“第四次产业”为主的结构演进的规律性。

八、产业结构由低级向高级演进规律

产业结构按照发展水平的不同，可分为初级结构、中级结构、高级结构等三个不同等级的类型，存在逐步由初级结构向中级结构，再向高级结构演变的客观必然性。以农业为主、以第一次产业为主、以劳动密集型产业为主、以技术落后产业为主、以低加工度和低附加值产业为主的产业结构，都属于初级结构；以工业为主、以第二次产业为主、以资本密集型产业为主、以技术较先进产业为主、以较高加工度和较高附加值产业为主的产业结构，都属于中级结构；以第三次产业为主、以知识技术密集型产业为主、以高技术产业为主、以高加工度和高附加值产业为主的产业结构，都属于高级结构。产业结构的这种演进规律存在的原因，不仅在于任何事物都存在由低级向高级发展的规律性，更重要的是由三次产业比重变动规律、生产要素密集型产业地位变动规律、产业结构高加工度和高附加值化规律和主导产业转换规律共同发挥作用的结果。这些产业结构演变的规律，集中表现为产业结构由低级向高级演进的规律。

第四节 产业结构的优化

产业结构对经济发展具有双重作用，既可以极大地促进经济增长，又可能严重地阻碍经济发展。怎样才能发挥促进作用、防止阻碍作用呢？唯一的途径是不断优化产业结构。促进产业结构优化升级是产业结构理论研究的根本目的。

一、产业结构优化的概念

产业结构优化是指各产业协调发展、产业总体发展水平不断提高的过程。具体来说，产业结构优化是产业之间的经济技术联系包括数量比例关系由不协调不断走向协调的合理化过程，是产业结构由低层次不断向高层次演进的高度化过程。由此可见，产业结构优化主要包括两个方面的内容：产业结构合理化和产业结构高度化。产业结构优化是各种产业结构演变规律综合作用的产物，也是按照各种产业结构演变规律的要求进行产业结构调整的结果。产业结构优化的实质是要实现资源在产业之间的优化配置和高效利用，促进产业经济协调、稳定、高效发展。

产业结构的合理化和高度化是决定产业经济效益高低的两大主要因素：产业结构合理化决定资源在各个产业之间能否优化配置，不致造成积压和浪费；产业结构高度化则决定配置到各个产业部门的资源能否有效利用，带来更多更好的产出。

有的学者认为产业结构优化还应该包括产业结构高效化①，我们觉得这种看法存在几个问题，需要推敲。

（1）产业结构高效化难以界定，更没有办法衡量。首先，不能把产业结构高效化界定为国民经济或宏观经济高效化。虽然产业的集合是国民经济的重要组成部分，但国民经济不完全等同于产业结构，国民经济效益或宏观经济效益也不能同产业结构效益画等号，宏观经济高效化更不能等同于产业结构高效化。国民经济还包括消费者和政府的经济活动，决定宏观经济效益的因素是多方面的，除了产业结构优化之外，还包括企业状况、增长方式、经济体制、发展战略等许多因素。其次，也提不出衡量产业结构效益高低的指标。产业结构就是产业总体的状况，似乎可以用产业总体的经济效益来表示产业结构的经济效益，但只能衡量单个产业的经济效益，无法衡量产业总体的经济效益。假若用单个产业经济效益的加总来表示产业总体的经济效益，而单个产业的经济效益是难以加总的。如果说产业结构高效化"是低效率产业比重降低和高效率产业比重增大的过程"②，同样也难以衡量。这个"比重"是产业数量的比重还是产值的比重、投资的比重，是不明确的。如果是产业数量的比重，由于产业分类极为复杂，很难确定以什么作为标准去计算产业数量合理。即使计算出来了，又由于不同产业的规模差别很大，如果特大产业的效率下降，即使是更多小的低效率产业数量减少、高效率产业数量增加，产业总体的效率也不一定提高。如果是产值的比重、投资的比重，这实际上是以产业总体的总成本的下降、产业总体的总投资效率来衡量产业总体效益，而这又是不准确的，因为造成总成本下降、总投资效率提高的原因是多方面的，产业结构变化只是其中的一个因素。其实，产业的高效化只能是单个产业的高效化，不可能是反映产业总体情况的所谓产业结构的高效化。

（2）产业发展的高效化是产业结构优化的结果，不是内容，是产业结构的合理化和高度化的必然产物，结果是不能同原因并列的，高效化与合理化和高度化也不在同一个层次上，所以不能并列成产业结构优化的内容之一。产业结构优化涉及的是产业结构本身的特征变化，而高效化只是产业结构特征优化的派生物，不是产业结构特征变化本身，不能也看成产业结构优化本身的内容。

① 戴伯勋等．现代产业经济学．北京：经济管理出版社，2001：284-298.

② 戴伯勋等．现代产业经济学．北京：经济管理出版社，2001：285.

二、产业结构优化的标志和衡量

产业结构优化包括产业结构合理化和高度化两大方面的内容，因此产业结构优化的主要标志就是产业结构的合理化和高度化。产业结构合理化和高度化的标志，则是产业结构优化的具体标志，衡量产业结构合理化和高度化的方法，也就是衡量产业结构优化的方法。

（一）产业结构合理化的标志及其衡量

1. 产业结构合理化的内涵和标志

产业结构合理化是指产业之间的经济技术联系和数量比例关系趋向协调平衡的过程，① 主要是产业按比例协调发展规律的要求。产业结构合理化的标志和要求主要包括以下几个方面：

（1）各大类产业之间、各大类产业内部的具体产业部门之间数量比例合理，投入产出均衡，过剩和短缺现象没有或者不严重，各产业部门的生产能力能够充分发挥，所需的资源可以得到较好满足，保证社会扩大再生产能够顺利进行。

（2）产业结构与需求结构相适应，并随着需求结构的变化而变化，供求基本平衡，投资需求和消费需求能够得到较好满足，减少以至消除供不应求、供过于求和二者并存的不合理现象。

（3）产业结构与资源结构相协调，充分有效地利用本国的人力、物力、财力及自然资源和条件，同时尽可能利用可以得到的国际资源和生产要素，弥补本国资源和生产要素的不足，参与国际分工，发挥本国的比较优势，取得比较利益，使比例协调的产业结构建立在更雄厚的资源基础之上，使国民经济在更大的规模上得到更有效的协调发展。

（4）产业结构中的产业类型构成恰当，环保产业和节约、保护、高效利用资源的产业得到适当发展，能够保护环境，节约资源，实现人口、资源、环境与经济发展的良性循环。

产业结构是否合理，是决定国民经济能否协调发展、形成良性循环的关键因素。只有产业结构合理、数量比例恰当、投入产出关系均衡、社会再生产的实现条件满足，国民经济才可能协调稳定发展。如果产业结构不合理、比例失调、投入产出关系失衡，其结果要么是瓶颈制约，限制发展；要么是过剩积压，浪费资源；要么是短缺不足，不能满足需求；要么是供需脱节，积压和短缺并存。这都会使经济

---

① 产业结构合理化的内容实际上包含产业关联合理即产业之间数量比例关系合理在内，广义的产业结构合理化的内容还应该包括产业空间布局的合理化，这将在第五章产业布局中论述。

发展不可能协调，甚至连简单再生产都无法维持。如果产业结构畸形、扭曲，不论是片面发展某个产业，还是脱离本国实际，盲目发展不具有比较优势的产业，或者只注重资源开发，过度发展资源消耗型产业，忽视环境和资源的保护，其结果都必然使得经济发展不可能持续，甚至可能造成大起大落、波动和停滞。

2. 产业结构合理化的衡量

衡量产业结构是否合理的方法，主要有以下几种①：

（1）市场供求判断法。这是依据各个产业的产品或劳务在市场上的供求情况来衡量产业结构是否合理的方法。具体来说就是：当市场上出现某个或某些产业部门的产品或劳务严重供过于求或供不应求，也就是比例失调、供求失衡时，或者某个或某些产业的生产能力与市场对某产品或劳务的需求严重不相符合时，表明产业结构不合理；只有在各个产业的产品或劳务的供求基本平衡，没有严重的过剩和短缺，或者部门生产能力与市场需求相适应的情况下，产业结构才是基本合理的。

（2）需求适应性判断法。这是依据产业结构是否与需求结构相适应，并能否随着需求结构的变化而变化来衡量产业结构是否合理的方法。具体的做法是：分别计算每一个产业产品的需求收入弹性和生产收入弹性，如果两者相等，表明该产业与社会需求是相适应的；假若所有的产业的需求收入弹性与生产收入弹性都相等，则说明整个产业结构与需求结构是相适应的，产业结构合理。

（3）结构效果判断法。这是依据产业结构变动引起国民经济总产出和总利润的变化来衡量产业结构是否在向合理方向变动的方法。具体来说就是：如果产业结构变化引起国民经济的总产出相对增长，总利润相对增加，表明产业结构在朝着合理的方向变动；假若产业结构变化引起国民经济的总产出相对下降、总利润相对减少，则说明产业结构在朝着不合理的方向变动。

（4）影子价格分析法。这是依据影子价格来衡量产业结构是否合理的方法。影子价格是与实际市场价格不同的，“用线性规划方法计算出来的反映资源最优使用效果的价格”②。按照西方经济学的理论，当各种产品的边际产出相等时，表明资源得到了合理的配置，各种产品的供需平衡，产业部门达到最佳组合。所以，能够通过计算各产业部门的影子价格与产业总体的影子价格的平均值的偏离程度来衡量产业结构是否合理，偏离越小，产业结构越趋于合理。

（二）产业结构高度化的标志及其衡量

1. 产业结构高度化的内涵

产业结构高度化又称高级化，是指产业总体发展水平不断提高的过程，或者说

---

① 苏东水．产业经济学．北京：高等教育出版社，2000：294.

② 中国大百科全书（经济学Ⅲ）．北京：中国大百科全书出版社，1988：1170.

是产业结构由低水平状态向高水平状态发展的过程。这是工业结构重工业化规律、三次产业比重变动规律、生产要素密集型产业地位变动规律、产业结构高加工度和高附加值化规律、主导产业转换规律、产业结构由低级向高级演进规律等产业结构变动规律共同作用的结果。在本章关于产业结构发展层次不同的类型和产业结构由低级向高级演进规律的论述中，已经说明了初级、中级、高级产业结构的内涵和特征以及产业结构高度化的过程，这里不再重复。

2. 产业结构高度化的标志

产业结构高度化的标志或表现主要是：

（1）高加工度化。这是工业结构由以加工程度比较低的轻纺工业、原材料工业为重心向以加工程度高、深的制造业为重心发展的趋势。

（2）高附加值化。这是附加价值更大的产业在产业结构中越来越占优势地位、比重越来越大的发展趋势。

（3）技术集约化。这是产业结构的技术水平越来越高、技术基础越来越先进、技术密集型产业越来越成为主导产业的发展趋势。

（4）知识化。这是知识越来越成为产业发展的最重要的决定性因素，生产和传播知识的产业在产业结构中越来越成为主导产业的发展趋势。

（5）服务化。这是主要为服务行业的第三次产业在国民经济中所占的比重越来越大，在产业结构中越来越成为主导产业的发展趋势。

3. 产业结构高度化的衡量

衡量产业结构的高度化程度即发展水平的高低，主要有以下几种标准和方法。

（1）加工度衡量法。这是依据产业加工度高低判断产业结构发展水平高低的方法。具体来说就是，加工度越高的产业在产业结构中占的比重越大，产业结构的高度化程度越高。所谓加工度是指对资源进行加工制造的程度，主要包括：加工工序、环节，产品的种类、功能、质量，废物的排放和利用等。合理的加工工序、环节越多，产品的种类、功能越多、质量越好，废物的排放越少、再利用程度越高，加工度就越高。

（2）附加值衡量法。这是依据产业附加值的大小判断产业结构发展水平高低的方法。具体来说就是，附加值越大的产业在产业结构中占的比重越大，产业结构的高度化程度越高。所谓附加值是指由原材料到最终产品所增加的价值。

（3）技术集约程度衡量法。这是依据产业的技术集约程度的高低判断产业结构发展水平高低的方法。具体来说就是，产业结构的技术水平越高、技术基础越先进、技术密集型产业在产业结构中占的比重越大，产业结构的高度化程度越高。可以运用产业的资本有机构成、产业发展的技术贡献率、产业全因素生产率等指标衡量。这几个指标的数值越高，技术集约程度也就越高。

（4）知识化程度衡量法。这是依据产业的知识化程度的高低判断产业结构发展水平高低的方法。具体来说就是，生产和传播知识的产业在产业结构中占的比重越大，产业结构的高度化程度越高。这里的比重主要是投资和产值的比重。

（5）第三次产业比重衡量法。这是依据第三次产业在国民经济中占的比重的大小判断产业结构发展水平高低的方法。具体来说就是，第三次产业在国民经济中占的比重越大，产业结构的高度化程度越高。这里的比重主要是劳动力和产值的比重。

以上五种方法，是从不同角度、不同方面衡量产业结构高度化的方法，不是孤立的，也不是对立的，而是互相补充的，衡量的结果也是一致的。准确衡量产业结构高度化，必须同时运用五种方法，进行综合判断。

三、产业结构优化的机制和措施

（一）产业结构形成和优化的机制

1. 以市场机制为基础

社会经济发展过程包括产业结构不断优化的过程，产业结构不断优化的过程也就是资源在产业之间的配置不断优化的过程。社会经济运行机制即资源配置方式，自然也是产业结构形成和优化的机制。社会化大生产条件下的社会经济运行机制主要有两大类：市场机制和计划机制，这两类机制同时也是产业结构形成和优化的机制。中外经济发展的实践证明，市场机制是比计划机制更为有效的资源配置方式。计划机制存在难以克服的信息障碍，不可避免的利益局限性，缺乏利益激励机制和经济约束机制，会形成丧失活力的“权力经济”①等缺陷，通过计划机制形成的产业结构往往是畸形结构，会造成严重的比例失调、结构失衡，不可能实现产业结构的优化。因此，产业结构形成和优化的机制应以市场机制为基础。

产业结构的优化包括合理化和高度化两个方面，市场机制更有利于促进产业结构的合理化和高度化。市场机制通过价格涨跌影响人们利益得失的作用，会使得生产过剩的产业因亏损而压缩生产，生产不足的产业因盈利而扩大生产，促进以需定产、产需结合、供求平衡、比例协调，从而实现产业结构合理化。市场机制通过竞争优胜劣汰的作用，一方面会使得没有需求和前途的传统落后的产业萎缩、衰亡，或者采用高新技术进行更新改造；另一方面也会使得有需求有前途的产业、新兴产业、高新技术产业发展壮大；而且还能推动技术进步，提高产业发展的技术水平，从而促进产业结构的高度化。

2. 以政府调控为辅

发达国家的产业结构优化升级，主要是通过市场机制的作用实现的。但是，市

---

① 辜胜阻，简新华．市场经济学教程．武汉：湖北人民出版社，1995：7.

场机制也存在事后调节的盲目性，难以解决公共部门和自然垄断行业的发展、外部不经济、贫富两极分化等“市场失灵”问题。为了弥补市场机制的不足，产业结构的形成和优化需要政府辅之以必要的调节和控制。政府对产业结构形成和优化实行调控的主要任务是：投资发展公共部门和某些自然垄断行业，支持和扶植新兴产业、高新技术产业、环保产业、节约、保护和高效利用资源的产业和短线产业的发展，限制某些传统落后产业、污染严重产业、破坏资源产业和长线产业的发展，为市场机制更好地发挥作用创造有利的经济、社会环境和制度条件，推动科学技术进步，促进产业技术水平提高。

（二）产业结构优化的措施

政府促进产业结构优化的途径和措施主要有：（1）正确选择主导产业，以更好地带动其他产业的发展，促进产业结构升级；（2）合理调整产业结构，纠正比例失调、结构失衡的偏差，促进产业结构的合理化；（3）鼓励技术创新，推动技术进步，提高产业结构的技术水平，促进产业结构的高度化；（4）实行制度创新，为市场机制作用的充分发挥和产业的发展奠定良好的制度基础，保证产业结构的优化；（5）制定恰当的产业结构政策，区别对待主导产业、新兴产业、弱小产业、衰退产业、促进产业结构的优化。由于这些途径和措施也是产业发展的主要途径和措施，将在第七章专门展开论述，所以本章不作详细说明。

第五节　工业化与工业化道路

工业化是产业结构演进的必然趋势，是社会经济发展的必经过程，是国家由贫穷落后走向发达繁荣的必由之路，是发展中国家的主要任务。工业化理论虽然是发展经济学的主要内容，但也应该是产业经济学不可缺少的重要内容，因为产业结构的演进是工业化理论的核心内容。本节主要论述工业化的内涵、衡量指标、必然性、过程和道路①。

一、工业化

（一）工业化的内涵

工业化一般是指工业（或者制造业、第二次产业）在国民收入和劳动人口中所占的比重持续上升的过程。这是一个经济结构不断变化、人均国民收入和包括农业在内的劳动生产率不断提高、由以农业为主导的农业经济社会逐步向以工业为主

① 简新华，向琳．论中国的新型工业化道路．当代经济研究，2004（1）．

导的工业经济社会转变的过程。

正确把握工业化的内涵，必须避免两种认识上的片面性：一是工业化不是只发展工业，不发展农业和其他产业。的确，实现工业化必须主要发展工业，但工业的发展离不开其他产业的发展，没有其他产业提供的市场、劳动力、原材料等，工业化很难顺利实现。因此，在工业化过程中，不能片面强调发展工业、忽视农业和其他产业的发展。正如张培刚所指出的："工业化的概念是很广泛的，包括农业及工业两方面生产的现代化和机械化。"① "工业化绝不应该仅局限于工业部门，而应该涵盖整个国民经济"，不能"仅仅把工业化看作制造业（尤其是重工业部门）在国民经济中比重的增加"。② 由此可见，工业化过程不仅存在工业结构重工业化的规律性，而且是工业和农业的技术水平提高的过程，是整个产业结构升级的过程。二是在工业化过程中，工业的比重并不是始终上升的，而是先升后降，其变动轨迹呈现出一条抛物线；农业的比重不断下降，但不会下降为零，工业化过程不是发展工业、消灭农业的过程；服务业的比重则是不断上升，在工业化后期成为主导产业。工业化的这种产业变动特点和趋势，在工业化过程的分析中再作详细说明。

（二）工业化与工业革命及产业革命的联系和区别

产业革命是指产业及其各方面的根本性变革，其内容包括单个产业和产业总体的根本性变化。产业革命的概念有广义和狭义之分：广义产业革命是一般而言的产业的根本质变，迄今为止，人类社会先后发生过三次产业革命，狭义产业革命专指第一次产业革命。由于第一次产业革命是在工业化开始时出现的、首先发生在英国的用机器大生产取代手工小生产、引起以农业为主的产业结构向以工业为主的产业结构演变的革命，所以狭义的产业革命又称为工业革命。工业化与工业革命是同时开始的，是从不同的角度说明的机器大生产代替手工小生产、以农业为主转向以工业为主的历史现象。工业化主要说的是过程，工业革命主要讲的是行动。产业革命是工业化的推进方式，发达国家工业化的历史表明，工业化就是在产业革命的推动下逐步实现的。产业革命是产业发展的动力和重要途径，对产业革命的全面论述我们放在第七章。

（三）工业化的衡量

衡量一个国家工业化程度或水平的高低、进程的快慢、是否成为工业化国家，可以根据工业产值在国民生产总值中的份额的大小或工业劳动力在总劳动力中的份额的大小及变化的速度、农业产值在国民生产总值中的份额的大小或农业劳动力在

---

① 张培刚．农业与工业化．武汉：华中工学院出版社，1984：236.

② 张培刚．新发展经济学．郑州：河南人民出版社，1993：51-52.

总劳动力中的份额的大小及变化的速度、农业生产机械化程度和人均收入的水平等四个方面的状况来衡量。仅以工业比重作为标准，不足以比较全面准确地衡量工业化的状况，还必须综合考虑技术和收入水平。由于工业生产的基本特征就是机器大生产，手工工业并不是严格意义上的工业，所以不能用工业生产的机械化率来衡量工业化的状况。但是，传统农业的基本特征是手工生产，工业化会引起农业生产的技术革命，由手工生产逐步转向机器生产，工业化水平越高，农业机械化的水平也越高，因此可以用农业生产的机械化率来衡量工业化的状况。具体衡量指标主要是工业化率、农业比重、农业机械化率和人均收入水平。

1. 工业化率

工业化率分为工业化率Ⅰ和工业化率Ⅱ，工业化率Ⅰ是工业产值与总产值的百分比，工业化率Ⅱ是工业劳动力与总劳动力的百分比，计算公式如下：

工业化率Ⅰ＝工业 GDP/总 GDP　　工业化率Ⅱ＝工业劳动力/总劳动力

2. 农业比重

农业比重分为农业比重Ⅰ和农业比重Ⅱ，农业比重Ⅰ是农业产值与总产值的百分比，农业比重Ⅱ是农业劳动力与总劳动力的百分比，计算公式如下：

农业比重Ⅰ＝农业 GDP/总 GDP　　农业比重Ⅱ＝农业劳动力/总劳动力

3. 农业机械化率

农业机械化率可用机械耕地、播种、收割面积的百分比衡量。

4. 人均收入的水平

人均收入的水平用人均国民总收入（GNI①）来衡量。按照世界银行根据各国2007年的人均 GNI 划分标准②，人均 GNI 在 935 美元以下为低收入国家，人均 GNI 在 936～3705 美元为中下等收入国家，人均 GNI 在 3706～11455 美元为中上等收入国家，人均 GNI 在 11456 美元以上为高收入国家。

在工业比重超过农业的前提下，工业化率越高、农业机械化率越高、人均收入水平越高，表明工业化的程度或水平越高；工业化率、农业机械化率、人均收入水平提高得越快，表明工业化的进程越快；在工业化后期以前，一般来说，如果工业的产值和劳动力的比重都达到 40%～50%、农业的产值和劳动力的比重都下降到 10%左右、农业的机械化率也超过 50%、人均收入达到中等水平，应该就可以看成是实现了工业化。

上述衡量方式并不是完善的，没有反映工业化的资源、环境代价和收入分配的

① 1993 年联合国将国民生产总值（gross national product，GNP）改称为国民总收入（gross national income，GNI）。

② 采用世界银行 Atlas method 计算，该方法采用 3 年平均的汇率水平将各国的 GDP 数据转化为美元，然后进行比较，可以有效降低汇率变动冲击导致的跨国比较误差。

差距，40%~50%、10%左右和超过50%的数量界限与中等水平的收入标准是否准确合理，也有待深入探讨，还需要进一步研究能够更全面准确地衡量工业化水平的指标体系。

（四）工业化的必然性

工业化并不是人们主观愿望的产物，而是社会经济发展的必然趋势。

1. 工业化是科学技术进步的必然结果

在农业经济时代，人们通过长期的生产活动，必然会不断增长知识、积累经验、提高技能、改进生产工具，引起科学技术的革命。工业化正是人类历史上第一次科技革命的产物，正是蒸汽机、新型纺织机的发明，引发了工业革命，开始了工业化。

2. 工业化是农业和手工业发展的必然趋势

以人力、畜力和手工技术为基础的农业和手工业，是落后的生产方式，劳动生产率极为低下，产品远远不能满足人们日益增长物质文化生活的需要，这是农业经济时代社会经济长期发展缓慢的重要原因。人类社会要改变这种落后状况，增加物质财富的生产，就必须寻找新的先进的生产方式，开发新动力、新能源，发明和采用效率更高的新生产工具，而机器大生产正是这种新方式，这就必然导致工业革命的兴起、工业化进程的发生。

3. 工业化是社会经济发展的必经过程

人类社会只有通过工业化，用机器大生产代替手工小生产，才能极大地提高劳动生产率，充分开发和利用各种资源，创造巨大的物质财富，带来生产方式和生活方式的革命性变革，形成发达繁荣的城市，造就先进的科学、文化、教育、卫生事业，实现高度物质文明和精神文明。

二、工业化过程

工业化过程一般划分为三个阶段，即工业化初期、工业化中期和工业化后期。在这三个阶段，产业结构都发生了重大变化，呈现出不同的特征。

（一）工业化初期：以轻工业为主导的轻工业化阶段

在工业化初期，一方面，市场最需要的是食品、纺织品等工业消费品，工业消费品又主要由轻工业部门生产，而轻工业主要是劳动密集型产业，投资少、周期短、技术要求不高、见效快，更容易发展；另一方面，虽然已经有了原始资本积累，并且发生了第一次科学技术革命，但总的来说还是资本缺乏、技术落后，只是劳动力成本低而且比较丰富。这种情况决定，迫切需要发展、更适于发展、经济效益更高的是多数为劳动密集型产业的消费品工业，所以工业化初期普遍首先发展轻工业，形成以轻工业为主导的“轻型”产业结构，工业化也是以轻工业为主要特征的轻工业化。

（二）工业化中期：以重工业为主导的重工业化阶段

随着工业化的推进、轻工业的发展，改变了市场需求和生产的条件。一方面，消费品生产的扩大和改进，需要提供更多更好的资本品，并且工业化引起城市化的兴起、导致基础设施建设的大规模开展、带来农业的技术改造和机械化，更是极大地增加了对资本品的需求，而资本品主要是重工业部门生产的，重工业是资本和技术密集型产业；另一方面，初期的工业化，既使资本积累的规模迅速扩大，技术实现巨大进步，又极大地促进了经济的发展、收入的增加，从而使劳动力成本也大幅度提高，这就为资本品工业的发展创造了必要的有利的条件。既有重工业产品的巨大需求，又有发展重工业的有利条件，正是在这样的背景下，工业化进入中期，普遍重点发展重工业，形成以重工业为主导的“重型”产业结构，工业化则由轻工业化转向以重工业为主要特征的重工业化。

（三）工业化后期：以服务业为主导的发达工业化阶段

重工业化的推进、城市化的基本实现、基础设施建设任务的基本完成、农业机械化的实现、科学技术的进一步发展，又使得市场需求和经济发展的条件发生了新的变化。一方面，工业化带来的经济发展和收入提高，使得恩格尔系数大幅下降，改变了人们的消费结构，导致服务需求的大量增加，需要大量发展服务业，而且服务业劳动者的收入会更高；另一方面，科学技术的进步、工农业生产机械化、自动化的实现，极大地提高了劳动生产率，使得生产同样多甚至更多更好的物质产品不需要原来那么多甚至更少的劳动力，引起物质生产领域的劳动力过剩，而且劳动者的收入较低，正好可以转向服务业。既有服务业的大量需求，又有发展服务业的劳动力，正是在这种背景下，工业化进入后期，主要发展服务业，形成以服务业为主导的“服务型”产业结构，工业化又由重工业化转向以服务业为主要特征的发达工业化，进入后工业时代。

总而言之，工业化全过程中产业结构演进的趋势是，工业化初期先轻工业化，形成以轻工业为主导的“轻型”产业结构；工业化中期再重工业化，形成以重工业为主导的“重型”产业结构；工业化后期进入发达工业化阶段，形成以服务业为主导的“服务型”产业结构。这种产业结构演进的趋势，可以简单地概括为：先轻工业化，再重工业化，最后服务化。这是主要发达国家工业化的实践证明了的工业化的一般规律。

三、工业化道路

（一）工业化道路的内容

工业化道路是指实现工业化的原则、方式和机制，要解决的是怎样实现工业化的问题。具体来说，工业化道路的选择主要包括以下几个方面的内容：

第一，产业的选择，即重点和优先发展的产业、产业结构的类型及各种不同产业之间相互关系的确定和调整，比如发展的重点是选择轻工业、劳动密集型产业，还是重工业、资本或技术密集型产业；是牺牲农业去发展工业，还是工农业协调发展等。

第二，技术的选择，即工业发展中技术类型的采用，是选择高新技术，还是一般适用技术；是运用多使用劳动力的技术，还是多使用资本的技术，包括如何处理机械化与就业的关系。

第三，资本来源的选择，即通过什么方式或渠道筹集工业发展所需的资本，是来源于农业剩余的转移、对国内外的掠夺，还是工业自身的积累、引进国外资本等。

第四，发动方式的选择，即工业化进程是靠民间发动，还是由政府推动。

第五，发展方式的选择，即工业发展是主要依靠粗放型的增长方式，还是主要采用集约型的增长方式；工业生产是以内涵扩大为主，还是以外延扩大为主。

第六，实现机制的选择，即工业化的任务是通过市场机制的作用去实现，还是由计划机制的作用来完成，或者是以市场为基础，结合政府的宏观调控。

第七，城市化模式的选择，即伴随工业化发展的是适度城市化、滞后城市化，还是过度城市化；是健康城市化，还是病态城市化。

第八，工业发展与资源环境关系的选择，即在发展工业的同时，是过度消耗资源、严重污染环境，或者是先污染后治理，还是节约资源、保护环境、边发展边防止污染。

第九，国际经济联系的选择，即工业化过程中是实行对外开放、发展外向型经济，还是闭关锁国、发展内向型经济，或者外向型与内向型相结合；是以外向型经济为主，还是以内向型经济为主。

世界各国工业化发展的历史表明，工业化道路不是唯一的，也不是一成不变的，会随着经济社会条件的变化而变化。不同的社会发展阶段，不同的经济社会制度、民族历史、文化传统、资源禀赋、自然条件、比较优势，工业化道路也会不相同。

（二）正确的工业化道路

实现工业化是世界各国追求的目标，从18世纪60年代英国的工业革命兴起，人类社会就开始了工业化进程，至今已有200多年的历史。现在全世界有200多个国家和地区，奋斗了200多年，目前仍然只有几十个实现了工业化，大多数国家仍然没有实现工业化，努力成为工业化国家依旧是占世界多数的发展中国家面临的艰巨任务。为什么实现工业化这么难呢？走什么样的工业化道路，怎样实现工业化，是决定工业化快慢和成败的关键。现在世界上大多数国家之所以还没有成为工业化国家，最重要的原因是这些国家还没有找到或走上正确合理的工业化道路。

什么又是正确合理的工业化道路呢？世界各国工业化的经验教训表明，当今时代发展中国家正确合理的工业化道路，应该是一条可以发挥比较优势和后发优势、用信息化带动、以集约型增长为主、不断调整和优化产业结构、资本来源多样化、与城市化适度同步发展、协调人口资源环境与经济社会的关系、能够实现可持续发展、实行对外开放、主要依靠市场机制和民间力量、政府发挥导向调控作用的工业化道路。

因为，只有发挥比较优势和后发优势，才能扬长避短、充分有效利用拥有的各种生产要素、降低工业化的成本、提高工业化的效益、加快工业化的进程、缩短工业化的时间；在人类社会正向信息经济迈进的时代，发展中国家除了要“补工业化的课”之外，还必须跟上信息化的步伐，否则与发达国家的差距会越拉越大，而且现代工业离不开信息技术，传统工业需要用信息技术改造和武装，否则缺乏竞争力，所以必须用信息化带动工业化、以工业化促进信息化；只有以集约型增长为主，才能高效利用各种资源，更好更快地实现工业化；工业化过程就是一个产业结构不断优化升级的过程，只有依据国内外经济技术条件、工业化发展阶段的变化，不断调整和优化产业结构，才能更好地完成工业化的根本任务；在和平和发展是主题、经济全球化、发达国家资本过剩的当今世界，发展中国家几乎没有可能靠对外掠夺筹集发展工业所需的资本，自身的工农业积累又极为有限，只有资本来源多样化，特别是要创造条件吸引外资、争取外援，才能有效克服资金不足的困难；工业化与城市化是必然伴侣，工业化是城市化的发动机，城市化是工业化的促进器，工业化只有与城市化适度同步发展，二者才能互相促进、良性互动、一起实现，否则会产生严重的“城市病”和“农村病”，拖工业化的后腿；在资源短缺、价格飞涨、环境污染严重的当代，协调人口资源环境与经济社会的关系，节约资源，保护环境，才能实现可持续发展，有效克服资源环境的制约，顺利推进和成功实现工业化；在经济全球化的条件下，只有实行对外开放，参与国际分工，发展对外贸易，才能更好利用国外资源和国际市场，引进外资和先进的技术及管理，有效地克服资金不足、技术和管理落后的困难，更好地推进工业化；政府资源和能力有限，完全或者主要依靠政府很难成功高效实现工业化，而且市场机制是比计划机制更为有效的资源配置方式，但市场机制又不是“万能”的，也存在“市场失灵”，所以必须在主要依靠市场机制和民间力量的同时，合理地发挥政府的导向调控作用。

本章小结

产业结构是指国民经济中产业的构成及其相互关系。广义产业结构理论包括狭义产业结构理论、产业关联理论、产业布局理论。

产业结构的类型有：三次产业构成不同的类型，产业比例关系不同的类型，农业、轻工业和重工业构成不同的类型，产业发展层次不同的类型。

产业结构与经济发展关系密切，产业结构的改善是经济发展的重要组成部分，产业结构的状况是经济发展水平的主要标志、经济效益高低的决定性因素，产业结构的改进是经济协调和持续发展的必要条件，优化的产业结构是经济发展的强大动力。产业结构之所以对经济发展影响巨大，主要在于产业结构具有关联效应、弹性效应、成长效应、开放效应、供给效应、需求效应。

制约产业结构形成和发展的主要因素有：经济发展、需求、供给、科学技术、制度、社会和国际因素。

产业结构演进的规律有：产业按比例协调发展规律，生产资料生产更快增长规律，工业化过程中的重工业化规律，三次产业比重变动规律，生产要素密集型产业地位变动规律，产业结构高加工度和高附加值化规律，主导产业转换规律，产业结构由低级向高级演进规律。

产业结构优化是指各产业协调发展、产业总体发展水平不断提高的过程，包括产业结构合理化和高度化两个主要方面。产业结构合理化是指产业之间的经济技术联系和数量比例关系趋向协调平衡的过程。产业结构高度化是指产业总体发展水平不断提高的过程，主要包括高加工度化、高附加值化、技术集约化、知识化和服务化。产业结构优化以市场机制为基础、政府调控为辅助，主要措施包括产业选择、产业调整、技术创新、制度创新和产业政策。

工业化一般是指工业（或者制造业、第二次产业）在国民收入和劳动人口中所占的比重持续上升的过程。衡量工业化状况的具体指标主要是工业化率、农业比重、农业机械化率和人均收入水平。工业化是科学技术进步的必然结果，是农业和手工业发展的必然趋势，是社会经济发展的必经过程。工业化过程一般划分为三个阶段，即工业化初期、中期和后期。“先轻工业化，再重工业化，最后服务化”是工业化的一般规律。工业化道路是指实现工业化的原则、方式和机制，内容包括产业选择、技术选择、资本来源选择、发动方式选择、发展方式选择、实现机制选择、城市化模式选择、工业发展与资源环境关系的选择、国际经济联系选择。正确合理的工业化道路，应该是一条可以发挥比较优势和后发优势、用信息化带动、以集约型增长为主、不断调整和优化产业结构、资本来源多样化、与城市化适度同步发展、协调人口资源环境与经济社会的关系、能够实现可持续发展、实行对外开放、主要依靠市场机制和民间力量、政府发挥导向调控作用的工业化道路。

思考题

1. 产业结构有哪些类型？产业结构对经济发展有什么影响？
2. 产业结构效应有哪些？制约产业结构形成和变动的因素有哪些？
3. 产业结构演进的规律有哪些？
4. 产业结构优化的标志是什么？应该包括产业结构高效化吗？如果包括，怎样衡量？
5. 用什么方法衡量产业结构的合理化？
6. 用什么方法判断产业结构的高度化？
7. 产业结构优化的机制和措施是什么？
8. 你认为如何才能准确地衡量一个国家是否实现了工业化？
9. 为什么说“先轻工业化，再重工业化，最后服务化”是工业化的一般规律？
10. 工业化道路应该包括哪些具体内容？
11. 什么样的工业化道路才是正确的道路？为什么？

第四章 产 业 关 联

广义的产业结构不仅是指国民经济中存在多少种类的产业，各种产业的地位和作用，各种产业之间在性质上的区别和联系，而且包括各种产业在数量上的相互关系。产业关联就是产业之间的数量关系，产业关联理论和方法则是专门分析产业之间的数量比例关系的理论和方法。上一章主要运用定性分析方法，从“质”上说明了产业之间的经济技术联系和变化发展的规律；本章则主要介绍怎样采用定量分析方法，从“量”上分析产业之间的数量比例关系，主要内容包括产业关联的含义、种类、投入产出模型的产生、发展、理论基础、基本内容和及其应用。

第一节 产业关联概述

一、产业关联的概念

产业关联又称产业联系，是指产业之间在经济技术上的数量比例关系，主要包括产业之间投入产出、供给需求的数量关系。产业关联的理论和方法主要是20世纪30年代俄裔美国经济学家里昂惕夫（Wassily Leontief，1906—1999）开创的投入产出经济学。它借助产业联系表（即投入产出表或里昂惕夫表”）对产业之间在生产、交换和分配过程中发生的联系进行分析和研究，从而得出产业之间数量比例上的规律性。

产业关联理论研究的是社会经济活动中各个产业之间广泛、复杂和密切的经济技术联系。产业关联实质上涉及的是如何在各个产业在数量上优化配置资源的问题。在一般经济活动中，每一个产业都需要其他产业为自己提供各种产出（如原材料、动力、机械设备、服务等)，以满足自己生产对各种要素的需求；同时，又把自己的产出（产品和劳务）提供给其他产业作为投入，以满足其他产业的需求。这种错综复杂的投入与产出、供给与需求关系，是产业之间最基本的经济联系，是各个产业得以存在和发展的基础。如果某一产业没有其他产业为之提供各种要素，或者自身产出不能满足其他产业的需求，该产业难以生存，也无法持续发展。产业关联的合理化，即产业之间的投入与产出协调、供给与需求平衡、数量比例恰当，是产业结构合理化的重要内容，直接关系到资源在产业之间的优化配置。

由于产业关联理论有助于了解和认识一国经济中各产业部门之间的比例关系及这种比例关系的特征，进而为经济预测、经济计划与管理服务，所以，投入产出理论受到了各国的普遍重视。现在包括美国、日本等市场经济发达国家在内的许多国家都编制了投入产出表。只是不同国家在使用投入产出分析时，使用着不同的名称，如投入产出法在俄罗斯和东欧国家被称为“部门联系平衡法”，在日本则被称为“产业关联经济学”，但是这并不能改变运用投入产出和产业关联理论分析问题的实质。

产业关联理论的应用范围十分广阔，它不仅可以用于分析各种不同的经济问题，而且也是制定和执行各种经济政策的指针，尤其是在反映各产业之间的中间投入和中间需求上，产业关联理论比狭义的产业结构理论更广泛、更细致、更精确和更量化。产业结构理论偏重于以大类的产业分类为出发点，去寻求产业结构演变的规律；产业关联理论则注重运用投入产出表和投入产出数学模型，把一个国家在一定时期内的社会再生产过程中各个产业部门间所发生的投入产出加以量化，以此来分析该国在这一时期内社会再生产过程中的各种比例关系及其特征。这一点，也是产业经济学区别于宏观经济学和微观经济学的一个重要特征。从技术上看，产业关联理论可以细致地研究国民经济中的所有产业，只要这种产业是以生产技术和工艺相似性为依据划分的。当前，不论是发达国家，还是发展中国家，都在采用投入产出分析，进而指导重要政策的制定与实施。

二、产业关联的种类

产业关联有多种分类方法和多种不同的类型。通常有如下几种：

（一）按照产业之间相互依存和影响的方式分类，可以将产业联系分为产品或劳务联系、生产技术联系、价格联系、劳动就业联系和投资联系

1. 产品或劳务联系

在社会再生产过程中，每一个产业部门都不能脱离其他产业部门而存在，产业部门间或多或少必须相互提供产品或劳务，这种联系就是产品或劳务联系，它是产业间发生联系最广泛、最基本的情形。如棉花种植业向纺织业提供原材料，纺织业向服装加工业提供布料；煤炭业向电力工业提供原料，电力工业向钢铁工业提供电力，钢铁工业向机械制造业提供钢材，而机械创造业又分别为煤炭采掘业、电力工业、钢铁工业提供各种机械设备等，都属于产品或劳务联系。

2. 生产技术联系

在社会再生产的过程中，每一个产业部门都有自己特定的生产技术上的标准和要求，这种生产技术上的标准和要求使得它不是被动地接受其他相关产业部门的产品或劳务，而是依据本产业部门的生产技术特点和产品结构特性，对所有相关产业

的产品和劳务提出各自产业部门的产品质量和技术性能要求。这就决定了产业之间在生产工艺、操作技术等方面存在着必然的联系。生产技术作为产业联系重要的依托，其发展变化不仅直接影响到产业之间产品和劳务的供求比例关系，而且还会使某一产业在生产过程中与其他产品和劳务的依赖程度发生着变化，即依存度的变化。这种变化会形成产业之间的新的技术联系。

3. 价格联系

产业之间的产品和劳务联系是通过一些产业部门提供产品或劳务供给，另一些产业部门将这些产品或劳务作为生产性投入而发生的联系。在商品经济社会中，这种产业之间的“投入”与“产出”联系，表现为以货币为媒介的等价交换关系，即产业间的价格联系。产业之间的价格联系使不同产业之间不同质的产品或劳务联系，用价格这种中介形式来进行统一度量和比较，从而为价值型投入产出模型的建立打下了基础，同时，产业之间的价格为产业联系注入了竞争的因素，也为产业结构的变动分析、产业之间的比例关系分析等提供了有效的计量手段。

4. 劳动就业联系

社会化大生产的发展使产业间的关系表现为相互制约和相互促进的关系。一个产业的发展依赖于另一些产业的发展，一些产业的发展也可能导致另一些产业的发展或衰退。相应地，该产业发展会增加一定的劳动就业机会。而该产业发展所带动的相关产业的发展或衰退，也必然使这些相关产业增加或减少劳动就业机会。这种反映在就业上的各产业发展的“关联效应”是客观存在的。这样，产业间的劳动就业机会也就有了必然联系。

5. 投资联系

一个产业的发展需要物质资本和人力资本的大量投入。产业联系在物质资本和人力资本方面的表现是，产业之间在物质资本和人力资本的配置上是相互作用和影响的。加快一国经济的发展，不可能仅仅通过加快某一产业的发展来实现，而必须通过相关产业部门的协调发展来实现。比如，为促进某一产业的发展，必然要有一定量的投资，但由于该产业发展受到相关产业发展的制约，所以就必然需要增加一定的投资来保证相关产业的发展。在投资总额一定的条件下，一个产业的投资增加，其他产业的投资就要减少。这种产业投资必然导致相关产业的投资增加或其他产业的投资减少，就是产业间投资联系的表现。

上述产业关联的类型中，产品或劳务联系是产业之间最基本的一种联系，生产技术联系、价格联系和劳动就业联系和投资联系等其他方面的联系是在产品或劳务联系的基础上派生出来的联系。各个产业部门之间协调发展集中地表现在产业之间相互提供的产品或劳务数量比例的均衡。这种各产业相互提供的产品或劳务数量比例的均衡，是制约社会劳动生产率和经济效益提高的基本因素。如果各产业相互提供的产品或劳务数量比例不均衡，必然是有的产业生产少了，不能满足需求；有的产业生产多了，即使产品或劳务的质量再高、成本再低，也是浪费。

（二）按照产业之间的供给与需求联系分类，产业联系可以分为前向联系、后向联系、环向联系

1. 前向联系

前向联系是指一个产业向其他产业提供产品或劳务而发生的关联。当乙产业在经济活动过程中吸收甲产业的产出时，对于甲产业来说，它与乙产业的关系便是前向关联的关系，即乙产业是甲产业的前向产业或下游产业。如对钢铁业来说，它与汽车制造业的关联就是前向关联的关系。

2. 后向联系

后向联系是指一个产业需要其他产业的产品或劳务而发生的关联。当丙产业在经济活动过程中向乙产业提供了产出，则对于丙产业来说，它与乙产业的关系便是后向关联的关系，即乙产业是丙产业的后向产业或上游产业。如对钢铁业来说，它与煤炭采掘业的关系就是后向关联的关系。

3. 环向联系

经济活动中的各产业依据前向、后向的关联关系组成了产业链。产业链通过复杂的技术经济联系往往会形成一个“环”，如煤炭采掘业→钢铁冶炼业→采矿设备制造业→煤炭采掘业。对于这种环状的产业关联，一般称之为产业的环向关联关系。

（三）按照产业之间技术工艺的方向和特点分类，产业联系可以分为单向联系、双向联系和多向联系

1. 单向联系

单向联系是指在一系列的产业部门间，先行产业部门为后续产业部门提供产品或劳务，作为生产要素参与后续产业部门的生产过程，但后续产业部门的产品或劳务不再返回先行产业部门的生产过程。例如棉花→棉纱→棉布→服装，这种产业间的联系就是单向联系。

2. 双向联系

双向联系是指在一系列的产业部门间，先行产业部门为后续产业部门提供产品或劳务，作为生产要素参与后续产业部门的生产过程的同时，后续产业部门也为先行产业部门的生产过程提供产品或劳务。如煤炭↔电力，即煤炭部门为电力部门提供燃料，而电力部门也为煤炭部门的生产提供电力作为动力源，这就是产业部门间的双向联系。

3. 多向联系

多向联系是指在一系列的产业部门间，先行产业部门为后续产业部门提供产品或劳务，作为生产要素参与后续产业部门的生产过程，同时后续产业部门的产品或劳务通过一系列的产业链条又返回相关的先行产业部门的生产过程。比如煤炭↔钢铁↔机械↔煤炭，煤炭部门为钢铁、机械部门提供能源，钢铁部门又为机械、煤炭部门提供钢材，机械部门则为煤炭、钢铁部门提供机械设备，这就是多向联系。

（四）按照产业之间的依赖程度分类，产业联系可以分为直接联系和间接联系

1. 直接联系

直接联系是指两个产业部门之间存在着直接的生产技术联系，即前者直接为后者提供原料、产品、技术或其他服务，如钢铁部门与机械制造部门的联系。

2. 间接联系

间接联系是指两个产业部门本身不发生直接的生产技术联系，而通过其他产业部门的中介作用才产生的联系。例如石油开采部门与缝纫机生产部门的关系，石油开采部门生产的石油为炼油部门提供原油，炼出的汽油、柴油等则给缝纫机生产部门提供能源；缝纫机生产部门为服装、帐篷的生产部门提供生产工具，服装、帐篷的生产部门又为石油开采部门提供生产所需的服装、帐篷。

三、产业关联分析理论和方法的产生与发展

（一）产业关联分析理论和方法的产生

产业关联分析的主要理论和方法即投入产出模型由美国经济学家里昂惕夫于20世纪30年代首先提出。里昂惕夫早在1931年就开始研究“投入产出分析”，并且利用美国国情普查的资料编制了1919—1929年的投入产出表，从宏观上研究了美国经济结构中的数量关系和美国经济的均衡问题。在1936年，里昂惕夫发表了题为《美国经济制度中的投入产出数量关系》的论文，该论文的问世标志着投入产出理论的诞生。以后他又陆续进行了一系列有关投入产出分析的研究，对投入产出理论模型进行了详细的阐述。由于在投入产出分析研究方面的卓越贡献，里昂惕夫于1973年获得了诺贝尔经济学奖。

里昂惕夫投入产出分析法在理论上的成功，得益于该理论解决现实问题的实用性。里昂惕夫在20世纪30年代首创投入产出分析方法后，该理论并未受到经济学界的重视。但是在随后的第二次世界大战期间，该理论显示了很强的实用性。由于战争的需要，美国武装部队的供应发生了较大的变化。当时美国增产坦克、飞机和其他武器，引起了钢铁生产扩大和相应技术人员与熟练工人的增加，这一现象说明，一个生产决定会随之引起一连串的决定。这一连串与生产有关的决定，如果不在某种程度上做到相互协调，就不能实现其中的任何一个，进而会妨碍主要生产决定的实现。而投入产出模型恰好为分析这一现象提供了重要手段，因此，在第二次

世界大战期间及战后，该理论逐步被世人所认同并发展起来。

20 世纪 50 年代，在西方世界曾经出现一个编制投入产出表的热潮。继美国之后，英国、丹麦、荷兰、挪威、加拿大、澳大利亚、日本等国先后开始编制和应用投入产出表。目前世界上除了少数经济不发达、与国际市场联系较少的小国外，各国基本上编制了投入产出表。1968 年，联合国在普及推广国民经济计算体系的新标准中，将投入产出表作为其重要的组成部分。之后，投入产出分析方法逐渐成为一种对国家和地区经济进行数量研究的重要方法。该模型在 1936 年 8 月里昂惕夫提出以后的 70 年里在世界各地被迅速地推广应用，地区性和小范围内的投入产出表的编制也在迅速地增加。

中国对投入产出分析方法的理论研究，始于 20 世纪 60 年代初期，到 70 年代末 80 年代初，投入产出分析方法开始从理论研究阶段转人实践应用阶段。中国第一个投入产出表是在 1974—1976 年期间，由国家计划委员会编制的 1973 年全国 61 种产品的实物型投入产出表。就全国的价值形态的投入产出表的编制而言，1982 年，国家统计局和国家计划委员会一起，会同国务院有关部门试编了 1981 年全国价值形态的投入产出表。

（二）产业关联分析理论和方法的发展

投入产出理论是一个不断发展的理论，随时代的变化其自身也在不断地自我完善。在第二次世界大战以后，随着运筹学等数学方法的发展以及它们向经济学科的渗透，特别是计算机科学的快速发展为现代投入产出的分析提供了一种全新的科学手段，投入产出分析方法呈现出一些新的发展趋势，它的发展表现在三个方面：①

1. 投入产出分析原理的发展

（1）静态模型的动态化。里昂惕夫投入产出分析最初是一种静态模型，而实际的经济发展是动态的，因此，这种分析方法问世不久，就有人探讨其动态化的问题，如戴维·哈京斯于 1948 年就提出了以微分方程组的形式表达的动态投入产出模型。里昂惕夫本人于 1953 年和 1970 年也先后在哈京斯等人研究的基础上，系统地研究并提出了动态模型，如著名的“动态求逆”模型。20 世纪 70 年代以来，不少学者从不同的研究领域，运用各种分析方法和手段，如计量经济学、控制论和运筹学等，提出了各种动态投入产出模型。

（2）系数的修订。最初的里昂惕夫投入产出方法，假定投入产出模型中的投入产出系数是固定不变的，但实际情况并非如此。人们早就对这一事实有所认识，并对此作了深入研究，提出了一些更新系数和预测系数的方法。如德国学者 Peter Kalmbach 和奥地利学者 Heinz D. Kurz 提出了如下模型。以 a_{ij}^{1} 表示使用原有技术的

① 高峰，雷声隆，马文正．投入产出研究进展．水利科技与经济，1997（3）：6-9.

技术系数，以 a_{ij}^2表示使用新技术的技术系数，现有技术系数是两者的加权和，即：

$$a_{ij} = (1 - a_j(t))a_{ij}^1 + a_j(t)a_{ij}^2$$

并可以用同样办法处理资本系数矩阵。不过，这些新提出的方法大多数是经验性的，或者是机械的数学推导，如 RAS 修订法，尚缺乏深入的经济分析作为理论依据。

（3）投入产出分析的优化。前苏联的康托罗维奇和美国的丹捷格、柯普曼等数理经济学家先后提出了线性规划方法。所谓线性规划法是在一定的约束条件下，从各种可供选择的途径中计算出对实现某种特定的目标来说是最佳途径的方法。随着丹捷格的线性规划单纯形法的发明和高速电子计算机的产生，几千个变量乃至上万个变量的线性规划问题求解开始成为可能，从而使线性规划方法成为一种非常有效的方法。投入产出分析与线性规划的结合使本不具“最优”思想的投入产出分析可以用于研究符合特定目标的产业结构，即所谓的“最佳产业结构理论”。投入产出法分析的线性规划化为规划产业结构提供了技术上的可能性。

2. 投入产出模型的扩展

（1）定性投入产出分析表。美国麻省理工学院教授 Banko Bon 提出了定性投入产出分析。它在定性矩阵代数的基础上，以 X_{ij}表示 j 部门消耗的 i 部门产品数量。在定性投入产出分析中，X_{ij}有三种取值，即“+”、“0”和“?”。X_{ij}等于“+”表示 j 部门消耗 i 部门产品，X_{ij}等于“0”表示不消耗，X_{ij}等于“?”表示模棱两可，不能确定，在此基础上可进行一系列运算与分析。定性投入产出分析的优点是原始资料取值比较容易，它为研究经济系统的性质提供了一种新的简易途径。

（2）信息投入产出模型。德国经济研究所 Reines Stagilin 教授研究了编制信息投入产出表的问题。信息部门包括三类：第一类是原始信息部门，包括传递信息的物品和劳务必须能在市场上进行交易；第二类是二次信息部门，包括在非信息部门产品生产过程中信息人员和资本所提供的附加价值；第三类是信息占有部门，包括生产信息的部门（如科研技术部门、咨询部门等）、信息处理部门及信息分配部门（如教育、邮电部门等）。信息投入产出表可以分为两种形式。第一种形式是把每一个生产部门都分解为信息和非信息两个子部门。第二种形式是把国民经济所有部门的信息子部门产值合并在一起，设立一个汇总的信息部门，作为投入产出的第 $n+1$个部门，德国已按照上述两种形式编制了 1980 年信息投入产出模型，并在此基础上计算各部门的直接信息系数和间接信息系数。

（3）投入产出方法在应用领域上的多元化趋向。传统的投入产出应用领域是分析一个国家国民经济各部门或产业之间的关系。现在的投入产出应用领域则在两个方面进行了拓展。一方面，它应用于区域经济，即把国家的某一区域作为研究对象，编制区域投入产出表，用以对区域性的经济结构现状进行分析、预测和规划，特别是对于预测某一大型建设项目的区域性经济效果具有特殊的功能。另一方面，投入产出方法开始应用到国际经济关系领域。例如，把西欧 17 个国家作为研究对象，编制所谓的“综合国际投入产出表”，用以研究这些国家经济结构的特点和关联性；而“世界区域间投入产出表”则可用以研究南北问题，环境、资源问题等世界性的经济结构问题。

3. 投入产出表及模型编制方法和手段的改进

目前世界上编制投入产出表，主要使用三种方法，即调查法、非调查法和HYBRID技术。调查法编表建立在普查和各种专门调查的基础上，其优点是编制表的精确度较高，数据可靠，主要缺点是编表要耗费大量人力、物力，编表时间很长。非调查法的优缺点与调查法正巧相反。HYBRID 技术又称为局部调查法，它综合了前两种方法的优点，是一种比较好的编表方法。

随着国民经济核算和投入产出表格、指标定义、资料整理、加工等的标准化和规范化以及计算机技术的发展，人们开始制定一套通用程序以供同类模型使用。通过这种方法，研究者就不必分散力量去设计有效的解法，而把主要精力集中在基本统计资料和分析理论上。利用计算机进行自动编表是编制投入产出表的一个新的发展方向。

总之，投入产出模型在理论、方法和应用方面虽然有了长足的进展，但是目前比较成熟的仍是静态的开放模型，这就在很大程度上限制了这种方法在经济管理和计划中的应用。动态投入产出模型早就有研究，并已取得明显的理论成果，但离实际应用尚有距离。投入产出模型与线性规划相结合，同样也有人研究，并取得了一些成果，但应用于宏观经济还有不少问题有待解决。此外，怎样预测系数的变动、怎样使外生变量内生化等一系列问题，还有待继续探讨。

第二节 投入产出分析的理论基础

任何一种经济理论和方法都是对原有相关理论的继承和发展，投入产出理论也不例外。里昂惕夫的投入产出分析的理论渊源，包括魁奈的《经济表》、马克思的再生产理论和瓦尔拉的一般均衡理论。

一、魁奈的《经济表》

（一）《经济表》的产生

17 世纪后半叶，由于封建制度下租税的加重和重商主义政策的推行造成法国农业极端衰落，国家财政极度困难，国家陷入民穷财尽的困境。为了挽救财政经济危机，在法国出现了反对重商主义，提倡重视农业、发展农业的重农学派经济思潮。重农学派的主旨是强调在国民经济发展过程中必须高度重视农业。重农学派的代表人物魁奈的名著《经济表》正是在这种背景下写成的。

在这本书中，魁奈描述了国民经济结构及诸种关系运动的规律性，除了用文字说明以外，还使用了简明的图表来说明问题。用简明的图示描绘社会总资本的再生产过程，这在经济学发展史上是一个创举，受到重农学派的推崇，重农学派把它看成是使人惊异的图示。马克思对魁奈的这一尝试也作过高度的评价，认为它是在18世纪30—60年代政治经济学幼年时期提出的最有天才的思想。

(二)《经济表》的内容及图示简介

魁奈的《经济表》有原表和简表两种。原表发表于1758年，题为“经济表及其说明”。但是由于它晦涩难懂，为便于一般大众理解，魁奈于1766年又将其简化，题为“经济表之分析”，即为简表，魁奈将后者又称为“经济表范示”。

魁奈的《经济表》是以他的“纯产品”学说为基础的。魁奈认为，土地是提供财富的唯一源泉，只有农业劳动才能增加财富，这种财富即为纯产品。他根据“纯产品”学说，把社会分为三个阶级：生产阶级、土地所有者阶级和不生产阶级。

魁奈分析了一年的社会总产品怎样通过货币流通在社会各个阶级之间进行分配、怎样使再生产继续下去这样一个比较复杂的过程。

魁奈在对社会总资本再生产过程的分析中把年总产品作为出发点，分析了年总产品的各个组成部分在价值上和实物形式上的实现和补偿，说明了社会总资本再生产的实现条件和实现过程。尽管魁奈未把年总产品区分为生产资料和消费资料，也未区分社会生产的两个部类，而只区分了农业和工业，但他把农业和工业的产品中的生产资料与消费资料区别开来了。这样就把社会各个阶级收入的起源、资本和收入之间的交换以及生产消费和个人消费之间的关系等重要问题，都包括进他对社会再生产过程的分析中去了。

魁奈的《经济表》初步揭示了国民经济中的产业结构及其相互关系，是最早的产业关联分析，为现代产业关联分析提供了最初的理论基础。

(三)《经济表》与投入产出表的联系

魁奈的《经济表》的表现方式以及使用的方法受到后来众多的经济学家的推崇，并且应用于社会再生产问题的研究。投入产出模型正是一个明显的例子，它用矩阵的形式，记录了一个国家在一定时期内国民经济各部门中发生的产品及服务的生产与交换关系。因此，从某种意义上来说，魁奈的经济表为投入产出理论奠定了方法论基础。

二、马克思的再生产理论

投入产出分析的第二个理论渊源是马克思的再生产理论，波兰经济学家兰格对此曾作过论证。首先，里昂惕夫出身于前苏联列宁格勒的一个经济学教授家庭，他既熟悉马克思的著作又了解当时苏联的经济文献，他去德国之前还在前苏联国家计划委员会工作过，马克思的社会资本再生产理论和前苏联的物资平衡管理实践必然会对他产生影响。里昂惕夫在1925年发表提出他的最初想法的论文时，他还住在前苏联。因此，兰格认为，从历史的角度考察，里昂惕夫的投入产出分析也许是在马克思的社会资本再生产理论和前苏联物资平衡的管理实践影响下产生的。其次，兰格从里昂惕夫表中横行的分配方程式很容易地导出马克思所表述的基本关系，即国民经济最终产品等于国民收入，而且里昂惕夫表中的费用方程式和马克思的一个部类的总产品等式是相对应的。所以，兰格指出，里昂惕夫的部门间投入产出分析可以看做马克思社会资本再生产理论的发展。

（一）马克思的再生产理论简介

马克思的再生产理论是在分析资本主义社会的社会资本的再生产中提出的，是社会资本再生产理论，由于这个理论反映了社会再生产的一般规律，所以又称之为社会再生产理论。马克思的社会再生产理论是关于社会生产各部门的相互关系和社会再生产怎样才能顺利进行的理论，主要内容包括：社会生产分为两大部类，社会再生产分为简单再生产和扩大再生产两种类型，产品的价值由不变资本、可变资本和剩余价值三部分组成，两大部类的交换关系、数量比例关系、价值实现、实物补偿，社会再生产的实现条件等。实际上，马克思的再生产理论就是马克思主义经济学的产业结构和产业关联的基本原理，揭示了社会生产必须按比例协调发展的规律。社会资本再生产理论可以划分为社会资本简单再生产理论和社会资本扩大再生产理论两大部分。

1. 社会资本简单再生产理论

马克思在分析社会资本简单再生产运动时，把社会总产品从实物形态上分为生产资料与消费资料两大部类；从价值形态上把这两大部类的产品各自分为不变资本（转移价值）c、可变资本（劳动力价值）v 和剩余价值 m 三个部分。

马克思认为，要使社会资本简单再生产顺利进行，两大部类的生产必须在实物和价值两方面保持一定的比例：（1）第Ⅰ部类的可变资本和剩余价值之和必须等于第Ⅱ部类的不变资本，即Ⅰ$(v+m)$ = Ⅱc。这个实现条件表明了两大部类之间相互提出需求，互相供给产品的互相依赖、相互制约、互为市场的内在联系。（2）第Ⅱ部类的全部产品，在价值上必须等于两大部类的可变资本和剩余价值之和，在使用价值上能够满足两大部类简单再生产进行消费资料实物补偿的需要，即Ⅱ $(c+v+m)=$ Ⅰ $(v+m)+$Ⅱ $(v+m)$。它体现了社会资本简单再生产条件下，消费资料的生产同整个社会对消费资料的需要之间的内在联系。（3）第Ⅰ部类的全部产品在价值上等于两大部类所消耗的不变资本的总和，在使用价值上能够满足两大部类简单再生产进行生产资料实物补偿的需要，即Ⅰ $(c+v+m)=$ Ⅱ$c+$Ⅰc。它体现了社会资本简单再生产条件下，生产资料的生产与整个社会对生产资料的需要之间的内在联系。这些比例关系是社会资本简单再生产的实现条件，只有具备这些条件，社会资本简单再生产才能顺利进行。

2. 社会资本扩大再生产理论

资本主义的社会再生产是一种生产规模扩大的再生产，资本家将一部分剩余价值用于资本积累，作为追加的资本投入。当社会总产品中有可供追加的生产资料和维持追加劳动力所需要的消费资料时，扩大再生产便成为可能。这样，进行扩大再生产首先应具备两个基本前提：（1）为了提供追加的生产资料，第Ⅰ部类新创造的价值（可变资本和剩余价值之和）必须大于第Ⅱ部类所消耗的不变资本，即Ⅰ$(v+m)>$Ⅱc。（2）为了能够提供追加的消费资料，第Ⅱ部类的不变资本和供积累用的剩余价值之和，必须大于第Ⅰ部类的可变资本和用于个人消费的剩余价值之和，即Ⅱ$(c+m-m/x)>$Ⅰ$(v+m/x)$。其中 m/x 代表资本家用于个人消费的剩余价值部分，$m-m/x$ 表示积累用的剩余价值部分。马克思认为，要使社会资本扩大再生产能够顺利进行，两大部类的生产必须在实物和价值两方面保持一定的比例关系：（1）第Ⅰ部类的可变资本加上追加的可变资本和资本家用于个人消费部分的剩余价值之和必须等于第Ⅱ部类不变资本和追加不变资本之和，即Ⅰ$(v+\Delta v+m/x)=$Ⅱ$(c+\Delta c)$。（2）第Ⅱ部类的全部产品在价值上必须等于第Ⅰ部类可变资本、追加的可变资本和资本家用于个人消费部分的剩余价值之和再加上第Ⅱ部类可变资本、追加的可变资本和资本家用于个人消费部分的剩余价值之和，即Ⅱ$(c+v+m)=$Ⅰ$(v+\Delta v+m/x)+$Ⅱ$(v+\Delta v+m/x)$。（3）第Ⅰ部类的全部产品,在价值上等于两大部类所消耗的不变资本和追加的不变资本的总和，即Ⅰ$(c+v+m)=$Ⅰ$(c+\Delta c)+$Ⅱ$(c+\Delta c)$。这些比例关系是社会资本扩大再生产的前提条件和实现条件，只有具备这些条件，社会资本扩大再生产才能顺利进行。

马克思的社会资本再生产理论分析了社会总产品的实现过程，揭示了两大部类相互依赖、互为条件的关系，论证了只有两大部类的生产按比例平衡发展，社会再生产才能顺利进行。

（二）马克思图示向里昂惕夫图示的转化

从理论渊源上看，魁奈的《经济表》是马克思的社会资本再生产理论的来源之一，马克思的社会资本再生产理论又是里昂惕夫投入产出理论的重要理论基础。这一点突出表现在里昂惕夫的投入产出图示与马克思的社会资本再生产图示的相互关系上。波兰经济学家兰格从马克思的图示出发，运用简单再生产的平衡关系，得出了里昂惕夫的投入产出表。

按照马克思的假定和里昂惕夫的分析，可以得到表4-1。

表4-1将产业分为两大产业部类：Ⅰ是生产生产资料的第一部类；Ⅱ是生产消费资料的第二部类。横行表示两大部类产品的实际用途，纵列表示两大部类产品的价值构成。表4-1中最终产品栏是指暂时离开生产领域供消费和积累的产品。在表4-1左上方方框内的内容，表示两大部类产品在生产中的分配与使用。由于第二部类是消费品，在两大部类生产过程中并不消耗它，所以在第Ⅱ部类行内填上零。

由表4-1可见，马克思的社会资本再生产图示与里昂惕夫的投入产出图示确实有某种内在的一致性。

表4-1　　两大部类的投入产出表

<table>
<tr><td colspan="2" rowspan="3">实物构成 / 价值构成</td><td colspan="2">中间产品</td><td colspan="3">最终产品</td><td rowspan="3">总产出</td></tr>
<tr><td rowspan="2">Ⅰ</td><td rowspan="2">Ⅱ</td><td rowspan="2">消费</td><td colspan="2">积　累</td></tr>
<tr><td>Ⅰ</td><td>Ⅱ</td></tr>
<tr><td colspan="2">第Ⅰ部类</td><td>Ⅰc</td><td>Ⅱc</td><td>0</td><td>ⅠY_1</td><td>ⅠY_2</td><td>Ⅰw</td></tr>
<tr><td colspan="2">第Ⅱ部类</td><td>0</td><td>0</td><td>Y_2</td><td>ⅡY_1</td><td>ⅡY_2</td><td>Ⅱw</td></tr>
<tr><td rowspan="2">国民收入</td><td>v</td><td>Ⅰv</td><td>Ⅱv</td></tr>
<tr><td>m</td><td>Ⅰm</td><td>Ⅱm</td></tr>
<tr><td colspan="2">总产出</td><td>Ⅰw</td><td>Ⅱw</td></tr>
</table>

（三）里昂惕夫投入产出理论对马克思再生产理论的发展

里昂惕夫投入产出理论与马克思再生产理论虽然具有共性，都能够对社会再生产过程进行数量分析和图示描述，但是在里昂惕夫的投入产出表中，增列了一些马克思看来是非生产性部门的产业部门，而且产业部门的分类较细，使得它所能揭示的国民经济中各个产业部门之间的关系及数量比例，远远超过马克思再生产图示所能反映和揭示的具体内容。这是对马克思再生产理论的发展，是投入产出理论和方法更具有实际应用价值的原因所在。

三、瓦尔拉的一般均衡理论

投入产出分析的第三个理论渊源是法国经济学家莱昂·瓦尔拉的一般均衡理论。这也是里昂惕夫本人所强调的，他说，投入产出法是用新古典学派的一般均衡理论，对各种错综复杂的经济活动之间在数量上的相互依赖关系进行经验研究。从里昂惕夫把自己的名作《1919—1929 年的美国经济结构》的副标题定为“均衡分析的一个经验性应用”中也可以看出，他的投入产出分析是将“一般均衡理论”用于现实经济问题的分析。

（一）一般均衡理论简介

一般均衡理论是瓦尔拉经济学说的核心，它集中研究了在存在多种商品种类的情况下，各种商品均衡价格形成的条件。在研究前，瓦尔拉先作了市场是完全自由竞争的假设前提，并排除了货币的作用。瓦尔拉认为经济主体可以分为四类：地主、工人、资本家和企业家。同时，他区分了三类商品，即最终产品、服务和资本品，并区分了三类市场，即产品市场、服务市场和资本市场。

瓦尔拉运用了供求分析法和线性代数分析法作为一般均衡分析的基本工具，分析了多种商品相互交换的情况，提出各经济主体追求利益最大化的行为，即消费者在一定的预算约束下追求效用最大化和生产者追求利润最大化，可以使所有市场在一组价格的调节下实现供给和需求的相等，也存在一组价格（又称为均衡价格），使所有市场都出清、所有产品供求都实现均衡，这就是一般均衡。

在瓦尔拉的一般均衡论中，整个均衡结构包括消费财货市场均衡、生产劳务市场均衡、资本财货市场均衡和流动资本市场均衡四个层次。这四个层次是相互依存、彼此影响的，只有当它们同时达到均衡时，整个经济才会出现均衡。这四个层次市场通过价格彼此联系起来，不仅各种消费品价格和各种生产要素价格之间是相互联系的，而且消费品价格与生产要素价格之间也是彼此影响的。因此，瓦尔拉认为不能撇开别的价格而单独地讨论某一种消费品或生产要素的均衡价格，必须研究整个经济，即整个总市场上所有的价格如何相互作用后最终同时达到均衡。

（二）一般均衡理论向投入产出模型的转变

瓦尔拉是用联立方程组来描述一般均衡状态的，方程组的解就是均衡价格体系，但瓦尔拉的模型是一种纯粹理论抽象，它无法对实际的经济活动进行实证性分析。里昂惕夫在瓦尔拉一般均衡模型的基础上，通过一些假定对其进行了简化。简化主要有以下几个方面：

（1）用产业代替瓦尔拉模型中的企业和消费者。他将经济主体的活动以生产工艺相似性为依据，归纳为若干产业部门，并假定每个产业只生产一种特定的同质产品。由于同质，同一产业内的产品在各种用途上是可以相互代替的，不同产业部门的产品之间是不能代替的。这样，方程的个数也因此大大减少了，从而可以在实际中应用。

（2）假定生产的规模收益不变，即假定每个产业产品的产出量与对它的各种投入量成固定比例。这样，投入与产出就成为线性关系，里昂惕夫投入产出模型就成了线性联立方程组。

（3）假定各产业的生产活动是互不影响的，即每个产业的产出由本产业的生产活动来决定，而不受其他产业生产活动的影响，国民经济的总产出等于每个产业产出之和。这样，该产业的投入和产出的关系就变得确定了。如果没有这样的假定，一个产业的产出要受其他产业生产活动的影响，也就无法进行投入产出分析了。

（4）假定消耗系数在一定时期相对稳定，在投入产出分析中，消耗系数是关键性数据，它们取决于各产业之间的生产技术联系。一般来说，在一个不太长的时期内生产技术条件变化不大。假定消耗系数具有相对稳定性，使得投入产出分析可以运用于经济预测。

（5）用一个年度的数据来计算消耗系数。在静态投入产出分析中，假定所有投入都是在一年内生产的。这样，生产时间上的差异问题就被简化了。

通过这些简化工作，一般均衡理论在实证分析中便可以得到应用。

（三）里昂惕夫模型与一般均衡理论的关系

瓦尔拉的"一般均衡理论"分析了国民经济的各个市场相互联系和相互依存的一般关系，尽管从理论上看是缜密的，但其内容涉及的范围太宽，造成"一般均衡理论"无法作为有效的实证分析工具，不能实证地解释实际经济问题。里昂惕夫通过简化瓦尔拉"一般均衡理论"的模型，使之变成了可以进行实际计量分析的理论体系。一般均衡理论是投入产出分析的依据和应用。

里昂惕夫的模型和瓦尔拉的模型存在两点明显的区别：

（1）在瓦尔拉的模型中生产要素间存在可替代性，而在里昂惕夫的模型中生产要素失去了可替代性，形成了一些固定的系数。

（2）投入产出分析不考虑一般均衡理论的核心思想，即价格对经济主体在追求利益最佳化时必然发生影响的思想。这是因为瓦尔拉与里昂惕夫研究的内容和想要说明的问题有区别。虽然二者都涉及社会经济的均衡增长、资源的优化配置，但一般均衡理论主要研究产量与价格的关系，论证经济均衡状态的存在，而投入产出分析则主要是说明产业之间的供求和投入产出关系，可以不考虑价格的作用。

第三节　投入产出模型及其应用

一、投入产出模型

（一）投入产出模型的结构

投入产出法是一种研究国民经济各部门投入与产出之间相互依存关系的数量分析方法。投入产出法的投入是指任何一个部门在产品生产过程中所消耗的原材料、辅助材料、燃料、动力、固定资产（厂房、设备等）折旧和劳动力等；产出是指各个部门生产的产品和劳务，即从事经济活动的结果。它被分配使用于生产消费、生活消费、积累和出口等各个方面。

所谓投入产出表是指把国民经济各部门的投入来源和产出去向排列成一张纵横交叉的表格，从而集中反映国民经济各部门的技术经济联系。具体来说，投入是生产性的消费，产出是产品的生产及其分配和使用。各产业部门之间在投入与产出、生产与分配上存在着极密切的生产技术联系和经济联系，这样就形成了一个复杂的网络系统。在一张表中将各部门之间的投入与产出关系都概括进去，从中分析投入与产出之间数量的规律性，这张表就称为投入产出表。

投入产出表分为实物型和价值型两种。前者以实物为计量单位；后者以货币为计量单位。在这两种投入产出表中，价值型投入产出表的应用最为广泛，因此，本书重点介绍价值型投入产出表。

表 4-2 给出了投入产出表的一般格式。表 4-2 中 符号 X_i（$i=1, 2, \cdots, n$）代表国民经济第 i 个物质生产部门的年产品总量或总值，即第 i 个部门的年产出总量；Y_i（$i=1, 2, \cdots, n$）代表国民经济中第 i 个物质生产部门的年最终产品数量。从表中可知，它是从 i 个部门的年总产品中扣除生产性消耗之后不参加本期生产周转的那一部分年产品数量。X_{ij}（$i, j=1, 2, \cdots, n$）是代表第 i 部门在一年内分配给部门 j 的产品数量，也就是在生产过程中所消耗的第 i 个部门产品的数量，称做部门间流量。

表 4-2　　　　投入产出综合平衡表(价值型)

产品分配去向 / 消耗物资来源		物质生产部门				中间产品	最终产品				总产品
		1	2	…	N	合计	积累	消费	进出口	合计	
物质生产部门	1	X_{11}	X_{12}	…	X_{1n}	$\sum X_{1j}$	Inv_1	CS_1	TS_1	Y_1	X_1
	2	X_{21}	X_{22}	…	X_{2n}	$\sum X_{2j}$	Inv_2	CS_2	TS_2	Y_2	X_2
	⋮	⋮	⋮		⋮	⋮	⋮	⋮	⋮	⋮	⋮
	N	X_{n1}	X_{n2}	…	X_{nn}	$\sum X_{nj}$	Inv_n	CS_n	TS_n	Y_n	X_n
物耗合计		$\sum X_{i1}$	$\sum X_{i2}$	…	$\sum X_{in}$		$\sum Inv_i$	$\sum CS_i$	$\sum TS_i$	$\sum Y_i$	$\sum X_i$
折旧大修		D_1	D_2	…	D_n						
净产值	工资	W_1	W_2	…	W_n						
	税金+利润+其他	M_1	M_2	…	M_n						
	合计	W_1+M_1	W_2+M_2	…	W_n+M_n						
总产值		X_1	X_2	…	X_n						

从表 4-2 的水平方向看，可得到产品按用途分配的联立方程组：

$$\begin{aligned} X_{11} + X_{12} + X_{13} + \cdots + X_{1k} + \cdots + X_{1n} + Y_1 &= X_1 \\ X_{21} + X_{22} + X_{23} + \cdots + X_{2k} + \cdots + X_{1n} + Y_2 &= X_2 \\ \vdots \quad\ \vdots \qquad\qquad\qquad\qquad\qquad\qquad\quad \vdots \quad &\ \vdots \\ X_{n1} + X_{n2} + X_{n3} + \cdots + X_{nk} + \cdots + X_{nn} + Y_n &= X_n \end{aligned}$$

或 $$\sum_{j=1}^{n} X_{ij} + Y_i = X_i \quad (i = 1,\ 2,\ 3,\ \cdots,\ n) \tag{4. 3. 1}$$

式 4. 3. 1 称做分配方程。

在表 4-2 中，D_j ($j=1$，2，…，n) 是第 j 部门的折旧额，W_j 是第 j 部门劳动者在一年内的劳动报酬，M_j ($j=1$，2，…，n) 表示第 j 部门的纯收入（利润+税金+其他)。从垂直方向看，就表示了纵列各物质生产部门对横向诸种产品和劳动的投入，可得到如下联立方程：

$$\sum_{i=1}^{n} X_{ij} + V_j = X_j \tag{4. 3. 2}$$

式中 $$V_j = D_j + M_j + W_j \tag{4. 3. 3}$$

V_j 为第 j 个生产部门折旧额和劳动新创造价值之和。生产资料转移价值加上新创造价值恰好等于总产品的价值。式 4.3.2 称做生产方程。式 4.3.2 表达了社会产品在社会再生产中的实物运动过程。式 4.3.3 表达了社会产品在社会再生产过程中的价值形成和价值增值过程。

用粗实线把表 4-2 分割成三个组成部分（见表 4-2）。按照左上、右上、左下的次序分别称为第Ⅰ、第Ⅱ、第Ⅲ象限，现在分别对这几个象限进行介绍。

第Ⅰ象限主要反映了各部门之间的技术经济联系，故称做部门交易象限。它由 n 个物质生产部门纵横交叉组成一个正方矩阵，横行与纵列由同名称同顺序的生产部门组成。在该象限，从水平方向看，表明各个部门的产品除了自用之外还要分配给其他部门作为中间产品的情况；从垂直方向看，表明各部门为生产一定的产品而消耗其他部门（包括本部门）产品的情况。第Ⅰ象限主要反映国民经济各物质生产部门之间的生产与分配的联系，这种联系主要是由国民经济的生产技术结构决定的，但也与部门的划分及各部门产品的价格变动有关。借助本象限的有关资料，通过计算各部门之间的消耗系数进而计算完全消耗系数，可以反映部门之间的直接的和完全的生产技术系数。

第Ⅱ象限反映了各物质生产部门的年总产品中可供社会最终消费或使用的产品，故称做最终产品象限。该象限从水平方向看，表明各部门的生产品作为最终产品的使用去向，它或用于消费，或用于积累，或用于出口等。从垂直方向看，表明不同类型产品最终使用的规模及其实物构成。第Ⅱ象限除了取决于社会产品总规模及其构成外，在一定程度上是与国家经济政策联系在一起的。所以，该矩阵反映的不是部门间的生产技术联系，而是部门间的社会经济联系，体现国民收入的实物构成。

第Ⅲ象限主要反映各物质生产部门净产出价值，说明增加值是由哪一个部门提供的，以及各部门所提供的增加值即增值之构成，所以又称为增值象限。它说明国民收入的初次分配以及各部门的固定资产的价值补偿情况，同时也说明了必要劳动与剩余劳动比例的情况。

把投入产出表的水平方向与垂直方向结合起来，可以得到如下平衡关系：

（1）横行各物质生产部门的总产量与对应同名称的纵列物质生产部门的总产品价值相等。

（2）对整个国民经济来讲，第Ⅱ象限与第Ⅲ象限在总量上相等。

（3）从某一部门流向其他部门的产品流出量加上最终产品等于该部门从别的部门得到的产品加上增值。

（二）直接消耗系数和间接消耗系数

直接消耗系数是用各部门的总产量除以该部门所消耗的其他部门的产品数量，

也就是用各物质生产部门的总产品价值除以各投入要素的分量，即：

$$a_{ij}=\frac{X_{ij}}{X_j}\qquad(i,\ j=1,\ 2,\ 3,\ \cdots,\ n)\tag{4.3.4}$$

式中 a_{ij} 为直接消耗系数，即生产单位产品 j 所消耗的产品 i 的数量。它的经济学上的含义是指单位产品的社会平均消耗量。建立直接消耗系数的目的主要有三个：(1) 反映各产品之间生产技术的直接关联程度；(2) 作为中间产品和总产品之间的媒介变量；(3) 作为计算完全消耗系数的基础数据。

各物质生产部门的直接消耗系数是以部门间的生产技术性联系为基础的。利用式 4.3.4 可把式 4.3.1 写成：

$$\sum_{j=1}^{n}a_{ij}X_j+Y_i=X_i\qquad(i=1,\ 2,\ 3,\ \cdots,\ n)\tag{4.3.5}$$

写成矩阵向量形式，即：

$$(I-A)\ X=Y\tag{4.3.6}$$

式中：

$$A=\begin{bmatrix}a_{11}&a_{12}&\cdots&a_{1n}\\a_{21}&a_{22}&\cdots&a_{2n}\\\vdots&\vdots&&\vdots\\a_{n1}&a_{n2}&\cdots&a_{nn}\end{bmatrix}\qquad I=\begin{bmatrix}1&0&\cdots&0\\0&1&\cdots&0\\\vdots&\vdots&&0\\0&0&\cdots&1\end{bmatrix}$$

A 代表直接消耗系数矩阵，I 代表 n 阶单位矩阵，$X=[X_1,\ X_2,\ \cdots,\ X_n]^T$，$Y=[Y_1,\ Y_2,\ \cdots,\ Y_n]^T$。

直接消耗系数描述了部门之间直接联系的关系，但各部门的消耗还没有得到完全反映，因为各部门还有间接消耗。所谓间接消耗，是指甲部门除了直接消耗丙部门的产品之外，还由于直接消耗乙部门的产品，而乙部门又消耗丙部门、丁部门的产品，则甲部门又间接消耗了丙部门、丁部门的产品。各部门之间直接消耗加上部门之间的间接消耗，才是各部门消耗的完全反映，称为完全消耗。以 C_{ij} 表示部门之间完全消耗系数，即国民经济中第 j 个生产部门生产单位最终产品对第 i 个部门产品的完全消耗量，则：

$$CY=AX\tag{4.3.7}$$

式中 C 代表完全消耗系数矩阵 $(n\times n)$。

式 4.3.7 中右边项 AX 是从总产量角度求得的中间产品消耗量，而左边项 CY 是从最终产品角度求得的中间产品消耗量，故两者应该相等。

把式 4.3.6 代入式 4.3.7 得：

$$C\ (I-A)\ =A\tag{4.3.8}$$

或

$$C=A+CA$$

用矩阵元素表示为：

$$C_{ij}=a_{ij}+\sum_{k=1}^{n}C_{ik}a_{kj}\tag{4.3.9}$$

式 4. 3. 9 右边第一项为单位产品 j 对产品 i 的直接消耗，第二项为 j 部门单位产品对 i 部门产品的间接消耗。j 部门单位产品在生产过程中直接消耗产品 k 的量为 a_{kj}，而生产单位产品 k 又直接和间接地消耗了产品 i，两者的总和即为完全消耗系数 C_{ik}，两者的乘积 $C_{ik}\ a_{kj}$ 就是 j 部门单位产品通过中间产品 k 对产品 i 的间接消耗量。对中间产品 k 求和，即 $\sum C_{ik}\, a_{kj}$ 就代表 j 部门单位产品对 i 部门产品的全部间接消耗。由式 4. 3. 8 可得：

$$C=A\ (I-A)^{-1} \qquad (4.3.10)$$

为使矩阵运算方便，令 $A=I-I+A$ 代入式 4. 3. 10 中得：

$$C=\ (I-I+A)\ (I-A)^{-1}=\ (I-A)^{-1}-I \qquad (4.3.11)$$

已知直接消耗系数矩阵 A，就可由式 4. 3. 11 求完全消耗系数矩阵。直接消耗系数是从总产品的角度来考察产品之间的消耗关系，它代表每生产一个单位最终产品对各部门产品的消耗。完全消耗系数不仅在经济结构分析上有重要意义，而且在经济预测和计划制定方面也有重要的应用。

为了从直观上加深了解，举例如下：前苏联 1966 年计算的精铜对电力直接消耗为 758. 5KW · h/t，而间接消耗为 4938. 7KW · h/t，完全消耗为 5717. 2KW · h/t，其中，炼精铜需要消耗电力，这是对电力的直接消耗 758. 5KW · h/t，同时还要消耗设备、粗铜等，而消耗设备和粗铜等对电力而言是间接消耗 4938. 7KW · h/t，直接消耗和间接消耗的总和构成了完全消耗 5717. 2KW · h/t，见图 4-1。

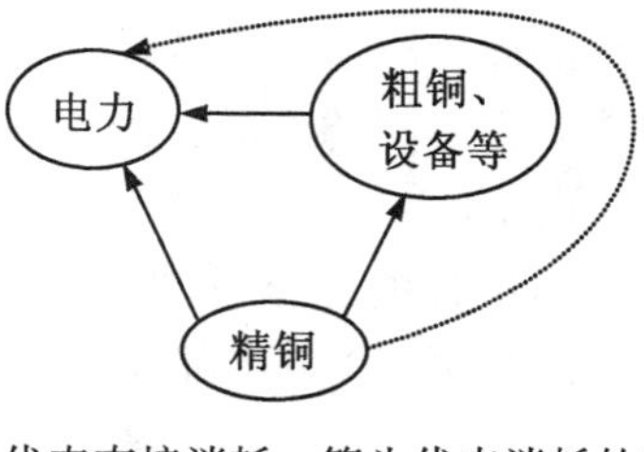

说明：实线代表直接消耗，箭头代表消耗的对象，虚线代表精铜通过一系列中间环节对电力的间接消耗。

图 4-1　直接消耗与间接消耗示意图

（三）直接消耗系数的影响因素

直接消耗系数是编制和应用投入产出表的基础。但是，影响直接消耗系数变动的因素是很多的，这些因素大体上可分为以下几个方面：

（1）技术条件变化所引起消耗量的变化，如发电厂由烧链条炉改为煤粉炉、机械厂用塑料或尼龙零部件代替原有的金属零部件、服装厂用化纤布料代替棉布、电子产品采用大规模集成电路代替晶体管等。

（2）劳动组织合理化所引起消耗量的变化，如农业实行家庭联产承包责任制、企业实行股份制后引起生产率的提高和原材料的节约等。

（3）产品或原材料价格变动、工资水平提高、税率增减等引起的价值形态消耗系数的变动。

（4）自然资源的丰裕程度的变化，如石油、铁矿石等开采量、品质的变化等。

（5）部门内部产品结构的变化，如主要能源煤炭和石油的生产变化，会引起能源产业的消耗系数发生变动；化肥由氮肥、磷肥、钾肥等组成，它们的相对比例发生变化会引起整个化肥部门的消耗系数发生变动。

（四）投入产出模型中的假设及其局限性

1. 投入产出模型的假设条件及其局限性

投入产出模型是一种经济数学模型。一个合理的经济数学模型应能抓住经济现象间的本质联系，这需要在建模时依据科学的理论，并作出合理的假设。投入产出表虽能反映产业结构系统中各产业间的关系，但被其反映的关系是建立在对产业间的技术经济联系进行了一定的简化和假设的基础之上的。投入产出表的假设前提条件主要如下①：

（1）假设所要分析的经济问题都是确定型的，只存在线性关系。这是从数学角度提出的假设，实际上它忽略了随机现象的存在，按这种假设虽然可以使用线性代数的分析方法来对经济现象进行模拟，但实际经济问题往往存在不确定性。

（2）假设各部门只生产一种产品，而且只采用一种生产技术方式，即同质性假设。其实质是认为每个部门都是具有相同用途、相同消耗结构的产品集合体。实际上经济现象完全符合此种假设的情况并不存在。例如，按经济用途可把炼焦煤、无烟煤、动力用煤分开；根据消耗结构可把具有相同用途的产品分开，例如同样是炼焦煤，由于开采方法不同，可分为露天采煤和井下采煤；电力可分为火力发电、水力发电、风力发电等。但是这种区分在实际上是不可能的，即使资料条件许可，建成的投入产出模型也会因规模太大而不实用。

（3）假设直接消耗系数是反映各部门技术联系的技术系数，它在短期内是不变的。实际上价格无论对于实物消耗系数还是对于价值消耗系数都是有影响的。价格变动时，一些企业愿意使用价格低的替代品，从而引起实物消耗系数的改变。价

---

① 王根红．试论投入产出模型的假设与局限．兵团职工大学学报，2000（4）：46-47.

格的变化对价格形态的消耗系数有更加直接的影响。

(4) 假设国民经济各部门的投入与产出成正比，其中的比例系数就是直接消耗系数。这个假设是前一个假设的延伸，因为当假设直接消耗系数不变时，各部门的中间投入与产出就存在着固定的比例关系。但实际上，由于边际效应递减原则和规模效应的影响，中间投入与产出之间不完全是一个固定的比例关系。

2. 投入产出模型的局限及改进办法

投入产出模型是研究经济结构、经济比例关系的重要工具，但是它不能对经济结构优劣、比例关系是否最优作出客观评价，需要将投入产出模型与优化方法，如线性规划相结合，才能通过模型的计算来择优。

编制一张国民经济投入产出表，要动员许多人力，并要大量的物力和财力。编表工作量大、资料缺乏时效性等问题也给投入产出法的应用带来困难。需要找到一条从下到上能及时提供编制投入产出表所需资料的途径。在中国，切实可行的办法是统一核算口径，在建立健全中国国民经济核算体系的同时，把投入产出表纳入其中。

投入产出模型中的实物运动的研究现在还不充分，主要表现在投入产出表中，第四象限还是空白，复杂的国民收入再分配过程也没能很好体现。因此，运用它来研究国民经济的总体运动，还有缺陷。补救的方法是要加强投入产出方法论的研究，尽量争取填补第四象限的空白。此外，还可以通过编制资金流量表，使它与投入产出表衔接。

投入产出模型的外生变量需通过其他方法来取得，不能由该模型自己生成。一般是利用经济计量方法，先预测各部门的最终使用量，然后通过投入产出模型得到各部门的总产出。这需要将投入产出模型与其他模型相配合，才能取得较好的效果。

就静态投入产出模型来说，所考察的只是某一时点（通常为年度）的仅包括劳动对象和生产性服务方面的生产技术联系，不能反映投资与国民经济发展间的内在联系。但经济过程从本质来说是一个动态过程，是一种扩大再生产的连续活动，因此必须加强对动态投入产出模型的研究。同时也应看到，目前的动态投入产出模型还不成熟，需要在许多方面展开深入研究，并在实际应用中不断加以改进。

二、投入产出表的编制方法

（一）编制投入产出表的程序

编制投入产出表的操作程序大致分为以下几步：

首先，要确定编制投入产出表的目的并开展一些基础工作。一般编制投入产出表的目的是为了研究国民经济现状，为决策者进行宏观经济决策和制定计划提供系统的基础数据，同时也为国际国民经济的比较提供依据。编制投入产出表的前期基础工作主要是确定产业分类，使表中纵横产业名称对应排列等。

由于国民经济中的产业及其产品很多，按照某一个标准对产业产品进行分类使之符合编制投入产出表的要求是一项十分重要的基础工作，否则，无法编制投入产出表。通常对国民经济中产业的产品分类的标准大致有如下几种：

(1) “同质”标准。假定各种产品和各产业处于一一对应的关系中，不允许有几个产业生产一种产品，也就是表中的每一个产业必须是单一的产出，只生产一种产品。

(2) “比例”标准，即每一个产业部门的投入数量和产出数量成正比例变动。例如，某产业的原材料的投入量增长 3 倍，则其产出量也增长 3 倍，不存在“规模经济”的问题。

(3) “独立”标准，即各产业之间的活动互不影响，各产业部门各自独立生产，独立生产的效果和等于它们同时进行生产的总效果，各产业的生产函数可以进行线性相加。

(4) “技术相似性”标准。按照上述三种标准划分产业时，可能由于国民经济中产品的种类极多而产生产业数目繁多的问题。因此在实际操作上，在兼顾上述原则的基础上，一般按照技术相似性的原则来进行，将技术上相似的产业的产品归为一类。这样既能满足同质性要求，又可以使投入产出表的编制工作不至于太繁杂。

其次，要确定好编制表的方法。目前，主要存在直接分解法和间接推导法两种编制方法。两种方法各有各的优势。在实际编制过程中，可采用直接分解法和间接推导法相结合的办法。如对大型工业企业的产品生产的部门投入构成，采用直接分解法比较符合实际；对于小型工业企业的产品生产的部门投入构成，采用间接推导法则比较合适。

再次，确定数据搜集的形式。搜集产品信息的调查分为直接调查和间接调查两类。直接调查是编制工作人员通过直接深入调查区域与受调查对象接触，获取相关信息；间接调查则是通过第二手资料来了解被调查产业产品的若干信息。然后，填写投入产出表的各栏目、各方格中的数字，对表中的数字进行调整以满足表的纵横两方面的均衡关系。

最后，进行投入产出的分析，大致包括经济结构、波及效果、政策模拟、预测与计划等方面的分析，为科学的决策提供依据。

基础统计资料的完备、统计调查数据的可靠、分配与调整的数字符合表的均衡体系要求是实施上述步骤，编制科学性较高的投入产出表的基础。

下面简单介绍用直接分解法和间接推导法编制投入产出表。

（二）用直接分解法编制投入产出表

直接分解法是一种传统的编表方法。① 它的基本过程是：以产品的生产部门分类为依据，通过直接分解基层企业和单位的核算资料，调整其产出和投入；然后经过层层汇总来编制产品部门表或纯部门表。由于这种方法是建立在对企业和单位的各种原始记录的分解基础上的，所以具有较高的精确度。

用直接分解法编制投入产出表的主要步骤如下。

1. 总产出的调整和分解

按照中国现行的统计制度，各基层企业都必须定期计算总产出。但是，目前工业企业的总产出是按“工厂法”计算的，受企业组织形式的影响很大，产出与产品产量不一致，因而不能完全符合投入产出核算的要求。为了全面反映所有产品的周转活动及其联系，最好采用“产品法”来计算产出。在实际工作中对所有工业企业按“产品法”重新计算产出是很困难的，也没有必要。因此，可考虑只对大中型企业重新按“产品法”计算产出，大多数小型企业则假定其没有自产自用产品，其“工厂法”总产出等于“产品法”的总产出。国家统计局在编制全国投入产出表时，便采用了上述方法。

企业总产出通常是由多种经济用途不同、消耗结构有异的产品产出组成，不能直接满足投入产出编表要求。因此，还需要根据投入产出部门分类目录，将企业所生产的各种产品产出对号入座，重新归类，分别划归到相应的产品部门内。下面举例说明：某矿务局在报告期内总产出为 5 亿元，其产品构成为：原煤产出 1 亿元，洗精煤产出 3 亿元，水泥产出 0.5 亿元，土砂石产出 0.4 亿元，炸药产出 0.05 亿元，雷管产出 0.05 亿元。根据投入产出部门分类要求，原煤、洗精煤产出应归煤炭采选业部门，土砂石产出应归建筑材料业部门，炸药、雷管产出应归其他化学工业部门，水泥产出应归水泥制造业部门。这样，该矿务局的产品可分解成四个产品部门（见表 4-3）。

表 4-3　**某矿务局总产出分解表**　单位：万元

产品归属部门 / 企业产品名称	产品部门				
	总计	煤炭采选	建筑材料	水泥制造	其他化学工业
总计	50 000	40 000	4 000	5 000	1 000
原煤	10 000	10 000			

① 钱伯海，杨缅坤，杨灿．国民经济统计学．北京：中国统计出版社，1999：100-105.

续表

产品归属部门 / 企业产品名称	产品部门				
	总计	煤炭采选	建筑材料	水泥制造	其他化学工业
洗精煤	30 000	30 000			
土沙石	4 000		4 000		
炸药	500				500
雷管	500				500
水泥	5 000			5 000	

综合统计部门将企业总产出分解表搜集上来，可按下列公式取得全社会各产品部门的产出总量。

$$q_j = X_j - \sum_{i \neq j}^{n} X_j^i + \sum_{i \neq j}^{n} X_i^j \qquad (j = 1, 2, \cdots, n)$$

式中 q_j 代表 j 产品部门的总产出，X_j 代表 j 企业部门的总产出，X_j^i 代表 j 企业部门生产 i 产品的产出，X_i^j 代表 i 企业部门生产 j 产品的产出。

2. 中间消耗的分解

在企业生产两种以上不同性质的产品的条件下，企业的中间消耗不是单一的，而是混合的。多种不同产品的中间消耗很难准确反映每一产品的消耗结构，从而难以满足投入产出分析的要求。因此，需以投入产出核算的产品部门为对象，将企业的中间消耗进行重新划分和归类。

在企业会计核算中，依据消耗在生产过程中的不同作用，一般把消耗分为直接消耗（费用）和间接消耗（费用）两大类。前者是指直接用于产品生产的原材料、辅助材料、设备、动力、燃料及劳务等；后者则指构成企业管理费和车间经费的各种消耗，如办公用品、照明用电等。如果从投入产出核算的角度看，依据消耗的发生与产品生产的依存关系，我们又可把消耗分为专项消耗和共同消耗两类。专项消耗是指与特定产品的生产相联系，不必再进行分解的消耗。专项消耗的确定，既可以从查阅原始单据入手，也可从查阅成本核算资料入手。共同消耗是指与若干种产品生产有联系的消耗。共同消耗不能简单地归并到某一种产品中去，而应按一定的比例标准在有关的产品之间进行分配。可见，企业中间消耗的分解主要是共同消耗的分解。

共同消耗的分配标准，依企业类型的不同而有区别。从中国投入产出核算的实践看，主要采用两种分配方法。机械工业企业实行工时定额管理，一般以各产品的生产工时占生产总工时的比重为分配系数来分解共同消耗。对未实行工时定额管理的企业来说，一般以各产品部门产出占企业总产出的比重作为共同消耗的分配系数。将各种产品的专项消耗加上经过分配的共同消耗，就可以得到按产品部门划分的中间消耗。当然，对于最终用途和毛附加价值部分也存在着消耗的价值分解问题。

由于在投入产出模型中，总产出分解计算和中间消耗数值确定的正确性是投入产出分析正确性的基础，所以，分解总产出和中间消耗是编制投入产出表的核心工作。编表质量的高低往往取决于这两个指标的分解是否准确。

（三）用间接推导法编制投入产出表

1. 间接推导法的引入

按照直接分解法形成的投入产出表的数字比较准确，但从国内外编表实践来看，直接分解法的实施还是遇到了较多困难和障碍。首先，投入产出核算属于宏观核算，与企业微观核算的要求有很大不同。企业核算人员按照投入产出核算的要求对其现有的核算资料进行加工分解，工作量十分浩大，要花费大量时间，也影响企业的日常核算。其次，大多数的基层核算人员对投入产出核算比较陌生，不甚了解，如果不进行培训，他们提供的分解资料可能五花八门、口径不一，不能符合编表的需要。但是，如果对他们进行有针对性的培训，由于国民经济中企业数目庞大，培训工作费时、费力，不能一蹴而就。

为了弥补直接分解法的不足之处，间接推导法应运而生。这一方法首先在英国得到应用，并很快引起其他国家的重视。1968 年联合国统计局正式把间接推导法纳入国民经济核算体系（SNA）中，使建立在该法之上的投入产出核算成为国民经济核算体系的重要组成部分。

间接推导法的特点是，先编制过渡表（U 表和 V 表），然后在一定的经济假定条件下，用数学方法和电子计算机来推导纯部门投入产出表。间接推导法只需基层企业提供本企业的消耗资料，而不要求提供企业内部分产品的消耗资料，这样，企业只要根据投入产出核算的要求对现有原始记录加以简单汇总，而不必动员较多的经过专门培训的人力对企业核算资料进行大规模的加工改算。这就使投入产出核算能够直接建立在企业日常核算的基础之上，大大减轻了基层单位核算的工作量，同时还会缩短编表时间、减少编表所需要的人力和经费。

一般来说，SNA 中的投入产出表称做投入产出 UV 表。

2. 投入产出 UV 表的基本结构

在 SNA 体系中，将投入产出核算作为国民账户体系的组成部分，是以生产账户的编制为前提条件的。或者说投入产出表是由数目繁多的生产账户所组成的。这些账户从所反映的经济内容看，可以大致分为两种类型：一种是产品账户，另一种是部门账户。产品账户是以产品部门为核算单位来设置的账户，所反映的是一定期间（通常为1年）内某种产品的供给来源和使用去向；部门账户是以企业（活动）部门为核算单位来设置的账户，所反映的是企业部门在一定期间（通常为1年）内的产出和投入。表4-4和表4-5分别是产品和部门两个典型账户的简化形式。

表4-4 **产品账户——农业产品** 单位：亿元

借方		贷方	
一、国内生产	90	一、中间使用	80
1. 农业部门	70	1. 农业部门	10
2. 工业部门		2. 工业部门	60
3. 其他部门	20	3. 其他部门	10
二、进口		二、最终使用	10
合计	90	合计	90

表4-5 **部门账户——农业部门** 单位：亿元

借方		贷方	
一、中间消耗	70	一、总产出	100
1. 农业产品	10	1. 农业产品	70
2. 工业产品	40	2. 工业产品	30
3. 其他产品	20	3. 其他产品	
二、增加值	30		
合计	100	合计	100

先看农业产品账户。借方反映该产品的市场总量，共90亿元，全部由国内生产部门生产，没有进口。其中，农业部门生产70亿元，其他部门生产20亿元。贷方反映农业产品的分配情况。作为中间产品使用的共80亿元，其中，农业部门自耗10亿元，分配给工业部门和其他部门分别为60亿元和10亿元。作为最终产品使用的共计10亿元。再看农业部门账户。借方反映该部门的中间消耗和新创造的增加值。中间消耗共70亿元。其中，自耗本部门产品为10亿元，另外消耗工业产品和其他产品分别为40亿元和20亿元。所创造的增加值为30亿元。贷方反映该部门的总产出，共100亿元，除生产主要产品——农产品70亿元外，还生产次要产品——工业产品30亿元。把国民经济各产品账户和各部门账户的贷方作为行，借方作为列，依照特定的顺序进行排列，从而组成投入产出UV表（见表4-6）。

表 4-6 **SNA 式投入产出表** 单位：亿元

		产品			部门			最终产品	总计
		农业	工业	其他	农业	工业	其他		
产品					U			F	Q
产品	农业				10	60	10	10	90
产品	工业				40	60	20	180	300
产品	其他				20	30	60	100	210
部门		V						G	
部门	农业	70	30	0				100	
部门	工业	0	260	40				300	
部门	其他	20	10	170				200	
增加值					Y				
增加值					30	150	110		
总计		q			g				
总计		90	300	210	100	300	200		

由表 4-6 可以看出，由于投入产出 UV 表是建立在产品部门和企业部门双重分类的基础上，所以在其主体部分构成了两个性质迥然不同的矩阵，即矩阵 V 和矩阵 U。其中，矩阵 V 称做生产矩阵，主栏按企业部门划分，宾栏按产品部门划分，从而形成部门×产品矩阵。从表的水平方向看，它们反映每一企业部门在一定时期内所生产的全部产品，既包括本部门的主要产品，又包括应归属其他部门但由本部门生产的次要产品；从垂直方向看，它们表示每一种产品的供给来源，即它是由哪些部门生产的。矩阵 U 称做消耗矩阵，其主宾栏刚好与生产矩阵相反，从而组成了产品×部门矩阵。从表的水平方向看，表示每一种产品作为中间产品投到各个不同的企业部门的情况，从垂直方向看，则表示每一企业部门在生产过程中消耗的各种产品的数量。①

投入产出 UV 表除了具有能够直接取用企业的核算资料，使编表简单易行的优点外，就表的本身来看，有利于更确切地描述现实的经济结构。也就是说，它将现实经济中一个部门往往生产多种分属不同部门的产品、一种产品往往由多个部门生

① 钱伯海．国民经济统计学．北京：中国财政经济出版社，1991：375.

产的错综复杂的关系，通过产品和部门双重分类全面清晰地表现出来。这对于研究产品购销结构和部门成本结构有着十分重要的作用。

（四）编制投入产出表时的注意事项

在编制投入产出表时，应妥善处理好以下几个问题。

1. 价格基准问题

在价值型投入产出表中，价格的基准有多种确定手段，有生产者价格和消费者价格。前者以产品的直接生产单位出售其产品的价格为准，如工业品价格、农产品的收购价格等。它由生产者的成本、利润和税金构成。后者通常是零售价格，由生产者价格加上产品运费、流通部门的费用、利润和税金组成。在建立投入产出表之前不能对价格问题作出合理的判定，将影响用投入产出表分析问题的准确性。上述两种价格体系各有优缺点：使用生产者价格便于分析且可以避免流通费用的重复计算，不利之处在于直接取得生产者价格的数据比较困难。采用消费者价格的好处是取得资料比较容易，但可能导致直接消耗系数的不稳定和流通费用的重复计算。至于应该采用哪种价格体系，在实际工作中应该结合具体的问题进行具体的分析。

2. 特殊部门的处理

特殊部门包括商业部门、运输部门和金融部门。它们是各产业间流通和交易的中介部门，几乎所有的商品在产业间交易都与这三个部门有关联，如果要使投入产出表如实反映这些过程，投入产出表将变得十分复杂，因此对商业部门、运输部门和金融部门在投入产出表中应该各自设立成独立的部门，对商业部门，可用商业盈余将其归总起来；对运输部门，可用运输费用将其反映出来；对金融部门，可用利息和手续费将其反映出来。

3. 进口与出口的处理

一般的处理方法是将出口列入第Ⅱ象限作为一个列向量，但是对进口的具体处理方法不尽相同。因为进口产品与离开生产过程作为最终产品的出口产品不同，它会有一部分用于生产消费。因此，它在表内的处理不像“出口”那么简单，通常可采用三种方法进行处理：

（1）差额法，在进出口比例很小且对国内生产影响不大，仅将进出口作为“调节余缺”的“平衡项”时采用此法，即将进出口差额（进口—出口）作为一列置于第Ⅱ象限。

（2）向量法，当进出口产品在生产消耗中数量不大时采用此法，即将进口总起来列作一行置于第Ⅲ象限。

（3）矩阵法，当进口产品的品种和数量均较多时采用此法，即在第Ⅰ象限的流量表中将国内生产和出口分列进行处理。

4. 直接消耗系数的修正

由于编制投入产出表（特别是全国性的投入产出表）的周期一般都较长，有的编制从开始到完成甚至经历2~3年的时间。在这期间，可能由于科学技术和经济的发展，各部门的技术经济联系已经发生了变化，导致编制出来的投入产出表并不能反映现实情况，因此有必要对直接消耗系数进行修正。

通常进行直接消耗系数修正的方法有：

（1）局部修订方法。即对其中变动较大的直接消耗系数，根据技术进步等主要因素的影响和有关的统计资料进行修订。

（2）德尔菲法。它是根据专家的经验和意见来修改直接消耗系数的方法。具体来说，它是通过背靠背地向一批专家反复进行调查，并不断汇总和交换各位专家的意见，直到大家取得比较一致的意见为止，以此为依据来修订直接消耗系数。

（3）层次分析法。它将复杂的研究对象分解为若干层次和若干因素，由专家们在各因素之间进行判断和比较，然后通过计算得出最合理的方案。

（4）RAS法。它假定消耗系数的变动来自两方面的影响，即产品的替代效应和技术工艺进步的效应。因此，找出两套乘数矩阵，一个称为替代乘数矩阵 R，一个称为制造乘数矩阵 S。替代乘数表明产品 i 被其他产品替代或替代其他产品的程度，制造乘数表明产品 j 由于生产工艺过程变动而引起的中间投入与总投入之比的变动程度。由此，现期的直接消耗系数矩阵 A 就可以从基期直接消耗系数矩阵 A 和 S、R 两个对角阵中得到，即 $A=RAS$。

三、投入产出法的应用

投入产出分析法作为一种工具，主要用于经济结构分析、波及效果分析、政策模拟、预测与计划等方面。

（一）经济结构分析

经济结构分析主要是利用投入产出表中的投入系数以找出各产业之间的关联关系和依赖度，从而把握它们各自在社会再生产中的地位和作用，为产业政策的制定提供科学的依据。经济结构分析主要包括各产业比例分析、中间需求率和中间投入率分析、最终需求中的积累和消费比例分析。

1. 产业间的比例分析

各产业的比例分析是利用投入产出表中各产业的总产出占全部产业总产出之和的比例来进行的。投入产出表为大类产业分类的比例关系分析提供了良好的数量分析基础，比如可以分析农业、工业和重工业的比例关系，两大部类的比例关系等，为评价产业间比例关系的合理性提供了依据。

2. 中间需求率与中间投入率分析

中间需求是由投入系数所决定的、其他产业在经济活动中对某产业产出的消耗总和。中间需求率是指各产业的中间需求和该产业的总需求之比。中间需求率这一指标反映了在各产业的产出中有多少是作为中间产品（如作为原材料和原料等）为其他产业所需。其计算公式为：

$$G_i = \frac{\sum_{j=1}^{n} x_{ij}}{\sum_{j=1}^{n} x_{ij} + Y_i} \quad (i = 1, 2, \cdots, n)$$

式中 G_i 代表第 i 产业部门的中间需求率，$\sum_{j=1}^{n} x_{ij}$ 代表各产业部门对第 i 产业部门产品的中间需求之和，$\sum_{j=1}^{n} x_{ij} + Y_i$ 代表第 i 产业部门的产品总产出，Y_i 代表第 i 产业部门产品中的最终需求部分。

一般而言，中间需求率越高的产业，其产出作为其他产业原材料的成分就越大，就越具有基础产业的特点。而最终需求率（1-中间需求率）越高的产业，其产出用于最终需求的比例就越高，最终产品产业的特点就越明显。

中间投入则是由投入系数所决定的、某产业在经济活动中从其他产业（包括该产业本身）得到的投入之和。中间投入率是各产业的中间投入与总投入之比。这一指标表示各产业在各自的生产活动中为生产单位产值的产出而需从其他产业购进总产品所占的比重。其计算公式为：

$$F_j = \frac{\sum_{i=1}^{n} x_{ij}}{\sum_{i=1}^{n} x_{ij} + D_j + N_j} \quad (j = 1, 2, \cdots, n)$$

式中 F_j 代表第 j 产业部门的中间投入率，D_j 代表第 j 产业部门的全部折旧率，N_j 代表第 j 产业部门所创造的价值，x_{ij} 解释同前。由于中间投入率+附加价值率=1，显然，中间投入率高的产业，其毛附加价值率就越低。

钱纳里和渡边根据中间需求与中间投入的分析，① 将全部产业分为四种类型，即第Ⅰ类的中间投入型基础产业、第Ⅱ类的中间投入型制造业、第Ⅲ类的最终需求型制造业和第Ⅳ类的最终需求型基础产业。其特点如表 4-7 所示。

① 杨治．产业经济学导论．北京：中国人民大学出版社，1985：105-107.

表 4-7　　四种类型产业中间需求率和中间投入率的特点

	第Ⅰ类：中间投入型基础产业：农业、林业、煤炭、金属采矿、石油及天然气、非金属采矿、电力	第Ⅱ类：中间投入型制造业：钢铁、纸及纸制品、石油产品、有色金属冶炼、化学、煤炭加工、橡胶制品、纺织、印刷及出版	第Ⅲ类：最终需求型制造业：日用杂货、造船、皮革及皮革制品、食品加工、粮食加工、运输设备、机械、木材、木材加工、非金属矿物制品、其他制造业	第Ⅳ类：最终需求型基础产业：渔业、运输、商业、服务业
中间需求率	大	比较大	比较小	比较小
中间投入率	小	比较大	比较大	比较小

通过对中间需求和中间投入的分析，不仅可以对全部产业进行归类，同时也可以揭示出各产业之间的技术经济关系。如果用二维平面图按各产业中间投入率和中间需求率的大小，对投入产出表中的国民经济各产业部门重新排序，即用横轴从左至右按各产业的中间投入率由大至小排列，在纵轴上从上至下按各产业的中间需求率从小至大进行排列，则得到各产业部门连接关系的平面图，见图 4-2。

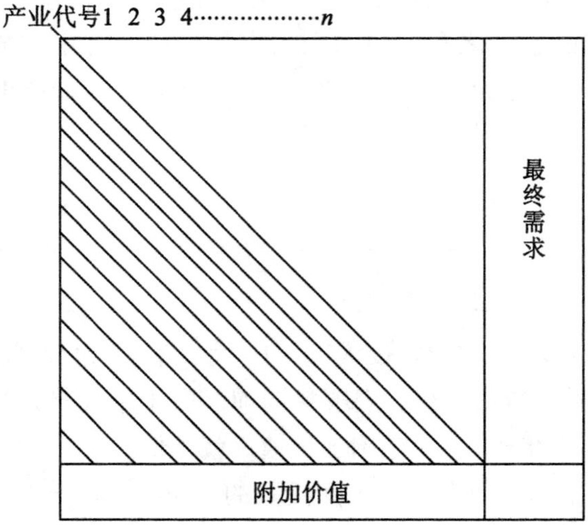

图 4-2　三角形配置投入产出图示

在如图 4-2 所示的三角形配置图中，当产业 1 的产品中间需求率等于零时，它的中间投入率等于 1，这表示产业 1 的产品没有任何中间需求，它的全部产品都是最终产品；产业 2 只有产业 1 对其有中间需求，其他产业对它没有中间需求，其产品大多为最终产品；同时产业 2 要从产业 1 以外的其他所有产业购进原材料。依此类推，产业 n 的中间需求率等于 1，中间投入率等于零，表示该产业的产品全部是中间产品，它无需从其他产业购进任何原材料。

从总体上看，处于阴影三角形底部的产业是中间需求率大而中间投入率小的产业，一般被称为基础产业，它与表 4-7 中的第 Ⅰ 类产业相对应。把表 4-7 的四组产业群按照图 4-2 的顺序排列起来，则中间产品型的基础产业 Ⅰ 从产业排序上比 Ⅲ 靠前，中间产品产业 Ⅱ 同 Ⅲ 在产业排列顺序上是错杂在一起的。通过产业的三角形配置图，我们可以清楚地了解产业间的相互关系以及某一产业对其他产业的依赖程度，从而为决策者在制定国民经济发展规划时，确定应优先发展什么产业、重点发展什么产业提供依据，为产业的有序发展创造条件。

3. 积累率与消费率分析

在投入产出表中，可以将最终需求分为消费和积累两个部分，产业 i（$i=1$，2，3，…，n）最终需求中的消费部分为 y_{i1}，积累部分为 y_{i2}，$y_i=y_{i1}+y_{i2}$。

所谓消费率是指消费部分在全部最终需求中所占的比例。若将这一比例记为 F，则根据这一定义和上述假设，可以得到该产业结构系统的消费率 F 为：

$$F = \sum y_{i1}/\sum y_i$$

而所谓积累率是指积累部分在全部最终需求中所占的比例。若将这一比例记为 G，则同样可以得到该产业结构系统的积累率 G 为：

$$G = \sum y_{i2}/\sum y_i$$

根据这一原理，还可以进一步计算消费和积累的详细构成，如在全部积累 $\sum y_{i2}$ 中，产业 i($i = 1$，2，3，…，n) 的积累所占的比例为 $y_{i2}/\sum y_{i2}$。

同样，也可根据这一原理，对每一产业 i（$i=1$，2，3，…，n）分析其消费率和积累率。若记产业 i（$i=1$，2，3，…，n）的消费率和积累率分别为 F_i 和 G_i，则：

$$F_i = y_{i1}/y_i \qquad G_i = y_{i2}/y_i$$

（二）波及效果分析

波及效果分析是指当投入产出表中的某一系数发生变化时，对表中其他系数可能产生影响的分析。一般来讲，波及效果有两种形式：第一种形式是当最终需求项发生变化时，对整个经济系统产生的影响；第二种形式是毛附加值项有所变化时，对经济系统的影响。

波及效果分析的工具是投入产出表、投入系数表和逆矩阵系数表。其中，投入产出表是该经济系统在一定时期内经济活动的综合反映。投入系数表表示了各产业经济技术联系上的规律，因而它是进行波及效果分析的基本工具。逆矩阵系数表在分析波及效果中的作用最大，因此也被称为“波及效果系数表”。逆矩阵系数是当某一产业部门的生产发生了一个单位变化时，直接和间接地引起各产业部门产出水平变化的总和的系数①。

波及效果分析主要包括产业的感应度系数和影响力系数分析、产业的生产诱发系数与产业对最终需求的依赖度系数分析、产业的影响系数分析。

1. 产业的感应度系数和影响力系数分析

一般而言，在产业结构中，某产业在生产过程中的任一变化都将通过产业间的关联关系对其他产业发生波及作用。通常把某一产业受其他产业的波及作用叫做感应度，而把它影响其他产业的波及作用称为影响力。显然，不同的产业，其感应度和影响力一般是不同的。了解和正确把握各产业的感应度和影响力，对产业政策的制定和调整无疑有相当重要的作用。

在对产业结构的研究中，感应度和影响力的强度是可以度量的。在逆矩阵系数表 $(I-A)^{-1}$ 中，行向量的值反映了该行所对应的产业在经济活动中受其他产业影响的波及程度，也就是感应度的大小；而纵向量的值则是反映了该列所对应的产业在经济活动过程中对其他产业影响的波及程度，也就是影响力的程度。

据此，可得到如下公式：

$$\text{某产业的感应度系数}=\frac{\text{该产业在里昂惕夫逆矩阵中的行系数均值}}{\text{全部产业在里昂惕夫逆矩阵中的行系数均值的平均}}=\frac{n(\sum_{j=1}^{n} q_{ij})}{(\sum_{i=1}^{n}\sum_{j=1}^{n} q_{ij})}\qquad (i=1,\ 2,\ \cdots,\ n)$$

$$\text{某产业的影响力系数}=\frac{\text{该产业在里昂惕夫逆矩阵中的列系数均值}}{\text{全部产业在里昂惕夫逆矩阵中的列系数均值的平均}}=\frac{n(\sum_{i=1}^{n} q_{ij})}{(\sum_{i=1}^{n}\sum_{j=1}^{n} q_{ij})}\qquad (i=1,\ 2,\ \cdots,\ n)$$

式中 $q_{ij}=(I-A)^{-1}$。

当某产业的感应度系数大于或小于 1，表明该产业的感应度系数在全部产业中居于平均水平以上或以下。根据中国国家统计局国民经济平衡统计司对全国 1987 年投入产出表的有关数据计算，结果表明，化学工业、农业以及原材料部门的感应度系数较大。其中，感应度系数大于 1 的有以下 9 个部门：化学工业（2.564）、

① 杨治．产业经济学导论．北京：中国人民大学出版社，1985：110-111.

金属冶炼业（2.195）、农业（2.062）、纺织业（1.790）、机械加工业（1.529）、造纸及文教用品工业（1.102）、电力及蒸汽、热水生产业（1.072）、煤炭采选业（1.054）、运输邮电业（1.009）。①

当某产业的影响力系数大于1或小于1，表明该产业的影响力在全部产业中居平均水平以上或以下。根据中国国家统计局国民经济平衡统计司对全国1987年投入产出表的有关数据计算，结果表明，影响力系数大于1的产业部门的分布状况大致如下：电子及通信设备制造业（1.278）、交通运输设备制造业（1.222）、电机及器材制造业（1.205）、纺织业（1.200）、缝纫业（1.195）、建筑业（1.186）、金属制品业（1.166）、炼焦、煤气制品业（1.165）、其他产品工业（1.162）、机械工业（1.141）。

各产业的感应度系数和影响力系数具有如下的规律：

第一，各产业的感应度系数和影响力系数在工业化阶段是不同的。在工业化过程中，一般重工业都表现为感应度系数较高，而轻工业大多表现为影响力系数较高。

第二，在经济增长率较高时，感应度系数较高的重工业一般发展较快，而影响力系数较高的轻工业的发展对重工业及其他产业的发展能发挥较大的推动作用。

第三，有些产业的影响力系数和感应度系数都大于1，这些产业在经济发展中一般处于战略地位，对经济增长速度是最敏感的。比如机械工业产业就是如此，不管经济增长是上升还是下降，机械工业对经济增长速度都有比较强烈的反映。

2. 产业的生产诱发系数与产业对最终需求的依赖度系数分析

生产诱发额是指对于某产业的最终需求额，由产业间的波及效果所引起的全部生产额。生产诱发额的公式为：

$$U=(I-A)^{-1}H$$

式中 H 为某产业的最终需求量，U 为生产诱发额。

生产诱发系数则是生产诱发额与相应的最终需求额合计之比。如根据日本1990年的投入产出表，其国内生产总额（即生产诱发额）是872兆日元，最终消费总额为492兆日元，则生产诱发系数为1.7728。该生产诱发系数的含义是：当年的最终消费若增加1个单位，则产出总量将要增加1.7728个单位。

利用生产诱发额可以对某一产业最终需求的各项目进行最终需求依赖度的分析。所谓某产业最终需求各项目的依赖度是指该项目的生产诱发额与该产业所有最终需求项目生产诱发额的合计之比，它反映了各产业部门的生产对最终需求项目（消费、投资、出口等）的依赖程度大小，也就是说最终需求对各产业生产的直接

---

① 国家统计局投入产出办公室．投入产出宏观经济分析．北京：中国统计出版社，1993：57-59.

或间接的影响程度就是生产的最终依赖度。

某产业 i 对最终需求项 L 的最终依赖度 W_{iL} 为：

$$W_{iL} = \frac{U_{iL}}{\sum_{L=1}^{m} U_{iL}}$$

式中 U_{iL} 代表产业 i 对最终需求项 L 的生产诱发额。

通过最终需求项目的依赖度分析，我们会发现一些与私人消费似乎没有关系的产业，其最终产品有相当的比重是依赖私人消费的。最终需求项目的依赖度分析可以使我们了解到哪些产业是消费依赖型的，哪些产业是投资依赖型的，哪些产业又是出口依赖型的。

波及效果分析的其他应用包括：利用生产诱发额和生产诱发系数的原理对逆矩阵表进行纵向的分析，可应用于综合就业系数分析、综合资本系数分析、价格波及效果分析、劳动报酬系数分析、社会纯收入系数分析等。这些分析的原理与生产诱发额和生产诱发系数分析大致相同。

3. 产业的影响系数分析

通过计算影响系数 σ_j，我们可以了解哪些部门的发展会带动整个国民经济的加速发展。其计算公式为：

$$\sigma_j = \frac{\sum_{i=1}^{n} b_{ij}}{\frac{1}{n}\sum_{i=1}^{n}\sum_{j=1}^{n} b_{ij}}$$

式中 σ_j 为第 j 产业部门对国民经济的影响系数，b_{ij} 为完全消耗系数。

σ_j 有三种情况：当 $\sigma_j>1$ 时，表明第 j 产业部门对整个国民经济的影响超过平均水平；当 $\sigma_j<1$ 时，说明第 j 产业部门对整个国民经济的影响小于平均水平。当 $\sigma_j=1$ 时，说明第 j 产业部门对国民经济发展的影响等于平均水平。将 σ_j 从小到大或从大到小按顺序排列，可以分析各产业增加产品生产对整个国民经济的影响程度，从而为调整有关产业发展政策提供依据。

（三）政策模拟

投入产出分析在研究政策方面也发挥着十分重要的作用。除产业政策外，投入产出分析还可用于物价政策、工资政策、税收政策、投资政策和能源政策等方面的研究，通过分析它们对国民经济各方面的影响和变化，来研究这些政策对各产业的连锁反应和循环影响，从而为决策者制定或调整各项经济政策提供科学的依据。

1. 价格政策的模拟

产品价格是其价值的货币表现。一般来说，产品价格决定于产品的价值，但也受产品市场供求关系的影响。当供过于求时，价格下降；供不应求时，价格就会上升。反过来，价格的变动也会引起供求关系的变化，刺激或抑制供给和需求。正因为价格具有这一功能，国家可以借助价格杠杆，通过提高或降低产品的价格来调整供求关系，以保证供需平衡。由于各产品之间存在着“你中有我，我中有你”的错综复杂的内在联系，所以当某种产品或某些产品的价格变动时，往往会“牵一发而动全身”，直接地或间接地影响到其他产品价格的变动。由此可见，利用产品价格模型进行通盘考虑，分析若干产品价格的变动对其他产品价格的影响，对于正确制定和调整价格政策具有十分重要的意义。

价格政策的模拟主要有两个方面：一是分析个别产品价格的变动对其他部门产品价格的影响；二是分析个别部门最终产值因素的变化对产品价格的影响。前者也被称为价格预测模型，它是根据有关外生变量的预测值来预测各类产品的价格。后者也被称为价格调整模型，它分析个别部门最终产值因素如折旧、工资、利税等的变化，对本部门产品价格升降产生的直接影响，同时分析本部门价格的变化对其他部门产品价格发生的直接或间接的影响。下面分别进行分析：

（1）一种产品调价的连锁效应分析。当一种产品的价格发生变动时，必然会引起其他产业产品的价格发生变动。一种产品价格调整对其他产品价格影响的计算公式为：

$$\begin{bmatrix}\Delta p_1\\ \Delta p_2\\ \vdots\\ \Delta p_{n-1}\end{bmatrix}=[\ (I-A_{n-1})^{-1}]^{\mathrm{T}}\begin{bmatrix}a_{n1}\\ a_{n2}\\ \vdots\\ a_{n,n-1}\end{bmatrix}\Delta p_n$$

式中 Δp_1，Δp_2，…，Δp_{n-1}，Δp_n 为第 1、第 2 直至第（$n-1$）与第 n 种产品价格提高的幅度，$[\ (I-A_{n-1})^{-1}]^{\mathrm{T}}$ 为投入产出模型中 $(I-A)^{-1}$ 矩阵中去掉 n 行、n 列以后形成的新的转置矩阵。上式表明，当第 n 种产品价格提高 Δp_n 时，其他各种产品价格相应提高的幅度。

（2）若干种（k 种）产品调价时，其他（$n-k$）种产品的价格受影响的计算公式为：

$$\begin{bmatrix}\Delta p_1\\ \Delta p_2\\ \vdots\\ \Delta p_{n-k}\end{bmatrix}=[\ (I-A_{n-k})^{-1}]^{\mathrm{T}}\begin{bmatrix}a_{n-k+1}, & 1\cdots & a_{n1}\\ a_{n-k+1}, & 2\cdots & a_{n2}\\ \vdots & \vdots & \\ a_{n-k+1}, & n-k\cdots a_n, & n-k\end{bmatrix}\begin{bmatrix}\Delta p_{n-k+1}\\ \Delta p_{n-k+2}\\ \vdots\\ \Delta p_n\end{bmatrix}$$

式中 a_{n-k} 为原直接消耗系数矩阵 A 中的一个由（$n-k$）行（$n-k$）列组成的子矩阵。

（3）当个别部门最终产值因素（折旧、工资或利税）变化时，其对产品价格影响的计算公式为：

$$\begin{bmatrix}\Delta p_1\\ \Delta p_2\\ \vdots\\ \Delta p_n\end{bmatrix}=[(I-A)^{-1}]^{\mathrm{T}}\begin{bmatrix}\Delta d_1\\ \Delta d_2\\ \vdots\\ \Delta d_n\end{bmatrix}+\begin{bmatrix}\Delta v_1\\ \Delta v_2\\ \vdots\\ \Delta v_n\end{bmatrix}+\begin{bmatrix}\Delta m_1\\ \Delta m_2\\ \vdots\\ \Delta m_n\end{bmatrix}$$

式中 d、v、m 分别代表各部门的折旧率、劳动报酬率及企业利税率的列向量。Δd、Δv、Δm 分别代表各部门折旧率、劳动报酬率和企业利税率的增量。Δp 代表价格增量。

根据上述公式，我们能够很方便地分析出各种调价方案对价格体系的变动情况，从而为科学决策提供依据，以利正确可行的价格政策的制定和实施。

2. 投资政策的模拟

通过投入产出模型来分析投资政策，主要途径有两条：第一条是通过研究各产业部门在国民经济结构中的重要性、地位和作用，找出重点的投资部门，作为投资的方向。在这方面，主要是通过影响系数的分类和比较找到可以加快国民经济发展的部门进行重点投资。第二条是通过投入产出模型来了解投资的实物构成以及由投资引起的对各部门生产量的要求，从而为合理的投资安排提供参考。

（四）预测与计划

1. 经济预测和项目效果测算

随着经济的不断发展，现行的经济计划与客观现实可能会发生偏差或背离，因此在执行计划过程中，常常需要调整计划，以保证计划同经济形势相适应。调整计划不仅涉及被调整产品，而且与被调整产品有直接和间接联系的产品密切相关。显然，这个问题不是用直观判断和一般的平衡方法所能解决的，必须通过投入产出模型进行预测才能达到目的。

预测最终产品变动对总产品生产量的影响的公式为：

$$\Delta q=(I-A)^{-1}\Delta f$$

式中 Δq、Δf 分别为各部门总产品和最终产品变化量的列向量。

2. 编制经济计划

投入产出模型是从最终产品出发编制经济计划的有效工具。从最终产品出发编制经济计划的具体做法有两种：一种是先确定国民收入的生产量，然后根据合理的积累、消费比例，确定积累和消费数量及构成，通过投入产出模型计算出各部门的生产总量；另一种是从需要的角度先预测计划期的消费和积累总量及其构成，再利用投入产出模型计算各部门的生产总量，并作出需要与可能间的平衡。

3. 加强计划综合平衡

（1）检验计划的平衡协调。如果我们已经制定了一个国民经济计划，用投入产出模型就能检验该计划的平衡协调情况。倘若发现计划不协调，需要调整某些部门的总产出计划，再利用投入产出模型，可计算出某些部门产出调整后对其他部门的影响，从而可以避免由于调整某些部门总产出后引起的新的不平衡。

（2）重大项目建设与国民经济发展间的综合平衡。在中、长期计划中总要进行一些大型项目的建设。搞好重大项目建设与国民经济发展之间的平衡是编制计划中的一项重要工作。利用投入产出模型可对项目建设进行平衡计算，计算各种原材料的投入和消耗引起的各种连锁反应。此外，在项目建成投产后对项目进行平衡计算，计算由于 n 种产品生产量增加对其他 $n-1$ 种产品生产量的影响。同时，我们还可以计算项目建设中因增加建筑工人而引起的消费量增加，以利做好国民经济各部门的综合平衡。

4. 编制国民经济计划

编制国民经济计划，可以有两种不同的做法，一是利用投入产出模型计算多种计划方案，由决策者从多种方案中选取一种较优的方案；二是在投入产出模型的基础上结合数学规划方法建立优化模型，由此获得优化计划的方案。

本章小结

产业关联是指产业之间在经济技术上的数量比例关系，主要包括产业之间投入与产出、供给与需求的数量关系。产业关联实质上涉及的是资源如何在各个产业、在数量上优化配置的问题。

按照产业之间相互依存和影响的方式分类，产业联系分为产品或劳务联系、生产技术联系、价格联系、劳动就业联系和投资联系；按照产业之间的供给与需求联系分类，产业联系分为前向联系、后向联系、环向联系；按照产业之间技术工艺的方向和特点分类，产业联系分为单向联系、双向联系和多向联系；按照产业之间的依赖程度分类，产业联系分为直接联系和间接联系。

产业关联分析的主要理论和方法即投入产出分析法。投入产出分析的理论渊源主要包括魁奈的《经济表》、马克思的再生产理论和瓦尔拉的一般均衡理论。

投入产出法是一种研究国民经济各个部门投入与产出之间相互依存关系的数量分析方法。投入产出表是把国民经济各个部门的投入来源和产出去向排列成一张纵横交叉的表格，从而集中反映国民经济各个部门的技术经济联系。投入产出表的编制程序包括：确定编制投入产出表的目的并开展一些基础工作，确定编制投入产出表的方法，确定数据搜集的形式，进行投入产出的分析。投入产出表主要有直接分解法和间接推导法两种编制方法，二者各有优势。

投入产出分析法作为一种经济技术工具，主要用于经济结构分析、波及效果分析、政策模拟、预测与计划等领域。

思考题

1. 简述产业关联的含义及其类型。
2. 投入产出分析的理论基础有哪些？
3. 试比较直接消耗系数、间接消耗系数和完全消耗系数所反映的经济内容。
4. 影响直接消耗系数的因素有哪些？
5. 试述投入产出模型的假设条件、局限性及其改进的办法。
6. 编制投入产出表的基本步骤、主要方法有哪些？
7. 编制投入产出表时应该注意哪些问题？
8. 投入产出法可以应用于哪些方面？
9. 中间需求率和中间投入率在经济结构分析中有哪些作用？
10. 各个产业的感应度系数和影响力系数具有什么样的规律性？

第五章 产业布局

广义的产业结构包括产业的空间结构，即产业在地域空间上的分布和相互关系。产业的空间分布实质上是资源的空间分布，产业的空间分布是否合理，也是决定资源能否优化配置和高效利用、国民经济能否协调持续发展的重要因素。产业布局理论是研究产业空间分布状况及其规律的理论，是广义产业结构理论的重要组成部分，内容相当丰富。本章着重论述产业布局的含义、合理化、制约因素、一般规律、基本原则、机制，产业布局的调整和产业布局的理论基础及产业集聚。

第一节 产业布局概述

一、产业布局及其合理化

（一）产业布局的概念

产业布局又称产业分布、产业空间配置，是指产业在一定地域空间上的分布与组合。具体来说，产业布局是指企业组织、生产要素和生产能力在地域空间上的集中和分散情况。产业布局的含义有狭义与广义之分。狭义的产业布局是指工业布局，广义的产业布局是指包括农业、工业、服务业在内的所有产业在地域空间上的分布与组合。

产业布局是一种具有全面性、长远性和战略性的经济布局，从产业的地区结构方面反映着一个国家产业发展的规模和水平，是人类从事社会生产和经济活动的地域体现和空间体现。在社会化大生产的条件下，合理的产业布局不仅有利于发挥各地区的优势，合理地利用资源，而且有利于取得良好的社会、经济和生态效益。产业在地域空间的分布与组合是存在规律的，产业布局理论的主要任务就是研究产业空间分布规律，为合理布局产业提供理论和政策指导。因此，研究产业布局理论，探讨产业布局的一般规律和基本原则，对于了解产业布局的变化和制定产业发展战略具有十分重大的现实意义。

（二）产业布局合理化

1. 产业布局合理化的标志和衡量

产业布局合理化的主要标志是适应区域分工的要求，发挥地域资源的比较优势，充分利用各地资源，提高各地区经济效益，缩小地区差距，实现各地区经济的持续协调发展。广义的产业结构合理化包括产业布局的合理化，可以采用地区经济增长速度、收入水平、投入产出率、资源开发利用率和这些方面的地区差异及其变化等指标衡量产业布局的状况。如果各地区经济不断增长，收入水平、投入产出率、资源开发利用率不断提高，而且地区差距不断缩小，就表明产业布局正在趋向合理化。

2. 产业布局合理化的意义

产业布局合理化的重要意义表现为：有助于促进区域分工与加强区域经济协作；有助于发挥地区资源的比较优势和绝对优势，充分利用各地资源，提高各地区资源综合利用效率和经济效益，促进各地区经济社会的协调发展，缩小地区差距；有助于产业结构的调整和优化升级，促进整个国民经济的协调、持续、高效发展。

产业布局不合理会对经济发展造成极为不利的影响，其不良后果主要表现为：对区域分工与区域经济协作起阻碍或破坏作用；不利于发挥地区资源的比较优势和绝对优势，不能有效利用各地资源，使地区资源综合利用效率较低，各地区经济难以协调发展，各地区经济发展差距不断扩大，地区之间的经济矛盾不断激化；不利于产业结构的调整和优化升级，影响和制约着整个国民经济协调、持续、高效发展。

二、产业布局的制约因素

不同的产业部门，由于经济技术特点的差异，在空间分布过程中都具有区域集中的倾向，这种倾向就是产业的区位导向。产业区位导向决定着产业布局的形成，并进一步影响着产业布局的调整。事实上，有一系列因素决定着产业布局的形成和调整。影响产业布局的因素主要有以下几类。

（一）自然因素

自然因素包括自然环境和自然资源。自然环境是影响人类生产、生活的大气圈、水圈、生物圈和土壤岩石圈等，自然的各个要素如地质、地貌、气候、水源、土壤、生物等相互联系、相互制约形成的自然综合体，对人类产业活动有很大的制约作用。自然环境包括未经人类改造利用的原始自然环境和经过人类改造利用的自然环境。自然资源是指自然因素和条件中被人类利用的部分。联合国环境规划署（UNEP）认为，自然资源是在一定时空和一定条件下能产生经济效益，以提高人类当前和将来福利的自然因素和条件。自然环境和自然资源是产业布局形成的物质基础和前提条件。自然条件关系到产业生产成本的高低、收益的多少，甚至是某些产业发展不可缺少的必要条件。优越的自然条件，一般有利于产业降低成本、增加收益，从而促进产业的发展。没有水利电力资源建不成水力发电站，没有矿产不可能发展采矿业。自然条件对地区产业的形成、发展、聚集、衰亡会产生重大影响，从而制约着产业布局的形成和变动。尤其是自然资源的地区分布情况，更是决定着资源型产业（这里主要指资源开采产业）的空间分布。地区资源禀赋的状况是相应资源型产业和产业集群产生、发展以至衰落的决定性因素。比如煤炭业、石油开采业、铁矿开采业等，只能主要分布在煤、油、铁等矿产资源丰富的地区，当这些矿产资源因开采而枯竭以后，相应的资源开采业自然会衰落而被别的产业取代。水资源丰富的地方有利于发展用水多的产业，森林资源丰富的地方更有利于发展林业。

（二）经济因素

经济因素对产业布局的影响主要表现在以下几个方面。

1. 区域分工对产业布局的决定性作用

产业布局受区域分工的支配，区域分工决定着产业布局以及区际产业联系的性质和规模，产业布局体现了区域分工的发展和变化。

区域分工又称地域分工，它是技术分工和社会分工在地域空间的表现形式。从单个区域来看，区域分工表现为区域生产的专门化，而从多个相互联系的区域及其体系来看，区域分工表现为全社会生产的地区分工专业和协作。区域分工是区域产业发展的前提，区域产业既是区域分工发展的必然结果，同时又是进一步促进区域分工发展与变化的条件。

区域分工的必要前提是产品的区际交换和贸易。一方面，产品的生产地与消费地的分离、企业与市场的分离是区域分工的前提条件；另一方面，通过区域交换与贸易，实现产品生产地与消费地的结合、企业与市场的结合是区域分工的必要条件。

根据区域之间存在产业梯度和经济交换关系的不同，可以将区域分工分为三种类型，即垂直型分工、水平型分工和混合型分工。垂直型分工是指在产业发展存在梯度差距的区域之间的一种分工，这种分工是建立在分工双方经济发展和产业结构上存在较大差距的基础之上的，发达地区向不发达地区大量提供技术含量较高的工业产品，而不发达地区则向发达地区提供原材料和初级工业产品。水平型分工是在基本上不存在产业梯度差距的区域之间进行的分工，在进行水平型分工的区域之间，经济的发展和产业结构的高度基本上处于同一水平之上，发达地区相互之间的分工合作或不发达地区相互之间的分工合作，大多数是在基本接近的生产技术水平和产业结构发展阶段上进行的。混合型分工是指一个区域在区域分工中，既有垂直型分工的成分，又有水平型分工的内容。经济发达地区既有与其他发达地区之间的水平型分工，也有与不发达地区之间的垂直型分工。在国际分工中则表现为发达国家都处于混合型分工之中，发达国家与发达国家之间是一种水平型分工，同时与发展中国家之间又存在垂直型分工。

2. 经济发展水平对产业布局的重要影响

在生产力水平低的农业社会，产业布局主要受自然因素影响较大，受经济因素影响较小，且分布较分散；在工业化阶段，产业布局受工业区、市场区的影响较大，城市成为产业中心；在后工业化时期，生产力高度发展，产业布局表现为人类生产活动向具有地区比较优势的最适宜的地区集中；在知识经济时代，以信息技术为主的高技术的发展又使产业向知识密集地区集中。

3. 生产要素的禀赋对产业布局的影响

生产要素的禀赋对产业布局的影响是不同的：（1）劳动力因素（包括劳动力数量、素质、结构、价格）是确定产业区位的一个重要因素，在劳动力充裕的地区配置劳动密集型产业，在劳动力素质高的地区配置技术密集型产业和知识密集型产业，从而形成劳动力导向的产业布局。（2）能源（包括燃料、动力）对产业布局的影响表现为，在农业社会里水能资源是主要动力，这使手工业呈沿江沿河的分散布局状态；产业革命后，蒸汽机的出现使工业趋向燃料导向，并使各个主要煤炭产地成为工业中心；电的发明和利用又使许多产业部门能够分布在远离燃料产地的大城市。这就是能源导向的产业布局。（3）资本充足度对产业布局的影响表现为，在资本稀缺的地区配置劳动密集型产业，在资本充裕的地区配置资本密集型产业。这就是资本导向的产业布局。

4. 市场对产业布局的影响

产品市场（包括原材料或半成品的深加工地，最终产品的消费地）对产业布局的影响表现为，企业与市场的相对位置即距离对运输量和运输时间及信息反馈的影响；市场规模即商品和服务的容量决定市场需求量，进而决定产品供求关系和产业发展；市场结构即商品和服务的种类决定市场需求结构，进而决定产品结构和产业结构；市场竞争可以促进生产的专业化协作和产业的合理集聚，使产业布局趋向于更有利于商品流通的合理区位。这就是市场导向的产业布局，也可以简称为消费地导向的产业布局。资本市场对产业布局的影响在现代社会表现得特别突出。资本市场发达、体系完善、融资渠道多样且畅通，尤其是产业投融资基金发达，产业布局就可以突破地域资本稀少的限制；相反，产业布局就会受到地域资本稀少的限制。

5. 基础条件对产业布局的影响

基础条件特别是其中的交通条件和通信条件对产业分布的影响很大。交通运输条件主要指交通线路、交通工具、港站、枢纽的设备状况，在运输过程中运输能力的大小、运费率的高低、送达速度的快慢、中转环节的多少等，它们综合反映人员往来和货物运送的便利程度。交通运输对产业布局的影响表现为，在产业区位选择的最初阶段，一般倾向于交通方便、运输速度快、中转环节少、运费率低（运输成本最小）的地点，如不同类型的交通枢纽；交通运输对第一次、第二次产业的制约作用特别突出，尤其是极大地影响着农矿资源开发的次序、规模和速度；交通运输条件的改善，对交通沿线产业结构的优化能起到积极的调整作用。可以说，交通运输条件优越的地区，人流、物流、信息流方便快捷，对产业布局十分有利，这就是交通运输导向的产业布局。

6. 集聚对产业布局的影响

产业在空间上分布的形式表现在集中与分散两个方面。产业在区位上集聚包括企业集聚、产业集聚和城镇集聚，并产生不同的集聚效益。它主要通过规模经济和外部经济来实现。由运输费用和劳动力费用确定的产业区位再次被集中或分散，就形成合理的产业区位。产业在区位上集中，一方面产生各种不同类型的集聚经济（economies of concentration）；另一方面又产生集聚不经济，集聚程度越高，产生集聚不经济的可能性就越大。在集聚不经济条件下，产业在地域上呈现出分散化趋势。在集聚经济作用下，产业会向某些集聚条件较优越的区域集中，而在集聚不经济作用下，产业会由某些过度集聚的区域分散出去。这样，集聚经济和集聚不经济相互作用，共同决定产业在区域的适度集中。这就是集聚导向的产业布局。

（三）技术因素

技术水平的高低以及不同地区技术水平的差异都影响着技术分工、区域分工和产业布局。仅从技术对产业布局的影响来看，它主要表现为：一是技术决定着自然资源开发利用的深度和广度。技术进步不断地拓展人们开发利用自然资源的深度和广度，使自然资源不断获得新的经济意义。一方面，技术水平的提高会改变原料、能源动力及各类矿物资源的平衡状况和地理分布状况，扩大产业布局的地域范围；另一方面技术进步能提高自然资源的综合利用能力和效率，使单一产品生产区转变为多产品的综合生产区，扩大地区生产部门的布局。二是技术影响着产业结构。技术水平不同，会形成地区之间的产业梯度，技术创新和转化会导致具有不同生命周期的产业梯度转移，从而改善地区之间的产业结构；同时，随着技术的进步，尤其是高技术的发展，会产生一系列新的产业部门，三次产业结构不断发生变化，人类生产和生活的地域、方式也随之发生变化，从而对产业布局产生重大影响。三是技术影响交通运输。技术水平决定交通运输方式，并使许多产业向河港、海港、航空港、铁路枢纽、高速公路枢纽、综合运输枢纽、沿海地区集中，出现诸如“临海型”、“临空型”的产业布局。现代高技术发展使交通、通信发生了重大变化，在产业向知识密集区集中的同时，人们生活居住的地域在扩大，从而为产业分散提供了技术条件。技术发展对产业布局的影响又称为技术导向的产业布局。

（四）社会因素

社会因素对产业布局的影响主要表现在五个方面：一是人口对产业布局的影响。人口数量、人口素质、人口结构、人口分布及迁移都对产业布局产生重要的影响，这就是人口导向的产业布局。二是政治对产业布局的影响。政治包括制度、法律、政策、管理体制、国内外政治条件（政治稳定和外交关系）、国防与军事（战争）、国家干预等，它们既是超经济的，也是独立于自然地理环境之外的因素。基于各种政治因素的考虑，政府通过制定和完善政治的和法律的政策措施来干预与调控产业的发展规划、区位选择等，影响产业布局，这可以称为政治或政策导向的产业布局。三是产业主体的行为对产业布局的影响。决策者、管理者、生产者和消费者都是产业主体，其主观（包括心理）活动对确定产业区位的影响表现为使产业区位导向发生偏离，使许多产业并非建立在最优区位。生产者行为起作用的结果是使产业分布于劳动力或资本充足的地方；消费者行为（吃、穿、住、用、行、乐）起作用的结果是使产业分布在消费者更集中的地方；管理者行为起作用的结果是使产业分布倾向于管理目标的实现，如产业结构优化、产业均衡发展等；决策者个人素质高低使决策行为的结果表现为产业发展能否实现产业规划目标，决策失误将使产业布局不合理，导致产业效率低下，因而需要进行产业布局的重新调整。这些都可以称为主体行为导向的产业布局。四是特定的社会文化环境和法制环境对某些产业集中于特定地区有较大影响。如美国加里福尼亚“硅谷”的形成和中国北京中关村高技术开发区的发展都是知识密集型产业集中于知识密集区的范例。这就是文化环境导向的产业布局。五是历史传统因素对产业布局的影响。历史继承性是产业布局的基本特征之一，同时历史上形成的产业基础始终是新的产业布局的出发点，而不同经济体制传统对产业布局的合理性、盲目性、波动性或趋同性有明显影响。这就是历史传统导向的产业布局。

（五）地理位置因素

地理位置之所以是影响产业布局的重要因素，是因为地理位置不同，自然、经济、社会、环境和条件不一样。影响产业布局的地理位置因素较多，主要因素有二：一是经济区位对产业布局的影响。经济区位是地球上某一地点与具有经济意义的其他地点的空间联系，即一个国家、一个地区、一个城市在国际国内地域生产分工中的位置。经济区位的优劣决定着市场范围的大小，进而决定着产业集聚程度和分布状况。二是特殊地理环境对产业布局的影响。有些产业对自然环境质量要求较高或有独特的依赖性，空气、水、日照、气温、土壤等对电子产业、旅游（疗养）

产业、特色农业、酿酒业的分布有明显影响。

应该指出的是，产业布局往往受双重或多重导向的影响，且这些导向也只是表示某些产业布局的基本倾向或趋势。同时，产业布局的导向也不是固定不变的，随着生产力发展、生产技术条件变化以及经济发展阶段的不同，不仅影响产业布局的主导和次要因素会随之发生变化，有的从原来的主导因素降为次要因素，有的从原来的次要因素转变为主导因素，从而影响产业布局的改变，而且也会引起同类产业导向性的改变，如钢铁工业分布就经历了由燃料导向型到原料导向型再到现代的消费导向型产业的转变。只有对时间、地点、条件、产业进行综合的具体分析，才能看出产业布局是多种因素共同起作用的结果。

三、产业布局的一般规律

尽管产业的空间分布形式千变万化、错综复杂，但它是有章可循的，即产业在地域空间的分布与组合存在着客观规律。产业布局一般规律决定着产业布局基本原则，并成为产业布局实践的理论基础和客观依据。产业布局一般规律包括以下几个方面的内容。

（一）生产力发展水平决定产业布局的规律

生产力的组成要素（科学技术、劳动者、劳动对象和资料）在特定时间的地域空间中的有机组合形成特定时期的产业布局。生产力在社会发展的不同阶段有不同的水平、内容、形式，生产力的发展水平决定产业布局的条件、内容、形式、特点和变化。这是所有国家和地区在社会经济发展的不同阶段都存在的普遍规律。仅从生产力发展阶段与产业布局演化的关系来看，生产力发展是产业布局发生量的扩张和质的飞跃的基本动力。在农业社会，产业布局的主要特点表现为农业自然条件对产业布局起决定性作用，产业布局有明显的分散性；在第一次科技革命以后，生产力的发展使产业布局的主要特点表现为产业由分散趋向集中，尤其是工业向动力基地（煤产地）和水陆运输枢纽集中；在第二次科技革命以后，生产力的发展使产业布局的主要特点表现为产业进一步趋向集中，交通、区位条件在产业布局中所起的作用更加突出；在第三次科技革命以后，生产力的发展使产业出现了集中与分散两种趋势，先进的、科技、高素质的劳动力、快速的交通和高效的交通枢纽仍然是产业布局的重要条件，随着知识经济的发展，未来产业布局将从现在过分集中走向适度分散。由此可见，产业布局既由生产力发展水平决定，又充分适应和体现生产力发展状况。

（二）劳动地域分工影响产业布局的规律

劳动地域分工是各地区之间经济的分工协作、社会经济按比例发展的空间表现形式，是地区布局条件差异性的客观反映。通过劳动地域分工，可以充分发挥各地区的比较优势，而通过地域之间广泛的产品交换，可以取得巨大的经济效益和社会效益。一方面，合理的劳动地域分工能充分发挥地区优势，促进商品流通，形成合理的产业布局，地域分工的深化和社会生产力的提高相互作用，推动产业布局形式由低级向高级不断演进和发展；另一方面，合理的产业布局有利于实现合理的地域分工与交换，提高社会劳动生产率，推动社会生产向前发展。劳动地域分工规律的作用使各地域逐渐形成了分工协作的统一的经济体系，产业布局在这一规律的作用下进行，就能形成具有不同特色的产业，做到合理地布局，产生巨大的经济效益和社会效益。

（三）资源禀赋制约产业布局的规律

各地的资源禀赋是不同的，特别是有利的自然资源禀赋（这种自然优势表现在气候、土壤、矿产、能源、水资源等方面）和后天的有利生产条件（这种“获得性”优势主要是生产技术）都会使该地在生产上处于比其他地方具有绝对优势和相对优势的地位。不同的资源禀赋会形成不同特色或种类的产业，各地不同的资源禀赋是形成产业布局的重要决定因素，产业的发展必须根据资源禀赋的状况进行，这就是资源禀赋制约的产业布局规律。

（四）产业分布“分散—集中—适度分散”变化的规律

产业布局的演变过程在空间上表现为集中与分散两个相互交替进行的过程。在社会分工不发达的产业发展初期，产业布局具有明显的分散性，集中化的趋势既不明显也很缓慢。产业革命以后，地区生产专门化的发展使产业布局开始由以分散为主向以集中发展为主转变，并使农业在自然条件优越的地区集中发展，工业集中分布在原料或能源基地、交通枢纽、沿海沿河地区或大中城市。产业的相对集中会产生明显的集聚效益。但是，随着工业化、城市化的过度集中发展，产业过度集中也会产生一系列弊端，出现集聚不经济，从而出现产业分散趋势，使产业分布由过度集中向适度分散转化。这样，农业、工业、交通运输业等各个产业部门在地域上的布局演变就表现为“分散—集中—适度分散”的变化过程，后一阶段的产业布局较前一阶段的产业布局在内涵上更为丰富、在形式上更为高级，呈现出一个螺旋式上升的变化规律，并表明产业发展重心的变化。

（五）地区生产专门化与多样化并存的规律

在市场机制的作用下，经济利益的驱动使各地根据自己的绝对优势或比较优势进行劳动地域分工，而当劳动地域分工达到一定规模时就会出现地区生产专门化，如农业生产专门化和工业生产专门化。地区生产专门化对于充分利用技术和资源优势、提高劳动生产率、降低各项成本、提高产品数量和质量、创造规模经济效益、促进管理制度创新具有积极意义。随着地区生产专门化的发展，会产生地区生产多样化，形成地区生产专门化与多样化并存的客观现象。各个专门化部门内部的纵向一体化发展形成的纵向联系和部门之间网络化发展形成的横向联系共同构成国民经济的有机整体。产业布局专门化的形成和发展促进了多样化的产生，而产业布局多样化的形成与发展又进一步促进专门化向深度和广度发展，因此，地区生产专门化与多样化的并存及其相互促进，就成为产业布局的一个客观规律。

（六）产业分布地区差异性规律

一般来说，产业活动的空间表现总是非协调的，因为从单个产业部门和企业而言，在特定生产力水平下，它们总是选择最有利的区位进行布点，以追求实现最大的经济效益；从某一地区产业布局而言，该地区的自然、经济、社会、技术条件不可能适合所有的产业发展，有的地区只适合某几种或几组甚至只适合某一种或一组产业发展，因此，任何国家或地区的产业布局都是由点到线、再由线到面逐步展开的。这样，产业分布的地区差异性是一个绝对规律。随着社会生产力发展，国家或地区可以使产业布局由低级的分散走向集中、再由高度集中走向适度分散，使产业分布逐渐扩展，由地区差异趋向或接近地区协调，而诸多因素制约产业分布使其不可能实现绝对的协调。由此可见，地区差异性就成为产业布局的一个重要规律。

四、产业布局的基本原则

产业布局规律决定着产业布局基本原则，产业布局的基本原则反映了产业布局规律的内在要求。在产业布局规律发挥作用的条件下，产业在地域空间的分布与组合就有了客观的依据，这就是产业布局的基本原则。它包括以下几个方面的内容。

（一）经济效益优先原则

从经济效益出发，择优确定产业区位，就是产业布局的经济效益优先原则。产业布局对经济效益有较大影响，合理的产业布局能以最小的劳动消耗，获得最大的经济效益。不同的产业，其布局的合理性是有明显差别的。就第一次产业来看，农业布局必须立足于区域资源基础，因地制宜地选择农、林、牧、渔业最适宜发展的地区，既突出农业区域的差异性，又发挥各地区农业生产的比较优势，从而使农业获得最佳经济效益。再就第二次产业来看，工业布局应尽可能接近原料产地、能源（燃料、动力）基地、消费地（市场），减少物资运输和资金周转环节，节约社会劳动消耗，但在具体的工业部门（或工业企业）布局过程中，应根据技术、原料特征、产品生产方式、运输、市场供求与竞争、劳动力状况、区位等多种因素综合确定。产业布局的合理性还会受到体制、政治、军事等因素的影响，在一般情况下，合理的产业布局应排除这些外生变量的干扰与影响，将经济效益放在首位。这样，产业布局就能做到经济效益优先，获得最大化的经济效益。

（二）全局性、长远性和预见性原则

国家的产业布局必须从产业发展、整个国民经济和社会发展的战略高度来认识与实施。该原则要求：从范围来看，按照产业布局的全局性，充分发挥各地区的比较优势，协调局部与全局的相互关系，在局部与全局存在矛盾时应做到局部利益服从全局利益；从时期来看，按照产业布局的长远性，并根据各个时期经济建设的需要来进行产业布局，协调当前与长远的相互关系，在当前利益与长远利益存在矛盾时应做到当前利益服从长远利益；从变化来看，按照产业布局的预见性，根据需要与可能来进行产业布局，协调产业实施与产业规划（预见）的相互关系，在实施与规划存在矛盾时应做到实施服从规划。只有这样，才能使产业布局实现地区专门化生产与多样化发展的结合、重点建设项目与一般建设项目的统一安排、各地区自身利益与全国整体利益的兼顾，实现全国范围内产业布局的合理分工与协作、区域经济的协调发展；才能少走弯路，发挥比较优势，避免重复建设，减少资源浪费。

（三）分工协作原则

产业布局应以区域资源差异为前提，而区域资源禀赋既是区域分工的条件，也是产业发展的基础，同时，它还是形成区际产业协作和经济交换的前提条件，因此，产业布局应以分工协作为原则。该原则要求产业布局应立足于区域资源禀赋及差异，体现劳动地域分工与地区综合发展相结合、地区生产专门化与多样化相结合的关系。根据分工协作原则进行产业布局，不仅能充分发挥各地区优势，最大限度地节约社会劳动，促进商品的流通和交换，而且可以加速各地区经济一体化的进程，促进整个经济的快速发展。

（四）集中与分散相结合的原则

产业在空间上的集聚表现为集中与分散两种趋势，集聚经济的作用要求产业向条件优越的区位集中，以获得规模经济效益和聚集效益；集聚不经济的作用要求产业向其他条件优越的区位分散，以降低成本。因此，产业布局应根据集聚导向的要求在产业发展的不同阶段实施不同的布局，即在产业发展初期，通过产业布局增加产业集中，取得集聚经济效益；在产业发展到一定阶段时，通过产业布局促使产业适度分散，防止或减少集聚不经济问题。当然，在防止产业过分集中的同时也应防止产业之间互不联系的过分分散倾向，应根据能否降低成本、取得聚集效益和规模效益，将集中与分散有机地结合起来，实现产业布局的适度集中和相对分散的统一。

（五）发挥地区比较优势原则

由于各地的资源禀赋不同，区域分工、技术发展等因素的作用使产业发展在空间分布与组合上表现出来的结果是地区差异性，可以说，地区比较优势使产业发展一般体现为由点到线、再由线到面的一个非协调的发展过程，这就要求产业布局应遵循产业自身非协调发展规律，促进少数优势地区的产业优先发展。因此，需要在一定时期调整产业布局，继续发挥地区比较优势，保持发达地区产业的快速发展。这种产业布局既遵循了产业自身的先发展与后发展的非协调发展规律，也体现了产业在空间布局上的相对差异性。这就是产业布局充分发挥地区比较优势的原则和要求。

（六）可持续发展原则

可持续发展（sustainable development）已经成为促进经济、人口、资源、环境、社会协调发展的一项长期性的重大战略，它既可以是国际的、区域的、国家的或地方的可持续发展战略，也可以是多个部门的可持续发展战略。人口、经济、环境是可持续发展中最重要的因素，人口与经济的可持续发展是总体可持续发展的基础，人口与环境的可持续发展是总体可持续发展的前提①。而产业的可持续发展又是整个经济可持续发展的重要基础，只有实现合理的产业布局，才能实现经济效益、生态环境效益和社会效益的真正统一。从理论上看，产业布局的经济效益、生态环境效益与社会效益三者是统一的，而从实践上看，三者又可能产生矛盾。因为产业布局的首要原则是经济效益优先、获得最大的经济效益，在实践中往往会出现片面重视经济效益、忽视生态环境效益和社会效益甚至破坏生态环境的现象。只有遵循自然生态规律，保持生态系统的平衡，才能合理开发和综合利用自然资源，合理的产业布局使地域的经济系统保持正常运转；反之，如果生态平衡被破坏，环境质量恶化，必然会造成巨大的经济损失。但是，要使产业布局同时实现经济系统、自然生态环境系统、社会系统的综合平衡，达到经济效益、生态环境效益、社会效益都最优，是有较大难度的，处理得不好，往往会顾此失彼。这说明，产业布局不仅应追求最佳经济效益，而且还要重视对生态环境的保护与治理，重视产业发展的社会效益。如农业生产应注意对农业自然资源的合理开发利用，工业生产应注意“三废”治理，不能造成对自然环境的污染和破坏，或对农业生产、城市居民生活的不利影响。可持续发展要求同时兼顾经济效益、生态环境效益与社会效益的平衡，正确处理三者之间的对立统一关系，这就是产业布局的可持续发展原则。产业布局只有同时兼顾经济效益、生态环境效益和社会效益，才能实现产业的可持续

---

① 田雪原．人口、经济、环境的可持续发展．中国社会科学，1996（2）：4-15.

发展。

五、产业布局的机制

产业布局机制是指各种影响和决定产业空间分布与组合的因素互相制约和互相作用的内在关系。一定的产业布局都是在一定的产业布局机制的作用下进行的，同时，一定的产业布局总是以一定的经济运行机制为基础的，它既是经济运行机制在空间上的反映和延伸，又是经济运行机制的重要组成部分。根据产业布局特征和经济运行机制的不同，可以将产业布局机制分为三种类型。

（一）产业布局的市场机制

产业布局的市场机制就是在市场经济体制下通过市场手段的自发作用实现产业布局目的的机制。它是随着资本主义市场经济制度的建立而逐步发展起来的。其特点主要表现为：第一，产业布局的主体是企业，企业有权独立自主选择自己的区位，不受国家产业政策和区域政策以外的非经济因素的干扰。第二，产业布局的目标是利润最大化，企业在布局项目、布局区位选择上都以利润最大化为原则。第三，产业布局的手段是经济利益导向，企业根据价值规律、竞争规律和利润最大化原则自发地选择最优区位。

（二）产业布局的计划机制

产业布局的计划机制就是在计划经济体制下通过行政计划手段的主动作用实现产业布局目的的机制。它是在 20 世纪 30 年代随着前苏联高度集中计划经济体制的建立而首先发展起来的，曾在东欧和中国社会主义经济建设中广泛使用。其特点主要表现为：第一，产业布局的主体是政府（尤其是中央政府）。中央政府拥有产业布局的决策权、资产增量和建设项目在各个地区的分配权、资产存量在各地区之间的转移权，地方政府只享有中央政府产业布局的执行权，对布局项目安排几乎没有自主权，企业根本没有产业布局的任何权力。第二，产业布局的目标是国家整体利益。国家利益包括国家经济利益、国家政治利益、国家安全利益以及体现在国家利益上的地区利益和部门利益，地区利益、部门利益和企业利益必须服从于国家整体利益。第三，产业布局的手段是行政命令。中央政府通过直接控制的资产、建设项目审批权、人事任免权等行政命令来实现产业布局。

（三）市场与计划相结合的机制

产业布局的计划机制在特定时期、特定条件下曾发挥过一定的积极作用。随着条件的变化，它的弊端（如决策权力集中、决策过程漫长、决策效率低、忽视地方政府和企业的积极性、理论上的优势缺乏可操作性、易决策失误造成布局不合理等）也越来越显露出来了。随着计划经济体制向市场经济体制转轨，市场化的改革使产业布局的市场机制被引入曾实行高度集中计划经济体制的国家（包括中国），并发挥越来越重要的作用，到20世纪90年代，这些国家逐渐扬弃了产业布局的计划机制，这样，产业布局的市场机制就成为世界各国普遍认同的对产业布局起基础性作用的机制。由于市场机制自身的缺陷和局限性（缺乏全局性、长期性和预见性，盲目性较大，利益驱动造成产业布局的波动性和趋同性，破坏生产力），仅仅依靠市场机制的自发作用是难以实现产业的合理布局的，世界各国先后认识到了在充分发挥市场机制的基础性作用的同时还必须进行有一定力度和适当方式的国家干预或宏观调控。如在中国社会主义市场经济条件下，仍将一定的计划机制作为对市场机制固有的缺陷和局限性的修正手段，在具体的产业布局活动和产业布局政策实施中发挥一定的影响作用。之所以这样，是因为产业布局的市场机制和计划机制都有利与弊，它们在决策过程、利益驱动、自我调节能力、可操作性、区域分工效率以及区域经济稳定性等各个具体方面各有优势与劣势，需要在产业布局过程中将两者有机地结合起来，通过扬长避短，达到兴利抑弊的目的。

第二节 产业布局的调整

一、产业布局调整的必要性

（一）产业布局调整的原因

1. 地区经济发展的需要

区域经济增长和发展的要素（具体包括自然资源、人口、劳动力资源、资本、技术、市场、组织管理、产业结构、政策等）在区域之间不仅存在着数量上的较大差异，而且存在着质量上的较大差异。区域经济构成要素在空间分布与组合上的差异导致产业布局、产业结构在地区之间的差别。国家根据不同发展时期国民经济发展的要求所制定的区域经济发展政策也成为影响区域经济能否均衡发展或地区差别程度的重要因素。国家根据公平与效率原则，在经济发展的不同时期采取不同的区域政策，分别对国家的整体利益和区域的局部利益造成不同程度的影响。如国家按照效率优先原则，制定地区非均衡发展战略，充分考虑区域间资源、人口、劳动力素质、历史发展基础、资金、技术、区位等差别，采取不同的发展政策措施，其结果是不同程度地提高了各地区的经济发展速度和发展水平，这对整个国民经济发展是有利的，但扩大了地区间的差距；又如国家按照公平优先原则，制定地区均衡发展战略，不充分考虑区域间各个发展要素的绝对优势和比较优势，采取相同的发展政策措施，其结果是人为地拉平了各地区的经济发展速度和发展水平，这对整个国民经济发展是不利的，但缩小了地区间的差距。一般来说，当一个国家的国民经济处于初级发展阶段时，国家为了实现整个国家经济的最大限度增长，往往采取地区非协调发展战略，制定有利于具有比较优势的发达地区的政策，并将资本、产业集中于有条件优势的发达地区；随着国家总体经济的发展，地区经济差距逐渐扩大，地区之间的社会经济矛盾也随之加剧，国家随之转而追求社会公平福利的目标，采取地区相对协调发展战略，调整政策取向，制定有利于不发达地区的政策，投资和产业转向不发达地区，这样会减慢国民经济发展速度，但会缩小地区间的经济差距。因此，区域经济的形成与发展，地区差距的形成、扩大或缩小，都与国家的经济发展战略、政策措施密切相关。

区域经济发展与地区差别之间基本关系表现为：一方面，区域经济发展使产业的空间结构发生变化，进而导致地区差别的存在是动态的和永恒的现象，很难通过战略、政策措施来彻底克服，区域均衡发展是相对的；另一方面，区域经济差别的扩大会反过来影响区域经济的可持续发展，从而要求国家通过战略、政策措施来缩小区域差别。消除区域差别的理论主要有三种：一是收敛理论。它认为通过生产要素在区域间的流动可以消除区域差别。生产要素的流动性表现为人口、劳动力、资本等会由低效益地区流向高效益地区。如资本总是从高工资区域向低工资区域流动，这有利于不发达地区的经济发展，但劳动力从低工资区域向高工资区域流动则不利于不发达地区的经济发展。市场机制的作用会使发达地区的科学技术进步、社会变革随着区域间交通、信息行业的发展而波及不发达地区并不断提高不发达地区的经济效益。二是发散理论。它认为由于初步差别的存在，某种刚性及市场与社会力量的作用会促进区域间的非均衡发展，特别是技术的创新与发展，发散作用使产业出现梯度转移，并进一步形成区域间的非均衡发展格局。三是收敛与发散理论。它认为在区域发展过程中，收敛和发散因素会同时存在，但在区域经济发展初期阶段，发散性因素起主导作用，而当区域经济发展到高级阶段时，收敛性因素会起主导作用，从而使区域间的差别表现为一个从扩大到缩小以至消除的动态变化过程。

从以上分析可见，区域经济增长和发展要素的变化、地区经济发展规模扩大、经济发展水平提高、地区比较优势变化要求地区产业结构必须进行调整，调整产业布局成为促进地区经济进一步发展的客观需要。

2. 国民经济协调发展的要求

产业布局是一项具有全局性、长远性和战略性的布局。产业布局正确、合理与否，不仅关系到产业本身，而且对整个经济建设、技术进步、环境保护、民族团结、社会稳定、国防安全等方面都产生重大影响。仅从经济增长的角度来看，产业布局失误会造成投资浪费、地区比例结构失调、延缓整个国民经济发展速度。而且具有以下特点：一是影响时间较长，如不适当的产业区位选择会造成某些产业的长时间、大范围的持续环境污染危害，会造成某些产业投产后长期的日常运输费用持续增加；二是改变现状较难，移地重建造成巨额浪费。造成产业布局不合理的原因主要是产业布局机制不健全，如计划机制会使产业布局出现决策失误、重复建设、资源浪费；市场机制会使产业布局具有较大盲目性和局限性，造成产业发展的波动和产业结构趋同化，一旦造成产业布局不合理时，往往要通过对生产力破坏作用很大的市场重整过程来实现，不能保持区域经济的平稳运行。因此，经济发展水平提高、产业结构优化升级、地区分工协作关系发生变化、生产要素禀赋发生变化、产业布局合理化都要求调整产业布局，适时适当地调整产业布局成为促进国民经济协调发展的客观要求。

（二）产业布局调整的意义

对既有的产业布局进行调整，使之趋于合理化，这对于产业本身发展、地区产业结构的完善、区域经济的协调以至整个国民经济的发展都具有重要的意义。

第一，调整不合理的产业布局，有利于充分有效地利用自然资源、人力资源和经济技术条件，促进各地区以至整个国家经济的协调发展。

第二，调整不合理的产业布局，有利于形成合理的地区分工与协作，发挥地区优势，消除不合理的运输，提高社会劳动生产率和经济效益。

第三，调整不合理的产业布局，有利于合理使用和节约资本，加快发展进程，尽快取得最大的投资效益。

第四，调整不合理的产业布局，有利于逐步缩小地区间的经济差距，有利于促进各民族经济的协调发展，加强民族团结，维持社会稳定。

第五，调整不合理的产业布局，有利于充分利用自然净化能力，保护生态环境，维持生态平衡，实现可持续发展。

第六，调整不合理的产业布局，有利于加强战略后方建设，巩固国防，维护国家安全。

二、产业布局调整的主要原则

从一国经济发展水平及历史、实践出发，在全面分析影响产业布局因素的基础上，调整不合理的产业布局，使产业布局趋于合理化，应遵循一定的原则。产业布局的经济效益原则、全局性、长远性和预见性原则、分工协作原则、集中与分散相结合原则、发挥地区比较优势原则、可持续发展原则等，都是产业布局调整必须遵循的原则。除此以外，产业布局调整还必须遵循以下原则。

（一）以市场调节为基础，国家干预为补充

从市场与国家的相互关系来看，以市场调节为基础、国家干预为补充的原则实际上就是要求运用产业布局机制调整不合理的产业布局。将产业布局的市场机制与

计划机制有机地结合起来，在充分发挥市场机制的基础性作用的同时进行有一定力度和适当方式的国家干预或宏观调控，使产业布局机制在产业布局调整中能起到应有的作用，使产业布局合理化。

（二）以经济手段为主，行政手段为辅

从国家干预的手段来看，以经济手段为主、行政手段为辅的原则就是要求中央政府在主要运用经济手段的同时适当运用一定的直接干预手段调整产业布局。直接干预手段是指政府依据法律、运用行政权力对需要调整的区域产业布局进行直接干预（包括直接限制和直接鼓励）。发达国家加强了对产业布局的政府规制，在这方面运用得比较普遍的直接限制手段是许可证制度，它可以起到直接调整产业布局的作用。

（三）政府必须实行适当的倾斜政策

政府必须实行适当倾斜政策的原则就是要求运用区域产业政策调整产业布局。这主要是运用区域产业扶持政策、区域产业保护政策、区域产业组织政策、区域产业结构调整政策，针对产业布局的现状与产业发展战略目标的差距进行调节。如政府运用财政投资手段直接投资兴建国有企业和对基础设施进行投资，有利于促进目标区域产业的发展，有利于改善地区投资环境，吸引民间投资；政府运用各种经济手段（包括税收手段、金融手段、外贸手段、政府采购手段、价格手段、工资手段、信息手段等）对产业发展水平较低的地区或产业需要进一步大力发展的地区予以适当的倾斜或支持，以间接诱导产业布局的调整。

（四）适时调整

从产业布局不合理的后果来看，适时调整的原则就是要求政府根据产业布局的现状与目标之间的关系不断地选择有利时机及时进行调整以使产业布局趋于合理化。由于产业布局具有全局性、长远性和战略性的特点，产业布局不合理或严重失误所造成的后果会对产业本身，对整个经济建设、技术进步、环境保护、民族团结、社会稳定、国防安全等方面产生大范围的、较长时间的重大影响，所以，当产业布局不合理时，就必须适时进行调整，以免造成巨大经济损失或浪费。

第三节　产业布局的理论基础

产业布局理论是研究产业在地域空间上的分布与组合规律的理论，它有一个产生、形成与发展的过程。产业布局理论的发展对于制定产业布局及其调整政策具有重要的指导意义。产业布局理论在欧洲被称为经济区位理论（economic locational theory）或区位经济学（locational economics）、空间经济学（spatial economics），在日本被称为国土规划和立地论，在前苏联被称为生产力配置学。

一、区域分工协作理论

产业布局与区域分工协作间的关系，是产业布局理论最早涉及的研究领域之一。产业布局是以区域资源差异与分工协作为基础的，对这些问题的研究产生了产业布局的区域分工协作理论。从本质上讲，产业发展是资源合理配置的结果，而资源合理配置的最简单方法就是实行不同区域间资源的相互流动和优化组合，因此，区域分工协作理论在确定产业发展方向及合理的产业结构等方面对产业布局具有直接的指导作用。

（一）古典经济学派的分工协作与贸易理论

古典经济学家们对分工、交换的成本与收益问题进行了分析，主张利用区域资源差异进行专业化生产与贸易。他们关于地区分工与贸易合理性的理论就成为产业布局的区域分工协作理论的重要来源。

1. 亚当·斯密的绝对成本理论

英国古典经济学的创建者亚当·斯密在1776年出版的《国民财富的性质和原因的研究》中提出了绝对成本理论或绝对利益说。斯密认为各国分工的基础是有利的自然禀赋（这种自然优势表现在气候、土壤、矿产资源等方面）或后天的有利生产条件（这种“获得性”优势主要是生产技术）。各国生产各自在成本上具有绝对优势的产品进行交换，将使各国的土地、劳动和资本得到最充分的利用，从而大大提高劳动生产率，增加社会物质财富。因此，斯密的绝对成本理论不仅成为国际自由贸易理论的基础，成为产业布局的区域资源差异与分工协作理论的源泉，而且也成为一国产业布局的理论依据。

2. 大卫·李嘉图的比较成本理论

英国产业革命深入发展时期的经济学家大卫·李嘉图在1817年出版的《政治经济学及赋税原理》中继承和发展了斯密的绝对成本理论，提出了比较成本理论或比较利益说。李嘉图与斯密一样，都认为贸易双方生产成本的差异是国际分工和贸易的前提，但他进一步认为，即使在一个国家（或区域）各个产业的产品成本都优于另一个国家（或区域）的条件下，通过合理分工生产各自比较成本更低或具有比较优势的产品，国际（或区际）分工和贸易仍能使双方得到好处。李嘉图的比较成本理论揭示了区域分工协作和自由贸易的积极意义，提出了依据各自劳动生产率和劳动成本的差异即比较优势进行互利发展的基本思路，因而成为经典的产业布局的区域分工与比较优势理论的源泉。

（二）现代经济学派的区域分工与贸易理论

1. 赫克歇尔—俄林的资源禀赋理论

现代经济学派的区域分工与贸易理论主要是赫克歇尔—俄林的资源禀赋理论或资源赋予论，又称为赫克歇尔—俄林原理或 H-O 原理。它是由瑞典经济学家埃利·赫克歇尔在 1919 年解释李嘉图比较成本理论时首先提出的。赫克歇尔认为，产生比较成本差异必须具备两个条件，即两个国家生产要素禀赋不同，不同产品在生产过程中所使用的要素比例不同，否则两国间不能产生贸易。赫克歇尔的观点被他的学生贝蒂尔·俄林接受，并于 1933 年出版了《域际贸易与国际贸易》，创立了完整的资源禀赋理论。俄林因此而获得 1977 年度诺贝尔经济学奖。

俄林分析了比较利益产生的原因，即生产要素禀赋的相对差异决定了区域分工与贸易、国际分工与贸易的产生。资源禀赋的差异具体表现在以下几个方面：一是土地及矿产资源的差异，二是资本的差异，三是劳动力素质和数量的差异，四是技术水平的差异，五是经营管理水平的差异。根据商品生产过程中所包含的生产要素密集程度不同，可以把国际贸易商品主要分为劳动密集型商品、资源密集型商品、资本密集型商品和技术密集型商品四类。俄林认为，最终生产要素禀赋差异成为贸易产生的重要条件，贸易的实质是国家之间充裕要素与稀缺要素的交换，各国比较利益的地位是由各国拥有的生产要素相对充裕程度来决定的，贸易产生的结果是逐渐消除不同国家之间商品价格差异，进而使两国生产要素价格趋于均等化。生产要素价格和商品价格均等化趋势是贸易使产业活动适应于生产要素的地区供应情况的自然结果。①

资源禀赋理论实际上也是一种比较优势理论，它强调从多种生产要素最佳配置中降低成本、提高效益从而取得比较利益。这使它成为现代区域分工协作与比较优势的基础性理论。但它过分突出资源供给的差异，单纯地强调生产要素的供给对区域分工与贸易格局的影响，忽略了生产要素需求方面和其他因素对区域分工与贸易的影响。

2. 现代区域分工协作与贸易理论的发展

围绕着对资源禀赋理论的质疑，现代区域分工与贸易理论在多方面得到了发展，从而为产业布局提供了多种理论依据和思路。

（1）技术差距理论。英国经济学家波斯纳 1959 年首先运用技术创新理论修正俄林模式，提出了技术差距理论，又称创新与模仿理论。它是以科学发明、技术创新的推广过程中创新国和模仿国之间的技术发展不平衡来解释国际贸易的产生和发展的理论。技术差距是指一个国家以技术创新和控制技术外流而保持的技术优势。

---

① ［瑞典］俄林．域际贸易与国际贸易．北京：商务印书馆，1986：31.

技术差距是产生比较优势和贸易利益的一个重要因素。从动态来看，一个科技发达国家是不断再创新、再出口的，因而技术创新国家总是可以靠技术创新和控制技术外流而不是靠要素禀赋来获得特殊利益、保持其贸易结构的。该理论是用技术创新因素代替 H-O 模式中的资源禀赋，对解释技术创新在区域分工与贸易发展中的作用有积极意义。

（2）产品生命周期理论。美国经济学家弗农和威尔士对技术差距理论作了进一步的发展。他们提出的产品生命周期理论把产品生命分为四个阶段：第一阶段是创新产品阶段，此时的产品是技术密集型的；第二阶段是定型产品生产阶段，此时产品由技术密集型转为资本密集型；第三阶段是定型产品发展阶段，此时产品逐渐由资本密集型转向劳动密集型，比较利益由技术力量较强国家开始转到劳动力较富裕的国家，从而引起贸易格局的变化；第四阶段是标准化产品阶段，生产技术标准化使产品开始大批量标准化生产，原来技术创新国失去优势而转变为进口国、生产成本较低的国家则拥有了优势而转变为出口国。产品生命周期理论主要研究了各种生产要素在不同状态下所发挥的重要作用，因而可以用来解释部分工业品的国际贸易格局、解释世界性产业转移和产业结构调整的某些趋势，如可以用它来解释发达国家将某些加工制造业特别是一些夕阳产业转向发展中国家的趋势。这使它成为分析经济国际化条件下区域分工协作和产业布局的重要理论之一，成为以技术发展为依据的产业梯度转移理论的核心内容。

二、区位理论

产业布局的区位理论主要研究产业空间分布和组合的规律，为合理布局提供规划方案和政策。产业布局区位理论的形成与发展是人类生产活动与科学技术发展到一定程度的必然产物。产业革命导致了产业的多样化和复杂化，使已有的经济理论无法解决门类繁多的产业如何合理布局的问题，从而在实践上产生了对产业布局区位理论的强烈需求，而经济学和地理学等学科的进一步发展与融合特别是区域经济学的发展，则在理论上为产业布局区位理论的形成与发展奠定了理论基础。随着产业发展和产业布局的调整，产业布局的区位理论也随之得到迅速发展和不断完善，并形成各具特色的产业布局区位理论。

（一）产业布局区位理论的形成

19 世纪 30 年代至 20 世纪 20 年代是产业布局区位理论的产生和形成时期。在这一时期，社会生产力的迅速发展和地区间经济联系的不断扩大，需要从理论上深入分析和重新解释产业空间布局、经济分布及地区经济差异等问题，为经济活动提供指导。在这种条件下产生和形成的产业布局理论，又称为古典区位理论。

1. 杜能的农业区位理论

杜能是19世纪初期德国经济学家、经济活动空间理论的创始人，他创立的农业区位理论——孤立国农业圈层理论是最早的古典区位理论。1826年，杜能出版了《农业和国民经济中的孤立国》（简称《孤立国》），系统地提出了农业布局的区位理论，开创了产业布局区位理论研究的先河。《孤立国》的出版标志着产业布局区位理论的正式产生。

（1）杜能农业区位理论的中心思想。杜能认为，在农业布局上，什么地方适合种什么作物并不完全由自然条件决定，农业经营方式也不是任何地方越集约越好。在确定农业活动最佳配置点时，要把运输因素考虑进来①。这说明，农业土地经营方式与农业部门地域分布随距离市场远近而变化，而这种变化取决于运输费用的大小。由此可见，杜能农业区位理论的实质就在于探讨和揭示土地利用所能达到的最大纯利益，也就是揭示在距离市场远近不同的土地上，由于不同的农业分布与经营所能获得的地租（即级差地租）数量。

（2）"孤立国"模式的基本假定。杜能为了分析农业区位问题，首先将复杂的社会假设为一个简单的孤立国，并以均质的、单中心的、自由竞争的、等距离运输费用的封闭区域为假定的研究前提。具体来说，杜能"孤立国"模式的假定条件包括以下主要内容：第一，孤立国位于中纬度大平原上。平原上任何地方都具有同样适宜的气候和肥沃的土壤，宜于农作物、植物生长；平原外围是荒原，与外部世界相隔绝，因此，孤立国完全自给自足。第二，孤立国的唯一城市位于地理中心。该城市既是孤立国工业品的唯一供给中心，又是农业品的唯一贩卖中心。第三，孤立国没有任何可通航河流或运河，没有水运，只有陆运，且马车是唯一的交通工具。第四，农业经营者的能力相同、技术条件一致。第五，农作物的经营以牟取最大利润为目的，这使农民根据市场供求关系自发地调整自己的农产品种类。第六，孤立国市场的农产品价格、农业劳动者工资、资本利息都是均等的，而交通费用与市场远近成比例关系。

（3）农业区位理论的主要内容——"杜能圈"模型。杜能从农产品的销售价格、生产成本、运输成本和利润的均衡关系出发，推导出围绕着封闭的市场中心，农业土地的经营方式按集约化程度的高低呈同心圆经营圈状的空间分布规律，即由内及外分别为牛奶蔬菜业、炭薪业、种植业、畜牧业等。后人将之形象地概括为"杜能圈"模型，也称之为农业圈层理论。该理论的主要内容包括：

第一，通过农业合理布局可以节约运输费用，最大限度地增加农业利润。杜能分析孤立国农业布局的基本原则是如何布局农业才能从每一单位面积土地上获得最大利润。他提出，农业利润（π）是农产品价格（P）、农业生产成本（C）和农产品运往市场的运费（T）的函数，即$\pi=P-(C+T)$。杜能利用该公式计算出各种

① ［德］杜能．农业和国民经济中的孤立国．北京：商务印书馆，1986：23-38.

农作物组合的合理分界线。据此进行农业合理布局，则可以节约农产品运输费用（T），（当P、C保持不变时）最大限度地增加农业利润（π）。

第二，纯粹的“杜能圈”。将孤立国农业分布划分为6个围绕城市中心呈向心环带状分布的农业圈层，且每一圈层都有特定的农作制度。这就是著名的杜能同心圆经营圈，简称“杜能圈”。由中心城市向外，6个农业圈层依次是：自由农作圈（精细城郊农业）、林业圈（林业）、谷物轮作圈（集约的种植业）、谷草轮作圈（栅栏农业）、三圃式轮作圈（粗放的三年轮作业）、畜牧圈（牧业与粗放种植业）。

第三，改进的“杜能圈”。杜能根据他自己农庄的实际资料，进行了各圈农业地带距离的实际分析，并提出在非均质多中心地区和非等距运输情况下农业区位理论模型的改进。这就是由通航河流改变了的“杜能圈”模型。

杜能的农业区位理论是建立在特定历史时期非常严格的假定条件下的古典农业区位理论，随着社会生产力发展和农业技术进步，它与现实存在的农业区位的条件差距越来越大。尽管如此，杜能农业区位理论仍然具有十分突出的理论贡献。其一，它所采用的抽象化的理论演绎的研究方法以及对空间区位的关注并根据具体条件对农业生产进行合理空间布局的基本思想，奠定了区位理论的基本研究思路和方法；其二，它首次透彻地分析和揭示了区位级差地租问题，这成为现代各种区位理论尤其是工业区位理论、城市空间结构理论的基础，成为世界上一些城市郊区农业地域分布的理论基础。

2. 韦伯的工业区位理论

19世纪末20世纪初期德国经济学家阿尔弗雷德·韦伯建立了全面系统的古典工业区位理论。在1909年出版的《工业区位论——区位的纯理论》（简称《工业区位论》）中，韦伯从纯理论探讨的角度力图建立一个适用于任何工业部门和政治经济制度的具有普遍意义的工业区位“纯理论”；在1914年出版的《工业区位论——区位的一般理论及资本主义理论》中，韦伯结合实际情况分别对1861年以来的德国工业区位进行了专门分析和对资本主义国家人口、工业分布进行了综合分析。韦伯所建立的工业区位理论的中心思想是区位因子决定生产区位，将工业生产吸引到生产费用最少的地点，区位因子分析是韦伯工业区位理论的核心内容。其具体内容主要包括以下几个方面：

（1）分析工业区位的假定条件。韦伯在进行工业区位理论研究时，将复杂的社会假设为一个简单的孤立国，并提出了如下假定条件：第一，分析的对象为一个孤立的国家或特定的地区，对工业区位只探讨其经济因素。第二，孤立国或特定地区的气候、地质、地形、民族、工人技能都相同。第三，已知的主要生产条件固定不变：工业原料和燃料产地为已知点，埋藏状况和生产情况不变；劳动力供给地为已知点，供给情况不变且工资固定；消费地（市场）为已知点，价格、需求量和供求关系不变。第四，分析生产和交换时均就同一类产品进行讨论。第五，运输费用是重量和距离的函数，且唯一的运输方式是铁路火车运输。

（2）分析影响工业区位的因子。韦伯将影响工业区位的经济因素称为“区位因子”，并根据不同的标准对区位因子进行了三种划分。

第一，根据区位因子作用范围的不同而将其划分为一般因子和特殊因子。前者是指对所有工业的区位都产生影响的因子，如劳动力费用（工资）、运输费用、地租等，后者是指对特定工业区位产生影响的因子，如水质、空气湿度、日照时间等。

第二，根据区位因子作用方式的不同而将其划分为地方因子和集聚因子。前者是指使工业固定于一定地点的因子，如运输费用等因子会决定工业区位的原始分布格局，后者是指在工业固定于某些特定地点后所产生的一些能使工业趋向于集中或分散的伴生因子。

第三，根据区位因子属性的不同而将其划分为自然技术因子和社会文化因子。前者是指能使企业取得效益的自然条件、资源和技术水平等因子，后者是指能使企业取得效益的社会经济形态和一定文化水平等因子。

（3）确定合理的工业区位。韦伯在分析了影响工业布局的区位因子后，提出了确定合理工业区位的基本方法，从而构成了其工业区位“纯理论”的主要内容。韦伯的方法分为四步：

首先，对在地理点上能对工业企业起积极和吸引作用的各个区位因子进行反复分析，并通过连续舍弃法推导出一般性区位因子仅为运输费用、劳动力费用和集聚力三个因子。

其次，根据运输区位法则来确定工业企业的运输费用最少的地点。韦伯认为运输费用（用吨公里表示）是对工业布局起决定作用的因子，对工业的基本定向起最有力的作用，因此，企业生产成本最低的地点首先是运输费用最小的地点，这就是运输区位法则。

再次，根据劳动力区位法则来修改运输区位法则。韦伯将等费用的概念引入劳动力费用中，使工业由运输费用最低点转向劳动力费用最低点，结果形成了工业区位图形的第一次变形。韦伯认为，劳动力费用即工资也是对工业布局起重要作用的因子。劳动力费用对生产成本有一定的决定作用，对工业区位的选择也有重要影响，因此，企业生产成本最低的地点同样应该是劳动力费用最少的地点，这就是劳动力区位法则。但是在具体运用劳动力区位法则时，韦伯又提出了等费用概念，并采用等费用线的方法对运输费用和劳动力费用进行比较，从而选择工业最佳区位。所谓等费用线，就是单位原材料或产品运输费用相等的点的连线。真正决定工厂区位改变的条件是决定等费用线即运输费用增加额与劳动力费用节约额相等时的切线。工厂确定在决定等费用线以内的位置就是工厂最佳区位。

最后，根据集聚力法则来修改运输区位法则和劳动力区位法则。韦伯采用“集聚”的概念，使工业趋向集中于一定地点，形成工业区位基本图形的第二次变形，得出工业应位于使三个区位法则的总费用最小地点的合理区位，从而完成了他自成一说的工业区位理论体系。所谓集聚力就是指企业规模扩大和工厂在一地集中所带来的规模经济效益和企业外部经济利益的增长。集聚力也是对工业最优区位产生影响的因子。由集聚力所形成的规模经济效益和外部经济利益可以使按运输区位法则或劳动力区位法则所选择的区位发生变化。如果企业选择集聚所节省的费用大于因离开运输费用最小或劳动力费用最小的位置而需追加的费用，那么其区位由集聚力因子决定。韦伯同样运用等费用线的分析方法来具体确定合理的工业区位，其结论是，合理的工业区位应位于三个区位法则总费用最小的地方。

尽管韦伯的工业区位理论还存在着许多局限性，但他的工业区位理论和区位模型至今仍有一定的理论意义和实践意义。韦伯的理论贡献主要表现在：其一，第一次提出了“区位因子”的概念并进行了全面的分类研究；其二，提出了“原材料系数”的概念，并对运输费用的区位多边形进行十分透彻的分析；其三，创造了等费用线的研究方法，并首次提出了“集聚力”对工业区位有重要影响的观点。可以说，韦伯的分析和推导奠定了工业区位决策计量分析的理论基础，其后的各种流派的区位理论都是围绕着对韦伯工业区位理论的验证、完善或质疑而发展起来的，其理论至今仍然是西方区域工业布局的基本理论。

总之，从产业布局区位理论的形成来看，杜能农业区位理论和韦伯工业区位理论共同构成了古典区位理论。其共同特点是都以“孤立国”为假定前提，并立足于单一的产业中心，目的在于以最低成本或最节省运输费用来实现产业利润最大化；它们均不考虑产品的市场销售（供求关系变化）因素和消费因素等问题，所以，古典区位理论又被称为西方产业区位理论的最低成本学派。所不同的是，韦伯的工业区位理论与杜能的农业区位理论相比，工业区位理论开始引入了区位因子（原材料、市场、运输费用、劳动力费用、集聚力、外部经济等）的分析概念，并对更为复杂的近代工业企业布局进行了更为严密的分析，使工业区位理论中的最低成本学派成为工业区位理论发展历史最早、影响最广泛的研究流派。

（二）产业布局区位理论的发展

20 世纪 30—60 年代是西方产业布局区位理论的发展时期。在这一时期，科学技术革命和社会生产力的发展，国际经济联系的加强，第二次、第三次产业先后取代第一次产业成为国民经济的主要产业，市场成为决定产业发展的关键因素。这样，工业区位就由立足于单一的产业中心转变为立足于城市或地区、由生产成本和运输费用因子分析转变为生产成本、运输费用和市场（市场区位划分、市场网络结构、市场范围扩大）因子分析，使以最低成本学派为代表的工业区位理论发展为以市场学派为代表的工业区位理论，同时也产生了以地理区位学派为代表的商业区位理论。在这样的条件下发展起来的产业布局理论，统称为近代区位理论。

1. 市场区位学派的区位理论

工业区位理论的市场区位学派产生于20世纪30年代初。他们认为，消费需求是影响工业区位的基本因子，在现实世界中，企业都无法忽视竞争者的市场分割，并推行一种控制最大可能市场区的配置策略。因为在激烈竞争中，市场特征已由卖方市场转变为买方市场，商品销售问题变成企业最突出的问题，这要求企业在考虑生产成本和运输费用的同时，还必须充分考虑到市场划分与市场网络合理结构的安排问题。因此，工业区位理论最根本的问题是寻求能产生最大利润的市场区位。这说明，市场区位学派理论的核心内容是主张产业布局必须充分考虑市场因子，并尽量将企业安排在利润最大的市场区位。

德国经济学家奥古斯特·廖施在1939年出版的《经济的空间分析》（1940年将修订版定名为《区位经济学》）中论述了区位平衡理论、工业区位理论、经济区位理论和市场区位理论，从而建立了最为系统的市场区位理论。廖施因此而成为工业区位论市场区位学派的重要奠基人和主要代表。

廖施认为，工业布局的根本原则是寻求最大利润。他为了利用利润原则说明区位趋势，首先提出了区位分析的假定条件：平原地区运输条件相同，生产必需的原材料充足且广泛分布于各地；地区内农业人口分布均匀，有共同的消费行为；地区内普及的技术知识，一切人都可用于生产中；排除一切其他条件和因素对经济活动的干扰。但是，如果把单个企业置于实际空间去研究，则会发现其布局往往受多种因素如竞争者、消费者与供应者的影响。在产业布局过程中，考虑各种因子的影响，找出各个企业布局的相互依存关系，就需要寻求整个区位系统的平衡。廖施在这一分析的基础上提出了经济区理论。他把经济区边界分为两类：一是部门经济区边界，包括生产竞争边界和市场竞争边界，二是综合经济区边界。具体来说，廖施的市场区位理论包括以下主要内容：

第一，它承认生产成本的重要性，同时又对排除集聚和运输以外的生产成本的空间差异进行了必要的简略，并在最大利润和最大数量的生产者的目标条件下设计了多个企业相互竞争、总体均衡、可求解的区位方程。为了寻求工业布局区域平衡，廖施设计了一系列平衡方程即均衡条件，并由此得出了生产最佳配置点是一系列分离点的前提的结论。

第二，它提出了单个企业产品市场区的概念，并认为市场需求和销售价格（可以简略为与运输费用正相关）存在着反比递减的需求曲线和需求圆锥体。

第三，它推导了多个市场区相互作用形成六边形市场网的最有效形态，并对人口连续分布和非连续分布的不同情形进行了量化分析，提出了不同产品具有不同规模的市场网。

第四，它将不同市场网相互叠合，使其最少具有一个共同点（往往成为大城市），并旋转组合而形成六个生产点较为集聚和六个生产点较为分散的扇面，从而推导出一个个多以大城市为中心、市场区和生产点竞争配置的区域空间经济网络。

2. 地理区位学派的区位理论

产业布局区位理论产生于农业区位论，并随着工业区位论的发展而发展，其结果是派生了商业区位论。商业服务区位理论的产生与市场区位学派的工业区位论存在着密切关系，但在研究的出发点上两者存在着较大差别。正如杜能农业区位论和韦伯工业区位论分别占据着农业区位论和工业区位论的中心地位一样，中心地理论在商业服务区位理论领域也占有中心地位。

德国地理学家克里斯塔勒在研究了德国南部的中心城市或聚落分布后，于1933年出版了《德国南部的中心地》，系统地阐述了中心地的数量、规模和分布模式，首次建立了中心地理论（central place theory），又称中心地方论或中心地学说。克里斯塔勒中心地理论的提出，不仅标志着产业布局区位理论中地理区位学派的产生，使其成为近代区位理论的核心部分，他所首创的以城市聚落为中心进行市场面与网络分析的理论受到国际上许多学者的高度评价，而且使该理论在城镇居民点体系和交通网的规划中得到了成功应用，如20世纪50—60年代荷兰在须德地区填海造地后曾按其规划居民网点和交通网。

克里斯塔勒所谓的“中心地”，是指一个区域的中心点，它的基本功能是向区域内各点的居民和单位提供具有中心功能的商品和服务，如贸易（批发和零售）、金融、行政、管理、企业、专业服务（医疗）、文化和精神服务（娱乐）等，因此，中心地往往表现为区域内的中心城市（城镇）或聚落。中心地理论的具体内容包括：

第一，中心地模式存在的假定条件。克里斯塔勒继承了杜能和韦伯在进行区位理论研究时所提出的“孤立国”式的均质、封闭区域假设，并具体假定存在这样一个抽象的地域：该地域是一个均质平原，各处自然条件、资源都一样，避开了自然地形和人工障碍的影响；该地域上经济活动的移动不受时间、方向的限制，可以常年在任何一个方向进行；该地域人口均匀分布，人们在生产技能和经济收入上均无差异，居民购买力是连续的，他们对消费品的需求及消费方式是一致的；生产者和消费者都是具有经济行为理性的人，生产者为了获得最大利润而寻求占有尽可能大的市场区，消费者根据最短距离的原则即购物以最近为原则而寻求消费行为在空间上的合理性。

第二，中心地不同等级划分的依据及其排列规律。克里斯塔勒界定了中心地、中心地功能和中心度的概念，提出了不同等级的中心度划分的基本依据。中心地的功能就是向周围提供商品和服务，而中心地提供不同商品和服务时应维持在空间上的销售范围（最大距离）和市场规模上的需求门槛（最低利润值），这样，销售利润与需求门槛和销售范围之间存在着盈亏关系。也就是说，中心地的市场规模取决于两个主要因素：一是“门槛人口”或需求门槛，它是保证经营者取得正常利润的前提条件；二是能提供最大距离的服务（以“服务半径”表示），在此范围内居民愿意前往该中心地购买商品或享受服务，这是保证经营者获得正常利润的基本条件。

一个区域的发展必须有若干大小不同的中心地（城镇），中心地的大小与排列有一定规律：高级中心地只有一个，次一级的中心地较多，等级越低的中心地的数目越多、规模越小。一般来说，中心地规模越大，级别越高，服务半径越大，其数目越少，它越有能力提供种类齐全、档次较高的商品和服务。此外，中心地排列规律还表现为，同一等级中心地的市场区是完全相等的，两个相邻的同一等级中心地之间的距离是相等的，中心地级别越低，相邻两个中心地之间的距离就越短。

第三，中心地模式体现了六边形销售服务区的经济合理性。根据假定，一个区域内的每个中心地的理想服务范围应该是圆形服务面，但是，当一个区域内存在着多个同等级的圆形服务面的中心地之间的竞争时，就会使圆形服务面之间出现空档，而处于空档地区的居民就得不到最佳服务。这样，在该空档地区的中心会产生次一级的中心。从大到小的中心地共有五级，并形成有相应等级中心区域界线。由于同等级中心地之间都以同等强度向外扩张，每个中心地与其周围六个中心地市场区之间有重叠地区；根据消费者行为的最短距离原则，重叠地区内的消费者将选择最近的中心地，使相邻两中心地的重叠地区被两个中心地平分。其结果是各中心地圆形市场区就变成具有最稳定空间结构的六边形。每一级中心地六边形市场区的六个顶角处分布着次一级的中心地，依此类推，就形成一个多级中心地及其市场区域相互有规律地重叠组合的复杂的空间结构。这就是克里斯塔勒所谓的均衡状态下的中心地模式，它能充分体现六边形销售服务区的经济合理性。

第四，中心地体系不同形成机制下的结构形态。不同等级的中心地可按三种不同的功能控制关系（市场原则、交通原则和行政原则）构成不同的等级数量体系，在空间分布上也具有不同的结构形态。这实际上是中心地分布的三种变化模式：A. 根据市场原则形成的中心地体系。在市场作用较突出的地区，中心地分布要以最有利于产品销售为原则，即应根据市场原则形成合理市场区。B. 根据交通原则形成的中心地体系。在交通作用较突出的地区（如公路、铁路、水运交通枢纽地区），中心地分布要以最有利于交通为原则，即各级中心地均应分布在上一级中心地六边形市场边界的中心处。C. 根据行政原则形成的中心地体系。在行政职能较突出的地区，任何次一级中心地必须在上一级中心地势力圈范围内，而不允许同时接受两个或多个高一级中心地的控制。

克里斯塔勒中心地理论的基本内容是将商业服务区的布局区位和中心城镇聚落地分布进行了有机的统一探讨，并推导出一定区域内中心地（或城市）职能等级、数量和空间分布的系统理论，它也被称为聚落区位论或城市区位论。这一理论不仅成为产业布局区位理论地理区位学派的主要理论，成为商业服务区位理论领域的核心理论，而且成为其后广泛开展的区域规划、城市规划中的城镇体系布局规划的极具影响力的基础理论之一①。

3. 运输费用学派的区位理论

工业区位理论中的成本学派包括以韦伯为代表的最低成本学派和以胡佛为代表的运输费用学派。运输费用学派是在对韦伯理论关于运输费用影响区位的作用方式进行修正和完善过程中发展起来的。

美国空间经济学家胡佛在 1931 年和 1948 年分别出版了《区位理论与皮革制鞋工业》、《经济活动的区位》两部著作，对韦伯关于以生产成本最低为准则来确定产业的最优区位的理论作了修改，首次提出了运输费用结构理论，从而建立了工业区位论的运输费用学派。胡佛的理论包括：第一，对韦伯理论的重要修正。这表现在两个方面：一是修正韦伯理论中关于运输费用与距离成比例的基本观点，二是修正韦伯理论中排除“偶然性集聚”的观点。第二，终点区位优于中间区位的理论为大城市工业集中提供了理论依据。第三，转运点区位理论为港口工业布局提供了理论依据，为工业布局理论的发展做出了贡献。

总之，从产业布局区位理论的发展来看，近代区位理论已经从对工业区位进行探讨发展为对贸易区位、城市区位进行探讨，从局部均衡的区位理论发展成一般均衡的区位理论，从微观静态平衡的区位研究发展为宏观静态平衡的区位研究，从纯粹理论的讨论发展为区位规划和对策的研究；将研究对象从第一次产业转向第二次、第三次产业和城市，将研究目标从追求生产成本、运输费用最低转向追求市场最优。这种发展为产业布局区位理论的多样化发展奠定了基础。

（三）产业布局区位理论的多样化发展

20 世纪 60 年代以来是西方产业布局区位理论的多样化发展时期。在这一时期，现代科学技术革命的深化、国际经济一体化趋势的加强，不仅使近代区位理论得到了进一步的修正或发展，并产生了各种不同的区位理论流派，在现代市场经济和国际竞争格局条件下发展起来的产业布局理论统称为现代区位理论。产业布局的现代区位理论主要有以下学派：

1. 成本—市场学派的区位理论

成本—市场学派的理论渊源是俄林的一般贸易区位论，它是在工业布局区位理论中的成本学派和市场学派的基础上形成的一个综合研究成本和市场对产业布局影响的区位学派。成本学派分析了微观布局（企业布局）问题、市场学派分析了市

---

① 彭震伟．区域研究与区域规划．上海：同济大学出版社，1998：21.

场区问题。成本—市场学派运用一般均衡理论研究区域产业布局与总体产业布局问题。其核心是研究成本与市场的相互依存关系，认为产业区位的确定应以最大利润为目标，以自然环境、运输成本、工资、地区居民购买力、工业品销售范围和渠道等因素为条件，综合生产、价格、贸易理论，对区位进行多种成本因素分析。该学派的主要代表人物有：艾萨德，他于 1954 年出版了《区位和空间经济》，试图在杜能、韦伯、克里斯塔勒和廖施等人的研究基础上建立一般区位理论；罗斯特朗和史密斯，他们进一步修正和发展了市场区位学派的理论，罗斯特朗在 1958 年提出了盈利边际理论，史密斯建立了空间成本曲线，进一步明晰了盈亏变化的区域和质变点的识别；赖利，他就产品交换的不同价格政策对工业区位的不同影响进行了深入研究，在 1973 年提出交通运输货物运费计算的不同价格政策对工业区位产生的新的影响。

2. 地理学派的区位理论

克里斯塔勒的中心地理论在 20 世纪 50—60 年代曾引发大批城市地理学者的实验修正和进一步完善，从而使产业布局区位理论的地理区位学派得到了发展。这表现为：第一，在中心地的等级衡量方面，美国地理学家贝利在 1964 年把城市人口规模与中心地等级联系起来，大大提高了克里斯塔勒中心地理论在城市系统研究中的应用价值。第二，提出了周期性中心地理论，斯坦恩和施坚勒在 1964 年提出了农村墟场这一周期性中心地理论，从而提高了克里斯塔勒中心地理论在农业地区的应用意义。第三，在中心地腹地的非均质方面，伯吉在 1966 年提出了一个转换处理的方式，即从人口密度而非单纯地域面积进行标准化处理。经过对非均质人口密度区中心地模式的标准化处理之后，中心地理论仍将是有效的。第四，提出了中心地腹地与中心地的可分离模式。万斯在 1970 年研究了大西洋沿岸城市的商业历史之后，提出中心地腹地与中心地的可分离模式。万斯的模式广泛地适用于现代外贸性城市发展，从而将中心地理论的适用范围从封闭的自然经济区域扩展到开放的商品经济区域，这为国际贸易的开展决定国际范围内工业区位的形成提供了理论依据。

总之，现代区位理论是在世界范围内的工业化、城市化进程加快的历史背景下产生的。它是一种立足于国民经济发展、以空间经济研究为特征、着眼于区域和城市经济活动的最优组织、注重宏观动态平衡的崭新的产业布局理论。其特点表现在以下三个方面：其一，在研究方法方面，从静态的空间区位选择分析转变为对区域各发展阶段空间经济分布和结构变化及其过程的动态研究，从纯理论假定的推导转变为对实际的区域分析和应用模型的研究。其二，在研究对象方面，主要从第二次、第三次产业的分析转变为对城市和区域的研究。从市场机制分析转变为对政府干预和计划调节机制的研究，从单个经济单位的区位分析（微观布局）转变为对区域总体的研究（宏观布局），并将现代区位与区域开发结合起来进行研究，同时还对涉及区域地理环境、经济条件、自然条件、人口、教育、技术水平、消费水平、资本形成、经济政策和规划等方面的问题进行综合分析与宏观研究。其三，在研究内容方面，从对区位生产、价格和贸易的孤立研究转变为对整个区位生产、交换、价格、贸易的统一协调研究，从区域类型、区域划分的理论研究转变为主要分析解决整个区域所面临的各种现实问题，从注重区位的经济产出转变为强调人与自然、环境关系的协调以及追求人的生存与发展目标的实现。

三、均衡与非均衡理论

产业布局的基本理论除了上述的区域分工协作理论、区位理论之外，还有许多其他理论，如均衡与非均衡理论。产业布局的均衡与非均衡理论主要有：

（一）佩鲁的发展极理论

发展经济学的兴起和发展为产业布局理论的发展提供了新的理论基础，并使得以发展中国家为研究出发点的产业布局理论得到了发展①，出现了产业布局均衡与非均衡理论中独具特色的发展经济学派。

“发展极”（development poles）概念和理论是法国经济学家弗朗索瓦·佩鲁于1955年在《略论“发展极”的概念》一文中首先提出来的。其理论核心是在经济增长过程中，由于某些主导部门或有创新能力的企业及行业在某些特定地区或城市聚集，形成一种资本与技术高度集中、具有规模经济效益、自身增长迅速并能对邻近地区产生强大辐射作用的“发展极”，通过具有“发展极”的地区的优先增长，可以带动相邻地区的共同发展。“发展极”理论对发展中国家进行产业布局有重要的启发意义。“发展极”的形成有两种途径：一是由政府通过经济计划和重点投资来主动建立“发展极”，二是由市场机制的自发调节引导企业和行业在某些城市或发达地区聚集发展而自动产生“发展极”。发展中国家要实现工业化和经济发展，必须建立“发展极”，通过“发展极”自身发展和对其他地区或部门的影响，带动整个经济发展。

（二）缪尔达尔的地理性二元经济结构理论

“地理性二元经济”结构（geographical dual economy）理论是瑞典经济学家、1974年诺贝尔经济学奖获得者缪尔达尔在1957年出版的《经济理论和不发达地区》一书中提出来的。该理论利用“扩散效应”（spread effects）和“回波效应”（backwash effects）概念，说明了经济发达地区优先发展对其他落后地区的促进作用和不利影响，他认为，经济发展过程在空间上不是同时发生和均匀扩散的，而是

① 谭崇台．发展经济学．上海：上海人民出版社，1989：373-383.

从一些条件好的地区开始，一旦这些地区由于某种最初契机触发而获得增长过程中的早期优势（初始优势），就会比其他地区超前发展；由于集聚经济的存在，优势地区会因市场作用而持续积累地加速增长，并同时产生两种相反效应："回流（极化）效应"和"扩散（涓流）效应"。提出了如何既充分发挥发达地区的带头作用，又采取适当的对策刺激落后地区的发展，以消除发达与落后并存的二元经济结构的政策主张。这实际上就是研究产业的地区差异和区域之间产业转移的理论。缪尔达尔地理性二元经济结构理论对发展中国家进行产业布局有重要的现实意义。首先，发展中国家在产业布局上应采取非均衡发展战略，促进一部分地区先发展起来。采用鼓励和促进发达地区经济优先增长的政策，通过差别性的产业布局政策和与此相关的财政金融政策，引导生产要素向先行发展的发达地区转移，使先行发展的地区逐步赶上国际经济发展水平。其次，在经济发展初期地区经济发展水平差异不大的情况下可以统筹确定优先发展的地区，但是，经过一定时期发展之后，应从控制全国地区之间贫富差距、维护经济相对平衡发展出发，在产业布局上应转而采取均衡发展战略，鼓励不发达地区的快速发展。

（三）产业梯度转移理论

美国哈佛大学研究跨国企业问题的专家弗农（R. Vernon）1966 年在《产品周期中的国际投资与国际贸易》一文中，从发达国家产品创新、扩散活动与产业结构、国际经济关系的角度提出了"产品循环说"。他认为，各工业部门甚至各种工业产品都处在不同的生命循环阶段上，它们也和生物一样，在发展过程中必然经历创新、发展、成熟、衰老四个阶段，并在不同阶段由兴旺部门转为停滞部门，最后成为衰退部门。区域经济学者把他的产品循环理论运用到区域经济学中，创立了产业梯度转移理论。

该理论认为，处在创新阶段的产业一般出现在高梯度发达地区，而产业发展到衰退阶段后，一般会有顺次向中梯度、低梯度地区转移的趋势，并且这种梯度转移主要是通过多层次城市体系、按照"梯度最小率"进行的。虽然梯度转移理论引起了争论，但是又由此引申出一些新的空间推移理论如反梯度推移理论、各种推移并存论、主导论等。其实，产业梯度转移是落后地区实现跳跃式发展的先决条件之一，落后地区不可能在无产业传播的基础上突然起飞；跳跃式发展必然有一个过程，在这个过程中吸收传统产业是个极其重要的途径。产业转移是中介，它有可能将发展机会传播给落后地区，落后地区只有善于抓住这种机会并创造利用这种发展机会的条件，才能发挥后发优势，直接消化、吸收、使用先进地区产业发展的经验，从而有所创新，实现经济的起飞。

均衡发展与非均衡发展一直是产业布局理论和区域经济发展理论研究中争论的焦点，尽管每一种理论都不完善，不能完全解释工业化水平不同的国家特别是发展中国家的发展问题，包括发展中国家的区域产业发展问题，但是，这并不能否定这些理论在产业布局、区域产业发展问题分析中的重要作用。

第四节 产业集聚

产业在空间上的集中分布即产业集聚，越来越成为影响产业、地区经济、国家经济发展、资源配置效率和国际竞争力提高、国际贸易变动的重要因素，日益受到经济学界的关注。特别是20世纪90年代以美国迈克尔·波特、保罗·克鲁格曼为代表的经济学家，融合了产业经济学、新经济地理学、区域经济学、国际经济学(国际分工和贸易理论)、发展经济学等多学科的相关知识，提出了比较系统的产业集聚理论，充实和完善了产业布局理论。产业集聚理论的内容，主要包括产业集聚的内涵、类型、特征、动因、效应以及产业集聚的实现机制等方面。

一、产业集聚的概念和研究

(一) 产业集聚的概念

产业集聚（industrial agglomeration）又称产业聚集、产业群集，是产业在空间上的集中分布的行为和过程。产业集聚主要是一种产业空间布局的方式，同时还是一种产业组织问题，是产业通过纵向一体化和横向关联在空间上形成产业网络组织的过程。产业集聚实质上是一种生产要素在产业和空间配置的特殊方式。产业集聚的结果会形成产业集群。

产业集群（industrial clusters）又称产业簇群，迈克尔·波特提出，“产业簇群是在某特定领域中，一群在地理上邻近、有交互关联性的企业和相关法人机构，并以彼此的共通性和互补性相联结”，能够形成产业竞争优势。他同时还指出：“产业簇群是指在特定领域中，同时具有竞争与合作关系，且在地理上集中，有交互关联性的企业、专业化供应商、服务供应商、相关产业的厂商以及相关的机构（如大学、制定标准化的机构、产业公会等）。”① 由此可见，简单地说，产业集群是产业及相关机构在空间上集中分布而形成的具有关联性、互补性和竞争优势的产业群体。产业集群是产业集聚的产物和集中体现。

产业集群既是围绕特定产业的若干产业在地域上聚集而形成的产业群体，又是一种不同于单个产业组织的新的产业空间网络组织形式。产业集群的组成主体包括：提供最终产品或服务的企业或厂商，专业元件、零部件、机器设备以及服务的供应商、金融机构及相关产业的厂商，下游产业的机构如销售渠道、顾客服务机构

① 〔美〕迈克尔·波特．竞争论．北京：中信出版社，2003：208-210.

等，互补性产品供应商，专业化基础设施供应商，政府和其他提供专业化训练、教育、信息、研究和技术支援的机构（如大学、思想库、职业训练机构），制定标准的机构和对产业集群有重大影响的同业公会及其他支持产业集群的民间团体等。产业集群的组成主体所在的产业既有存在纵向联结关系的上下游产业，也有存在共同销售渠道或生产互补性产品和服务的产业，还有包括政府和社会机构在内的各种提供技术、信息、资金、基础设施、标准规范、研究、教育、训练等各种支持和服务的行业。

企业集群又称企业簇群，是企业在空间上的集中分布，是产业集群的微观基础。产业集群首先是企业集群，但不止是企业集群，还包括其他的机构或组织。而且，作为产业集群微观基础的企业集群，不是一般性的企业的集群，而是具有关联性、互补性和竞争与合作关系的企业的集群。

产业集聚是相关产业的供应、生产、销售活动以及为这些活动提供支持和服务的活动在一定区域内集中的现象。产业集聚现象在世界范围内大量存在，不仅发达国家普遍存在，而且发展中国家也在不断发生。产业集聚已经成为一种世界性的经济现象。

（二）产业集聚理论的产生和发展

1. 产业集聚理论的渊源

产业集聚实质上是生产要素的集聚，以分工和专业化为基础，必然导致某个地域空间的经济规模扩大，产生规模经济效益和集聚经济效益，因此产业集聚的理论渊源可以追溯到亚当·斯密的分工效率理论、马克思和恩格斯的社会分工、生产集中、城市集聚效率理论。产业集聚比较直接的理论渊源，主要应该是新古典经济学家马歇尔的规模经济、外部经济和产业区的理论、韦伯的工业区位理论。

马歇尔被认为是第一个奠定了产业集聚理论基础的经济学家。他在1890年出版的名著《经济学原理》中专门论述了工业集中于特定地方而形成的工业区（产业区），分析了工业区形成的原因和作用。马歇尔所说的“工业区”实际上就是产业集聚的地区，他提出的自然条件、宫廷的奖掖、商业的便利、祖传的技能、辅助行业的发展、高度专门机械的使用、专门技术在本地有市场、交通工具的改良、运输成本、工业的分工和专门化、规模经济（分内部规模经济和外部规模经济，包括技术的经济、机械的经济和原料的经济）等工业区产生的原因，被认为是对产业集聚动因最早最系统的分析，特别是其中的劳动力市场共享、专业性附属行业的成长和技术外溢，被保罗·克鲁格曼等后来的经济学家解释为产业集聚理论的三个重要原理。①

---

① 徐康宁．产业聚集形成的源泉．北京：人民出版社，2006，36-42.

韦伯的工业区位理论也是产业集聚理论的重要源泉。韦伯1909年出版的名著《工业区位理论》，论述了工业在特定地区形成和集聚的因素与作用，提出“费用最小的区位是最好的区位”。韦伯认为工业区位受两类因素影响：第一类是“区域性因素”，主要包括运输成本和劳动力成本，工业在区位选择上应该力求运费与劳动力费用最小化；第二类是“集聚因素”，他又把这类因素分为特殊因素和一般因素，交通枢纽、丰富的矿藏等属于特殊因素，工厂集中能够使各工厂节约成本、增加收益，则是更为重要的一般因素。韦伯指出“集聚因素是一种优势”，① 这种优势体现在两个方面：一是单个企业规模扩张而产生的优势，这类似于马歇尔所说的内部规模经济；二是若干工厂的地方集结即“社会集聚”而形成的联合优势，这类似于马歇尔所说的外部规模经济，包括产业规模扩大、若干相关产业集聚所带来的正“外部性”。韦伯认为集聚优势的影响因素主要有：专业化技术设备的提供、使用和专业化技术服务，专业化的劳动力组织、工人的集聚、批量购销、廉价购买、成本低廉的信用的市场化因素，基础设施、经常性成本开支的节约等。

2. 产业集聚理论的形成与发展

最早明确提出“产业聚合”（industrial complexes）概念并进行专门研究的是加拿大的扎马斯基。他在1976年发表的《关于空间产业聚合的研究》中，把产业聚合定义为产业活动在空间上的聚集。②形成与发展系统的产业集聚理论的，主要是迈克尔·波特和保罗·克鲁格曼等人。

美国哈佛大学商学院教授迈克尔·波特先后于1980年、1985年、1990年接连出版了著名的竞争三部曲：《竞争战略》、《竞争优势》和《国家竞争优势》，提出了新竞争理论，最突出的特点是把产业集群纳入竞争力的研究视野，重点探讨了产业集群与竞争优势之间的关系。用产业集聚来解释竞争力的提高、竞争优势的形成，是迈克尔·波特的新竞争理论的最大特色。波特认为，竞争优势是一国财富的源泉，产业集群则是企业、产业、地区和国家竞争优势的重要来源，因而是促进企业、产业、地区、国家经济发展的新方式。他在产业集群的含义、形成的原因和条件、作用、政府在产业集群形成和发展中的任务等方面都十分明确地提出了权威性的观点。他在《国家竞争优势》中指出，产业集群是“指在某一特定区域中的一个特别领域，存在着一群相互关联的公司、供应商、关联产业和专门化的制度和协会”；在现代全球经济条件下，投入要素可以从许多不同的地区获取，全球化移去人为的贸易和投资壁垒，使得传统投入因素的产地不再那么重要，运输成本的降低使许多公司再也没有必要设在原料来源地或大市场所在地，公司更应该选择有利于生产率提高的地域；产业集群“不仅仅降低交易成本，提高效率，而且改进激励

① 〔德〕韦伯．工业区位论．北京：商务印书馆，1997：117.
② 徐康宁．产业聚集形成的源泉．北京：人民出版社，2006：11.

方式，创造出信息、专利化制度、名声等集体财富”，更重要的是能够改善创新的条件，加速生产率的成长，也更有利于新企业的形成；政府的首要任务是尽力创造一个支撑生产率提升的良好环境，改善企业经营环境，切不可限制竞争，或人为地降低安全和环境标准，国家应该放弃重点扶持某些特别产业的做法，取而代之的应该是对目前存在和刚出现的集群一视同仁①。

保罗·克鲁格曼等人1991年开始创立的新经济地理学和新国际贸易理论，也比较全面深入规范地研究了产业集聚问题，其代表作主要有克鲁格曼1991年的《收益递增与经济地理》和《地理与贸易》、1995年的《发展、地理学与经济地理》、1999年与藤田昌久等人合著的《空间经济：城市、区域与国际贸易》。克鲁格曼等人以收益递增理论为基础，分析了产业受收益递增的影响而在空间上集中的趋势，论述了产业集聚的影响因素、形成机理和变动演进，认为产业集聚形成主要有三个原因或影响因素，一是大量市场需求、规模经济和运输成本，二是主要来源于劳动市场共享、专业化投入和服务、知识和信息流动的外部经济（马歇尔的外部性），三是产业地方化、地方专业化、生产集聚与市场扩大的累积循环因果关系；② 企业的区位选择和产业的集聚受“向心力”与“离心力”的制约，“向心力”来自关联效应、厚实的市场、知识溢出和其他外部经济，“离心力”来自不可流动的生产要素、土地租金/运输成本、拥塞和其他外部不经济。③

二、产业集聚的类型和特征

（一）产业集聚的类型

产业集聚根据需要可以按照不同的标准划分为多种不同的类型，这里主要说明三种分类。

1. 按照集聚产业的技术先进程度和发展趋势特征可以分为新兴产业集聚和一般产业集聚

产业集聚涉及多个产业，但往往以某个特定产业为主体或主导。新兴产业集聚主要是以高新技术产业或现代服务业为主体的产业集聚，如美国硅谷和128公路的微电子业集聚、纽约曼哈顿麦迪森大街的广告业集聚和华尔街的金融业集聚、中国北京中关村的信息产业集聚、武汉光谷的光电产业集聚等。一般产业集聚主要是以一般制造业、传统产业或夕阳产业为主体的产业集聚，如美国底特律的汽车制造业

---

① 〔美〕迈克尔·波特．国家竞争优势．北京：华夏出版社，2002：2-11.

② 梁琦．产业集聚论．北京：商务印书馆，2004：7.

③ 藤田昌久，克鲁格曼，维纳布尔斯．空间经济学——城市、区域与国际贸易．北京：中国人民大学出版社，2005：15.

集聚、德国索林根的刀具业集聚、法国的香水制造业集聚、波尔多的葡萄酒业集聚、中国浙江的服装制造业集聚、福建晋江的鞋业集聚、广东珠三角的家具制造业集聚等。

2. 按照集聚产业的生产要素密集度特征可以分为知识技术密集型产业集聚、资本密集型产业集聚和劳动密集型产业集聚

知识技术密集型产业集聚是以知识技术密集型产业为主体的产业集聚，如美国硅谷的产业集聚。资本密集型产业集聚是以资本密集型产业为主体的产业集聚，如美国匹茨堡的钢铁产业集聚、中国东北的重工业集聚。劳动密集型产业集聚是以劳动密集型产业为主体的产业集聚，如中国东南沿海的服装、鞋帽、玩具等制造业集聚。

3. 按照集聚产业的关联特征可以分为纵向集聚、横向集聚和混合集聚

纵向集聚是按照纵向一体化的经济技术关联而形成的产业集聚，如国内外著名的“汽车城”的产业集聚就是一种典型的产业纵向集聚。汽车产业集聚不仅包括汽车制造业的集聚，而且包括与汽车生产相关的上游产业如汽车研究设计、各类生产材料和零部件的制造与供应等行业的集聚，下游产业如汽车销售、运输、融资、零配件等行业以及专业人才培训、汽车销售、维修、保养各方面的服务等行业的集聚，形成以汽车产业链（研发、原材料、生产、销售、服务、消费）为纽带、以汽车生产为核心的产业体系。横向集聚是按照横向经济技术联系而形成的产业集聚，如由旅游业和围绕着旅游业的旅游纪念品生产业、交通运输业、酒店餐饮业、文艺娱乐业、金融保险业、商业等形成的产业集群。混合集聚是既有纵向集聚，又有横向集聚，由纵向集聚和横向集聚共同形成的复合型产业集聚，如经济技术开发区或科技工业园区的多样化产业集聚。

（二）产业集聚的特征

1. 空间集中性

产业集聚最突出的基本特点就是具有空间上的高度集中性，在特定空间集聚了特定产业及其相关产业的许多企业和机构，集中了大量劳动力、资金、技术、设备等生产要素，占有相应生产、供给和市场的较大份额。正因为如此，产业集聚才能降低成本，产生规模经济效益、外部经济效益，提高产业竞争力，带来集聚地经济的发展和繁荣。产业集聚是特定区位的产业集中度不断提高并大大高于其他地区的过程。产业集聚地往往是产业发展的最优区位，产业集聚过程也就是产业在最优区位集中的过程，

2. 竞争合作性

一方面，产业集聚中的企业和机构都在市场上活动，除了少数社会公共服务机构之外，都以赢利为目标，相互之间必然存在竞争关系；另一方面，产业集聚以分

工和专业化为基础，产业集聚中的企业与机构基于节约成本和提高生产效率而实行分工与专业化，分工专业化又必须实行合作，否则分工专业化无法存在，整个产业经济活动也无法进行。而且，技术进步和市场竞争的加剧还会促使分工进一步细化、生产专业程度会进一步提高、产业链条也会不断延长。为了竞争，需要集聚；为了合作，更需集聚。产业集聚中的企业和机构主要是为了合作、取得集聚效益和规模效益而集聚，而不是为了相互之间的竞争而集聚。即使形成产业集群是为了能够增强竞争力、形成竞争优势，也主要不是为了赢得产业集群内部的竞争，而是为了赢得产业集群外部与其他企业、产业、地区、国家的竞争。因此，既竞争又合作是产业集聚的基本特征。

3. 相互关联性

任何产业都是整个产业结构体系中的重要组成部分，而单个产业自身也是存在复杂内部结构的子系统。从产业关联来看，产业集聚不仅是同一产业链条的有机组合，而且是不同产业链条的相互交织。在产业集聚区，不同的产业之间、产业链条的不同环节之间会形成错综复杂的关联关系，并且呈现出一荣俱荣、一损俱损的特征。产业集聚形成的产业集群是一群相互关联的公司、供应商、关联产业和专门化的制度与协会组成的集合体，在资金、技术、人才、劳动力、供产销、创新、服务等各方面，产业集群内部存在复杂的纵向联系、横向联系和混合联系。彼此毫无联系的产业、企业、机构不可能形成产业集群。由此可见，相互关联性也是产业集聚的基本特征。

4. 形成累积性

一般来说，产业集聚是在市场机制作用下自发地形成的，集聚的企业和机构是逐步增加的，集聚的规模也是不断扩大的，而且只有达到一定程度才能产生规模经济效益和集聚经济效益，随着集聚规模的扩大、规模经济效益和集聚经济效益的提高，产业集聚地的吸引力会增强，产业集聚也就进一步扩大和发展。产业集聚就是这样累积形成和发展的。这个累积过程包括产业种类或行业部门的逐步增多、产业规模不断扩大、产业结构和网络体系逐步健全、产业竞争力逐步提高。在产业集聚的形成过程中，政府通过产业规划和政策推动，甚至采取“大推进”的措施，虽然可以加速产业的集聚，缩短产业达到一定集聚规模的时间和进程，但是不能根本改变产业集聚形成累积化的重要特征。

5. 社会网络性

产业的集聚是在一定的社会经济政治文化环境下进行的，产业发展离不开各类经济资源、政治资源、社会资源、文化资源的支撑，这些不同资源的来源渠道、利用方式和途径等共同构成了产业集聚的社会关系和社会网络。由地缘、亲缘、人际关系网络所构成的社会资本（social capital）对特定的产业集聚也具有明显的推动作用，如亲缘关系和地缘文化是家族企业集群与产业地方化发展的重要因素。在产业集聚的不同发展阶段，以社会资本为主要内容的社会网络，其连接路径有差异、各个节点所起的作用不同、网络覆盖面大小不一，也就是社会网络化程度不同并且有逐步提高的趋势。在产业集聚达到一定的规模经济程度时，其社会网络化的程度也就比较高。可以说，社会网络化是产业集聚发展的重要条件，也是产业集聚的重要特征。

三、产业集聚的动因

产业集聚的动因包括产业集聚的原因、推动力、影响因素、有利条件等，推动和影响产业集聚的因素比较多，包括分工、专业化、产业关联、要素禀赋、运输成本、规模经济、外部经济、收益递增、技术或知识溢出、市场需求、市场结构、市场关联、产品差异化、消费者偏好、外商直接投资（FDI）、贸易成本、企业家作用、制度变迁、政府政策、历史文化传统、地缘人缘关系、社会网络、经济全球化等。其中有些因素如规模经济、外部经济、收益递增、技术或知识外溢等，既是推动产业集聚形成和发展的动因，又是产业集聚能够发挥的作用、带来的好处，二者互为因果。正是由于能够获得这样的益处，所以产业才集聚；又因为有了产业的集聚，才能得到这样的益处。因此，本部分的论述与后面产业集聚效应的说明，不可避免地会有部分内容类似，但角度不同。推动和影响产业集聚的因素比较多，也比较复杂，归纳起来主要有以下五个方面：自然禀赋和运输成本、规模经济和外部经济、分工专业化和协作、制度和政府政策、经济全球化和外商直接投资①。当然，这五个主要方面的因素在产业集聚中所起到的作用不完全一样。

（一）自然禀赋和运输成本

丰富的矿产资源、独特的地理条件、较低的运输成本是引起产业集聚的基本因素。企业建在自然条件优越、靠近原材料产地、市场的地区，不仅能够在有利的水土气候条件下生产、获得丰富的原材料供应、就地就近销售产品，而且能够降低包括运输成本在内的生产经营成本，取得更多的收益，所以企业必然向自然禀赋优越、运输成本低廉的地区聚集，在拥有独特自然资源和地理区位的地方形成产业集聚。历史上许多产业集群都形成在自然禀赋优越的地区，但这种情况在现代经济技术和经济全球化条件下，已经有所变化，自然地理方面因素的作用下降到次要地位，规模经济、外部经济、分工专业化协作等因素的影响更大。这是因为，规模经济、外部经济、分工专业化协作等因素带来的收益可能超过企业不在自然条件优越、原材料产地、靠近市场的地区而增加的成本；现代产业特别是高新技术产业的发展，往往主要不靠优越的自然条件和资源禀赋；而且决定运输成本高低的因素，

---

① 徐康宁．产业聚集形成的源泉．北京：人民出版社，2006：50-53.

除了地理的远近、是否靠近原材料产地和产品市场之外，还有运输条件和运输方式的改善、生产的规模等，现代的运输条件、先进的运输方式、大规模的生产也能够降低运输成本。产业集群可以在远离原材料产地和产品市场的地方形成和发展，现代的产业集群不少是这种情况。

（二）规模经济和外部经济

规模经济又称规模收益或规模经济效益，是指经济体随着规模的扩大而收益递增的现象。规模经济之所以能产生，主要原因在于经济规模扩大，能够充分和节约利用生产要素和基础设施，更好地实行内部分工专业化协作，更有条件改进技术和采用先进技术，提高效率，减少消耗，降低成本，增加收益。当然，经济体的规模不是越大越好，规模过大会出现规模不经济。所谓规模不经济是指经济体随着规模的扩大而收益递减的现象，其原因则主要是经济规模扩大超过一定限度会增加交易成本、管理成本，使收益下降。产业集聚有利于相关企业和产业规模的扩大，产业集聚的过程也是所在地相关企业和产业规模扩大的过程，能够给相关企业和产业带来规模收益。按照马歇尔的理论，规模经济分为内部规模经济和外部规模经济，内部规模经济是经济体随着自身规模的扩大而自身收益递增的现象，外部规模经济则是经济体随着外部经济体规模的扩大而收益递增的现象。产业集聚有利于相关企业和产业规模的扩大，产业集聚的过程也是所在地相关企业和产业规模的扩大，能够同时给相关企业和产业带来内部规模收益与外部规模收益。

外部经济又称正外部性，或称外部经济效益，是指由于外部因素引起的经济体收益递增的现象。与此相反，外部不经济又称负外部性，则是指由于外部因素引起的经济体收益递减的现象。引起外部经济和外部不经济的因素很多，产业集聚理论主要分析空间集聚因素，而且主要研究产业集聚的外部经济。产业集聚理论中的外部经济专指产业集聚给集群内企业和产业带来的外部经济，包括外部规模经济。其原因主要在于，产业集聚能够促进专业性供应商形成、辅助行业和延伸产业的发展、高度专门机械的使用、专门技术及其市场产生和培育、劳动力市场共享、知识或技术外溢、技术交流、扩散、普及和创新，可以更好地满足集群内企业和产业对专业性技术、人才、劳动力、机械设备、零部件等多种要素与各种服务的需求，多方面降低生产经营成本，提高经济效益。至于产业集聚是否会产生外部不经济或负外部性、具体表现是什么，现实中并不明显，目前也缺乏研究。

规模经济和外部经济对企业具有强大的吸引力，是导致产业集聚的主要因素，正是为了取得规模经济效益和外部经济效益，相关企业和机构集聚在一起，形成产业集群。

（三）分工专业化和协作

特定区域内的产业分工专业化和协作是产业集聚的基本因素。地区专业化分工及其发达程度在许多非自然禀赋因素或地理条件引起的产业集聚的形成过程中，起到了十分重要的作用。分工专业化是规模经济和外部经济产生的重要原因，能够极大地提高技术水平和劳动生产率，降低消耗，减少成本，产生收益递增的效果。地区专业化分工没有一定数量企业的集聚是不可能的，并且分工专业化必须实行协作，不然分工专业化也无法存在，而互相协作也需要集聚，集聚才能更好有效地协作，因此地区专业化分工协作是产业集聚的基础，是导致特定地区产业集聚的重要原因。地区专业化分工协作需要产业集聚，产业集聚的目的就是要获得地区专业化分工协作的规模经济效益和外部经济效益。地区专业化分工的收益递增又会促进地区专业化分工的深化和演进，不仅能够扩大产业的规模，同时还会导致新行业和新企业的产生，并且可能吸引其他地区的企业加入到本地区的专业化分工协作体系中来，集聚新的生产要素，形成或增强地区比较优势和强化资产专用性，从而促进区域产业集聚的形成和发展。

（四）制度和政府政策

新制度经济学家道格拉斯·诺斯认为："制度是一系列被制定出来的规则、守法秩序和行为道德、伦理规范，它旨在约束主体福利或效用最大化利益的个人行为。"① 诺斯还认为："制度是一个社会的游戏规则，更规范地说，它们是决定人们的相互关系的系列约束。制度是由非正式约束（道德的约束、禁忌、习惯、传统和行为准则）和正式的法规（宪法、法令、产权）组成的。"② 即制度可分为正式制度与非正式制度两大类。制度和政府政策是制约产业集聚形成与发展的关键因素。因为，产业要能够在特定地区集聚，必须有相应的制度保证，只有制度允许生产要素向特定地区流动、相关企业和产业在特定地区汇集，产业集聚才可能形成，而且制度和政府政策还可以支持、促进产业集聚的形成和发展。在产业集聚的形成、演进过程中，制度的影响或作用至关重要，在一定的条件下产业集聚甚至对制度及其变迁具有依赖性。比如没有改革开放的制度变革，中国东南沿海新生的制造业集群不可能形成和快速发展。

与产业集聚密切相关的正式制度包括企业制度、土地制度、投融资制度、企业家制度、就业制度、政府有关的产业法规和产业政策、区域经济政策等；与产业集

---

① 〔美〕道格拉斯·诺斯．经济史中的结构与变迁．上海：上海三联书店，1994：225-226.

② 〔美〕道格拉斯·诺斯．制度、制度变迁与经济绩效．上海：上海三联书店，1994：3.

聚密切相关的非正式制度包括企业家精神、社会资本或组织网络关系、地缘文化和价值观、社会心理等。作为制度供给者的政府对产业集聚具有重要的影响，这主要表现在政府能提供产业集聚所需要的公共产品。具体来说，政府可以通过制度安排直接或间接提供产业集聚所需要的交通、通信等基础设施、教育、培训、社会安全、公共秩序等公共服务，创造良好的产业集聚的市场、投融资、经营、竞争、创新环境；政府还能够制定和实施有关的产业法规与产业政策，鼓励和帮助产业集聚。非正式制度中的行为规范、社会习惯和风俗、价值观念和道德、地缘、亲缘、血缘、人际关系网络等，对特定的产业集聚也具有明显的影响，如亲缘关系和地缘文化就是家族企业集群与产业地方化发展的重要因素。

（五）经济全球化和外商直接投资

经济全球化和外商直接投资（FDI）也是产业集聚的重要影响因素。正如迈克尔·波特指出的，经济全球化使得投入要素可以从许多不同的地区获取、传统投入因素的产地不再那么重要，全球化还能够消除人为的贸易和投资壁垒，再加上运输成本的降低，使得许多公司再也没有必要设在原料来源地或大市场所在地，而是选择更有利于经济效率提高的地域，这正是许多现代不依赖于自然资源禀赋和地理条件的产业集聚产生的重要原因。

大量的产业集聚实例表明，外商直接投资对发展中国家的产业集群的形成和发展具有特殊的重要作用。这种作用主要表现在两个方面：一是外商直接投资可以使没有产业集聚的特定地区产生产业集聚。当某个地区还没有相关产业时，外来资本基于得到最大投资回报的考虑而在那里投资建立第一个相关企业，取得成功后，往往会产生示范效应，吸引更多的国内外投资和企业聚集，最终形成产业集聚。二是外商直接投资可以加快产业集聚的形成。当某个地区的特定产业已经发展到一定规模时，外商直接投资的进入能够进一步扩大相关产业的规模，加快形成产业集聚。三是外商直接投资可以促进已有产业集聚的发展。当某个地区已经初步形成产业集聚时，外商直接投资进入相关产业有利于进一步发展已有的产业集聚，增大集聚的优势。四是外商直接投资可以形成以外商为主体的产业集聚。当某个地区特定产业集聚的企业主要是外商直接投资企业，形成的产业集群主要就是由外商直接投资企业群构成，如那些专门为吸引外资而设立的工业园区就是这种情形。由于产业集聚具有规模经济、外部经济和收益递增的优势，外商更愿意在有产业集聚的地区或者能够形成产业集群的地区投资，也会乐意促成产业集群产生，所以外商直接投资也是影响产业集聚形成和发展的重要因素。

四、产业集聚的效应

集聚经济即集聚经济效益是指由经济集聚产生的收益递增，产业集聚效应就是产业集聚的功能和作用，集聚经济效益是产业集聚的功能和作用的结果，是产业集聚效应的集中体现。总的来说，产业集聚对企业、产业、地区、国家的竞争优势的形成和经济的发展都会产生巨大的促进作用；具体而言，产业集聚效应主要有：规模经济效应、外部经济效应、地区分工专业化效应、知识溢出效应、产业创新效应、成本节约效应、集聚扩散带动效应、竞争力提高效应、资源配置优化效应、国际贸易效应等。产业集聚的这十大效应也就是产业集聚的十个功能和作用，并不是完全并列、互不相干的，而是相互联系、密不可分、相辅相成的。产业集聚是逐步形成的，其各种效应也是逐步产生、显现、加强的。

（一）规模经济效应

规模经济效应是指产业集聚可以带来规模经济效益的作用。产业集聚不仅能够扩大相关产业的规模，而且有利于扩大相应企业的规模，产业集聚的过程也是所在地相关企业和产业规模扩大的过程，可以给相关企业和产业带来规模收益，引起收益递增。这是产业集聚能够实现收益递增的主要原因之一。

（二）外部经济效应

外部经济效应是指产业集聚能够给集群内企业和产业带来外部经济的作用。产业集聚不仅使许多特定产业的企业和相关机构集中在一起，而且使若干相关产业也聚集在一地，可以更好地满足集群内企业和产业对专业性技术、人才、劳动力、机械设备、零部件等多种要素和各种服务的需求，多方面降低生产经营成本，提高经济效益，实现收益递增。这也是产业集聚能够实现收益递增的主要原因之一。

（三）地区分工专业化效应

地区分工专业化效应是指产业集聚能够促进地区分工专业化协作的作用。产业集聚既是地区分工专业化协作的产物，又是推进地区分工专业化和产业地方化进一步发展的重要因素。产业集聚在特定地区聚集更多企业、机构和相关产业，能够更好地实行地区专业化分工协作，延长产业链，形成新的产业，带来规模经济效益和外部经济效益，促进地区经济发展。这是决定产业集聚能够产生规模经济效应和外部经济效应的基本因素。

（四）知识溢出效应

知识溢出效应或称技术溢出效应是指产业集聚促进知识或技术在集群及其所在地学习、交流、扩散、普及和创新的作用。产业集聚使相关产业的许多企业、研究机构、技术和管理人才、劳动力聚集在特定地区，能够更经常、更便利地互相学习、交流信息、知识、技术，更快、更有效地传播、扩散、普及先进技术、生产和管理经验，还会产生示范、模仿、刺激效应，启发、激励和推动产品、技术和制度创新。知识溢出效应也是产业集聚产生规模经济效应和外部经济效应的重要因素。

（五）产业创新效应

产业创新效应是指产业集聚促进产业在技术、产品、组织、制度、管理等方面不断创新和新产业形成的作用。除了知识溢出效应能够启发、激励和推动产品、技术和制度创新之外，产业集聚本身就是产业组织的创新，而且产业集聚推动地区专业化分工的深化和演进，还会导致新行业和新企业的产生。

（六）成本节约效应

成本节约效应是指产业集聚可以降低各种成本的作用。产业集聚具有规模经济、外部经济、地区分工专业化协作、知识溢出、产业创新等多种效应的作用，必然能够降低包括技术成本、公共基础设施成本、运输成本、劳动力成本、信息成本、管理成本、服务成本等在内的生产经营成本和交易成本。

（七）集聚扩散带动效应

集聚扩散带动效应是指产业集聚能够聚集生产要素和影响带动集聚地及其周围地区经济发展的作用。由于产业集聚具有上述多种效应，带来收益递增，所以必然产生吸引力，使企业和投资向产业集群所在地聚集，从而加快集聚地经济的发展；集聚地的经济发展和专业化分工的发展，又会引起地域扩张，辐射和带动周围地区的经济发展。

（八）竞争力提高效应

竞争力提高效应是指产业集聚能够提高集聚地企业、产业和地区竞争力的作用。由于产业集聚具有规模经济和外部经济，可以促进集聚地内企业和产业的专业化分工合作，有助于技术进步、成本降低、效率提高、收益递增，增强实力，相对产业集群外部的企业和产业，自然市场竞争力更强，拥有优势。

（九）资源配置优化效应

资源配置优化效应是指产业集聚能够实行资源优化配置的作用。资源配置的优化包括资源空间布局、地区、产业、企业分配的合理化和配置资源的充分高效利用。产业集聚本身就是一种特殊的资源配置方式，由于上述多种效应既能够实现资源空间配置的优化，又可以节约资源、充分利用资源，提高资源使用效率。这实际上是上述多种效应综合作用的结果，集中表现为收益递增。

（十）国际贸易效应

国际贸易效应是指产业集聚促进新型国际贸易的作用。现代国际贸易出现了产业内贸易、发达国家之间的贸易、服务贸易等新形式和新特点，仅用传统的以技术差异和要素禀赋差异为基础的比较优势和国际分工理论已难以说明，因此产生了新国际贸易理论。新国际贸易理论认为国际贸易新形式和新特点产生的原因主要在于规模经济，专业化和大规模生产导致更低的价格和商品的多样化，使得某个地区或国家专业化生产特定的商品并用它们去交换其他地区生产的特定商品，从而产生产业内贸易。产业集聚正是具有规模经济、外部经济、地区分工专业化等效应的产业空间组织形式，必然有利于新型国际贸易的产生和发展。通过生产要素的集聚、生产规模的扩大、地区专业化的生产而形成新的比较优势，是新型国际贸易的基础。

五、产业集聚的形成机制

国内外产业集聚产生和演进的实践表明，产业集聚主要是在市场机制的作用下形成和发展的。在市场经济条件下，企业主要追求利润最大化，投资总是选择回报最高的场所，生产要素也是流向收入多的地方。由于产业集聚具有多重效应，能够带来收益递增，在市场价格、供求和竞争机制的作用下，追求更多收益的企业和投资自然会向有利的地方汇集，流向产业集聚地，从而逐步形成和扩大产业集聚。又由于产业集聚有助于形成产业、地区和国家的竞争优势，促进地区和国家的经济发展，各级政府可能会采取各种措施，鼓励、支持和扶植产业集聚。实践经验证明，政府的合理推动和积极支持，能够扫除产业集聚的各种制度障碍，制定必要的地区和产业发展规划，实施合理的产业政策，在建设基础设施、改善投资环境、规范市场秩序等方面创造更为有利的产业集聚条件，提供融资、税收、技术、工商行政管理等多种优惠和服务，的确也有利于促进产业集聚的形成和发展。当然，产业集聚必须以市场机制的作用为基础，政府的作用只能引导性的、辅助性的，因为产业集聚最终还是企业和投资者逐利的市场行为，主要不是政府行为，而且政府不能保证其对某地能否形成产业集聚、形成什么样的产业集聚、怎样形成产业集聚的认识的正确性、其行为的合理性。具体来说，政府可以采取以下促进产业集聚形成和发展的措施。

（一）制定和实施科学的产业规划和合理的产业政策，推动产业集聚

政府制定和实施科学的产业规划与合理的产业政策，是推动产业集聚的强有力的手段。它主要包括：第一，制定产业集聚的发展规划和原则，特别是产业空间布局规划和区位选择原则。第二，完善产业政策体系，把产业集聚政策作为产业政策的重要组成部分，把促进产业集聚作为产业政策的重要内容，为扶持和加快产业集

聚发展创造条件，鼓励集聚区内企业之间的竞争与协作，引导和激励资本、技术、劳动力等生产要素向特定区位流动和集中，促进产业集聚的规模扩大和质量提升。第三，结合当地实际，综合考虑一个地方的各种资源条件，发挥地区比较优势，引导相关企业集聚，支持重点产业集群式发展。

（二）创造有利条件，支持产业集聚

产业集聚离不开有利的条件和环境。为了支持和促进产业集聚，需要政府不断地创造有利的条件和社会环境，它主要包括：第一，加强产业集聚区电力供应、交通运输、通信等基础设施建设，改善投资环境，为产业集群创造更有利的基础条件。第二，构建服务于产业集聚的社会服务体系，主要包括金融、财政、法律、财务会计、审计、咨询、信息、技术、工商行政等社会化服务网络，完善服务功能，提供良好的社会服务、公共秩序和社会安全，为产业集群创造更有利的社会环境。第三，发展产业集聚所需要的高质量的教育，大力发展职业技能教育，提高劳动力素质，培养相关产业的产品设计、制造、营销和管理人才，为产业集群提供智力支撑。第四，注意专业化市场的建设，规范市场行为，维护和保证公平竞争的市场秩序，为产业集群创造良好的市场环境。

（三）进行制度创新，保障产业集聚

制度是制约产业集聚的重要因素，先进、健全、合理的制度能够促进产业集聚的形成和发展，落后、缺失的制度则会妨碍产业集聚的产生和演进。作为制度供给者的政府，需要根据产业集聚的需要，不断地进行制度创新，以保障产业集聚的形成和发展。它主要包括：第一，规范和推动企业制度的完善，促进企业在区域内开展适度有效竞争的同时，实行必要的专业化分工合作。第二，完善土地制度特别是土地流转制度，在为产业集聚提供必要的土地的同时，保证土地合理高效的利用。第三，创新资本积累与投融资制度，改进企业资本积累、资本集中、民间借贷、银行信贷、资本市场等制度安排，给产业集聚提供更好的资金支持。第四，通过法律制度安排提供产业集聚所需要的法制环境特别是有关的产业法规，确立产业集聚发展的法律依据。第五，完善政府机制，强化政府为产业集聚发展的服务职能。产业集聚是在市场经济中建立和发展起来的。市场机制起着主要的作用，政府不能过多地干预产业集聚的发展，而应该转变职能，为产业集聚发展提供有效的公共服务。第六，促进非正式制度创新，充分发挥企业家精神、社会资本或网络组织关系、地缘文化和价值观、社会心理在产业集聚发展中的积极作用。

（四）发展工业园，促进产业集聚

工业园是产业集聚区，发展工业园可以促进产业集聚加速发展。第一，做好工业园的选址和长期发展规划，引导有限的资源集中到最合适产业集聚的工业园区，为产业集聚提供区位导向。第二，强化技术创新，形成有技术创新能力支撑的园区品牌；同时要高度重视技术创新和技术升级，实现从制造中心向创造中心过渡，提高产业集聚的技术含量。具体措施主要有：政府通过发展研究机构、大学等，建立技术平台，为企业直接提供技术支持；对企业的研究发展与技术改造直接提供财政补贴或税收优惠，以鼓励企业不断追求技术进步；加大科技开发的力度，鼓励技术创新，推进技术升级，创造自己的核心技术，从而提高产业集聚的技术含量，改善产业集聚的技术结构。第三，按照产业关联原则引导产业进驻工业园，同时鼓励和引导工业园产业进入全球产业链体系、生产体系和营销体系，积极融入经济全球一体化，获得更先进的生产技术和更大的市场发展空间。特别要鼓励园区企业依靠产业集聚的专业化优势，主动与跨国公司建立各种形式的协作，通过为跨国公司提供零部件、加工生产等，与跨国公司建立稳定的协作关系和战略联盟，学习跨国公司先进的管理与先进技术，从而进一步提升专业化优势。第四，贯彻科学发展观，将产业集聚与发展循环经济结合起来。按照循环经济理念来改造和提升工业园区，构建循环产业链，逐步实现工业园区的清洁生产，以节约能源、降低消耗、减少污染物排放，促进工业园区所集聚的产业的可持续发展。

本章小结

产业布局又称产业分布、产业配置。是指产业在一定地域空间上的分布与组合。产业布局合理化的主要标志是适应区域分工的要求，发挥地区资源的比较优势，充分利用各地资源，提高各地区经济效益，缩小地区差距，实现各地区经济的持续协调发展。

产业布局受诸多因素制约，主要有自然、经济、技术、社会和地理位置等。

产业布局的一般规律有：生产力发展水平决定产业布局的规律；劳动地域分工影响产业布局的规律；资源禀赋制约产业布局的规律；产业分布“分散—集中—适度分散”变化的规律；地区生产专门化与多样化并存的规律；产业分布地区差异性规律。

产业布局的基本原则包括：经济效益优先原则；全局性、长远性和预见性原则；分工协作原则；集中与分散相结合的原则；发挥地区比较优势原则；可持续发展原则。

产业布局的机制主要有市场机制和计划机制，一般以市场机制为基础，把两种机制有机地结合起来。

产业布局调整的原因表现为，它既是地区经济发展的需要，也是国民经济协调发展的要求。产业布局调整的原则除了应遵循产业布局的原则之外，还应遵循以下原则：以市场调节为基础，国家干预为补充；以经济手段为主，行政手段为辅；政府必须实行适当的倾斜政策；适时调整原则。

产业布局理论是研究产业在地域空间上的分布与组合规律的理论。它主要包括：(1) 区域分工协作理论，主要有古典经济学家斯密、李嘉图的分工协作与贸易理论，现代经济学派的区域分工与贸易理论。(2) 区位理论。在其形成阶段，有杜能的农业区位论和韦伯的工业区位理论；在其发展阶段，主要有市场区位学派、地理区位学派和运输费用学派的区位理论；在其多样化发展阶段，主要有成本—市场学派、地理学派的区位理论。(3) 均衡与非均衡理论，主要有佩鲁的发展极理论、缪尔达尔的地理性二元经济结构理论、产业梯度转移理论。

产业布局理论在当代发展最重要的成果是产业集聚理论的形成和发展。产业集聚理论主要包括产业集聚的内涵、特征、类型、动因、效应、形成机制等内容。

思考题

1. 产业布局合理化有什么意义？
2. 制约产业布局的因素主要有哪些？
3. 产业布局的一般规律和基本原则有哪些？
4. 产业布局调整的必要性和原则是什么？
5. 杜能的农业区位理论和韦伯的工业区位理论有何不同？
6. 试比较迈克尔·波特与保罗·克鲁格曼的产业集聚理论的异同。
7. 产业集聚与产业集群有什么区别和联系？
8. 产业集聚的类型与特征有哪些？
9. 产业集聚的动因是什么？产业集聚有哪些效应？
10. 试比较规模经济与外部经济的异同。
11. 产业集聚的形成机制是什么？政府如何促进产业集聚？

第六章 产业组织

产业经济学不仅要研究产业之间的相互关系，而且还要考察产业内部企业之间的相互关系。产业结构理论、产业关联理论和产业布局理论主要说明产业与产业之间的相互关系和产业的空间布局，产业组织理论（the theory of industrial organization，简称IO理论）则是分析产业内部企业与企业之间的竞争和垄断关系，是产业经济学的重要组成部分。产业组织理论内容十分丰富，本章主要介绍产业组织理论的形成和发展、市场结构、企业的市场行为、市场绩效和产业组织合理化。

第一节 产业组织概述

一、产业组织及其理论体系

（一）产业组织的概念

组织是一个多义词，既可指按一定规则联结组成的结合体，如党团组织；又可指联结、组合、安排人或事的行为，如组织比赛活动；还可指事物组成的形式和组成部分之间的关系，如组织状态。①产业组织是指同一产业内部企业之间的关系。在市场经济中，企业之间的关系是通过市场形成和体现的利益关系，具体来说，就是市场交换关系、竞争和垄断关系、市场占有关系、资源占用关系等。值得指出的是，产业组织中的产业是指生产同一类产品的企业的集合，或是在同一商品市场上从事生产经营活动的企业的集合；产业组织中的组织也不是通常所说的生产组织、企业组织，而是专指产业“组成部分之间的关系”。

（二）产业组织理论的体系

产业组织理论是以产业内部企业之间关系为研究对象的理论，主要任务是分析同一产业内部企业之间的关系，揭示企业之间关系变化的规律及其对企业经营绩效的影响。产业组织理论是主要由市场结构、市场行为、市场绩效等三大部分按顺序

---

① 编委会．辞海（缩印本）．上海：上海辞书出版社，1980：1159.

构成的体系。无论是在理论上，还是在实践上，市场结构、市场行为、市场绩效都存在密切的逻辑联系。市场供求环境形成市场结构，市场结构制约企业的市场行为，企业的市场行为决定市场经营绩效。产业组织或者说同一产业内部企业之间的关系，正是在市场结构、市场行为、市场绩效中体现出来的，分析市场结构、市场行为、市场绩效，也就是分析产业组织，或是同一产业内部企业之间的相互关系。

社会经济资源存在三个层次的配置，即宏观层次的配置、中观层次的配置和微观层次的配置。研究宏观的资源优化配置是宏观经济学的任务；研究微观的资源优化配置是微观经济学的任务；研究中观层次也就是产业层次的资源优化配置，则是产业经济学的任务。产业组织理论则是通过对市场结构、市场行为、市场绩效的分析，说明产业内部资源的优化配置。产业组织理论是产业组织政策的理论基础。

二、产业组织研究的理论渊源

与产业结构理论、产业关联理论等领域已经有较长研究历史不同，产业组织理论是产业经济学的各领域中定型较晚的部分。现代产业组织理论的形成以贝恩1959年出版的《产业组织》一书为标志，迄今只有近50年的历史。然而，从其产生和形成的渊源来看，最早萌芽于马歇尔的“工业组织”是生产要素的理论①，奠基于张伯伦等人的“垄断竞争理论”，完整体系形成于贝恩等人的系统研究。

（一）产业组织理论的萌芽

英国著名经济学家马歇尔在其1890年问世的名著《经济学原理》一书中，在论及生产要素时，在萨伊的劳动、资本和土地“生产三要素”学说的基础上，首次提出了第四生产要素，即“组织”。马歇尔所提出的“组织”概念，包容了企业内的组织形态、产业内企业间的组织形态、产业间的组织形态和国家组织等多层次多形态的内容，其外延的界定具有较显著的宽泛性和不确定性。后来的产业组织理论则是从马歇尔“组织”概念的第二层次的组织形态，即产业内企业间的关系形态基础上发展起来的。将产业内企业间关系结构从马歇尔混杂的“组织”概念中分离出来的工作，最后是由梅森和贝恩完成的。②

马歇尔将萨伊的生产三要素论扩展为包括“组织”在内的生产四要素论，虽然别出心裁，但并非空穴来风。至19世纪60年代，西欧自由竞争的资本主义逐渐

---

① 如果不用严格的标准判断，有关产业组织的思想萌芽还可以由此向前追溯，譬如，人们可能从英国古典经济学家亚当·斯密的名著《国富论》中找到有关产业组织的思想火花，书中作者论述了市场自发调节自由竞争的市场机制以及这一条件下厂商的市场行为，也举例说明了劳动分工及由此而产生的专业化协作所带来的经济绩效。

② 杨治．产业经济学导论．北京：中国人民大学出版社，1985：139.

发展到顶点，并开始进入向垄断资本主义过渡的阶段。正是在这一背景下，当马歇尔研究分工与机器、某一地区特定产业的集中、大规模生产及企业的经营管理、企业形态等问题时，触及了“规模经济”（economies of scale）现象，而“规模经济”又与“组织”形态直接相关。他在提出将“组织”作为生产第四要素的同时，又提出了“工业组织”的概念，并分析了分工和机械对工业组织的影响，工业组织大规模生产的经济性及适应工业组织管理的工业家所需的才能等问题。①

我们认为，马歇尔的经济理论隐含了产业组织理论的萌芽，其具体表现不仅在于他最先提出了包括“组织”在内的四要素论和十分接近于“产业组织”的“工业组织”概念，而且还体现在其经济理论第一次触及了现代产业组织理论所关注的一些基本问题。

首先，马歇尔的经济理论触及了垄断问题，并发现了被后人称为“马歇尔冲突”的规模经济和垄断的弊病之间的矛盾。他认为，完全竞争市场在现实中是不存在的，厂商追求规模经济的结果导致垄断，而垄断会扼杀自由竞争这一经济运行的原动力，使市场价格受到人为要素的操纵，而且使经济丧失活力，也不利于资源的合理配置。“马歇尔冲突”所提出的竞争的活力和规模经济之间的关系，正是现代产业组织理论所关注的核心问题。

其次，马歇尔的经济理论触及了产品差别、生产条件差异和广告费用不同等造成不完全竞争市场的垄断因素问题。马歇尔指出，许多不同型号的产品，或因其适应不同的需求偏好，或有某些独特的功能，或其中某些拥有专利权等因素都可以使它们的生产为特定工厂所垄断。在这种情况下，那些实际上质量最好的产品的生产者不能有效地登广告和用行商及其代理人来推销自己的商品。不完全竞争市场上的垄断现象通常是由于追求厂商规模经济及上述多种因素所共同引起的。

尽管马歇尔所触及的产业组织的基本问题只是散见于其庞大的经济学体系中，而且均未进行专题研究或明确的分析，但他的这些工作对后来者从事产业组织的研究极富价值，因而他被西方学者称为产业组织理论的先驱。②

（二）产业组织理论的奠基

如果说在马歇尔所处的时代垄断还只是个别现象的话，那么到了20世纪初，垄断资本主义已经取代自由资本主义，垄断资本对资本主义国家经济运行的影响已表现得十分深刻，尤其是20世纪30年代的经济大危机，使以马歇尔为代表的正统

① 毛林根．产业经济学．上海：上海人民出版社，1996：231-232.

② 这只是西方主流学派的观点。事实上，卡尔·马克思早于马歇尔数十年之前就在其著作中精辟地论述了竞争和垄断的关系，并论述了自由竞争走向其对立面——垄断的必然性，后来，列宁等马克思主义者进一步发展了马克思的竞争—垄断理论。

经济理论与现实的矛盾日益显现，现实的严峻挑战成为新理论诞生的催生婆。1933年英国剑桥大学经济学家琼·罗宾逊的新著《不完全竞争经济学》和美国哈佛大学教授张伯伦的著作《垄断竞争理论》几乎同时问世，这两部著作围绕着竞争和垄断的关系进行了更接近实际的全面探索，修正和发展了西方传统经济学中的竞争—垄断理论。尤其是张伯伦在其上述著作中提出的一些概念和理论观点，成为现代产业组织理论的重要来源，他本人因此也被认为是现代产业组织理论的奠基人。

张伯伦对现代产业组织理论的贡献主要体现在如下方面：

（1）以分析纯粹竞争为出发点，否定了纯粹竞争存在的条件，提出垄断竞争的概念。他认为，完全竞争和纯粹垄断只是两种极端的市场形态，现实经济则是介于这二者之间的“中间地带”，现实的市场既存在竞争因素，也存在垄断因素，二者的并存与交织形成了所谓“垄断（性）竞争”格局。其根本原因在于：每个厂商提供的产品具有差异性，所以它是个垄断者；但该产品又具有一定的替代性，因而对生产同类产品的其他企业来说，它又是一个竞争者。于是，垄断竞争市场便形成了。①

（2）对垄断竞争的市场结构进行了具体分类和分析。张伯伦对完全竞争和纯粹垄断两种极端市场形态及位于这二者之间的广阔的“中间地带”的市场结构进行了具体分类，并考察了不同产业之间的联系，分析了特定产业内的市场结构、价格、利润、广告和效率等的相互关系。

（3）提出了生产同类产品的企业集团及与之相关的厂商企业的关系问题。不同供给厂商生产的同类产品具有一定的替代性，因而可能导致同类产品企业间的价格、产量协调的企业集团的出现。这就进而产生了集团内企业间、集团企业与非集团企业间纵横交错的竞争关系。通常，集团内企业可以保持统一价格，并凭借其集团实力取得一定的市场垄断地位，集团外的企业很可能因此而处于不利状态。当然，它们也可以采取灵活的价格政策与集团企业竞争。

（4）界定了“产品差别”的内涵及其对市场竞争的影响。张伯伦认为，对消费者而言，不同的产品差别可能是具体的，也可能是想象的。只要产品的某种品质特征引起购买者的认知差异，使购买者喜好这种产品，而不喜好那种产品，都可能构成产品差别的标准。具体地说，“产品差别”包括三层含义：① 商品的品质、包装等产品本身的差异；②产品销售条件、服务态度的不同；③消费者“想象”的心理差别，如品牌、广告等。以产品差别化为基础，张伯伦进一步分析了垄断与竞争的关系，他认为产品差别既是垄断因素，又是一种竞争力量，只要销售量与产品差别有关，则产品差别的非价格竞争就可能比传统的价格竞争更为重要。

（5）提出并讨论了企业在市场上的进入和退出问题。一个产业的兴起、发展和

① 毛林根．产业经济学．上海：上海人民出版社，1996：234.

衰退必然面临企业的进入和退出问题。企业“进入”某一产业的难易程度是决定该企业成本—收益关系的基本因素。伴随着企业进入和退出市场的行为，集团企业和非集团企业也可能在某一点上达到均衡。①

（三）产业组织理论体系的形成

产业组织理论体系的最终形成，离不开马歇尔、张伯伦等人早期开拓性研究的贡献，特别是张伯伦的垄断竞争学说不仅成为现代产业组织理论的主要来源，而且他还率先实现了经济理论研究从规范研究到实证分析的方法论的转变。不过，现代产业组织理论体系中的绝大多数实证研究的方式方法和判别标准，主要是得益于20世纪30年代以后的一些西方学者实证研究的结论而发展起来的。其中影响较大的有：

（1）伯尔和明斯对经济力集中的实证研究。他们在1932年合作出版的《现代股份公司和私有财产》一书中，对股份制的发展更易使资金向大企业集中，从而导致经济力集中、价格刚性、扼杀竞争等问题进行了较具体的实证分析。②

（2）勒纳等人对垄断指标的研究。勒纳于1934年在《经济研究评论》杂志上发表的一篇论文中，比较深入地探讨了垄断的概念和垄断力的测量方法及指标。③

（3）克拉克、梅森等人对“有效竞争”概念及其度量标准的研究。克拉克在1940年发表的名为《以有效竞争为目标》的一篇论文中，首次提出了“有效竞争”的概念，并对该指标的度量标准进行了分析探讨。④他认为，在不完全竞争中，最重要的问题是直接的、短期的压力和长期均衡的条件不协调。因此，研究有效竞争条件的出发点就在于以现实中产生的条件为基础，寻求缩小企业上述背离程度的方法和手段。梅森认为有效竞争的定义和条件可分为两类：一种类型是寻求维护有效竞争的市场结构及形成这种市场结构的条件，即“市场结构基准”；另一种类型是从竞争中可望得到的市场成果出发，寻求市场的有效性，即“市场成果基准”。这两种基准各有利弊，要把握有效竞争，将这两种基准综合起来加以考虑是比较现实的选择。⑤

---

① Edward H. Chamberlin (1933). The Theory of Monopolistic Competition. Cambridge, MA.: Harvard University Press.

② Berle, Adolph A., Jr. and Gardiner C. Means (1932). The Modern Corporation and Private Property. New York: Macmillan.

③ Lerner, Abba P. (1934). The Concept of Monopoly and Measurement of Monoply Power. Review of Economic Studies, 1: 157-175.

④ Clark, James Maurice (1940). Toward a Concept of Workable Competition. American Economic Review, Vol. XXX: 241-256.

⑤ 史忠良．产业经济学．北京：经济管理出版社，1998：140.

贝恩在1959年出版的《产业组织》一书中系统地提出了产业组织理论的基本框架，标志着现代产业组织理论的基本形成。在该书中，贝恩系统地总结了已有的研究成果特别是哈佛学派的研究成果，第一次完整而系统地论述了产业组织的理论体系。其两个主要标志是：① 明确地阐述了产业组织研究的目的和方法；②提出了现代产业组织理论的三个基本范畴：市场结构（market structure）、市场行为（market conduct）、市场绩效（market performance），并把这三个范畴和国家在这个问题上的公共政策（即产业组织政策）联系起来，规范了产业组织的理论体系。科斯、威廉姆森、谢勒等人在此基础上作了进一步的补充、完善，认为市场结构（S）决定企业的市场行为（C），企业的市场行为决定市场绩效（P）。某一市场结构又取决于特定情况下市场供求的基本环境，从而形成了SCP框架的产业组织理论体系（如图6-1所示），这也标志着以哈佛大学为主要基地的正统产业组织理论的形成。

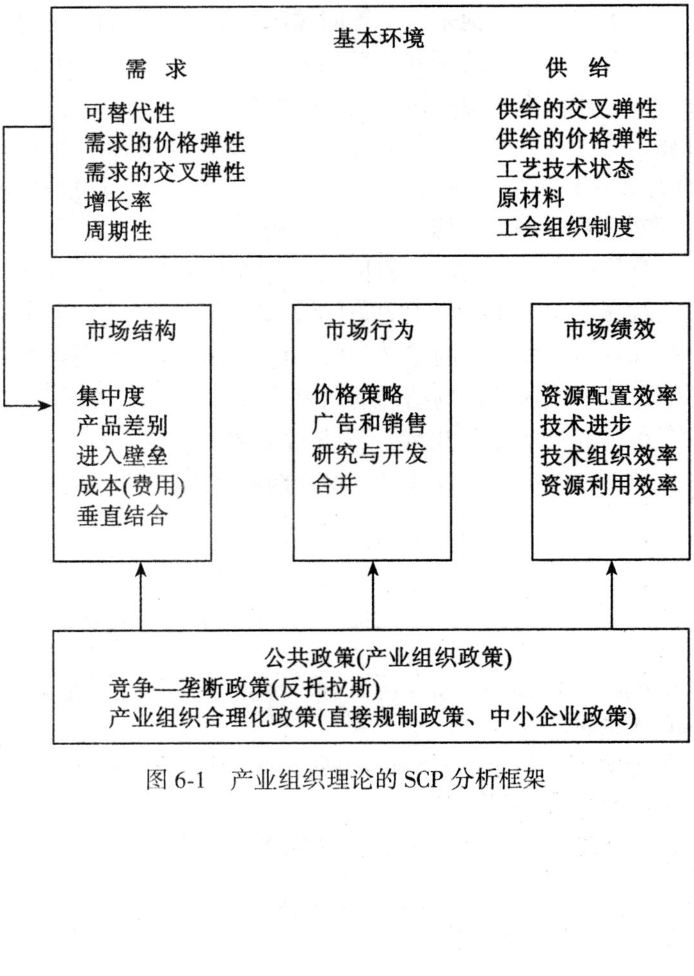

图6-1　产业组织理论的SCP分析框架

三、产业组织理论的发展

自 SCP 理论体系形成以来，产业组织理论即进入了以正统理论为主干或参照系的多元化发展阶段。20 世纪 60 年代以来一些经济学家发现哈佛学派的产业组织理论在理论方法及其微观基础等方面存在缺陷，他们在不放弃 SCP 分析框架的前提下，对正统学派的产业组织理论进行了修正和补充，并在 80 年代发展了新产业组织理论。新产业组织理论对正统产业组织理论的发展主要体现在如下五个方面：

（1）在分析框架上改变了单向和静态的研究模式。由于逐步认识到 SCP 这种单向的和静态的研究方法限制了产业组织理论的研究，一些学者开始强调企业行为对市场结构的反作用和市场运行状况对企业行为进而对市场结构的影响。斯蒂格勒等人认为 S、C、P 三者之间没有必然的因果关系，或强调 P、C、S 的逆向因果关系。鲍莫尔提出的“可竞争市场”（contestable markets）理论，摆脱了哈佛学派的市场结构与市场行为之间单一的既定的逻辑关系。因为在可竞争的市场中，潜在进入厂商的压力促使已进入的厂商降低成本、扩张规模、注重创新，从而既改变了市场结构，又影响了经济运行结果。德姆塞茨认为较高的利润是组织规模经济的报酬。任何成本最低的企业的规模自然也就迅速扩大，从而在市场绩效与市场结构之间架起了一座新的桥梁。①

（2）在理论基础上，广泛吸取了现代微观经济学的新进展，修正了正统产业组织理论基于新古典主义的理论假设。在这方面，以芝加哥学派、新制度学派和新奥地利学派最有影响。芝加哥学派主张维护竞争，反对政府干预，认为现实生活中的垄断现象是有限的和暂时的，因而他们对政府的产业组织政策持保留态度；新制度学派主要从企业内部产权结构和组织结构的变化来分析企业行为的变异以及对经济运行效果的影响；新奥地利学派则认为竞争是一个动态过程，而不是一种静态的市场结构。② 新产业组织理论把交易费用理论、产权理论、委托—代理理论等都纳入自己对企业行为的研究，如运用交易费用理论说明组织的效率来自交易费用的节约，运用产权理论说明市场资源配置的失误在于产权配置的失误，运用委托—代理理论分析两权分离对企业动力结构的影响以及建立相应约束机制的途径。③

（3）在研究方法上，推理演绎研究与实证归纳研究逐步走向融合。从时间上看，20 世纪 50 年代产业组织理论最主要的研究方法是案例分析，它曾被主流学派广泛使用，特别适用于分析无法精确定量的复杂经济事例，有助于揭示不同表现形

---

① 马建堂．组织与行为——中国产业组织研究．北京：中国人民大学出版社，1993：18.

② 史忠良．产业经济学．北京：经济管理出版社，1998：142.

③ 李悦．产业经济学．北京：中国人民大学出版社，1998：370.

式掩盖下的普遍规律。[①] 20 世纪 60 年代以后计量经济学方法替代其成为主流，这是产业组织理论转入实证后一直延续至今的主要研究方法，但传统的产业组织理论仍以静态的截面分析为主要手段，当新产业组织理论改变了其单向和静态的分析框架后，过去的静态实证方法就难以满足需求。到 20 世纪 70 年代后期，随着新产业组织理论越来越强调对具有较大不确定性的行为进行研究，以博弈论和信息经济学为主要分析工具的推理演绎法被广泛引入，如非合作博弈论的应用就使产业组织理论在动态学和不对称信息中取得很大进展。[②] 20 世纪 80 年代以来，一方面，推理演绎法虽更具理论逻辑性，但其假定往往过于严格，缺乏有力的实证支撑；另一方面，随着数据的可获得性增加，实证研究本身也开始自静态转向更具说服力的动态分析，所以新产业组织理论的研究方法呈现推理演绎与实证归纳的融合状态。例如在寡头定价问题上，研究者们已不再只是笼统抽象地讨论行业定价的博弈问题，而是更多地深入到具体行业的定价行为中去进行实证观察，并通过大量案例研究和分析来验证先前的各种推断。[③]

（4）在研究重心方面，从产业组织分析的结构主义转向厂商主义，即从最重视市场结构转向最重视企业行为的分析。1985 年，索耶尔在其著作《产业和厂商经济学》的修订版中第一次把厂商纳入产业组织理论著作的标题中，并以厂商为中心展开了分析。索耶尔认为，行业是不确定和虚的，厂商才是基本的实在的经济单位，市场结构事实上反映的是企业之间的竞争关系。这里需要指出的是，产业组织研究重心方面的上述变化并非索耶尔一个人的功劳，现代产业组织理论的研究重心向厂商行为倾斜，还与新制度经济学、产权理论、公共选择理论和交易费用理论等领域的最新进展密切相关。[④]

（5）在政策主张上，从强调政府规制转向放松规制和规制的细化。哈佛学派将政府政策看成是影响经济活动的外生变量，对政府规制的必要性和有效性深信不疑；而芝加哥学派则将政府规制当成影响经济活动的内生变量，认为政府规制受行业集团的利益影响而形成，它们反过来又会对行业的经济活动产生影响。在这一过程中，如果将政治家视为具有自身利益需求的独立行为者，那么任何一项规制都会引发一系列寻租活动，因此政府规制应该受到限制。但是，自 20 世纪末以来，针对欧美一些发达国家连续发生的金融诈骗和财务丑闻事件，有关财务公开制度、公司股权问题和金融诚信问题成为热门，一些研究者又提出，今后美国的产业组织政

---

① 卫志民. 近 70 年来产业组织理论的演进. 经济评论，2003（1）：86-90.

② 周振华. 结构调整. 上海：上海人民出版社，1999：270.

③ 牛晓帆. 西方产业组织理论的演化与新发展. 经济研究，2004（3）：116-123.

④ 马建堂. 组织与行为——中国产业组织研究. 北京：中国人民大学出版社，1993：18.

策会向更严格、更具体和更细致的方向发展。①

第二节 市场结构

一、市场结构及其影响因素

（一）市场结构的概念及特征

市场结构是现代产业组织理论特别是SCP分析框架中最基本的概念和研究主题，它一般是指产业内企业间市场关系的表现形式及其特征，主要包括卖方之间、买方之间、买卖双方之间、市场内已有的买卖方与正在进入或可能进入市场的买卖方之间在数量、规模、份额、利益分配等方面的关系与特征，以及由此决定的竞争的形式。换言之，特定市场中的诸市场主体在市场交易中的地位、作用、比例关系，以及他们在市场上交换的商品的特点，即形成了具体产业的市场结构，这些市场主体之间的关系在现实市场中集中体现为市场的竞争和垄断关系。根据市场竞争和垄断的不同程度，人们一般粗略地把市场结构划分为完全竞争的市场结构、完全垄断的市场结构、垄断竞争的市场结构和寡头垄断的市场结构四种类型。

表6-1列出的是上述四种市场类型的结构、行为和绩效特征。其中，完全竞争和完全垄断是两种极端的市场结构，现实中的绝大多数市场是介于这二者之间的垄断竞争和寡头垄断两种类型。因此，产业组织理论研究的重点是垄断竞争和寡头垄断这两种市场类型条件下的市场结构、市场行为与市场绩效及其相互关系和政府干预的政策建议。在研究过程中，完全竞争和完全垄断的市场结构、行为与绩效则往往是研究垄断竞争和寡头垄断这两种市场结构、行为与绩效的参照物和出发点。

表6-1 四种市场类型的特征

市场类型	结构			行为			绩效		
	企业数量	进入条件	产品类型	价格策略	产量策略	促销策略	利润率	效率	技术进步
完全竞争	很多	容易	标准化	无	独立	单个企业需要	正常	很高	好
垄断竞争	较多	较容易	差异化	未察觉到的依赖	单个企业值得	单个企业值得	正常	较高	较好

① 牛晓帆．西方产业组织理论的演化与新发展．经济研究，2004（3）：116-123.

续表

市场类型	结构			行为			绩效		
	企业数量	进入条件	产品类型	价格策略	产量策略	促销策略	利润率	效率	技术进步
寡头垄断	较少	有阻碍	标准化或差异化	可察觉的依赖	各种手段	各种手段	有超额利润	较差	一般
完全垄断	一个	很困难	完全差异化	独立	企业等于行业	企业等于行业	较高超额利润	很差	差

（二）市场结构的影响因素

市场结构受诸多因素影响，其中决定市场结构的三个主要因素是：市场集中度、产品差别化、市场进入与退出壁垒。下面依次分析这三个因素。

1. 市场集中度

市场集中度是指某一产业市场中卖方或买方的数量及其相对规模（即市场占有率）的分布结构，是一个反映市场垄断与集中程度的基本概念和指标。它按分析对象可以分为卖方集中度和买方集中度。前者反映产业内的生产集中状况，后者反映产业市场购买的集中状况。不过，在许多场合，当人们谈及市场集中度时，通常是指卖方集中度。这是因为相对于数量巨大的购买者，人们对许多产业的供给和供给者的地位更加重视，同时也因为更易于对卖方集中度进行测量。影响集中度的主要因素通常包括：

（1）规模经济水平。某一行业的规模经济水平愈高，大企业的效率愈高，市场竞争力愈强，其市场地位愈高，它们占有的市场份额也就愈高。

（2）市场容量大小。在正常情况下，某一产业或产品（服务）的市场愈大，企业拓展市场的余地愈大，新企业愈容易进入，大企业所占的市场份额也就可能愈小。反之亦然。

（3）行业进入壁垒高度。某一行业的进入壁垒高，意味着该行业的保护程度高和市场竞争程度低，该行业内大企业的支配地位高、势力大，它们所占的市场份额也可能高。

（4）横向合并的自由度。一个行业的市场内部愈能自由地合并，大企业通过横向合并控制的能力愈强，大企业所占的市场份额也就可能愈高。①

（5）相关的产业政策和法律法规。政府如果授予少数企业特种产品或服务的专营权、实行保护性关税、限制外国投资等政策，就可以推动这部分企业经营规模的扩张，提高其市场集中度。相反，作为体现国家维护市场竞争政策的反托拉斯法

① 国家经济贸易委员会综合司．大机制：经济运行、产业组织和收入分配．北京：中国发展出版社，1998：128.

在某种程度上可以成为阻止市场过度集中的一种因素。

2. 产品差别化

市场集中度并不能完全反映产业组织的垄断、竞争程度，因为如果产品差别十分显著，即使市场集中度很高，也可能出现市场竞争激烈，呈现明显的垄断竞争的特点。所谓产品差别化，是指企业向市场提供的产品或销售产品过程中的条件，与同行业的其他企业相比，在产品质量、款式、性能、销售服务、信息提供及消费者偏好等方面存在着明显的差异，从而具有可区别性和不完全的替代性。这种可区别性和不可替代性的高低即意味着产品差别化程度的高低。在产品差别较高的市场上，企业可以扩大产品差别，巩固或扩大自己的市场占有率，提高市场集中度。企业也可能因为开发了特有技术、生产新产品，形成新的产品差别，提高自己的市场占有率。产品差别能够通过影响集中度、进入壁垒和非价格竞争间接影响市场绩效。产品差别的原因及影响程度亦随产业的不同而不同，从原材料到投资品再到耐用消费品和非耐用消费品产业，产品差别程度对市场竞争的影响作用逐级提高，形成差别的原因也从主要是物理原因变为主要是服务和广告宣传的差别。①

产品差别化是企业在经营上对抗竞争的一种非价格壁垒和主要手段。扩大产品差别的主要途径包括：（1）增强研究和开发（R&D）力度，及时改变和优化产品的设计、结构、功能、质量、外观及包装等；（2）有针对性地制定并实施广告宣传和其他促销手段使消费者对特定商标品牌的产品形成偏好；（3）通过提供有关产品信息、改善售后服务和提供信用消费等方式使消费者形成偏好；（4）充分利用地理区位和营销网络优势，在供货时间、运输成本、销售价格、售后服务等方面“制造”差别，使消费者在选择产品时产生偏好。

3. 市场进入和退出壁垒

市场进入和退出壁垒反映的是市场中潜在的和动态的竞争、垄断强度。

（1）市场进入壁垒。进入壁垒是指准备进入或正在进入的新企业在与产业内已有企业竞争过程中，遇到的障碍或不利因素。进入壁垒的高低，既反映了市场内已有企业优势的大小，也反映了新进入企业所遇障碍的大小。可以说，进入壁垒的高低是影响该行业市场垄断和竞争关系的一个重要因素，同时也是对市场结构的直观反映。测量产业市场壁垒高低的指标有以下两种：

第一种是规模性指标，主要包括：经济规模与市场总规模的比例、必要资本量、绝对成本、产品差异化、产业和企业专利特许数量、交易和批准方面的制度与规定等。日本著名经济学家植草益提出了利用经济规模障碍高低来测量产业进入壁垒的方法：规模障碍系数 d=最优规模/市场容量×100%。植草益提出的测量标准

---

① 国家经济贸易委员会综合司．大机制：经济运行、产业组织和收入分配．北京：中国发展出版社，1998：129.

是：当 d 为 10%~25%时，该产业为高度规模经济障碍；当 d 为 5%~9%时，该产业为较高规模经济障碍；当 d<5%时，该产业为中等或较低程度规模经济障碍。

第二种是利润率水平指标。贝恩提出的测量分类标准是：当销售价格比平均费用高 10%时新企业仍难以进入的行业，是高壁垒产业；当销售价格比平均费用高 6%~8%时新企业仍难以进入的行业，是较高壁垒产业；当销售价格比平均费用高 4%时新企业难以进入的行业，是中等壁垒产业；销售价格高于平均费用 1%~2%时,新企业容易进入的行业，是低壁垒产业。

形成进入壁垒的因素主要有五个：①规模经济壁垒。新企业进入某一产业初期，一般难以形成规模经济，相对产业内已有的企业，它们的生产经营成本必然较高，从而获利能力低（甚至亏损），并在与老企业的价格竞争和市场份额竞争等方面处于劣势，这就是规模经济壁垒。②必要资本量壁垒。必要资本量是新企业进入市场所必须投入的生产经营资本。不同产业的必要资本量因技术、生产、销售等方面的要求不同而有较大差异。必要资本量越大，筹集资本的难度也越大，新企业进入的资本“门槛”也越高。③资源占有壁垒。老企业因其先发优势一般已经排斥性地占有一些稀缺资源，如必需的生产要素、专利技术、技术人员、管理人员、熟练员工、销售渠道和消费者的认知及偏好等。④产品差别壁垒。产品差别是形成市场壁垒的重要因素之一。在产品差别化明显的产业，老企业的商标已为消费者和广大的潜在顾客所熟悉并有了良好的信誉，它们的广告宣传和促销只需要维护这种信誉即可。新企业则需要从头开始，而且通常面对的是一个已经被瓜分一空的市场，如果新企业没有独特的新技术、新产品，没有比较完善的促销手段和售后服务系统，则其进入必然会遇到产品差别障碍。⑤政策法规制度壁垒。在一些国家和某些行业中，新企业开业需要经过复杂的审批程序，进口设备和原材料、购买国外技术都需要管理部门批准发证，而且还有进口配额限制；一部分行业实行生产经营许可证制度以及关税、非关税壁垒等，资金的筹集也会受到政策制度的制约。这些壁垒是难以通过降低成本、广告宣传等途径来克服的。

（2）市场退出壁垒。退出是指某个（或某些）企业停止作为卖方而从某个行业撤退的行为，包括转产和宣布破产两种方式。从理论上讲，当某个（或某些）企业长期亏损，资不抵债，不能正常生产经营时，即应该转产或破产。但在实际上，这样的企业由于受种种限制而很难从该产业中退出。这些企业在退出时面临的障碍即是市场退出壁垒。

市场退出壁垒的形成因素主要包括：①资本投入壁垒。由于一些设备具有很强的专用性，如果企业转产或破产就不得不废弃这些设备，从而造成这些设备的价值不能回收，形成埋没资本。②退出处置壁垒。如果企业从一些产业退出，对原有设备的拆卸、改造和技术安全（如环保）等方面的处置需要一笔数量不小的资金投入；辞退工人需要一定数量的解雇安置费用，在没有比较完善的社会保障制度的情况下，企业还要在很大程度上承担员工的生活费用和福利保障。③政策法规制度壁垒。政府为了更大层面的社会利益，往往通过制定政策和法规来限制生产提供某些产品及服务的企业从产业中退出，在一些提供公共产品的产业中尤为如此。④其他退出壁垒。如由联合生产形成的退出壁垒，因市场需求增长率、需求价格弹性及短期的固定费用和可变费用比例等对市场结构的影响而形成的退出壁垒等。

二、市场结构的测量

（一）单个企业垄断势力的测量

测量企业垄断势力的指标主要有勒纳指数和贝恩指数两个。

1. 勒纳指数（Lerner index）

勒纳指数 I_L 由美国学者勒纳提出①，它度量的是价格 P 与边际成本 MC 的偏离率。其计算公式是：

$$I_L = (P-MC)/P$$

由于 $P \geqslant MC > 0$，所以 $0 \leqslant I_L \leqslant 1$。$I_L$ 值越大，表明垄断势力越大。在完全竞争条件下，$P = MC$，$I_L = 0$。在存在垄断的情况下，I_L 值会大些，但不会超过 1。

勒纳指数具有如下特点：第一，测量所需要的数据的取得难度较大，因为边际成本的测算比较困难，同时在价格上要有可比性；第二，它只是对企业实际行为的一种度量，没有反映企业潜在的垄断力量；第三，它建立在对价格和边际成本的静态比较的基础之上，把这二者之间的差额全部归于垄断行为。事实上，通常造成这种差额的原因很多，而不仅仅是垄断。

2. 贝恩指数（Bain index）

贝恩指数是产业组织理论的奠基者之一贝恩提出的测量市场结构的指标。贝恩主张以企业为产品所定价格 P 比其平均成本 AC 高出的幅度作为衡量企业垄断势力的标准。以 I_B 表示贝恩指数，其计算公式是：

$$I_B = (P-AC)/P$$

由于 $P \geqslant AC > 0$，所以 $0 \leqslant I_B < 1$。I_B 越大，表明垄断势力越大。该指数实际上是根据绩效来测量垄断势力，它计量的是企业获取超额利润的（$P-AC$）程度。

贝恩指数具有如下特点：（1）平均成本的测算比较方便，在价格上要有可比性。（2）它是对超额利润的一种度量，把超额利润等同于垄断。而事实上，贝恩指数具有一定的不确定性，这主要表现在如下两种情形中：一是在某些情况下，超额利润是由技术水平或经营水平高而产生的，并非垄断的结果；二是在一些情况下，没有超额利润并不等于没有垄断势力，因为如果市场对某一企业的产品需求不

① Lerner, Abba P. (1934). The Concept of Monopoly and Measurement of Monopoly Power. Review of Economic Studies, 1: 157-175.

足，即使它是一个纯粹的垄断者，也无法获得超额利润。（3）和勒纳指数一样，贝恩指数也是建立在对价格和平均成本进行静态比较的基础之上。

（二）产业垄断和竞争程度的测量

1. 集中度（concentration ratio）

集中度（CR）是测量产业竞争性和垄断性的最简单易行与最常用的指标，产业集中度一般以产业内规模最大的若干家厂商的有关指标值 X（产量、销售额、资产额、增加值、职工人数）占整个市场或行业的份额来衡量。该产业 m 家企业中前 n 位企业的集中度 CR_n 的计算公式是：

$$CR_n = \sum_{i=1}^{n} X_i \Big/ \sum_{i=1}^{m} X_i$$

在分析各产业的集中度时，通常以最大的 4 家或 8 家厂商的指标份额来计量，分别称为“4 厂商集中度”（four-firm concentration ratio，CR_4）和“8 厂商集中度”（eight-firm concentration ratio，CR_8）。CR_4 或 CR_8 测算相对比较容易，而且能较好地反映产业内的生产集中状况，显示产业的垄断和竞争程度，因此是使用比较广泛的反映市场结构的指标，但是也存在一些局限性：（1）由于产业分类只是以生产过程为标准，没有考虑需求替代的因素，所以集中度往往不能很好地反映产业内厂商间的竞争程度。（2）在产业分类中属于某一产业的厂商，有可能进行生产结构的调整而生产属于其他产业的产品，这可能会影响产品的价格，而并不影响所统计的产业集中度。（3）由于只考察少数大企业的生产集中程度，而没有考察产业内厂商规模分布情况，所以在运用中存在不足。如果 n 的取值不同，得到的产业集中度指数结果可能差距较大，这里反映了 n 的取值的人为性可能导致测量结果缺乏客观可比性。（4）产业集中度将全国作为一个整体，没有反映国际经济关系和地区经济关系对产业竞争性的影响，因而有可能低估或高估产业竞争性。（5）其他因素如限制进口和进入的政府管制，对产业竞争性的影响可能比产业集中度更重要。①

2. 洛伦茨曲线（Lorenz curve）和基尼系数（Gini coefficent）

洛伦茨曲线和基尼系数最初用于测量居民收入分配均匀状况，产业组织理论借用这两个概念从整体全貌上反映产业集中状况，可以在一定程度上弥补市场集中度指标的不足。鉴于洛伦茨曲线和基尼系数是西方经济学中的两个基本概念，这里不再对它们的具体含义及度量方法作详细介绍。产业组织理论中，洛伦茨曲线可以反映产业中由小到大企业数量的累计百分比与其规模份额的累积百分比之间的关系。基尼系数则是一个建立在洛伦茨曲线基础上的度量指标，它能够把洛伦茨曲线所反

① 金碚．产业组织经济学．北京：经济管理出版社，1999：114-116.

映的不均匀度用量化指标体现出来。基尼系数取值介于0和1之间，厂商规模分布越不均匀，基尼系数越大。如果所有厂商规模相等，基尼系数为0；如果独家厂商垄断，基尼系数等于1。

3. 赫芬达尔指数（Herfindahl index）

赫芬达尔指数是赫芬达尔（O. C. Herfindahl）提出的一种测量产业集中度的综合指数。如果产业中共有 n 个企业，X_i 为第 i 位企业的规模，T 为产业的总规模，赫芬达尔指数 I_H 就可用如下公式表示：

$$I_H = \sum_{i=1}^{n}\left(\frac{X_i}{T}\right)^2$$

赫芬达尔指数是产业市场集中度测量指标中较好的一个，它具有如下特点：（1）当独家企业垄断时，该指数等于1；当所有企业规模相同时，该指数等于$1/n$。故这一指标在$1/n$至1之间变动。数值越大，表明企业规模分布的不均匀度越高。（2）兼有绝对集中度和相对集中度指标的优点，避免了它们的缺点。因为 I_H 值对规模较大的上位企业的市场份额反应比较敏感，而对众多小企业的市场份额小幅度的变化反应很少。（3）可以不受企业数量和规模分布的影响，较好地测量产业的集中度变化情况。

4. 交叉弹性（cross elasticity）

不同产品间的交叉价格弹性可以反映有关产业或产业间的替代性和互补性，替代性越强，竞争性就越强。交叉弹性可用如下公式表示：

$$供给的交叉价格弹性 = \frac{x\ 生产者提供的\ x\ 产品数量变动\%}{y\ 产品的价格变动\%}$$

如果 y 的价格降低（或提高），x 的数量增加（或减少），即交叉价格弹性为负数，表明 y 与 x 具有互补性。如果 y 的价格降低（或提高），x 的数量减少（或增加），即交叉价格弹性为正数，表明 y 与 x 具有替代性。一般来说，交叉弹性越大，y 与 x 之间的替代性越强，竞争性也越强。

5. 熵指数（entropy index）

熵指数（简称 E 指数）是借用信息理论中熵的概念，它具有平均信息量的含义，可用如下公式表示：

$$E = \sum_{i=1}^{n} S_i \cdot \log \frac{1}{S_i}$$

式中：E 为熵指数，S_i 为第 i 个企业的市场份额（或其他统计指标），n 为该产业中的企业总数。和赫芬达尔指数 I_H 一样，E 指数也属于综合指数，即它也反映市场中所有企业的情况。不同之处在于：这两个指数分配给各个企业市场份额的权数不同，赫芬达尔指数的权数是市场份额的平方，而 E 指数根据的是市场份额的对数；二者都对大企业分配较重的权数，但重要程度有所区别。①

第三节 市场行为

一、市场行为及其内容

（一）市场行为的概念

市场行为即产业内企业的市场行为，是指企业在根据市场供求条件并充分考虑与其他企业关系的基础上，为获取更大利润和更高的市场占有率所采取的战略决策行动。企业行为是联结市场结构和行业绩效的中间环节，一方面，企业采取的市场行为受市场结构状况和特征的影响；另一方面，市场行为又反作用于市场结构，影响市场结构的状况和特征，并直接影响市场绩效。

企业行为受企业的内部因素和外部因素交互作用制约，是企业为实现一定的经营目标而作出的现实反应。企业行为方式是直接由企业的经营目标驱动和决定的，企业经营目标是指导企业行为的航标，是企业行为的动力源泉和行动准则。企业行为目标的形成和实现受到内部因素和外部因素的制约。所谓内部因素主要指企业的产权关系，尤其是指企业所有权与控制权的关系，或者说是企业的委托—代理的权利的确定状况。而外部因素主要是指企业所在行业的市场结构和绩效状况、有关的产业政策和法律环境。

（二）市场行为的内容

产业组织理论中的企业市场行为分析与微观经济学中的企业行为分析不完全相同，后者是企业行为的全面分析，前者主要分析产业内企业与其他企业竞争的行为。企业市场行为的主要内容包括如下三个方面：（1）以控制和影响价格为基本特征的定价行为，包括阻止进入定价行为、驱逐对手定价行为、价格歧视行为等；（2）以研究与开发、形成产品差异、促销为基本内容的非价格行为，如技术开发行为、广告宣传行为等；（3）以产权关系和企业规模变动为基本特征的企业组织调整行为，如企业兼并行为、一体化行为、多元化行为、跨国经营行为等。②

二、企业的定价行为

产业组织理论主要研究不完全竞争条件下的企业—市场关系。在这种市场环境

① 于立，王询. 当代西方产业组织学. 大连：东北财经大学出版社，1996：41-42.

② 于立，王询. 当代西方产业组织学. 大连：东北财经大学出版社，1996：100-101.

中的企业或多或少都有一定的市场支配力，或者说具有一定程度的定价能力，也只有在这种条件下，才有反映企业战略意识的价格行为。价格竞争与价格协调是企业最基本的价格行为，它们以控制和影响价格为直接目标。价格竞争包括降价竞争和旨在限制新企业进入市场的进入阻止价格。价格协调则主要是指价格卡特尔和价格暗中配合。

（一）进入阻止定价行为

进入阻止定价（entry limit pricing）行为是指寡头垄断产业内企业采取适度降低产品价格以阻止新企业的进入而又可使其获得垄断利润的定价行为。这个人为降低了的产品价格即是阻止价格，其直接目的是阻止新竞争对手的加入，但该行为的实质是牺牲部分短期利润而追求长期利润的最大化。为此，占有优势的寡头企业与其他企业协调，产业内企业往往合谋或协商，达成垄断低价，放弃一部分短期利润，有时甚至不惜以短期的亏损为代价，迫使潜在的竞争对手望而却步。可见，进入阻止定价是一种长期价格行为。这种定价行为能够得以实施并取得效果必须满足如下三个假设条件：（1）原有企业和潜在进入企业都谋求长期利润最大化；（2）原有企业认为，潜在进入企业会认定进入后原有企业将维持产量不变，而放任价格随着新企业增加的产量而下降；（3）原有企业很容易通过串通来制定进入阻止价格。①

进入阻止价格究竟定在什么水平，通常受如下两个因素影响：

（1）市场进入壁垒。进入壁垒高，进入阻止定价可以高些；反之，进入壁垒低，进入阻止定价则必须低些。否则，难以达到阻止新企业进入的预期目的。

（2）经济规模。当经济规模是主要的进入壁垒时，产业内原有企业的定价水平的原则是使非经济规模条件下生产的新企业无利可图，迫使它们退出市场；适当增加产量，减少新企业可能获得的市场份额，迫使它们成本上升，不得不退出市场。

（二）价格协调行为

价格协调行为是指企业之间在价格决定和调整过程中相互协调而采取的共同定价行为。这种行为一般发生在寡头垄断市场的结构之中。因为在寡头垄断市场上，如果采用企业间竞相降价的价格竞争会两败俱伤，所以通过价格协调，限制价格竞争，共同控制市场，共享垄断利润，成为这种市场结构下企业的主要定价动机和行为。

常见的价格协调行为包括如下两种类型四种形式：（1）价格卡特尔。这是以

---

① 于立，王询．当代西方产业组织学．大连：东北财经大学出版社，1996：112.

限制竞争、控制市场、谋求利润最大化为目的的同一产业内独立企业间的一种价格协调行为。建立卡特尔直接动机通常有三种：一是提价，二是不景气时稳定价格，三是协调降价。价格卡特尔包括有文字记录的明确协定卡特尔和只有口头意向的秘密协定卡特尔两种形式。(2) 暗中配合。一是价格领导制，即随着某个企业的价格调整，其他企业也相应调整价格；二是有意识的平行调整，即价格调整时没有明显的追随调价现象，而只体现为比较含蓄而默契的配合行为。①

三、企业的非价格行为

与价格行为不同，企业的非价格行为不是通过降价和涨价或协调价格获得较高的利润，而是通过研究和开发（R&D）及产品促销获得较高利润。非价格行为实质上是企业产品差别化策略的具体实施，因为企业最基本的两种非价格行为——产品研究与开发及产品营销活动（如广告宣传、销售服务）的核心旨在通过扩大产品差别程度，形成比较鲜明的产品特色，从而增强其竞争力。

对于企业非价格竞争行为的把握和研究，应当注意如下三点：

(1) 即使在寡头垄断市场上，非价格竞争同样十分激烈。在技术进步日新月异的当今社会，对企业来说，非价格竞争，特别是产品开发策略和行为，比价格策略和行为显得更为重要。

(2) 非价格竞争一般是与价格行为相互联系的。当企业新进入一个市场时，往往是先推出质优价廉的产品，以便抢占市场。当企业一旦占领了一定的市场份额后，则往差别化和高价策略方面发展，以谋取更多利润。

(3) 非价格竞争行为除了产品研究与开发及产品营销活动外，还包括排挤行为。这种行为根据其性质可以分为两类：一类是合理的排挤行为，譬如，由于竞争的优胜劣汰机制，一些企业被排挤出市场或被其他企业兼并；另一类是不合理的排挤行为，采取过度的甚至违法的“限制竞争和不公平”手段，排挤、压制和控制交易对方或竞争对手，如通过降价倾销手段争夺市场，将其他企业排挤出市场，扩大自己的市场占有率。

四、企业的组织调整行为

企业的组织调整行为主要表现为企业的合并（merger），它是指两个或两个以上企业变成一个企业的组织调整行为。通过合并，企业间发生产权关系的转移而实现资本集中、市场集中，这是企业外部成长的基本途径。

---

① 史忠良．产业经济学．北京：经济管理出版社，1998：157.

（一）融合合并和吸收合并

从合并的过程来看，合并可分为融合合并（fusion merger）和吸收合并（absorption merger）两种类型。前者是指参加合并的各企业协商同意解散原企业，共同组建一个新企业。后者是指参加合并的企业中有一个吸收企业，其余企业宣布解散并被吸收企业吸收。吸收合并在我国通常称为兼并。①现实中，企业合并可以是实力相当的企业之间的合并，即通过合并建立起一个新的企业或公司；也可以是吸收式兼并或吞并，通常是大企业吞并一个或多个小企业。但如果小企业掌握特有的生产技术或其产品具有较大的潜在市场，它也可能兼并外强中干的大企业。

（二）水平合并、垂直合并和混合合并

从合并的产业领域来看，企业合并分为水平合并（horizontal merger）、垂直合并（vertical merger）和混合合并（conglomerate merger）三种形式。

1. 水平合并

水平合并是指同一行业生产同种产品或提供相同服务的企业间的合并。水平合并的动因是追求规模经济，合并的结果会减少该行业内企业数量，扩大企业规模，从而限制竞争，显著提高新组建企业的市场集中度。

2. 垂直合并

垂直合并是指在同一行业或生产经营（供产销）上存在关联的产业中，具有投入产出关系的企业间的合并。当垂直合并向上游投入物方向延伸时称为“后向性垂直合并”（backward vertical merger），当垂直合并向下游最终产出品及销售阶段延伸时称为“前向性垂直合并”（forward vertical merger）。垂直合并具有多方面的动因或绩效，如降低交易成本、充分利用技术经济联系、降低生产销售的不确定性、增强市场支配力等。垂直合并对市场结构的影响不能笼统地看成是提高市场集中度。具体来说，这种影响包括：（1）垂直合并涉及同一行业不同生产阶段的多种产品，一般不扩大特定产品的生产规模；（2）垂直合并直接造成企业数目的减少和合并后的企业规模扩大，因此会提高一般集中度；（3）垂直合并后，企业会对各生产阶段的能力重新组合匹配，一般是前后各生产阶段向最有效率的生产规模看齐，因此，垂直合并可能扩大某些产品的生产规模，提高这些产品的市场集中度。②

3. 混合合并

混合合并是指不同行业生产不同产品的企业间的合并，它是企业实施多元化经

---

① 龙茂发，马明宗．产业经济学概论．成都：西南财经大学出版社，1996：140.

② 龙茂发，马明宗．产业经济学概论．成都：西南财经大学出版社，1996：142.

营战略的重要途径。混合合并具体包括三种形式：（1）产品扩张型合并，即产品功能具有互补关系的企业间的合并；（2）市场扩张型合并，即市场区域或顾客对象不同的企业间的合并；（3）纯混合型合并，即生产经营活动几乎没有任何联系的企业间的合并。混合合并的动因主要有三：一是利用范围经济（economies of scope）①，二是分散风险，三是实现经营的长远目标。混合合并所形成的多元化经营格局可能对市场结构和竞争产生如下影响：（1）一般不影响某行业市场的集中度，但会提高经济整体的一般集中度；（2）有利于突破行业进入壁垒和克服进入障碍；（3）会导致限制竞争，增强垄断因素；（4）会影响替代产品和互补产品的销售定价。

第四节　市场绩效

一、市场绩效及其分析模式

（一）市场绩效的概念

在传统的SCP分析框架中，市场结构反映的是产业内企业间市场关系的表现形式及其特征，市场行为反映的是产业内企业与其他企业的市场竞争行为，市场绩效反映的则是在市场结构中企业市场行为产生的结果或成就。人们关注市场结构和企业行为是为了追求更好的市场绩效。

所谓市场绩效是指在一定的市场结构下，通过一定的市场行为使某一产业在价格、产量、成本、利润、产品质量、品种及其技术进步等方面达到的现实状态。这里的绩效不是整个国民经济运行的绩效，也不是单个企业经营的绩效，而是产业的绩效。企业绩效是产业绩效的基础，国民经济运行绩效则是所有产业绩效的综合反映。

产业组织理论对市场绩效的研究的两个最基本的方面是：（1）对市场绩效进行描述和评价。主要从资源配置效率、产业的规模结构效率、技术进步等几个具体方面，直接或间接地描述市场绩效的基本情况，评价市场绩效的优劣。（2）研究市场绩效与市场结构、市场行为之间的关系，并主要从这三者相互作用的关系中寻找市场绩效的影响因素，从而对导致某种市场绩效的原因作出解释。

---

① 所谓范围经济是指在一个企业里同时生产多种产品比多个企业生产单一产品更能降低生产成本。设三种产品的产量依次为 X_1，X_2，X_3，其单独生产成本分别为 $C(X_1, 0, 0)+C(0, X_2, 0)+C(0, 0, X_3)$，集中生产成本为 $C(X_1, X_2, X_3)$，范围经济性是指满足如下条件：$C(X_1, X_2, X_3)<C(X_1, 0, 0)+C(0, X_2, 0)+C(0, 0, X_3)$。

(二) S-C-P 分析模式

运用“S-C-P 分析模式”考察市场绩效可以从短期和长期两个角度分别展开。

在短期里，市场结构不会发生很大变化，因而此时可以将市场结构看成是既定的。从市场结构所包含的内容分析，它是企业的外部环境，市场结构状况是决定企业生产经营和竞争策略的客观依据，它在很大程度上引导乃至决定企业的市场行为。在既定的市场结构下，企业必须采取与外部环境相适应的策略，必然选择有利于企业生存与发展的行为。换言之，市场结构决定市场行为。而市场绩效的好坏又取决于产业内所有企业的生产经营活动状况。企业的价格策略会影响利润水平，企业的产品策略决定了产品能否满足市场需要，企业的销售策略影响着产品销售成本，等等，也就是说市场行为决定市场绩效。因此，从短期看，市场结构、市场行为和市场绩效之间的关系可以用一句话来概括：决定市场绩效的直接因素是市场行为，而制约市场行为的基本因素是市场结构。

从长期看，市场结构则是变化的，市场结构的变化往往是市场行为变化的结果，有时市场绩效的变化也会直接使市场结构发生变化。例如，企业的技术进步影响产业的成本结构、产品差别、进入条件等方面，这些变化会导致市场结构的变化。又如，企业的合并行为会提高市场集中度，企业的价格策略会影响新企业的进入。①

二、市场绩效的测量与分析

绩效是一个含有价值判断的概念，产业经济学所研究的市场绩效主要是从社会的角度来定义的经济效率，从最抽象的意义上来说，就是某产业以最少的投入取得社会需要的最大产出。经济学家通常采用三种方法来判断一个产业的绩效：（1）收益率（the rate of return），即投资每元钱所能获得的利润。这里的利润不是指根据会计原则所计算的会计利润，而是指经济利润，其含义是：经济利润=收入-工资-原材料成本-资本成本；（2）价格—成本差（cost-price margin），即价格与边际成本的差额（有时用平均成本代替边际成本）；（3）托宾（Tobin）q 值，即对厂商的股市价格和以其资产的重置成本计算的价值进行比较。如果一个厂商的价值高于其再建费用（包括正常的收益率），即 $q>1$，就意味着它能够赚取超额利润。这一利润是超过该厂商存在于该产业中所必需的收益水平的超额所得，表明存在较强的市场势力。② 这三个指标是衡量企业绩效的指标，衡量产业市场绩效的指标必须是产业内所有企业绩效的加权综合。

---

① 邬义钧，邱钧．产业经济学．北京：中国统计出版社，1997：155-156.

② 金碚．产业组织经济学．北京：经济管理出版社，1999：145-146.

在现实经济中，产业市场绩效的评价涉及许多方面，主要包括如下三个方面。

（一）产业的资源配置效率

资源配置效率（allocative efficiency of resources）是同时从消费者的效用满足程度和生产者的生产效率高低的角度来考察资源的利用状态。它包括如下三个方面的内容：(1) 有限的消费品在消费者之间进行分配，使消费者获得的效用满足程度；(2) 有限的生产资源在生产者之间进行分配，使生产者所获得的产出大小程度；(3) 同时考虑生产者和消费者两个方面，即生产者利用有限的生产资源所得到的产出的大小程度和消费者使用这些产出所获得的效用满足程度。

现代产业组织理论认为，产业的资源配置效率是反映市场绩效好坏的最重要指标，该指标在实际中常常是利润率标准。在完全竞争条件下，价格由自由竞争的市场决定，从长期看，会使价格处于趋向正常利润在内的最低费用水平，那么，可以认为市场机制下的资源配置是合理的、正常的。然而，在寡头垄断市场条件下，若某一产业长时期得到高利润率，则意味着该产业存在过度垄断，阻碍了资源的流入，并导致资源分配不合理，社会资源配置和利用效率低下。

（二）产业的规模结构效率

产业的规模结构效率也称为产业组织的技术效率。由于规模经济的存在，资源在产业间的分配状况影响着资源利用效率。产业的规模结构效率就是从产业内规模经济效益实现程度的角度来考察资源的利用状况。规模经济效益的实现程度通常用达到或接近经济规模的企业的产量占整个产业产量的比例来表示。

产业内规模经济效益的实现情况可以分为三种情形：(1) 未达到获得规模经济效益所必需的经济规模的企业是市场的主要供给者。这表明该产业的规模结构效率不高，存在着大量低效率的小规模生产。(2) 达到和接近规模的企业是市场的主要供给者。这说明该产业充分获得了规模经济效益，产业的规模结构效率处于理想状态。(3) 市场的主要供给者是超经济规模的大企业。由于这种超经济规模的过度集中，已经不能再使企业的长期平均成本降低，只是加强了企业的垄断力量，因而并不能提高产业的规模结构效率。

（三）产业的技术进步程度

技术进步的含义有广义和狭义之分。广义的技术进步包括除资本投入和劳动投入之外的所有促进经济增长的因素。产业组织理论中所考察的技术进步是狭义意义上的技术进步，主要包括产业内的发明、创新和扩散。发明是指构思对人类生活或生产活动有用的新产品或新的生产方法以及解决相关的技术问题。创新是指发明被第一次应用并导致一种新产品或新的生产方法的出现。扩散是指新产品或新的生产方法被广泛采用。

技术进步渗透于产业组织的生产结构和生产行为的各个方面：产品差别与产业的技术特点密切相关，经济规模和必要资本壁垒与大容量、高效率的技术发展有关，企业集团化和系列化的发展、价格和非价格竞争的类型和程度等都与产业的技术进步类型、技术进步程度及条件存在着密切的关系。技术进步是影响市场结构、市场行为，进而制约市场绩效的重要因素，因而也是衡量市场绩效的一个重要标准。

第五节　产业组织合理化

研究产业组织的目的，是为了促进产业组织的合理化，实现产业内资源的优化配置和产业的高效发展。产业组织合理化是产业的市场结构合理、企业的市场行为合理、市场绩效不断提高的过程。

一、产业组织合理化的内容

产业组织合理化的内容包括市场结构合理化、市场行为合理化、市场绩效高度化。

（一）市场结构合理化

市场结构合理化是指市场集中度恰当、对消费者有利的产品差别化程度不断提高、市场进入与退出壁垒合理的过程。市场结构合理化要求市场集中度恰当。因为市场集中度过高会形成高度垄断，不利于技术进步和价廉物美产品或劳务的提供，损害消费者的利益；市场集中度过低则会引起过度竞争，造成资源的浪费。产品差别化一般来说主要通过技术、产品、生产、经营、管理的多方面的创新才能取得，不仅有利于满足消费者多样化的需求，而且能够使企业获得更多收入，有利于推动技术进步，虽然在一定时期内可能形成垄断，但产品差别化程度的不断提高能够消除垄断。市场进入与退出壁垒及其高低，直接影响市场竞争和垄断的程度、市场的集中度和规模经济，而且由于形成市场进入与退出壁垒的因素很多，市场进入与退出壁垒不可能完全没有，所有市场进入与退出壁垒必须恰当，既推动市场竞争、防止垄断，又避免过度竞争，促进合理集中度和规模经济的形成。

（二）市场行为合理化

市场行为合理化是指企业逐步趋向合理地进行价格竞争和非价格竞争、企业组织结构和规模经营日趋完善的过程。也就是说，企业不进行不正当竞争和过度竞争，主要通过改进技术、加强管理、降低成本、提高质量、改进功能、开发新产品、适度降价、完善销售和服务等方法进行合理合法的适度竞争，以提高市场占有率，实现利润最大化；适当进行企业联合兼并，实行合理的多元化经营；合理扩大经营规模，实现规模经营，不谋求不合理、长期的垄断。

（三）市场绩效高度化

市场绩效高度化是指单个产业的市场绩效不断提高的过程，即单个产业的资源配置效率和规模结构效率不断提高、技术不断进步的过程。也就是说，通过市场结构合理化和市场行为合理化，单个产业的资源配置效率不断提高，主要是在单个产业利润率不断提高的同时为社会提供更多价廉物美的产品或劳务，更好地满足消费者的需求；使产业内达到合理规模的企业越来越多，规模结构日趋合理，整个产业的规模效率不断提高；单个产业总体的技术不断更新进步、水平不断提高。

综上所述，产业组织合理化主要体现为市场结构合理化、市场行为合理化和市场绩效高度化，市场绩效高度化是产业组织合理化的基本目标，市场结构合理化、市场行为合理化是市场绩效高度化的基本保证。

怎样才能实现产业组织合理化？仅靠市场机制的作用难以实现产业组织合理化，必须在有效发挥市场机制作用的同时，实行合理的产业规制和实施恰当的产业组织政策，具体内容将在后面论述。

二、产业组织合理化的模式——有效竞争

（一）有效竞争的概念及决定因素

一个合理化、高绩效的产业组织既要使企业获得较好的规模经济效益，又不因为企业规模的扩张导致垄断而丧失竞争活力。在马歇尔看来，这是一个“鱼与熊掌不可兼得”的“马歇尔困境”。为了克服“马歇尔困境”，克拉克于 1940 年提出了“有效竞争”的概念，并经梅森等人的归纳总结，形成了有效竞争理论。

所谓有效竞争理论，是指将规模经济和竞争活力这二者有效地协调起来，从而形成有利于长期均衡的竞争格局。作为产业组织合理化的目标模式，它是对同一产业市场上企业间组织结构及其垄断、竞争态势的理想状态的综合描述，其两个决定因素规模经济和竞争活力都是实现资源有效配置、提高经济绩效的手段和途径，它们是以不同的途径谋求经济效率这一共同目标。而市场竞争度（竞争活力）又由市场集中度和进入壁垒共同决定。因此，决定有效竞争状态的实际上是三个变量：规模经济、市场集中度和进入壁垒。

（二）企业适度规模理论

评价企业规模是否适度的最基本的依据是看其是否存在规模经济。所谓规模经济是指经营单一产品的单一经营单位因规模扩大而减少了经营的单位成本时导致的经济。产业经济学中一般根据边际成本（MC）和平均成本（AC）的对比关系即判定系数（FC）① 来识别规模经济和规模不经济：当 FC>1 时，平均成本大于边际成本，此时存在规模经济，即随着产出量的增加，平均成本曲线下降；当 FC<1 时,平均成本小于边际成本，此时存在规模不经济，即随着产出量的增加，平均成本曲线上升；当 FC=1 时，平均成本等于边际成本，此时规模收益不变，即在产量的一定范围内，平均成本曲线呈水平线。

识别规模经济的判定系数只能粗略地判断存在规模经济的区间。关于规模经济和成本的关系，这里有必要作如下解释和说明：

第一，一般情况下，讨论规模经济问题时所说的成本是长期成本（包括长期平均成本和长期边际成本）。而成本有长期成本和短期成本之分，短期平均成本（SAC）是在生产能力一定的条件下，单位成本随着产量变化而变化的曲线；长期成本曲线则是很多条短期成本曲线的包络线，通常是一条 U 形曲线。最低经济规模点是长期平均成本曲线的最低点，而不一定是短期平均成本曲线的最低点。

第二，规模经济包括产品规模经济、工厂规模经济、企业规模经济和行业规模经济四个层次。在许多关于规模经济的文献中，平均成本实际上是指平均生产成本，因而其平均成本曲线主要适用于描述生产成本在总成本中占绝大部分比重且交易成本很小的产品规模经济和工厂规模经济。而在现代大企业中，在管理、协调和控制生产经营的同时会发生大量的交易成本，因此决定企业规模的主要因素应该是由生产成本和交易成本构成的总成本和平均成本。在技术进步条件下，随着企业规模的扩大，平均生产成本曲线呈现下降态势，而包括企业内部组织协调成本在内的平均交易成本曲线则由原来的下降变为逐渐上升。总平均成本曲线是由平均生产成本曲线和平均交易成本曲线叠加而成的一条浅 U 形曲线，其最低点及其附近一定范围是企业的适度规模。

根据谢勒的归纳，确定企业适度规模的主要方法有利润分析法（profitability analysis）、工程法（engineering approach）、统计成本分析法（statistical cost analysis）和生存技术法（survivor technique）②。其中，前三种方法没有考虑管理组织的交易

---

① 识别规模经济的判定系数（function coefficient）一般被定义为平均成本与边际成本的比率，即 FC=AC/MC。它是成本对产量的弹性系数$\left(\rho_c=\dfrac{\Delta C/C}{\Delta Q/Q}\right)$的倒数。

② 于立，王询．当代西方产业组织学．大连：东北财经大学出版社，1996：70-71.

成本，主要适用于确定工厂规模或企业的生产能力规模决策。生存技术法由斯蒂格勒提出，适用于确定企业规模并有助于政府制定产业组织政策①。

（三）市场竞争度理论

如上文所述，市场竞争度（或竞争活力）是市场集中度和进入壁垒的函数。具体地说，某一产业的市场集中度越高，进入壁垒越高，新企业进入该产业难度越大；提高某一产业的进入壁垒，也会促使该产业提高市场集中度。而市场集中度和进入壁垒越高，市场竞争度则越低，反之亦然。由此可见，市场竞争度与市场集中度及进入壁垒之间存在反比例关系，更确切地讲，市场竞争度（DC）是市场集中度（CR）和进入壁垒（BE）的并集的倒数，即：

$$\mathrm{DC}=\frac{1}{\mathrm{CR}\cup\mathrm{BE}}$$

式中市场集中度（CR）的测量方法已在本章第二节作了具体介绍，进入壁垒（BE）的测量通常采用价格扭曲率度量法和产业超额利润度量法等方法。

价格扭曲率度量法是以垄断价格扭曲竞争价格的程度来测量进入壁垒高低的一种方法。假定某一商品在完全竞争市场和完全垄断市场这两种极端情况下的销售价格分别为 P_0 和 P_1，那么垄断价格与竞争价格的差额同竞争价格的比率即为价格扭曲率（R），其值的大小表明价格扭曲程度的高低，也显示进入壁垒的高低。用公式表示即：

$$R=\frac{P_1-P_0}{P_0}=\frac{\Delta P}{P_0}$$②

产业超额利润度量法的思路是：用产业利润率（p）与社会平均利润率（$\bar{p}$）的差额即产业超额利润率（Δp）来测量进入壁垒的高低。产业超额利润率越高，超额利润越多，进入壁垒越高。该方法可以避免价格扭曲率度量法公式中的 P_0 和 P_1 的实际值难以获得的缺点，代之以产业价格（P）和产业平均成本（$\bar{C}$）这两个资料可获性较好的指标。产业超额利润率的计算公式是：

$$\Delta p=p-\bar{p}=\frac{P-\bar{C}}{P}-\bar{p}$$

---

① ［美］斯蒂格勒．产业组织和政府管制．上海：上海三联书店，上海人民出版社，1996.

② 该公式应用中遇到的一个现实困难是公式中的 P_0 和 P_1 的实际值难以获得。不过，P_0 可以用边际成本 MC 来替代，因为在完全竞争条件下，$P_0=\mathrm{MC}$，所以，价格扭曲法的测量公式也可以表示为 $R=\frac{P-\mathrm{MC}}{P}$。

（四）有效竞争的衡量标准

在克拉克提出了有效竞争的概念后，一些学者在此基础上更进一步，对有效竞争的衡量标准问题进行了深入的探讨。在此介绍两种比较有影响的衡量标准——梅森标准和索斯尼克标准。

1. 梅森标准

梅森提出的衡量有效竞争的标准包括市场结构标准和市场效果标准两个方面。市场结构标准的主要内容包括：（1）市场上存在相当多的卖者和买者；（2）任何卖者和买者所占市场份额均比较小；（3）任何卖者集团和买者集团都不存在“合谋”行为；（4）新企业能够进入市场。市场效果标准的主要内容包括：（1）市场上存在促使企业不断改进产品和工艺的压力；（2）在成本下降到一定程度时，价格能够向下调整，具有一定的弹性；（3）生产集中在适度的最有效率的规模单位下进行，但未必是在费用最低的规模单位下进行；（4）生产能力和实际产量基本协调，无慢性设备过剩；（5）可以避免销售活动中的资源浪费。

2. 索斯尼克标准

索斯尼克在梅森提出的衡量有效竞争的市场结构标准和市场效果标准后不久，即在《经济学季刊》杂志上发表了以 SCP 为框架的评价标准，具体内容包括 15 个方面①：（1）不存在企业进入和退出的人为限制；（2）存在对上市产品质量差异的敏感性；（3）交易者的数量符合规模经济的要求；（4）厂商之间不存在相互勾结行为；（5）厂商不使用排外性的、掠夺性的或高压性的竞争手段；（6）厂商在推销时不存在欺诈行为；（7）不存在“有害的”价格歧视；（8）竞争者对其他对手是否会追随他们的价格变动缺乏完备的信息；（9）利润水平刚好足以支付创新、效率和投资的报酬；（10）厂商提供的产品数量和质量随消费者需求而变化；（11）厂商会努力采用新技术和新生产工艺；（12）没有“过度”的消费支出；（13）每个厂商的生产过程富有效率；（14）最好地满足消费者需求的卖者得到最多的收益；（15）价格变化不会加剧周期的不稳定。其中，（1）~（3）为市场结构方面的标准，（4）~（8）为市场行为方面的标准，（9）~（15）为市场绩效方面的标准。

上述两个标准试图将衡量有效竞争的标准和指标具体化和可操作化，但在实际应用时仍然存在不少问题：一是某些指标的表述依然模糊不清，令人难以确切把握，如“相当多”、“一定”、“基本”、“有害的”、“刚好”、“过度”等；二是某些标准与实际存在一定的距离，或者某些标准之间相互矛盾，如“不存在企业进

---

① Stephen Sosnick（1958）. A Critique of Concept of Workable Competition. Quarterly Journal of Economics, Vol. 72：380-423.

入和退出的人为限制”对不少行业来说就过于理想化。因此，一些学者认为，有效竞争的概念无论在理论上还是实践上并没有解决实质性的问题，但在制定和实施产业组织政策时，人们又不得不把它作为一个出发点和努力方向。

本章小结

现代产业组织理论从其产生和形成的渊源来看，最早萌芽于马歇尔的“生产要素理论”，奠基于张伯伦、琼·罗宾逊等人的“垄断竞争理论”，完整体系形成于贝恩、梅森等人的系统研究。

贝恩系统地提出了产业组织理论的 SCP 框架，第一次完整而系统地论述了产业组织的理论体系，标志着现代产业组织理论的基本形成。以贝恩、梅森等人为代表的哈佛学派产业组织理论的三个基本范畴是市场结构、市场行为和市场绩效，并把这三个范畴和国家在这个问题上的公共政策（即产业组织政策）联系起来，规范了产业组织理论的理论体系。科斯、威廉姆森、谢勒等人在此基础上作了进一步的补充、完善，认为市场结构（S）决定企业的市场行为（C），企业的市场行为决定市场绩效（P）。

以斯蒂格勒、鲍莫尔、德姆塞茨等人为代表的芝加哥学派认为，S、C、P 三者之间是双向互动而非单向传递的联系。因此，不仅需要分析市场结构对企业行为的影响，而且还应当分析企业行为对市场结构的影响，并由此考察经营绩效通过企业行为进而对市场结构的影响。新产业组织理论从分析框架、理论基础、研究方法、研究重心和政策主张等方面发展了传统的产业组织理论。

市场结构是指产业内企业间市场关系的表现形式及其特征，它是 SCP 分析框架最基本的概念和研究主题。市场结构受市场集中度、产品差别化、市场进入与退出壁垒等诸多因素影响。根据市场竞争和垄断的不同程度，市场结构分为完全竞争市场、垄断竞争市场、寡头垄断市场和完全垄断市场四种类型。衡量产业垄断和竞争程度的指标主要有产业集中度、洛伦茨曲线和基尼系数、赫芬达尔指数、交叉弹性、熵指数。

市场行为是指企业在根据市场供求条件并充分考虑与其他企业关系的基础上，为获取更大利润和更高的市场占有率所采取的战略决策行动，它是联结市场结构和市场绩效的中间环节。市场行为主要包括以控制和影响价格为基础特征的定价行为，以研究与开发、形成产品差异、促销为基本内容的非价格行为及以产权关系和企业规模变动为基本特征的企业组织调整行为。

市场绩效是指在一定的市场结构下，通过一定的市场行为使某一产业在价格、产量、成本、利润、产品质量、品种及其技术进步等方面所达到的现实状态。产业的资源配置效率、规模结构效率、技术进步程度是评价市场绩效的三个基本方面。

产业组织合理化是产业市场结构合理、企业市场行为合理、市场绩效不断提高的过程。市场绩效高度化是产业组织合理化的基本目标，市场结构合理化、市场行为合理化是市场绩效高度化的基本保证。产业组织合理化的模式是有效竞争，决定有效竞争状态的是规模经济、市场集中度和进入壁垒。

思考题

1. 简述产业组织的 SCP 分析框架的基本内容。
2. 比较哈佛学派和芝加哥学派产业组织理论观点及政策主张。
3. 论述影响市场集中度的主要因素。
4. 试比较产业组织理论分析的企业市场行为与微观经济学分析的企业行为的异同。
5. 简述企业的定价行为。
6. 如何评价市场绩效？
7. 什么是有效竞争？
8. 论述产业组织合理化的内容和途径。

第七章 产业发展

产业发展是产业经济学研究的主要任务，也是产业经济学研究的目的。研究产业类型、产业结构、产业关联、产业布局、产业组织是要从各个不同的方面研究产业发展的规律，最终都是为了促进产业的发展。本章主要论述产业发展的内容、过程、机制和途径，产业革命的条件、历程、作用、特点和规律，产业发展战略的内涵、类型和产业总体的可持续发展。

第一节 产业发展概述

一、产业发展的内容

产业发展是指产业的产生、成长和演进。产业发展的内容，既包括单个产业的进化，又包括产业总体的演进；既包括产业类型、产业结构、产业关联、产业布局的演进，又包括产业组织的变化、产业规模的扩大、技术的进步、效益的提高。产业发展的过程，就是单个具体产业的产生、成长、繁荣、衰亡或单个大类产业产生、成长、不断现代化的过程，也是产业总体的各个方面不断由不合理走向合理、由不成熟走向成熟、由不协调走向协调、由低级走向高级的过程；也就是产业结构优化、主导产业分阶段转化、产业布局合理化、产业组织合理化的过程。产业发展的状况是产业类型变化规律、产业结构演进规律、产业布局变动规律、产业组织演变规律和其他单个产业和产业总体发展规律综合作用的结果。从最广泛的意义上来说，产业经济学就是产业经济发展学。产业各个方面的演进规律也就是产业发展的规律。前面各章已经分别介绍了产业各个方面的发展规律，本章则进一步分析单个产业和产业总体的发展规律及产业发展的机制、途径、战略。

经济发展包含产业发展，产业发展又是经济发展的必要条件、关键因素和强大动力，产业发展的状况直接决定着整个国民经济发展的状况。因此，产业发展的研究对促进国民经济的发展具有特别重大的意义。

二、单个具体产业发展的生命周期

（一）产业生命周期的内容

只要存在社会分工，只要是社会化大生产，就会存在由多种不同的产业构成的产业总体，因此从总体上来讲的产业将永远存在，产业总体也就不存在由产生直至消亡的生命周期。如果产业总体也有生命周期，也会走向消亡，那就意味着国民经济也要消亡，人类社会也就不存在了。产业总体的发展过程就是不断由不完善、不成熟的低水平向更完善、更成熟的高水平演进的过程，而且只要人类社会存在，这个过程就是无止境的，这是产业总体发展的一条最基本的规律。但是，单个具体产业则不同，大多数产业会存在由产生直至衰亡的生命周期。因为，单个具体产业是生产同种类产品的企业的集合，某种具体的产品大多数存在生命周期，当某种产品走向消亡的时候，生产这种产品的企业要么衰亡，要么转产而变成别的产业的企业，由生产消亡产品的企业集合而成的产业也就会走向衰亡。因此，可以说产品的生命周期也就是产业的生命周期。

根据市场学的研究，产品的生命周期“是指产品从最初投入市场到最终退出市场的全过程”①。产品的生命周期不是某个产品从生产、使用到消耗或报废的使用寿命或自然寿命，而是某类产品在市场上的生命周期，所以产品生命周期更准确地讲是产品市场生命周期。某种产品在市场上的销售额和利润量的变化反映出产品市场生命周期的具体演变过程，一般会依次经过进入期、成长期、成熟期、衰退期等四个发展阶段，在图形上表现为一条“S”形曲线，如图 7-1 所示。

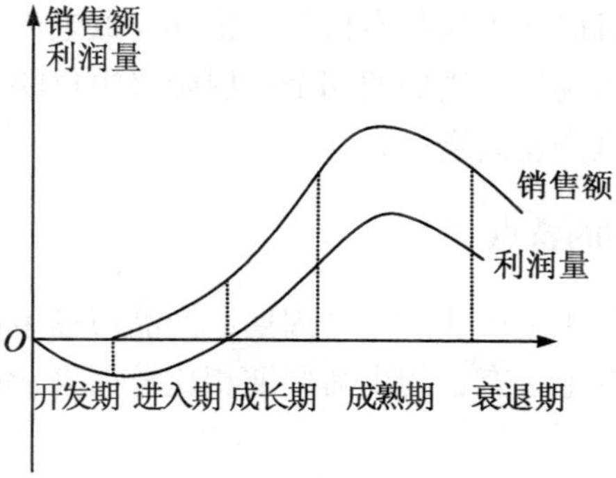

图 7-1　产品生命周期图

① 彭星间，严学军．现代市场学．大连：大连海运学院出版社，1990：148.

由图 7-1 可见，第一阶段是产品投放市场的时期，由于刚开始，成本和价格较高，人们还不了解，销售渠道还不多、不畅，所以产品销售额很小，不可能产生利润，产业也只是初步形成。第二阶段是成长期，市场逐步打开，销售额不断增加，开始有了利润并随销售额的增加而增加，产业开始发展、壮大。第三阶段是成熟期，产品成本和价格下降，规模经济形成，产品被人们熟悉和广泛接受，销售渠道增多、畅通，销售额大幅度增加，逐步达到顶峰，利润也逐步达到最大化，产业成熟、发达。第四阶段是衰退阶段，在销售额和利润量较高的状况持续一段时间以后，由于新产品的出现或消费结构的变化，市场对某种产品的需求会大量减少甚至完全消失，该产品的销售额和利润量必然会随之大幅度下降，逐步走向衰落甚至消失，产业也走向衰退。

从长期来看，大多数产品有市场生命周期，但也有少部分产品的生命周期并不明显，如大米、面粉、食盐等产品就看不出"S 形曲线"的变化。而且，不同产品的市场生命周期的时间长短和周期性特征也不完全相同，有的产品如流行服装、时髦商品的市场生命周期短，而有的产品如日用品的市场生命周期长；有的产品如照相机、电话机的投入期、成长期很长，而有的产品如电子计算机投入期、成长期都非常短。产品市场生命周期产生的原因主要是科学技术的进步和消费结构的变化。科学技术进步能开发出许多功能更新更全、性能更好、质量更高、价格更便宜的新产品，消费结构变化会使某些市场需求减少以至消失、使某些市场需求增加、使新的需求产生，这都会引起产品的更新换代，导致老产品不断被淘汰、新产品不断取而代之的趋势，从而形成产品的市场生命周期。

产品的生命周期决定产业的生命周期。比如：汽车代替马车，使生产马车的产业走向衰亡、生产汽车的产业逐步发达繁荣；电子计算机淘汰手动计算机、程控电话取代手摇电话、收录机取代手摇留声机等，也都导致老产业的衰落和消亡、新产业的形成和发展。产品市场生命周期的四个发展阶段也反映了相关产业兴衰的演变过程，产品兴亡史也就是产业兴衰史。

（二）产业生命周期的特点

产品的市场生命周期决定产业的生命周期，产品市场生命周期可以说就是产业生命周期。与其他事物有生必有亡的生命周期相比较而言，产业生命周期又具有自己的特点：

（1）不是所有的产业都有生命周期。不仅产业总体没有生命周期，大多数大类产业如工业、农业、服务业及其再下一个层次的种植业、轻工业、旅游业等也不存在生命周期，而且单个具体产业也不一定都存在生命周期，不一定都会走向衰亡，如理发业、清洁水供应业等。

（2）产业生命周期存在缩短的趋势。随着新的科技革命的迅猛发展，人类社会向知识经济时代迈进，知识更新速度加快，技术开发周期缩短，产品升级换代步伐加速，使得产业很快由成熟期进入衰退期，有的产品的市场生命周期只有几年甚至几个月，因而产业生命周期大大缩短。

（3）许多产业可能“衰而不亡”。世界各国产业结构演进的历史表明，进入衰退期的许多传统产业虽然在国民经济中所占的比重在不断下降，但对这些产业产品的需求不会完全消失，因而这些产业的比重也不会下降到零，具有明显的“衰而不亡”的特征，真正完全“消失”或“死亡”的产业并不多见。①

（4）衰退产业可能“起死回生”。由于科学技术进步和消费结构的变化，有些进入衰退期的产业可能用高新技术进行改造和武装，降低成本，提高质量，改进性能，增加花色品种，重新焕发“青春”，增强生命力，再次显现产业成长期甚至成熟期的特征。

（三）产业生命周期中产业地位和性质的变化

单个具体产业的生命周期一般要依次经历进入期、成长期、成熟期、衰退期等四个发展阶段，处于不同发展阶段的产业在产业结构和国民经济中的地位是不相同的，具有不同的性质，并且随着进入不同的发展阶段，产业的地位和性质也会随之发生相应的变化。

处于进入期和成长期的产业，一般是新兴产业、“朝阳产业”、先导产业。这些产业的特点是，市场潜在需求巨大，生产新产品，技术先进，代表产业发展的方向，发展速度快，增长率高，有的还具有很强的带动其他产业发展的能力，能够引起产业结构的变动，可能发展成为主导产业。

处于成熟期的产业，一般的特点是市场需求可能达到最大，具有较为长期和稳定的产出与收入，虽然并不都是主导产业、支柱产业，但只要是主导产业、支柱产业，必然是处于成熟期的产业。因为只有处于成熟期的产业，才有可能在产业结构和国民经济中占较大的比重，才能发挥主导作用和支柱作用，对其他产业发展产生较大影响，支撑着整个国民经济的发展。

处于衰退期的产业，一般是传统产业、“夕阳产业”、衰退产业，这些产业的特点是，市场需求萎缩以至消失，产品老化，技术陈旧，增长缓慢甚至下降，在产业结构和国民经济中占的比重持续下降。进入衰退期的主导产业、支柱产业则会失去“主导”、“支柱”的地位和作用，如发达国家的钢铁工业、纺织工业等。进入衰退期的产业一般有三条出路：一是由衰退走向消亡；二是转移到别的经济发展水平较低、产业结构演进也处于低级阶段的国家和地区，开辟新的市场，焕发新的生机；三是用高新技术进行改造和武装，重新焕发青春和活力，再次走上发展之路。

---

① 苏东水．产业经济学．北京：高等教育出版社，2000：475.

产业的地位和性质，随产业生命周期四个阶段的顺序发展而变化，依次为新兴产业、“朝阳产业”、先导产业向成熟产业、支柱产业、主导产业，再向传统产业、“夕阳产业”、衰退产业转变的发展趋势，既反映了产业生命周期不同阶段产业类型演变的特点，也是产业发展的一般规律。

三、产业发展的机制和途径

（一）产业发展的机制

产业通过什么机制才能健康快速发展，这是解决产业怎样发展问题的关键。实际上产业结构优化的机制、产业布局的机制、产业组织合理化的实现机制，也是单个产业和产业总体发展的机制，同样要以市场机制为基础，以政府调控为辅助。

单个产业和产业总体的发展必须以市场机制为基础，因为市场机制能够通过价格、供求和竞争的作用，影响人们的利益得失并提供相关的信息，引导人们自动地调整自己的经济行为，把资源配置到最有价值、效率最高的产业，这样新兴产业、“朝阳产业”、先导产业才能得到有效发展，主导产业、支柱产业的发展才有保证。有市场需求、有发展前途的产业，通过市场机制的作用，能够得到更多的资源，取得更多的收益，从而兴旺发达；无市场需求、无发展前途的产业，在价格供求和竞争规律的作用下，收入必然下降甚至亏损，投资减少，资源流出，自然会萎缩衰败。只有以市场机制为基础，才能更好地实现产业的优胜劣汰、新陈代谢，提高产业总体的经济效益。但是，市场机制存在种种缺陷，尤其是难以实现公共部门和部分自然垄断行业的发展，而且新兴产业、高新技术产业、环保产业的发展，由于开始很弱小，需要的投资多，风险也大，需要政府支持和扶植，所以在以市场机制为基础的同时，还必须辅之以政府的管理和调节，以弥补“市场失灵”，促进单个产业和产业总体更好地发展。

（二）产业发展的途径

1. 单个产业发展的途径

单个产业是生产同类产品的企业集合，因此单个产业的发展首先以产业内部企业的发展为基础，企业的发展途径也就是产业的发展途径。企业的发展途径主要有：通过制度创新，建立规范有效的企业制度，为企业发展提供制度保证；通过技术创新，提高技术水平，采用先进工艺和设备，开发新产品，增加花色品种，增强竞争能力；进行科学管理，正确决策，合理营销，改善产品质量，搞好各种服务，降低成本，提高经济效益。除此之外，单个产业的发展还必须协调规模经济和竞争活力的关系，形成有效竞争的市场结构，防止垄断和过度竞争，规范企业的市场行为，实现产业组织的合理化，提高市场绩效；还需要协调与其他产业发展的关系，形成合理的投入产出联系，避免生产过剩和不足；还必须通过多种渠道和途径，筹集更多的资本，为产业的发展提供更充足的资金来源；也需要进行行业协调，适当集中必要的人力、物力、财力，攻克产业发展的技术难关，研制更先进的工艺、技术、设备，提高产业的技术水平和装备水平。

2. 产业总体的发展途径

产业总体发展的主要任务是产业总体的规模扩大、比例协调、发展水平和经济效益提高；主要内容包括产业结构优化和产业布局合理化。因此，产业结构优化与产业布局合理化的主要途径和措施，也就是产业总体发展的主要途径和措施，包括以下几个方面：

（1）坚持制度创新，形成完整、统一、竞争、开放的市场体系，建立正常的市场交易、竞争的秩序，规范市场活动主体的行为，完善政府对经济运行的间接的宏观调控，为市场机制作用的发挥和产业的发展创造优良的制度环境。

（2）鼓励技术创新，推动技术进步，提高产业总体的技术水平。

（3）正确进行产业选择，实行有区别的产业政策，更好地发挥产业的关联作用、带动作用、引导作用。

（4）合理进行产业调整，实现产业总体协调高效的发展。

（5）恰当进行产业转移，扬长避短，发挥优势，促进产业总体的高效发展。

（6）制定和实施正确的产业发展战略，实现产业总体的持续稳定发展。

（7）制定和执行合理有效的产业规制和产业政策，推动产业总体更好地发展。

其中，产业选择、产业调整、产业转移和产业发展战略将在下面分别展开论述，产业规制和政策则在第八章和第九章专门介绍。

四、产业选择

（一）产业选择的内容和必要性

1. 产业选择的内容

产业选择是人们识别和确定优先发展、重点扶植或调整限制发展的产业的经济活动。一般来说需要优先发展、重点扶植的产业主要包括：主导产业、先导产业、支柱产业、基础产业、短线产业、瓶颈产业、新兴产业、高新技术产业、环保产业；需要调整和限制发展的产业主要包括：衰退产业、长线产业、传统产业。产业选择就是要从众多产业中挑选出主导产业、先导产业、支柱产业、基础产业、短线产业、瓶颈产业、新兴产业、高新技术产业、环保产业、衰退产业、长线产业、传统产业。

2. 产业选择的必要性

人们为什么要进行产业选择呢？主张通过市场自发调节实现产业发展的观点认

为，市场机制通过价格、供求、竞争的作用，能够自动地促进有市场需求、发展前途和竞争能力的产业的发展，不需要人为扶植；自动地实现衰退产业的淘汰、长线产业的收缩、传统产业的改造或消亡，不需要政府去限制；而且，在产业的识别和引导上市场比政府更准确、更有效、更具权威性，所以政府根本没有必要去进行产业选择，制定产业发展规划，对产业实行扶植或限制。但是，现代市场经济发展的实践表明，完全靠市场机制的自发作用不能解决产业发展的所有问题，必须实行国家干预，进行必要的产业管理，制定和执行区别对待的产业政策，促进产业的健康发展。即使发达国家也制定产业政策，干预产业发展，甚至市场化程度最高的美国都制定产业政策，推进高新技术产业的发展。实行产业管理与制定产业政策，首先必须识别、确定不同性质和特征的产业。正确判断不同类型的产业，是产业选择的主要任务。为产业管理和产业政策提供必要的前提，以促进产业的发展，是产业选择的根本目的。产业选择的必要性、作用或原因，主要表现在以下两个方面：

(1) 产业选择有利于产业管理和产业发展。产业选择是实行产业管理与制定产业政策的重要环节和前提条件。只有正确判定各种不同性质和特征的产业类型，分类管理和区别对待的政策才有明确的对象，才能制定合理的产业政策，进行恰当的产业管理，促进产业更好地发展。

(2) 产业选择有助于指导企业投资决策。产业选择能够提供哪些产业是有市场需求、有发展前途、国家鼓励和扶植的产业，哪些产业是市场需求萎缩、无发展前途、国家调整限制的产业的信息，为企业投资决策指明方向，有助于避免盲目投资、防止重复建设、减少决策失误，促进企业和产业协调高效发展。

(二) 产业选择的原则和方法

正确的产业选择必须依据恰当的选择标准，全面了解实际情况，进行准确的判定。为此，必须遵循和采用以下原则与方法：

1. 必须进行全面深入的调查研究

正确的产业选择，必须从实际出发，全面了解各个产业发展的情况。否则，就无法判断哪些产业是属于应该支持和扶植的产业、哪些产业是属于应该调整和限制的产业。调查研究主要包括两大方面：一是市场调查研究，以便了解各个产业的供求情况、变动趋势、市场前景；二是产业调查研究，以便了解各个产业的过去、现状和发展趋势。只有经过两个方面的调查研究，才能更准确地判定短线与长线产业、瓶颈产业、基础产业、主导产业、支柱产业、衰退产业、新兴产业等。

2. 必须以正确的产业经济学理论作指导

如果不掌握产业发展的规律、不知道产业演进的必然趋势，就不能确定产业选择的正确标准，无法判断什么是新兴产业、先导产业、主导产业、传统产业、衰退产业等。产业经济学的主要任务是揭示产业发展的规律，因此产业选择必须以产业经济学的正确理论作指导。

3. 必须从国情和条件出发

在遵循产业发展客观规律的前提下，产业选择还必须从国情和条件出发，综合考虑本国的资源禀赋、产业演进和经济发展所处的阶段、技术水平、劳动力素质、市场需求、比较优势、后发优势等，扬长避短，发挥优势，选择更有条件、更适合本国需要、效益更好、更有发展前景的产业。

4. 必须进行国际比较

有比较才有鉴别。产业发展具有普遍存在的一般规律，领先国家尤其是发达国家的产业发展的状况在一定程度上预示了后进国家产业发展的未来，处于同等发展水平的国家的产业状况也会与本国的产业状况存在类似之处。所以，一个国家尤其是发展中国家在产业选择过程中，应该认真进行国际比较研究，这样有助于确定正确的选择标准，进行更准确的选择。比如，什么是新兴产业、高新技术产业，不进行国际比较，很难判断。

五、产业调整

（一）产业调整的内容和必要性

1. 产业调整的内容

产业调整是指对产业实行鼓励、引导、保护、支持、扶植和收缩、转移、改造、限制、淘汰的经济活动。产业调整的主要内容包括产业结构调整、产业布局调整、产业组织调整、产业发展调整。一般来说，在出现产业结构不合理、产业布局不合理、产业组织不合理、产业发展不协调、效益低的情况下，市场机制会自动对产业产生调整作用，政府也可以对不同产业分别采取鼓励、保护、支持、扶植、收缩、转移、改造、限制、淘汰的措施，加快某些产业的发展，抑制另一些产业的发展，改进产业的空间分布，完善市场结构，规范企业行为，使产业各方面走向合理化。产业调整的主要任务是促进产业结构的优化、产业布局的合理化、产业组织的合理化、产业的协调、持续、高效发展。产业调整有两种类型，即通过市场机制的作用实现的调整和通过政府的作用实行的调整。

2. 产业调整的必要性

产业调整的必要性，总的来讲是因为产业调整是产业结构优化、产业布局合理化、产业组织合理化与产业发展的必然要求和重要途径。随着经济的发展、科学技术的进步、社会分工的深化、专业化水平的提高、消费结构的变动，产业也需要相应发生变化。原有的产业状况不适应新的发展要求，也必须加以改变。不进行产业调整，产业结构就不能优化，产业布局和产业组织也不能合理化，产业也就不能协调、稳定、高效发展。

市场对产业的调整是自动进行的，政府为什么也要进行产业调整呢？这是因为仅仅依靠市场机制的作用，不足以更快更好地实现产业结构的优化、产业布局的合理化、产业组织的合理化、产业协调高效的发展；正确的产业调整则能有效地促进产业结构优化、产业布局合理化、产业组织合理化、产业协调高效发展。单靠市场机制为什么不能很好地实现产业结构优化、产业布局合理化、产业组织合理化，前面各章已经分别进行了专门论述，这里不再重复。正是由于单靠市场机制不能很好地实现上述产业各方面的合理化，所以也不足以保证产业的协调高效发展，必须辅之以政府的产业调整。政府的产业调整也是促进产业发展的重要措施。

尽管许多发达国家主要依靠市场机制的作用，逐步实现产业结构不断优化升级、产业布局趋向合理、产业组织日渐完善，但是，这些国家的政府也不是完全没有发挥作用，实际上不同程度地进行过干预，采取过某些产业调整的措施，其中有些国家如日本、德国、法国等国的政府的作用还相当大；而且，这个过程一般耗费的时间相当长，花的代价也相当大，尤其在国际经济政治格局发生重大变化、新科技革命迅猛发展、产业结构升级换代的今天，发展中国家不可能再完全重复发达国家产业发展的过程，因此政府的产业调整对后发国家显得意义更为重大。

（二）产业调整的机制和措施

1. 产业调整的机制

产业调整的机制包括市场机制和计划机制。

（1）产业调整的市场机制。市场机制对产业的调整是通过市场上价格、供求和竞争的作用，引起产业自行收缩或扩张的过程。具体来说，市场提供反映各产业状况的信息，影响企业和投资者的利益，自动地调整生产经营行为，引起资源在企业之间、产业之间流动，导致产业规模和发展状况的变化，从而自动实现产业调整。比如市场上的价格及其变动，可以反映各个产业产品的供求情况和市场前景，供过于求的长线产业，需求下降、缺乏市场前景的衰退产业，产品价格下降，经营收入减少，资源必然流出，产业会自动萎缩；产品供不应求的短线产业、瓶颈产业、市场前景光明的新兴产业，产品价格上升，经营收入增长，生产要素必然流入，产业自然会发展、壮大。市场竞争优胜劣汰能够淘汰缺乏竞争力的落后产业，推动丧失优势的产业转移，促进高新技术产业快速发展。

（2）产业调整的计划机制。计划机制是政府进行产业调整的机制，具体来讲是政府通过制定计划并运用经济、法律和行政手段保证计划目标实现的产业调整机制。政府在进行正确的产业选择之后，制定产业发展规划和相应的产业政策，采用各种鼓励或限制的措施，促进产业的扩张或收缩，从而实现对产业的调整。产业调整必须以市场机制为基础，以计划机制为辅助，因为计划机制存在更加难以克服的信息障碍，缺乏有效的利益激励、监督和约束机制，实践也证明市场机制比计划机制更有效。

2. 产业调整的措施

政府进行产业调整的措施主要分为两大类：一类是产业扩张措施，另一类是产业收缩措施。

（1）产业扩张措施。这是促进产业发展的措施，包括对产业实行鼓励、引导、保护、支持、扶植等具体措施。比如政府运用国家投资、财政援助、税收减免、资金支持、优惠贷款、放宽国内限制、加强进口限制、奖励产业进入、政府采购等手段培育和鼓励新兴产业发展、扶植弱小产业壮大、支持短线产业和瓶颈产业扩张、加强基础产业、适当保护本国产业等。

（2）产业收缩政策。这是限制产业扩张的措施，包括对产业实行收缩、转移、改造、限制、淘汰等具体措施。比如政府运用减少或不投入、增加税收、限制产业进入、强制压缩、扩大进口、明令禁止等手段收缩长线产业、转移或改造传统产业、淘汰落后的衰退产业等。

六、产业转移

（一）产业转移的内容和必要性

1. 产业转移的内容

产业转移是指把本国或本地区已经没有优势的产业向外国或别的地区转出、把本国或本地区拥有优势的产业转入的经济活动。产业转移有两种类型，即国内产业转移和国际产业转移。产业转移的内容主要包括产业转出和产业转入。转出的产业也就是需要收缩、淘汰的产业，一般是本国或本地区已经不具有资源禀赋优势或比较优势的产业，这种产业往往主要是传统产业、衰退产业、劳动密集型产业、资源消耗型产业；转入的产业也就是需要发展、扩张的产业，发展中国家一般主要是劳动密集型产业、传统型产业、资源消耗型产业，发达国家一般主要是技术密集型产业、高新技术产业。比如劳动力缺乏、价格昂贵、工资成本高的国家和地区把劳动密集型产业向劳动力资源丰富价廉、工资水平低的国家和地区转移；资本充足、技术先进的国家和地区主要发展资本密集型产业、技术密集型产业。

2. 产业转移的必要性

产业转移是地区分工和国际分工的客观要求，是发挥比较优势、取得比较利益、促进产业高效发展的重要途径。由于各个国家或地区的自然资源的禀赋不同，拥有的生产要素的状况不一样，经济发展的水平也有差别，而且拥有的生产要素的情况会随着经济发展水平的提高而变化，在实行国际分工和地区分工的条件下，只有重点发展本国或本地区具有资源和要素优势的产业，或者利用别的国家或地区产业转移的机会发展优势产业，并且随着经济发展和拥有的生产要素的变化相应实行产业转移，才能扬长避短，发挥比较优势，充分有效利用本国或本地区的资源和要素，取得分工效率和比较收益，推动国民经济快速、高效发展。产业转移，无论是对产业转出国或地区，还是对产业转入国或地区，都比较有利，让出了部分市场，提供了发展的机会，都能更好地发展本国或本地区的优势产业，带来更高的经济效益。

（二）产业转移的原则和方法

产业转移必须遵循和采用以下原则与方法：

（1）产业转移必须从本国或本地区的资源和要素的状况出发。产业选择的目的，就是要发挥本国或本地区的资源和要素的比较优势，促进产业的高效发展。因此，产业转移首先必须考虑本国或本地区资源和要素的实际情况，找出优势所在，然后再确定应该转出的产业和转入的产业。资源的状况主要包括资源的种类、丰度、利用的难易程度和价格；生产要素的状况主要包括生产要素的种类、数量、质量和价格。应该转出的产业是资源和要素短缺价高的劣势产业，应该转入的产业是资源和要素丰富价廉的优势产业。

（2）产业转移必须随资源和要素状况的变化而变化。随着经济的发展、科学技术的进步，一个国家和地区原有的资源和要素的优势可能会逐渐消失，同时又会形成新的资源和要素的优势。比如原有资源已经大量消耗，开发出了新的资源，就会使资源优势发生变化；经济发展既可能增加对劳动力的需求，又会提高生活水平，使劳动力的价格上涨，可能导致劳动力优势的丧失；经济发展和技术进步还会积累更多资本、提高技术水平，形成资本和技术的优势。因此，必须随着经济发展和技术进步，根据资源和要素优势的变化，再次进行产业转移。

（3）产业转移并不是只发展优势产业。产业转移是要利用国际分工和地区分工，发挥比较优势，重点发展优势产业，促进产业高效发展，并不意味着除了优势产业之外，其他产业都不发展，尤其是大国和发展中国家更不能如此。因为只发展优势产业很难形成完整的工业体系和国民经济体系，会造成对外的过分依赖，不容易改变自己所处的劣势地位，难以实现赶超发达国家的目标，不利于经济长期稳定的发展。所以，在实行产业转移、发展优势产业的同时，必须重视适当发展先导产业、新兴产业、高新技术产业。这样才能既发挥优势、提高效益，又赶上先进国家经济发展的步伐。

（4）产业转移主要通过投资增减、投资方向和地区改变、生产要素流动来实现。由于产业转移包括产业转入和转出，转入就是本国或本地区的产业发展、扩张，需要增加投资、引进外资、生产要素流入；转出就是本国或本地区的产业收缩、淘汰，需要减少投资、输出资本、生产要素流出，所以增减投资、改变投资方向和地区、实行生产要素流动，是实现产业转移的基本手段。

（三）产业“空洞化”

所谓产业“空洞化”，也称产业“空心化”，是指某些国家或地区由于产业转移而制造业大量减少的状况，一般用来形容发达国家或先进地区由于制造业大量转移而引起的产业结构变化。比如，第二次世界大战以后，当美国一般制造业特别是轻纺工业、劳动密集型产业向日本、亚洲“四小龙”转移的时候，后来又由美国、日本向中国和其他国家转移的时候，都出现过美国、日本产业“空洞化”的议论，甚至成为指责中国等接收美国、日本一般制造业特别是轻纺工业、劳动密集型产业转移的国家的说辞，认为美国、日本经济之所以衰退、失业之所以增加，是因为中国等国家使美国、日本的产业“空洞化”了。

其实，产业“空洞化”并不是一个准确科学的概念，上述指责也是没有道理的。产业“空洞化”并不意味着发达国家或先进地区由于制造业大量转移而产业或制造业消失，没有产业了，只是反映发达国家或先进地区产业结构调整、演进和优化的现象，不过是表明这些国家和地区已经不具有优势的产业在减少甚至消失，而拥有优势的产业不但没有消失，反而能更多更快地发展。这不是对发达国家或先进地区有害的现象，相反是有利的变化，有助于这些国家和地区的产业结构优化升级与社会经济的高效发展；这也不是中国等国家造成的，而是这些发达国家或先进地区产业结构演进的必然趋势。的确，制造业大量向外转移会使制造业的比重下降、企业关门迁移、就业减少。但是，与此同时又会使这些国家拥有优势的高新技术产业、现代服务业得到更快更好的发展，提供更多新的就业机会，取得更多的收益，而且并不是所有的制造业都减少或消失了，减少或消失的只是这些国家已经失去优势的一般制造业特别是轻纺工业、劳动密集型产业，它们能够集中力量更多地发展高加工度、高附加值、处于产业价值链高端的制造业，带来更高的经济效益。

第二节 产业革命

产业革命是产业的质的飞跃，是产业发展的巨大推动力。产业革命的研究是产业发展研究不可缺少的重要内容。

一、产业革命的内容和条件

（一）产业革命的内容

产业革命是指产业及其各方面的根本性变革，其内容包括单个产业和产业总体的根本性变化，具体来说主要是旧产业的衰退、新产业的形成、产业结构、产业关联、产业布局、产业组织和产业技术基础的根本性变革。产业革命的概念有广义和狭义之分：广义产业革命是一般而言的产业的根本质变，迄今为止，人类社会先后发生过三次产业革命；狭义产业革命专指第一次产业革命。由于产业革命是在工业化的进程开始时才出现的，最早的产业革命是首先发生在英国的用机器大生产取代手工小生产、以农为主的产业结构向以工为主的产业结构演变的第一次产业革命。所以狭义的产业革命又称为工业革命。产业革命不仅是产业的根本质变，而且是以科学技术革命为先导，并引起生产方式和社会经济形式的根本性变革的经济技术革命。

（二）产业革命发生的条件

产业革命并不是在任何时候、任何条件下都能发生的，只有在具备一些必要条件的特定时期内才可能发生。以往产业革命的实践表明，产业革命发生的条件主要包括：

1. 科学技术必须取得突破性进展

产业及其各个方面的根本性变革，尤其是产业结构优化升级，要求产业发展的技术水平要提高一个层次，没有科学技术上的重大突破，这些都是不可能的。产业革命的历程证明，产业革命必然伴随着科技革命，与三次产业革命相对应，也发生过三次科技革命，而且科技革命是产业革命的先导。正是以经典力学、微积分的形成和发展，“化学革命”，纺织机和蒸汽机的发明为主要内容的第一次科技革命的发生，才引发了第一次产业革命；也是以电磁学的创立，电机、内燃机、炼钢法的发明为主要内容的第二次科技革命的出现，才导致第二次产业革命的发生；还是以“物理学革命”，原子物理学、相对论、量子力学、分子生物学的创立，原子能技术、空间技术、遗传技术、电子计算机技术、网络技术的发明为主要内容的第三次科技革命的兴起，第三次产业革命才有可能形成。

2. 必须积累相当数量的资本

产业革命是产业的巨变，意味着新的产业要诞生，产业结构和布局要大调整；产业革命也是生产技术革命，意味着大量新技术、新工艺、新设备的广泛采用，固定资本的大规模更新改造，这些都需要大量的投资。如果没有相当数量的资本积累，产业革命只能是无米之炊。

3. 市场经济必须有了一定程度的发展

新兴产业和实现根本性变革的产业的产品具有大量潜在的市场需求，是新兴产业形成和发展、新技术、新工艺、新设备采用的前提条件，而且需要大量生产要素由传统产业流向新兴的或经过根本变革的产业，这又要求生产要素能够自由流动、市场体系基本形成、市场对资源配置发挥调节作用，清除投资和贸易的种种障碍。这些要求只有在市场经济有了一定程度的发展之后才可能更好地得到满足。因此，市场经济的发展也是产业革命兴起和发展的重要条件，尤其是产业革命最先发生的国家更是如此。

4. 至少必须初步形成自主企业制度和企业家队伍

产业是企业的集合，产业革命要靠企业和企业家的行动去实现；产业革命也是产业创新，产业创新以企业的创新为基础，企业的创新首先是企业家的创新。企业要形成创新机制，推进产业革命，必须产权明晰、自主经营、自负盈亏、由企业家经营。“企业家是产业革命的英雄、变革的伟大代表”，是具有进取精神和创新精神的人，必须“使企业家们得以不受限制投资的垄断倾向所限而自由地扩大投资”。① 所以，自主企业制度和企业家的存在也是产业革命的重要条件。

不同历史阶段的不同产业革命发生的条件并不完全相同，除了上述四个方面的基本条件之外，还可能有一些其他影响因素，而且上述基本条件的具体内容也不一定完全一样。产业革命往往首先在一个国家或几个国家发生，然后再向其他国家扩散，产业革命扩散并不一定必须完全具备上述基本条件。可以肯定的是，如果充分具备上述基本条件，产业革命扩散的成效会更大。如前苏联在 1917 年十月革命以后，在实行传统计划经济的情况下，用 20 多年时间基本完成了第二次产业革命的任务，并不完全具备上述四个基本条件，但前苏联并不是第二次产业革命的发源地，而是第二次产业革命的扩散地，并且沙皇俄国在重工业和电气化方面已有相当的基础。

二、产业革命的历程

从 18 世纪 60 年代开始到现在，人类社会先后发生过三次产业革命。每一次产业革命都是渐进的，都会持续一段较长的时期。确定每一次产业革命发生的年代和持续的时间，都是以具有代表性的国家为标准，一般不包括产业革命向其他国家扩散的时间。因为世界各国产业发展状况极不平衡，直到今天世界上还有国家连第一次产业革命的任务都没有完成。每一次产业革命发生的历史背景和社会经济、政治条件都不完全相同，具体内容也不一样，都会形成新的产业结构，出现具有代表性的技术和产品，存在不同的特点。②

（一）第一次产业革命（18 世纪 60 年代至 19 世纪 40 年代）

1. 第一次产业革命发生的背景和条件

---

① 约翰·伊特韦尔等．新帕尔格雷夫经济学大辞典（第 2 卷：E—J）．北京：经济科学出版社，1992：876.

② ［美］麦格劳．现代资本主义：三次工业革命中的成功者．南京：江苏人民出版社，2000：14-16；［日］植草益．世界新产业革命．北京：时事出版社，1984：1-8；樊亢，宋则行．外国经济史．北京：人民出版社，1980.

第一次产业革命又称工业革命，是工场手工业向机器大工业过渡、轻工业取代农业成为主导产业的根本性变革，是18世纪中叶首先在英国发生的人类社会由农业经济时代向工业经济时代转变的产业革命。工业革命之所以首先在英国兴起，随后在美国、法国、德国等国家展开，主要是因为：

（1）地理大发现和世界市场的扩大。15世纪末16世纪初，在西欧国家扩大贸易和追求黄金的海外探险热潮中，葡萄牙人伽马绕过非洲发现通往印度的新航路，意大利人哥伦布发现美洲新大陆，葡萄牙人麦哲伦第一次完成了环球航行。一系列的地理大发现对西欧经济发展产生了巨大的深远的影响，使得世界市场骤然扩大，国际贸易的商品种类和数量急剧增加；直接引起残酷的海外殖民掠夺，形成西欧国家原始资本积累的重要来源；带来巨额的廉价的黄金流入，引发欧洲的“价格革命”，导致物价飞涨，使得手工工场主和商人获得丰厚的利润。这一切促使商业、航海业和工场手工业空前高涨，为第一次产业革命的发生创造了极为有利的条件。

（2）工场手工业的长期发展。西欧工场手工业到18世纪已经经过了几个世纪的发展，世界市场的迅速扩大更是使得分工和专业化程度日益提高，劳动工具逐步改进，技术不断进步，培养出一批技能熟练的工人，为工场手工业向机器大工业过渡准备了物质技术基础；另一方面又形成了一批具有冒险精神和创新观念的企业主——最早的企业家，为以手工技术为基础的工场制度向以机器大生产为基础的工厂制度演进提供了必要的条件。

（3）资产阶级革命和“圈地运动”。17世纪中期的英国资产阶级革命废除了束缚资本主义发展的封建制度，确立了资产阶级的统治，对外实行大规模殖民扩张，保护和发展对外贸易，对内扫清封建割据、等级特权、人身依附农奴制等障碍，加剧“圈地运动”，促使小农经济破产，奖励和保护科学技术发明，为产业革命提供有利的政治条件和大批拥有人身自由而且“自由得一无所有”的雇佣劳动者。在英国之后，美国、法国、德国也先后发生资产阶级革命，也为产业革命的兴起创造了必要的政治条件。

（4）资本的原始积累完成。通过“圈地运动”对农民的剥夺，形成了资产阶级化的新贵族和大租佃农场主，积聚了数量庞大的资产；通过对手工业工人的长期残酷的剥削，工场主攫取了大量的利润；通过“血与火”的海外殖民掠夺，一部分欧美国家更是积累了巨额的原始资本，正如马克思所言：“美洲金银产地的发现，土著居民的被剿灭、被奴役和被埋葬于矿井，对东印度开始进行的征服和掠夺，非洲变成商业性地猎获黑人的场所：这一切标志着资本主义生产时代的曙光。这些田园诗式的过程是原始积累的主要因素。”① 18世纪中叶的英国首先具备了工业革命必要的资本。

---

① 马克思．资本论（第1卷）．北京：人民出版社，1975：819.

（5）科学研究的巨大进展。16—18 世纪是近代自然科学诞生和大发展的年代。公元 5 世纪到 15 世纪，是欧洲教会统治下的漫长中世纪，是黑暗、愚昧、科学技术发展几乎停滞的 1000 年。黑暗必然走向光明，第一次科学革命终于在 16 世纪发生。牛顿在伽利略、开普勒研究的基础上，将力学三定律与万有引力定律综合起来，形成了经典力学体系；波义耳的化学元素概念和拉瓦锡的燃烧理论把化学从“炼金术”中解放出来，实现了“化学革命”；费尔马和笛卡尔创立了解析几何，以莱布尼茨和牛顿为代表的科学家创造了微积分。这些都为机械的设计和制造，为机器大生产的出现提供了坚实的基础。

正是在上述这样的历史背景和经济、技术、政治条件下，第一次产业革命首先在英国兴起，随后在美、法、德等国发生和完成。

2. 第一次产业革命的过程和内容

工业革命开始于英国的棉纺织业的机械化。由于棉纺织业是英国 18 世纪才发展起来的新兴幼弱产业，面临本国处于垄断优势地位的毛纺织业和国外棉纺织业的激烈竞争，迫切需要技术革新。1733 年英国钟表匠约翰·开伊发明了飞梭，1764 年织工兼工匠哈格利夫斯发明了新型的珍妮纺纱机，大幅度提高了劳动生产率。纺织机最初以手动、水力和风车作动力，受到自然条件等限制，不能满足需要，急需提供新的动力机械。英国工匠瓦特在前人研究的基础上发明了蒸汽机，纺织机转向以蒸汽为动力，引起了能源革命，燃料由木柴转向煤炭。

纺织机和蒸汽机是“机器时代”的象征，但只有“创造机器的机器——工作母机”的生产发展才是“机器时代”的基础，亨利·莫兹利和约瑟夫·布拉默发明的车床，标志着机械制造业的诞生。工作机、动力机和工作母机的生产与使用，扩大了对重要原材料铁的需要。“德比一家积三代之努力”发明的炼焦法，使铸铁的大量生产成为可能，制铁业也迅速扩大。海外棉花的大量进口、煤炭和铸铁的运输及其他物流的扩大，伴随着蒸汽机的改进和推广，引起了轮船和铁路业的发展。1807 年美国发明家罗伯特·富尔顿制造第一艘成功航行的轮船，标志着蒸汽动力船取代帆船的新时代的开始。1814 年英国发明家史蒂芬逊在继承前人成果的基础上，造成了第一辆实用的蒸汽机车。1825 年英国建成世界上第一条公共交通铁路。交通运输业的发展又进一步促进了机械工业和制铁工业的兴旺。各产业部门广泛采用蒸汽机作动力，制铁工业应用焦炭冶炼法，则带来了煤炭业的蓬勃发展。制酸、制碱方法的发明，合成染料、香料、杀菌剂、解毒剂和化学肥料的制造，使化学工业兴起。各类产业的开拓和发展，极大地增加了资本的需求和流动，又推动了银行的扩张、证券业的形成和发展。物流、资金流和世界贸易的扩大，促进了以轮船、火车和电报作为信息传递手段的新型通信业的兴起。

第一次产业革命就是这样主要通过各种机械的发明、使用和改进的推动作用，在各种产业的互相关联、相互带动和生产技术革命、运输革命、通信革命、能源革命和金融创新的互相影响、相互促进中，逐步展开和完成，使产业发展由手工技术时代进入机械化时代，使产业结构发生了革命性的巨大变化，形成了由以纺织业为主的消费资料部门、以普通机械和运输机械（火车、轮船）为主的劳动资料部门、以制铁业为主的原材料部门、以煤炭业为主的能源部门、以铁路、海运为主的运输部门、以电报、邮轮、火车为主要手段的通信部门构成的工业部门格局。

3. 第一次产业革命的特点

第一次产业革命具有以下主要特点：

（1）第一次产业革命是实现蒸汽化、机械化的产业革命。纺织机、蒸汽机的发明和普遍采用是第一次产业革命的主要标志，社会生产的蒸汽化、机械化是第一次产业革命的基本特征。正是由于工业革命的作用，人类社会才由手工技术时代进入机械化时代，使得社会生产由长期依靠人力、畜力、水力、风力转向蒸汽动力，由手工生产转向机器大生产。

（2）第一次产业革命是以英国为中心的产业革命。工业革命首先在英国发生和完成，新型纺织机、蒸汽机等标志性技术和产品首先在英国诞生；由手工工场制度向机器工厂制度的转变首先在英国实现；以工业为主体的产业结构首先在英国形成，英国成为所谓“世界工厂”。

（3）第一次产业革命是由纺织业开始逐步向重工业推进的产业革命。工业革命以轻纺工业发展为核心展开，首先是实现纺织业的机械化，然后引起机械制造业的形成和发展，再带动制铁业和煤炭业的兴旺，同时推进蒸汽轮船和铁路等交通运输业的发展，最终形成以轻纺工业为主体的产业结构。欧美各国的工业革命一般都是从纺织工业开始，再扩展到其他轻工业，然后发展到重工业。

（4）第一次产业革命是使人类社会由农业经济社会进入工业经济社会的产业革命。工业革命是实现工业化、城市化的革命。工业革命的过程也就是工业化的过程，工业发展必然使大批农民变为工人，工业生产的集聚效益和规模效益决定企业必然向城市集中，形成城市化的趋势，农民在变为工人的同时也成为市民。正是由于工业革命的发生，才使得人类社会由漫长落后的农业经济社会开始向发达繁荣的工业经济社会过渡，不仅使人类的生产方式发生根本性的变革，而且使人类的生活方式也发生巨大变化，工业文明和城市文明逐步在全世界普及。

（5）第一次产业革命是资本主义生产方式确立的革命。工业革命用以机器大生产为特征的工厂制度取代以手工技术为基础的手工工场制度，确立了资本主义生产方式的统治地位，极大地推动了资本主义生产，创造出比过去一切世代创造的全部生产力还要大得多的社会生产力，形成了资产阶级与无产阶级两大对立的阶级，加剧了资本主义社会的基本矛盾。1825 年在英国发生了资本主义历史上第一次生产过剩的经济危机，并且周期性地出现，表明人类社会生产方式还需进一步变革和发展。

（二）第二次产业革命（19 世纪 40 年代至 20 世纪 50 年代）

1. 第二次产业革命发生的背景和条件

第二次产业革命是重工业取代轻工业成为主导产业的根本性变革，是 19 世纪 40 年代至 20 世纪 50 年代主要发生在美、德、英、法等国的产业革命。由于第二次产业革命仍然是发生在工业化过程中的产业革命，带来的是发达的工业化，可以说是工业革命的继续和深化，所以有的学者认为第二次产业革命也是工业革命。我们觉得为了与第一次产业革命相区别，还是不把第二次产业革命也称为工业革命为好。

第二次产业革命发生的背景和条件，主要表现在以下几个方面：

（1）第二次科技革命的推动。19 世纪中叶到 20 世纪初期，人类社会发生第二次科学技术革命，其内容主要有：电磁学理论体系的形成，发电机、电动机、变压器、电力传输技术的发明；电话的发明，无线电通信技术的创造；提炼煤油和石油技术的创造，内燃机的发明和改进；机械制造技术的改进和提高，汽车、飞机的发明；炼钢技术的创造，平炉、转炉炼钢法的发明。第二次科技革命的丰硕成果既为第二次产业革命提供了有利的科学技术条件，又是第二次产业革命最重要的推动力。

（2）工业革命深化的客观要求。第一次产业革命虽然实现了产业的根本性变革，带来了生产力的巨大发展，但仍然存在许多问题和不足。如蒸汽机热效率低、笨重、操作不方便、运行不完全、易爆炸，存在很大局限性，非常需要发明新的动力机械；以煤炭作能源太单一、体积大、热值低、污染重，不能适应多方面的需要，迫切要求开发新能源；铁制的机器强度不够、缺乏韧性、易破碎、不耐久，特别需要研制新型材料；以轮船、火车、电报为主要手段的通信业，无法快速传递大量信息，远远赶不上经济发展的需要，必须进行通信技术创新。这些都需要进行新的科技革命和产业革命。工业革命不仅为新的产业革命提供了潜在的巨大的市场需求，而且积累了充足的资本，为新的产业革命创造了必要的有利条件。

（3）国家干预的影响。从 19 世纪后 30 年开始到 20 世纪前 40 年，资本主义社会的矛盾日趋尖锐，垄断特征十分明显，经济危机周期性地出现，甚至爆发了 20 世纪 30 年代的空前大危机；西方国家争夺殖民地和半殖民地的战争连绵不断，以致引发了两次世界大战。完全靠市场机制已经无法保证社会经济的正常运行，难以维持社会稳定，西方国家纷纷实行程度不同的国家干预。而且，产业的变化和发展往往受备战和战争的严重影响，如军事科学技术的研究、军事工业的发展都会影响产业的构成和变化。这些情况对新的产业革命既可能发挥促进作用，也可能形成障碍。

2. 第二次产业革命的内容

第二次产业革命的内容十分丰富，涉及许多产业领域，主要有以下几个方面：

（1）电力的发明和应用与电力产业和电器制造业的兴起。能源动力部门的革命是第二次产业革命最主要的内容，第二次产业革命又是从能源动力部门的革命开始的，“电气化”则是能源动力革命的核心。1799 年意大利物理学家伏特发明“伏特电池”，1821 年英国物理学家法拉第制作出直流电动机模型，1832 年法国皮克西兄弟制成世界上第一台手摇交流发电机，1834 年英国仪器制造商克拉克制成第一台商用直流发电机，1880 年前后开始修建中心发电站，1890 年以后水力发电站出现。随着发电机与电动机的发明和改进，工业的动力机械迅速完成了由蒸汽机向电动机的转换，产生了许多新兴产业，引起了制造业、运输业、化学工业、通信业等各个产业部门的巨大变化。以发电、输电、配电三大环节为主要内容的电力产业形成，生产发电机、电动机、变压器、电灯泡、电风扇、电话机、电工仪表等的电器制造业迅速发展，电动、电镀、电解、电焊、电热、电火花加工等新工艺先后出现，光电、声电、半导体、自动控制等新技术逐步产生，整个产业发展进入一个新的“电气化”时代。

（2）内燃机的发明和应用与机械制造业变革。内燃机的发明和应用既是能源动力革命的重要内容，又引起机械制造业的巨大变化。1872 年德国工程师斯托兹第一个制造出具有现代特征的燃气轮机，1876 年德国工程师奥托研制成功第一台四冲程往复活塞式内燃机，1883 年德国工程师戴姆勒制成第一台汽油机，1892 年德国机械工程师狄塞尔发明柴油机。内燃机马力大、重量轻、体积小、效率高，很快在许多领域取代蒸汽机，成为更重要的动力机械，导致汽车制造业的兴起，推动了飞机制造业的发展，广泛运用于交通运输业、农业、军事以及发电、工程机械、矿业机械等许多方面，带来机械制造业的革命性变革。

（3）石油提炼与石油工业的形成。能源由煤炭向石油的发展也是能源革命的重要组成部分。内燃机的广泛运用使得从煤炭中提炼煤焦油、生产煤气已经远远不能满足需求，必须寻找新的液化能源。19 世纪中叶人们开始掌握石油分馏提炼技术，1859 年 8 月世界第一口用钻机打的油井在美国宾夕法尼亚州的“石油溪”喷油，开采和提炼石油的石油工业兴起。发电要靠煤炭和石油，内燃机更是离不开石油，电气化、内燃化都要以石油化为基础，石油成为越来越重要的能源。石油工业的发展导致“石油化”时代的到来，并为石油化学工业——有机化学工业的发展奠定了基础。

（4）新的炼钢法与钢铁工业的发展。19 世纪中叶，随着铁路、轮船、车床、武器等生产的发展，迫切需要大量钢铁，铸铁的性能和数量远远不能满足需要，推动了新炼钢法的产生。1856 年英国工程师首创转炉炼钢新技术，1864 年德国西门子和法国的马丁发明平炉炼钢法，极大地促进了钢铁生产的发展，1865—1870 年世界钢产量增加 70%，钢铁工业成为支柱产业，钢铁成了机械制造的主要原材料，可以说机械化也是“钢铁化”。

(5) 电话和无线电通信与通信业的革命。信息传输和交流是人类生产和生活的重要因素。随着工业革命的完成和深化、经济的高速发展，迫切需要新的通信技术和手段，实现远距离、高速度、大规模的信息传输。在电报发明之后，1876 年美国的贝尔和华生制成了最早的实用电话，1896 年意大利发明家马可尼在英国进行了第一次无线电收发报表演，1900—1901 年俄国科学家波波夫和雷波金创制出无线电话接收机。正是这些发明创造，实现了人类历史上首次通信技术的革命，形成了新型的通信产业。

第二次产业革命在第二次科学技术革命的推动下，通过电力、机械制造、钢铁、石油、通信等产业部门的兴起和发展，使产业发展进入电气化、石油化、钢铁化的新阶段，再次使产业结构发生根本性的变革，形成了以重工业为主导的新格局。

3. 第二次产业革命的特点

第二次产业革命具有以下主要特点：

(1) 第二次产业革命是实现电气化、石油化和钢铁化的产业革命。电力和电器、内燃机、新炼钢法的发明和应用是第二次产业革命的主要标志，社会生产的电气化、石油化、钢铁化是第二次产业革命的基本特征。正是由于第二次产业革命的作用，能源才由煤炭发展到石油，动力机械才由蒸汽机发展到电机和内燃机，机械制造的原材料才由木柴、铸铁发展到钢材，通信技术和手段才由普通交通工具传送发展到有线和无线电通信，交通工具才由火车、轮船发展到汽车、飞机。

(2) 第二次产业革命是在几个工业化程度最高的国家同时发生的产业革命。如果说第一次产业革命在几个主要发生地还有先后之分的话，第二次产业革命几乎是同时在美国、德国、英国、法国等欧美国家兴起。造成这种情况的主要原因是国际分工、世界市场、国际贸易和投资的高度发展，交通和通信的日益发达，再加上这些国家有较好的工业基础。

(3) 第二次产业革命是以重工业为中心的产业革命。如果说第一次产业革命的重点是发展轻纺工业的话，第二次产业革命的重点则是电力产业、机械制造业、石油工业、钢铁工业、通信业等部门的兴起和发展，这些基本上是生产生产资料的部门，属于重工业，并且日益在国民经济中占据主体地位，使得产业结构由以轻工业为主导转变成以重工业为主导。轻纺工业主要是劳动密集型产业，重工业是资本密集型产业，因此第二次产业革命引起的产业结构变化还是由以劳动密集型产业为主向以资本密集型产业为主的演进。

(三) 第三次产业革命 (20 世纪 50 年代至今)

1. 第三次产业革命发生的背景和条件

第三次产业革命是以信息产业为核心的高新技术产业和现代服务业取代重工业

成为主导产业的根本性革命，是20世纪50年代开始并仍在继续的、主要在发达国家首先发生的、人类社会由工业经济时代向知识经济或信息经济时代演进的产业革命。第三次产业革命发生的背景和条件主要表现在以下几个方面：

（1）第三次科技革命的推动。19世纪末至20世纪初，第二次产业革命后期，第三次科学革命开始发生。相对论、量子理论、原子物理、分子物理、固体物理、核物理、等离子体物理、粒子物理等相继诞生，完成了物理学的伟大革命；高分子化学的创立也使化学发生革命性的变化；核酸、蛋白质结构、遗传基因的研究、分子生物学的创建和发展，则实现了生物学的革命；系统论、信息论、控制论的产生，为科学研究和社会实践提供了新的科学方法。第三次科学革命引发了20世纪50年代以来的新的技术革命，推动了第三次产业革命。如核物理的研究实现了核爆炸，建成了核反应堆，促成原子能的开发和利用；电子运动规律、电磁辐射的研究推动了电子技术的巨大发展；电子学、数理逻辑、电磁和机械技术的综合作用，诞生了电子计算机；高分子化学带来合成材料新技术和新产业；分子生物学直接引发了生物工程技术；空间技术更是差不多集中运用了现代科学技术的一切成果。

（2）第二次产业革命的基础和不足。第二次产业革命虽然实现了社会生产的电气化、石油化、钢铁化和通信革命，创造了巨大的物质财富，但也存在许多不足和问题。如重工业的发展消耗了大量自然资源，造成了严重的环境污染，要求产业结构进一步升级换代，发展节能降耗技术、环保技术和产业，实现可持续发展；石油、煤炭、铁矿等资源的稀缺性使经济增长受到限制，传统能源出现危机，必须开发更丰富、清洁性能更好的新能源、新材料；陆地的资源已经消耗很多，需要更多地开发利用丰富的海洋资源；地球的空间有限，人类还需要在太空中去寻求新的生存空间，要求大力发展宇航技术和产业；生产的机械化、电气化并不能消除高温、高压、高空、高速度、剧毒对人们的威胁，还需要进一步实现自动化甚至“无人化”；通过两次产业革命，人类社会的物质生产能力已经特别强大，劳动生产率也大幅度提高，需要更多地发展非物质生产部门、各种服务行业，更好地满足人们多方面的需要，同时实现充分就业。这些都要求进行新的科技革命和产业革命。而且第二次产业革命还积累了丰富的资本，打下了坚实的物质技术基础，为新的产业革命创造了非常有利的条件。

（3）国际竞争的强烈影响。第二次产业革命不仅促进了国内生产的集中、企业规模的扩大，而且推动了国际分工、国际贸易和投资的发展，特别是第二次世界大战后，跨国公司迅速发展，加剧国与国之间、跨国公司与跨国公司之间的竞争。日趋激烈的国际竞争极大地激发各国科学技术的研究、开发和应用，推进高新技术产业的发展，成为引发第三次产业革命的重要因素。

（4）国家干预的作用和军备竞赛的刺激。第二次世界大战的刺激、战后美苏争霸的冷战，引发大规模的军备竞赛，美欧国家和前苏联都运用政府的力量，投入庞大的经费，进行原子弹、氢弹、火箭、导弹、作战飞机、航空母舰、间谍卫星等先进武器的研究和制造，开展为了军事目的的科学技术研究，极大地推进了原子能技术、航空航天技术、电子计算机技术、信息技术、新能源和新材料制造技术等的发展。高新技术的研究和开发投资多、风险大、见效慢，私人企业一般无力也不愿从事，往往主要由政府制定科技发展规划，直接投资或支持、扶植高新技术的发展。如美国的"阿波罗登月计划"、"星球大战计划"、"信息高速公路计划"，法国和欧盟的"尤里卡"计划等，都对第三次科技革命和产业革命发挥了相当大的推动作用。环境保护、海洋开发利用也离不开政府的作用。

2. 第三次产业革命的内容

第三次产业革命的内容更为广泛、丰富和深刻，主要包括以下方面：

(1) 原子能等新能源的开发利用与原子能工业等新能源产业。原子能的开发利用揭开了第三次技术革命和产业革命的序幕。1942 年 12 月美国芝加哥大学在物理学家费米领导下建成世界上第一座核反应堆，标志着原子能时代的开始。20 世纪 50 年代前苏联、美国、英国、法国等纷纷先后建立核电站，核潜艇、核动力航空母舰先后下水，掀起了开发利用原子能的高潮，形成新兴的原子能产业。现在，核电在各国电力生产中已占相当大的比重，如法国 1985 年核电就达到了全部发电量的64.8%,2001 年提高到 78%。而且，能够使"海水变石油"的受控热核聚变能的研究已经取得重大突破，将给人类带来更丰富、更清洁的能源。在原子能开发利用的同时，运用高新技术开发利用太阳能、潮汐能、风能、水能、地热能和生物能等可再生能源的技术和产业也在加速发展。

(2) 电子计算机和信息技术与信息产业。电子计算机的发明、改进和广泛应用，以通信卫星、无线电话、移动电话、可视电话、传真机、E-mail 为标志的现代通信技术的发展，以计算机网、电信网、传媒网及三网互联为主要内容的网络技术诞生，生产、收集、处理、存储、传递和运用信息的现代信息技术的形成，与这些技术相关的产业兴起和发展，是第三次科技革命和产业革命的最主要的内容。1945 年底世界上第一台电子计算机在美国诞生，标志着人类社会开始进入计算机时代，是人类智力解放道路上的重大里程碑。自动控制技术、人工智能技术的产生带来机器人、"无人工厂"的出现，使社会生产由机械化、电气化走向自动化、电子化。电视机、电冰箱、空调器、录像机、复印机等现代电子产品层出不穷。互联网实现了网上交流、网上通信、网上查询、网上贸易、远程教育、远程医疗。信息产业迅速发展，成为增长最快的新的主导产业。

(3) 空间技术与宇航工业。空间技术、航空航天技术的发展，人造卫星、运载火箭、宇宙飞船、空间探测器、航天飞机制造业的产生，是第三次产业革命的重要组成部分。1957 年世界第一颗人造地球卫星在前苏联上天，1961 年 4 月 12 日前苏联宇宙飞船上天，成功进行第一次载人空间飞行，1969 年 7 月 20 日美国实现

"阿波罗登月计划"，人类第一次登上月球，表明人类宇宙航行时代的开始。1971年前苏联的空间站送入航行轨道，1981年美国航天飞机首次试飞成功，标志着人类的空间飞行进入一个新阶段。

（4）各种新材料、新技术的出现与各种新产业的形成和发展。第三次产业革命在许多领域发生，除上述领域之外，还有塑料、合成橡胶、化学纤维等合成材料制造业、石油化学工业的突飞猛进，激光技术、纳米技术、超导技术、生物工程技术、遗传工程技术等高新技术的产生和应用，光导纤维、纳米材料、特种陶瓷材料、新型金属材料的开发和制造，人工合成蛋白质、基因农产品、克隆动植物、生物医药的发明和生产，等等。

（5）第三次产业的快速发展。随着科学技术的进步、劳动生产率的提高，第一、二次产业需要的劳动力大幅度下降，需要流向别的产业就业；随着经济发展和生活水平的提高，人们对精神、文化、娱乐和各种服务的需要迅速增长，这两个方面的因素推动了第三次产业的快速发展。金融业、保险业、商业、会计、教育、交通和通信服务、旅游业、法律、各种生活服务等第三次产业的发展，也是第三次产业革命的重要内容。发达国家第三次产业的比重不断提高，已经达到70%左右。

3. 第三次产业革命的特点

第三次产业革命具有以下主要特点：

（1）第三次产业革命是实现信息化、网络化、电子化、自动化的产业革命。电子计算机、网络、自动控制系统、机器人是第三次产业革命的最主要标志。如果说机械化、蒸汽化是第一次产业革命的基本特征，电气化、石油化、钢铁化是第二次产业革命的基本特征，信息化、网络化、电子化、自动化则是第三次产业革命的基本特征。

（2）第三次产业革命是广度、深度空前的产业革命。由第三次科技革命引发的第三次产业革命，领域十分宽广，深入到经济和社会生活的各个方面，引起人类社会的生产方式、生活方式和思维方式的巨大变化。从新能源、新材料到机械电子化、自动化；从太空、海洋到生命科学领域；从微电子技术、激光技术、超导技术、空间技术、卫星通信技术、网络技术、原子能技术、太阳能开发技术、海洋开发技术、生物工程技术、合成材料技术到电子计算机产业、信息产业、宇航工业、原子能工业、石油化学工业、光纤制造业、生物制药产业，等等，形成涉及各个领域、各个方面的新技术群和新产业群。第三次科技革命和产业革命，领域之广阔、研究之深入、变化之巨大、成果之丰硕、影响之深远，前所未有。

（3）第三次产业革命是引起产业结构再次优化升级的革命。首先，第三次产业革命促使以信息产业为核心的高新技术产业取代重工业成为主导产业，并且用高新技术改造和武装传统产业，提高产业总体的技术水平，实现产业结构的高度化；其次，第三次产业革命使得知识技术密集型产业、高加工度和高附加值的产业加速发展，成为占优势地位的产业类型；最后，第三次产业革命不仅使物质生产部门的结构发生根本性的变革，而且导致产业结构总体也由以第一、二次产业为主体转变为以第三次产业为主体，第三次产业成为国民经济中比重最大的产业。

（4）第三次产业革命是主要在发达国家兴起并且还未完成的产业革命。第二次世界大战以后，在已经实现发达工业化的发达国家，纷纷兴起第三次产业革命。虽然前苏联在第三次科技革命和产业革命中处于非常重要的地位，也取得相当大的进展，但其发展是畸形的，偏重于高新技术在军事上的应用和军事工业的发展。第三次科学技术革命和产业革命的任务还远没有完成，信息化、网络化正在推进之中，自动化还没有广泛地实现，能源革命也没有完成，石油和电力依然是能源的主体，海洋的开发刚刚开始，生命的奥秘还没有完全揭开，宇宙航行更是任重道远。这一切表明，第三次科技革命和产业革命仍将继续进行。

三、产业革命的作用

产业革命对产业发展和整个国民经济会产生巨大的决定性的影响，其作用主要表现在以下几个方面：

（一）产业革命是产业发展的强大动力

革命是历史前进的火车头，产业革命则是产业发展的推进器。产业革命以科技革命为先导，导致许多新兴产业的诞生、落后产业的消亡或改造，实现产业结构的优化升级。每一次产业革命都带来一次产业总体规模的大扩张、产业技术基础的大变革、产业资源配置效率的大提高、产业的大发展，使单个产业和产业总体的面貌都焕然一新。

（二）产业革命是优化资源配置的重要途径

产业高效发展的实质是产业资源的优化配置和有效利用，产业资源的优化配置要求产业结构的优化，产业资源的高效利用要求提高产业技术的发展水平。产业革命能够使产业的技术基础发生革命性的变革，促进产业的技术水平提高一个档次，推动产业结构的高度化和合理化，是实现产业资源优化配置和高效利用的最快捷、最有效的途径。

（三）产业革命是经济和社会发展的关键因素

产业发展意味着整个国民经济的发展，产业革命极大地推进产业的发展，也就带动了整个国民经济的发展。技术创新和制度创新是促进经济发展的两个最重要的因素，技术创新的作用要通过产业革命来体现，制度创新的作用只有引起产业的优化才能真正实现。因此，产业革命是制约经济发展的十分重要的关键环节，其作用不亚于技术革命、经济体制改革和经济发展战略转换。产业革命会引起社会生活的全面变革，改变人类的生产方式和生活方式。第一次产业革命使人类生产方式和生活方式走向机械化，第二次产业革命使人类生产方式和生活方式实现电气化，第三次产业革命将使人类的生产方式和生活方式迈向信息化、网络化、自动化。

四、产业革命的规律

人类社会迄今为止已经发生三次产业革命，通过对这三次产业革命的分析，我们可以发现产业革命具有以下规律性或共同特征：

（一）科技革命导致产业革命的规律

三次产业革命的实践都表明，科技革命是产业革命的先导、前提。首先发生的是科学革命，然后是技术革命，进而引发的是产业革命，没有科技革命，产业革命不可能发生。值得注意的是，并不是等到科技革命完成之后再发生产业革命，而是科技革命起步之后，产业革命才可能兴起，并且伴随着科技革命的深化而发展，二者相互促进、相互推动、相辅相成。

（二）产业革命在部分国家首先发生的规律

各个国家所处的经济发展阶段不同，经济技术发展的水平也不一样，社会制度环境也有差别，产业革命不可能同时在所有的国家发生，一般是首先在经济技术最先进、各方面条件更优越的国家兴起和完成。而且，如果产业革命必要的条件不具备，甚至连一次产业革命的任务都不可能完成，更谈不上三次产业革命。当今世界上就有国家连第一次产业革命的任务都没有完成，至今还没有实现工业化。

（三）产业革命具有扩散、辐射、示范、加速效应的规律

产业革命首先在部分先进国家发生的规律，并不意味着后进国家永远不可能赶上先进国家，因为产业革命还具有扩散效应、辐射效应、示范效应和加速效应。榜样的力量是无穷的，先进国家产业革命形成的新技术和新产业，能够产生极大的示范作用，可以很快向别的国家扩散；低成本引进和采用先进技术等方面的后发优势，使后起的国家完成同样的产业革命任务所需的时间存在缩短的趋势，最先完成产业革命的国家往往持续的时间较长，后完成产业革命的国家花费的时间则能够大大减少。所以，后发国家可以采取恰当措施，创造必要条件，发挥后发优势，加快产业革命步伐，赶上发达国家。

（四）产业革命首先在部分领域突破的规律

产业革命不可能在所有领域同时兴起和完成，一般是首先在一个或几个领域突

破，然后再向其他领域扩展，逐步实现产业总体的根本性变革。如第一次产业革命最早从纺织领域开始；第二次产业革命首先在电力、动力机械、石油、钢铁部门兴起；第三次产业革命开始发生的领域最为广泛，但也不是在所有领域同时进行，首先也只是在原子能、空间技术、电子计算机和石油化工等方面出现。

（五）产业革命是多方面革命并存的规律

产业革命本身包括产业各个方面的根本变革，既有产业结构优化、产业关联变动，又有产业布局调整、产业组织变化、产业发展方式的转换；既有能源革命、材料革命，又有生产技术、工艺和工具的革命。产业革命还会引起经济和社会的全面变革，既是生产结构的变化，又会引起消费结构的变化；既是生产方式的变革，又是生活方式、交往方式、思维方式的变革。

（六）产业革命由市场主推政府助推的规律

三次产业革命的实践证明，产业革命主要是在市场的推动下完成的，政府只是发挥了辅助作用；如果主要由政府导向和推进，就可能出现产业发展的畸形化，很难全面高效地完成产业革命的任务，如前苏联的情况。产业革命的实现机制必须以市场机制为基础，辅之以政府的促进作用。因为，市场机制的作用更有助于促进技术进步、资源在产业之间的优化配置，竞争的优胜劣汰作用更有利于产业的更新换代、优化升级，自动实现短线产业、瓶颈产业、新兴产业的扩张和发展，长线产业、传统产业、衰退产业的收缩、改造或消亡；政府的辅助作用则能够弥补市场机制的不足，调整不合理的产业结构，支持和扶植幼小产业、新兴产业、主导产业、基础产业、瓶颈产业、短线产业、环保产业的发展，限制、压缩、改造、淘汰落后产业、长线产业、传统产业、衰退产业。

第三节 产业发展战略

产业发展战略是产业发展的总体谋划和大政方针，是政府促进产业发展的关键性措施。正确的产业发展战略是产业健康高效发展的重要保证。产业发展战略的研究也是产业发展研究的重要组成部分。

一、产业发展战略的含义和内容

（一）产业发展战略的含义

战略一词的本意是指对战争全局的筹划和指导。产业发展战略是指根据对制约产业发展的各种主客观因素和条件的估量，从全局出发制定的一个较长时间内产业发展所要达到的目标，以及实现目标的途径和方法。

产业发展战略具有全局性、决定性、长期性和阶段性的基本特征。也就是说，产业发展战略是对全局的、总体的谋划，规定了产业发展的总目标和总方针，决定了产业发展的方向，对产业各个方面的发展具有总的指导意义；产业发展战略正确与否，决定产业发展的成败；产业发展战略是较长时期内产业发展所要达到的目标和实现目标的手段，在一个较长的时间内都起着指导作用；产业发展战略有一定的时间范围，是分阶段实施的，不仅不同的产业发展时期会有不同的产业发展战略，而且同一时期内也存在不同的发展阶段，不同的发展阶段的具体发展目标和实现目标的手段也会有差别，具有阶段性的特征。

战争要胜利，必须有正确的战略；产业要健康高效发展，也必须制定合理的产业发展战略。什么样的产业发展战略才是正确合理的战略呢？衡量产业发展战略是否正确合理，主要看它是否适合本国的国情，符合产业发展的客观规律，能否充分利用国内外能够利用的资源和条件，发挥本国的比较优势，促进产业结构的优化升级、产业布局和产业组织的合理化，实现产业的可持续发展。

（二）产业发展战略的内容

产业发展战略的基本内容包括战略目标、战略方针、战略措施、战略重点、战略步骤等。战略目标是一个较长时期内产业结构、产业布局、产业组织、产业发展的速度和规模所要达到的总目标和阶段目标；战略方针是产业发展的基本指导原则，如“出口导向”、“进口替代”、重工业优先、各产业均衡发展等；战略措施是实现战略目标所采取的各种对策、方法，包括产业调整、产业选择、产业转移、产业限制、产业扶植、具体产业政策等；战略重点是重点发展的产业；战略步骤是分阶段逐步实现战略目标的程序安排。

产业发展战略实际上是要解决两大问题：一是产业发展要达到什么目标；二是怎样实现产业发展的目标。因此，产业发展战略的五个基本内容又可以归纳为两个方面：战略目标是解决第一个问题；战略方针、战略措施、战略重点、战略步骤都是解决第二个问题，可以统称为战略目标的实现手段。战略目标是产业发展战略的核心，决定战略方针、措施、重点和步骤；后者又是实现战略目标的保证。战略方针正确与否、战略措施有效与否、战略重点恰当与否、战略步骤合理与否，直接制约着战略目标的实现以及实现的快慢和圆满程度。

二、产业发展战略的制定和实施

（一）产业发展战略的制定

制定正确的产业发展战略，必须遵循以下基本原则：

（1）必须从国情出发，全面、准确估量影响产业发展的各方面因素。凡是制约产业结构、产业布局、产业组织和产业发展的经济的和非经济的、国内的和国外的因素，都是制定产业发展战略必须正确估量、全面考虑的因素。必须从实际出发，特别是从本国国情出发，明确本国经济发展所处的阶段，国家经济实力、产业发展的现状在此基础上再去确定战略目标和战略手段。只有这样，制定的产业发展战略才符合实际，战略目标才可能实现，战略措施才切实可行。

（2）必须遵循产业发展的客观规律。产业发展的规律包括产业结构演进的规律、产业布局的规律、产业组织变化的规律、单个产业和产业总体的发展规律、产业革命的规律等，都反映了产业发展的不以人的意志为转移的必然趋势。只有按照产业发展规律的要求去制定产业发展战略，确定战略目标和战略手段，才能有效地促进产业发展。否则，战略目标难以实现，战略手段无法奏效，结果事与愿违，欲速而不达，适得其反。

（3）必须注意发挥市场机制的基础性作用。产业发展主要依靠市场机制的推动，制定产业发展战略只是为了更好地发挥政府的助推作用，促进产业的发展，因此产业发展战略不能妨碍、限制市场机制的作用，而要为市场机制发挥作用创造更为有利的环境和条件，战略措施主要应是弥补市场的不足。

（二）产业发展战略的实施

产业发展战略的实施过程是按照产业发展的战略步骤的安排和战略方针的要求，采取各种战略措施，保证战略重点，实现战略目标的过程，也就是促进产业发展的过程。因此，政府促进产业发展的各种措施，也是产业发展战略实施的措施。由于前面已作专门论述，这里不再重复。需要指出的是，产业发展战略在实施过程中，必须对实施情况进行跟踪监测，随时检验战略目标的合理性和战略手段的正确性，根据情况的变化进行必要的战略调整、修正、充实、完善。假若某种产业发展战略有误或不可行，应该及时进行调整或停止执行，实行战略转变；如果某个时期的战略目标已经实现，则必须适时制定新的产业发展战略。

三、产业发展战略的模式

国内外学者一般以战略目标和战略方针的特征作为划分产业发展战略和经济发展战略模式或类型的标准。由于产业发展战略是经济发展战略最主要的组成部分，人们往往以产业发展的战略目标和战略方针的特征作为具体标准，划分经济发展战略的模式，界定经济发展战略的不同类型，所以经济发展战略模式实际上就是产业发展战略模式。这里所讲的产业发展战略主要指发展中国家实施的或发达国家实现发达工业化之前和之中实施过的产业发展战略。产业发展战略模式从不同的角度根据战略目标和战略方针的不同，主要可以分为以下八大类：按照工业化过程中优先发展的工业部门的不同，划分为轻工业优先发展战略与重工业优先发展战略；按照各产业是否平衡发展，划分为产业平衡发展战略与产业不平衡发展战略；按照发展中国家实施的贸易政策的不同，划分为初级产品出口战略、进口替代战略、出口导向战略、进口替代与出口导向相结合战略。

（一）轻工业优先发展战略

轻工业优先发展战略是指以实现工业化为战略目标、发展轻工业为战略重点的产业发展战略。这是绝大多数发达国家和新兴工业化国家和地区在工业化过程的初级阶段普遍实行并且相当成功的产业发展战略，特别适合处于工业化初期的发展中国家。在工业化初期，经济发展水平低，人们的基本生活需要不能得到满足，迫切需要增加生活消费品的生产，并且资本缺乏、技术落后，发展重工业困难，而轻工业主要生产生活消费品，一般来说投资少、生产周期短、资本周转快、利润率高、多属于劳动密集型产业，因此以轻工业作为战略重点优先发展，能够扬长避短、扩大就业、加快经济发展、改善人民生活、积累资本、推动技术进步，为重工业的发展创造市场需求和有利条件。虽然轻工业优先发展战略能够一举几得，但是也存在缺陷，过长时间实行这种战略难以实现发达的工业化。因为轻工业的发展会大幅度增加对生产资料的需求，如果不适时进行战略重点转移，加快发展重工业，就会限制轻工业的发展，无法实现产业结构的优化升级；假若本国发展轻工业所需的机器设备和原材料主要依靠进口，则难于摆脱对外依赖性，形不成独立完整的工业体系和国民经济体系。所以，只能在工业化初期或者在前一段时期由于片面发展重工业导致轻工业严重落后的情况下，在一定时期内实施轻工业优先发展战略。

（二）重工业优先发展战略

重工业优先发展战略是指以实现发达工业化为战略目标、发展重工业为战略重点的产业发展战略。这是绝大多数发达国家在向发达工业化过渡时期和实行传统计划经济的国家实施过的产业发展战略。这种战略在大多数发达国家取得了相当大的成功。重工业是生产生产资料的工业，是社会扩大再生产和产业技术改造及进步的物质基础，在工业化中、后期的国民经济发展中起着主导作用，对于推动各个产业部门的发展、建立独立完整的工业体系和国民经济体系、增强国家的综合实力、发展科学技术研究事业和巩固国防等，都具有重大意义；而且，重工业属于资本密集型产业，技术要求也比轻工业高得多。发达国家在轻工业有了巨大发展之后，积累了大量的资本，技术也有了较大的发展，对生产资料的需要也大幅度快速增长，为重工业发展创造了极为有利的条件。绝大多数发达国家正是利用了这些有利条件，实行了由轻工业优先发展战略向重工业优先发展战略的转移，成功地实现了发达工业化。重工业优先发展战略在传统的计划经济国家则不是十分成功。由于这些国家在实施重工业优先发展战略的时候，轻工业一般没有得到相应的发展，资本缺乏、技术落后、经济发展水平低，不具备发展重工业的必要条件，只是主要由于政治、外交、军事和急于求成、盲目冒进等种种因素的影响，片面强调发展重工业，在工业化初期就开始实施重工业优先发展战略，虽然重工业有了相当大的发展，也基本上建立起比较完整的工业体系，但往往忽视甚至牺牲农业和轻工业的发展，形成了“重工业太重、轻工业太轻、农业落后”的畸形产业结构，使得经济效益十分低下，发达工业化的目标也难以实现。由此可见，重工业优先发展战略虽然是实现发达工业化的必由之路，但是只有在轻工业有了相当发展、与轻工业和农业协调发展的前提下才能够奏效。否则，结果会事倍功半、欲速而不达。

（三）产业平衡发展战略

产业平衡发展战略是指在整个国民经济的各产业部门、各地区同时进行大规模的投资，从而实现产业总体和国民经济全面、协调、快速发展的产业发展战略。这种战略的特点是，强调大规模的投资和各产业部门、各地区的协调发展。这种战略的优点是，能够更好地发挥各产业之间相互关联、带动、补充的作用，实现经济的多元化，分散经济风险，避免瓶颈产业、短线产业的制约，减少对少数产业的过分依赖，保持产业总体的高速协调发展和经济的稳定增长；能够促进产业空间布局的合理化，实现各地区经济的协调发展，缩小地区差别。这种战略虽然理想，但存在很大的局限性，只有在资源相当丰富、资本十分充足的条件下，才能有效地实施，一般很难成功，更不适合于发展中国家。因为发展中国家资本短缺、外汇不足、人才缺乏，齐头并进、分散用力，只会一事无成。

（四）产业不平衡发展战略

产业不平衡发展战略是指在部分产业和地区重点投资、优先发展，再带动产业总体和整个国民经济发展的产业发展战略。轻工业优先发展战略和重工业优先发展战略都属于这种类型。平衡是相对的，不平衡是绝对的，任何事物的发展都会有先有后、波浪式前进，因此产业不平衡发展战略更为可行，在绝大多数时候和绝大多数国家实施的是产业不平衡发展战略。产业不平衡发展战略更适合产业发展不同阶段的特点，更能发挥资源优势，提高经济效益。正确有效地实施产业不平衡发展战略，必须恰当选择重点优先发展的产业和地区，一般是先导产业、主导产业、新兴产业、瓶颈产业、短线产业等关联、引导作用大的产业和对产业发展更具有优势、对全局发展影响更大的地区；必须随着情况的变化，及时转移战略重点；不能片面强调某些产业的发展，忽视其他产业的发展。否则，会形成畸形的产业结构、严重的比例失调、不合理的产业布局，不利于产业的协调发展。

（五）初级产品出口战略

初级产品出口战略是指以农矿产品的生产和出口为主体的外向型产业发展战略。这种战略的特点是，利用本国丰富的自然资源和有利的条件，发展农产品、矿产原料等初级产品的生产和出口，积累资金和外汇，为工业化创造条件，以带动整个国民经济的发展。这种战略往往是一些由于长期殖民统治造成经济畸形化的发展中国家在一定时期内唯一可以选择的战略，只有通过发展初级产品生产和出口，才能换取自己引进国外先进技术所需要的外汇；也是一些由于自然资源和条件的限制及许多长期形成的经济、技术、社会因素的制约，很难在短期内改变落后的经济结构的发展中国家不得不采取的战略；还是一些希望利用自己的传统经济优势，发展拥有一定比较优势的农矿产品的生产和出口，以增加外汇收入，为本国经济发展积累资金的国家在一定时期内实施的战略。

发展初级产品生产和出口的战略，虽然对部分国家增加外汇收入和发展民族经济能起一定的推动作用，但是存在许多缺陷。初级产品出口严重依赖于国际市场，供求和价格被国际市场左右，受制于发达国家，存在不等价交换，国际市场起伏波动较大，竞争日趋激烈，再加上科学技术进步导致许多替代品出现和农矿产品的消耗减少，农矿产品贸易条件恶化，使得初级产品价格呈下降趋势，出口收益有限，而且很不稳定，甚至使得有的初级产品出口越多，经济损失越大，形成恶性循环。为了改变这种不利状况，发展中国家曾经采取过一些对策，如建立原料矿产出口国组织以协调生产和供给，维持和提高价格等，试图改变不平等的国际经济旧秩序，保护本国利益。但是，除了石油输出国取得了一定的成效之外，其他国家均收效甚微。实践证明，长期实行初级产品出口战略，无法摆脱对发达国家的依赖，在国际分工中永远处于不利地位，不可能真正实现工业化和现代化。即使是石油输出国，如果长期以资源开发型产业为主体，主要靠石油出口取得收入，不大力发展其他产业，当石油开采完之后，也将是“依旧沙漠一片”。

（六）进口替代战略

所谓进口替代，就是以国产化代替进口工业制成品。进口替代战略是指发展国内制造业代替制成品进口的内向型产业发展战略。这种战略的特点是以实行工业化为主要战略目标，以发展本国制造业为主要战略方针，以实行贸易保护政策、抵制国外制成品的进口和竞争、保护国内市场和民族工业为主要战略措施。替代进口的产业的发展，一般存在两个阶段或两个发展程度不同的层次：一是消费品制造业，二是资本品制造业。后者的难度更大，要求更高，只有在本国经济技术已经有了相当发展的情况下，才有条件发展资本品的进口替代产业。发展中国家由于制造业落后，许多工业制成品依赖进口，加上初级产品与制成品之间的不平等贸易，造成了对外贸易逆差，严重影响经济的发展。部分发展中国家采取进口替代战略，希望建立和发展本国的制造业，用自己的制成品取代进口的制成品，使国际收支得到平衡，以便发展本国民族工业，逐步实现工业化。

进口替代战略是一种既有利又有弊的战略。这种战略降低制成品进口率，减少对发达国家和世界市场的依赖性，有助于改造原来以农为主的产业结构，扩大就业，提高技术水平，增强经济自给能力，对发展中国家建立一定的工业基础和促进经济的增长能起到良好的作用。但是，这种战略也存在明显的弊端，主要表现在：贸易保护政策如作茧自缚，使本国企业脱离国际竞争，从而不利于降低生产成本、提高产品质量和劳动生产率、增强国际竞争能力；发展本国工业仍需从国外引进先进技术和设备，会造成对发达国家新的依赖和外汇短缺；重视制造业，忽视其他产业的发展，会使国民经济各部门的比例关系严重失调，导致产业结构不合理，难以实现发达工业化。

（七）出口导向战略

出口导向战略又称出口替代、出口鼓励战略，是指通过发展出口加工工业，引导整个国民经济发展的一种外向型产业发展战略。这种战略的特点是，以实现工业化为战略目标，以发展面向出口的加工制造业为主要战略方针，鼓励出口的不再仅仅是初级产品，更主要的是初级产品的加工制成品。

部分发展中国家实施的出口导向战略开始于20世纪60年代，出现的原因主要有：初级产品出口和进口替代战略的缺陷日益显现，需要寻求新的发展途径；本国已经有了一定的工业基础与一批熟练工人和技术、管理人员，政府管理经济的水平提高，国际经济联系加强；发达国家经济繁荣，生活水平提高，一方面扩大了对工业消费品的需求，另一方面又由于工资成本提高，资本大量过剩，开始实行国际产业转移，收缩劳动密集型产业，转向别的国家。正是在这种背景和条件之下，部分国家和地区开始实施出口导向战略，利用劳动力资源丰富价廉的优势，大量引进外国资本和技术，努力发展面向出口的劳动密集型产业，生产成本低、有竞争力的轻纺工业产品，打入国际市场，赚取外汇，推动整个国民经济发展。少数发展中国家和地区实施出口导向战略获得成功，发展成为所谓的“新兴工业化国家和地区”。20世纪70年代中期起到80年代，欧美发达国家经济增长速度缓慢，贸易保护主义抬头，再加上出口导向战略成效比较明显，相当多的发展中国家先后采取这种战略，这就使得那些新兴的工业化国家和地区又开始“第二次工业化”，从劳动密集型产业过渡到资本和技术密集型产业，向更高级的出口加工工业转向，实施新型的出口导向战略。

出口导向战略能够充分利用国际分工和国际产业转移的机遇，发挥资源的比较优势，扩大就业，增加出口和外汇收入，提高科学技术和经济管理水平，实现较快的经济增长，取得较高的经济效益，加速工业化的进程。但是，这种战略也面临着一些难以解决的问题：发达国家贸易保护主义的打击，外债还本付息的负担越来越沉重，产品出口严重依赖风云变幻、动荡不定、竞争激烈的世界市场，经济基础脆弱，经济发展在很大程度上取决于国际市场对出口制成品的需求，缺乏稳定性。新兴的工业化国家和地区在20世纪90年代亚洲金融危机中的严重衰退，清楚地表明了这一点。单纯的出口导向战略特别不适合发展中大国。

（八）进口替代与出口导向相结合战略

进口替代与出口导向相结合战略是指进口替代产业与出口导向产业结合并重、协调发展的内外向结合型产业发展战略。进口替代战略和出口导向战略各有利弊，进口替代与出口导向相结合战略的特点是，把二者恰当结合起来，扬长避短，优势互补；在发展进口替代产业、更好地满足国内需求的基础上，实行对外开放，鼓励出口，发展出口导向产业，带动国民经济更快增长；既加强本国独立自主的产业基础，防止对外的过分依赖，保持本国经济的协调稳定，又充分利用国际分工、市场、贸易、资源、投资、技术的作用，发挥比较优势，获取比较利益，提高经济效益。这种战略发达国家可以实施，发展中国家也可以采取，尤其适合发展中的大国。因为发展中大国幅员辽阔，人口众多，国内市场容量很大，自然资源比较丰富，产业门类比较齐全，更有利于同时发展进口替代产业和出口导向产业。值得注意的是，真正把进口替代与出口导向恰当地结合起来，并不是一件十分容易的事，需要在实践中不断探索，必须特别注意有效地扩大内需，提高本国产业的国际竞争能力，适度地利用外资，防范国际国内金融风险。

四、产业总体的可持续发展

可持续发展问题是关系人类生存和子孙后代利益的根本问题，也是产业发展的重大问题。前面介绍的各种产业发展战略模式，没有直接涉及产业的可持续发展问题。其实，只有产业总体的可持续发展战略才是产业发展战略的最新的、最合理的目标模式。

（一）产业总体可持续发展的内涵

可持续发展是在人类社会面临人口爆炸、能源危机、资源短缺、环境污染、生态失衡的严峻挑战，“先污染后治理”、“有增长无发展”的传统经济发展模式已经不能再继续下去的情况下，在20世纪80年代由联合国提倡的一种社会经济发展的新模式。1980年3月5日，联合国大会向全世界发出呼吁：“必须研究自然的、社会的、生态的、经济的以及利用自然资源过程中的基本关系，确保全球的发展。”① 可持续发展就是经济、社会发展与人口、资源、环境互相协调的、兼顾当代人和子孙后代利益的能够不断持续下去的发展道路。

由于可持续发展涉及经济、社会、人口、资源、环境等许多方面，是一个宏观的、区域的、总体的概念；单个具体产业一般存在生命周期，不可能与世长存，所以单个具体产业虽然有一个适应可持续发展要求的问题，但本身并不一定能够实现可持续发展，只有产业总体才可能实现可持续发展。产业总体的可持续发展是指产业总体状况与人口、资源、环境互相协调，并且能够长期持续不断地发展。产业总体的可持续发展是整个社会经济可持续发展的重要方面，因此社会经济可持续发展对产业总体状况及其发展的要求，也就是产业总体可持续发展的内容，达到了这些要求，也就能够实现产业总体的可持续发展。②

产业总体的可持续发展的内容主要包括：产业结构优化，产业布局合理化，发展环保产业、节约资源的产业、开发和生产更清洁与更丰富的新材料及新能源的产业、充分利用人力资源的产业。只有这样才能保持产业的协调，消除产业结构和产业布局不合理造成的资源的浪费与低效利用，实现产业结构的高级化，提高产业发展的技术水平，更加节约有效地利用资源，发挥国家和各地区的比较优势，保护环境，发挥人力资源的作用，防止物质资源的耗竭，提高经济效益，更好地满足人们的生活需要，从而实现产业总体的可持续发展，促进社会经济的可持续发展。

（二）产业总体可持续发展的途径

产业总体可持续发展的内容和要求，决定必须按照以下原则和途径发展产业：

（1）产业发展必须与资源和环境的承载能力相协调，大力发展保护环境的技术和产业、节能降耗的技术和产业，促进新材料、新能源产业的发展，采用循环经济的方式，节约高效利用资源，治理和防止环境污染，减少废物排放，加强废物利用，实现清洁生产，改善生态环境，增强产业和经济发展的资源基础，提高环境和资源的承载能力。

（2）根据产业发展的状况和消费结构的变化，及时进行产业调整，促进产业结构的合理化，防止比例失调、结构失衡，避免积压和短缺，实现产业资源的优化配置，更好地满足需求，提高生活质量。

（3）积极发展科学技术，努力发展高新技术产业，用高新技术改造和武装传

---

① 牛文元．持续发展导论．北京：科学出版社，1997：5.

② 简新华，于波．可持续发展与产业结构优化．中国人口、资源与环境，2001（1）：30.

统产业，增强产业的技术基础，不断推进产业结构的高级化，提高资源的使用效果，实现产业的高效发展。

(4) 合理调整产业布局，更好地发挥各地区的比较优势，充分利用各地区包括人力资源在内的各种资源，实现地区之间产业和经济的协调发展。

产业发展如果充分利用了人力资源，满足了人的生活需要，也就实现了产业发展与人口的协调；产业发展如果保护和改善了环境，也就实现了产业发展与环境的协调；产业发展如果节约高效利用资源，并且开发了更丰富、更清洁的资源，也就实现了产业发展与资源的协调。实现了产业与人口、环境、资源的协调，保持了产业的协调、稳定、高效的发展，产业总体也就能可持续发展。

本章小结

产业发展是指产业的产生、成长和演进，包括单个产业、产业总体和产业各个方面的发展。单个具体产业存在进入期、成长期、成熟期、衰退期等四个发展阶段的市场生命周期。产业发展以市场机制为基础、政府调控为辅助。产业总体的发展途径主要包括制度创新、技术创新、产业选择、产业调整、产业转移、实施正确的产业发展战略、制定和执行合理有效的产业规制和产业政策。

产业革命是产业及其各个方面的根本性变革，是产业发展的强大动力，优化资源配置的重要途径，经济和社会发展的关键因素。人类社会发生过三次产业革命：第一次是实现机械化、蒸汽化的产业革命，第二次是实现电气化、石油化、钢铁化的产业革命，第三次是实现信息化、网络化、自动化的产业革命。产业革命的规律主要有：科技革命导致产业革命的规律，在部分国家首先发生的规律，具有扩散、辐射、示范、加速效应的规律，首先在部分领域突破的规律，多方面革命并存的规律，由市场主推政府助推的规律。

产业发展战略是产业发展的总体谋划和大政方针，主要包括战略目标和战略手段。产业发展战略主要有八种类型：轻工业优先发展战略、重工业优先发展战略、平衡发展战略、不平衡发展战略、初级产品出口战略、进口替代战略、出口导向战略、进口替代与出口导向相结合战略。可持续发展是产业发展最新的最合理的目标模式。

思考题

1. 产业发展的内容是什么？产业的生命周期有什么特点？
2. 产业发展的机制和途径是什么？产业选择的内容和方法是什么？
3. 产业调整的内容和机制有哪些？产业转移的原因和方法是什么？
4. 产业革命的条件和作用是什么？产业革命的规律有哪些？

5. 产业发展战略有哪些主要模式？
6. 怎样实现产业总体的可持续发展？

第八章　产 业 规 制

产业不可能自动地或完全靠市场机制作用自发地实现结构优化、比例协调、布局合理、组织完善、发展健康，政府必须进行适当的管理和调控。政府主要采用规制和制定并执行产业政策的方式，对产业的状况及其发展实行必要的干预。本章集中论述产业规制，主要包括产业规制的内涵、特征、作用、失灵、类型、成本、收益、放松、加强、理论依据和内容。

第一节　产业规制概述

一、产业规制的概念和特征

（一）产业规制的内涵

"规制"（regulation）也称"管制"，可以看成是政府通过法律、规章、制度对社会活动和行为进行规范、限制的简称。经济学中规制的含义则是政府利用法规对社会经济主体的活动和行为进行干预与限制的综合表达。这里的政府是广义的政府，是包括国家立法、行政、司法在内的社会公共机构或国家机构的总称。由于规制或管制是政府行为，所以规制或管制往往又称政府规制或政府管制。政府规制是多方面的，但对国民经济影响最大的还是产业规制（industry regulation）。产业规制是指政府通过制定和执行一定的法规与政策对产业经济主体及其行为所作的规范和限制，是政府实行产业管理的一种重要方式。如政府为控制企业的价格、销售、生产决策和市场准入而实施的各种法规、采取的各种行动，就构成了政府对价格、销售、生产、市场进入等的规制。可见，产业规制实际上是政府对产业生产经营活动的干预。

产业规制与产业政策是两个既有联系又有区别的不同概念，产业政策是产业规制的重要手段，产业规制又不能完全包含产业政策的内容，两者同为政府管理和调控产业经济运行与发展的工具。

国内外经济学者对政府规制包括产业规制有着不同的理解，主要有以下几种看法。

1. 规制是政府克服市场失灵的努力和对公共利益的追求

政府规制理论的代表人物施蒂格勒说："一种观点认为，管制主要是为保护全体公众或一些人数众多的社会集团，是为他们的利益制定的。"① 张红凤提出，"现代意义的规制是指政府（或规制机构）利用国家强制权对微观经济主体进行直接的经济、社会控制或干预，其规范目标是克服市场失灵，实现社会福利的最大化，即实现公共利益"。②

2. 产业规制是政府规范、限制产业及其企业的行为

规制理论的创始人之一卡恩认为产业规制是"对该种产业的结构及其经济绩效的主要方面的直接的政府规定……如进入控制、价格决定、服务条件及质量的规定以及在合理条件下服务所有客户时应尽义务的规定"。③ 日本学者植草益把规制定义为"社会公共机构依照一定的规则对企业的活动进行限制的行为"。④ 樊纲提出政府规制"特指的是政府对私人经济部门进行的某种限制或规定，如价格限制、数量限制或经营许可，等等"。⑤

3. 产业规制是厂商利用政府权力谋取自身利益的方式

施蒂格勒提出："规制通常是产业自己争取来的，规制的设计和实施主要是为受规制产业的利益服务的。"⑥ 这种解释实际上是认为规制主要不是政府对公共利益的追求，而是行业中的某些厂商通过各种手段利用国家强制权力以满足自己利益和需要的结果，其最终目的是要增强加自己的获利能力。

（二）产业规制的特征

虽然国内外学术界对产业规制的定义众说纷坛，对其内涵的理解也各不相同，但归纳起来，可以看出产业规制具有以下基本特征：

（1）产业规制的主体即规制者，是以政府行政机构为主的社会公共机构；

（2）产业规制的对象即被规制者，是产业经济活动的行为主体，主要是相关产业及其企业；

（3）产业规制的手段是以国家强制力为基础的国家法律、规章制度和政策，主要包括对被规制者进行限制的内容、方式和违规的制裁措施；

---

① ［美］施蒂格勒．产业组织与政府管制．上海：上海人民出版社，上海三联书店，1996：211.

② 张红凤．规制经济学的变迁．经济学动态，2005（8）.

③ Kahn. A. E. , The Economics of Regulation, New York: John Wliey Press, 1970.

④ ［日］植草益．微观管制经济学．北京：中国发展出版社，1992：18.

⑤ 樊纲．市场机制与经济效率．上海：上海三联书店，1995：173.

⑥ ［美］施蒂格勒．产业组织与政府管制．上海：上海人民出版社，上海三联书店，1996：210.

(4) 产业规制的目的主要是弥补市场失灵、维护公共利益，但对不同的利益集团会产生不同的影响；

(5) 产业规制是规制者与规制对象的一种互动活动、博弈过程，政府部门依据有关法规规范、约束和限制企业行为，企业也可能通过游说、公共关系、人事关系、贿赂等方式影响政府的规制，使之对自己有利。

二、产业规制的作用和规制失灵

（一）产业规制的原因和作用

在市场经济条件下，由于垄断的弊端、公共品的提供、经济活动外部性、信息不对称等市场失灵情况的存在，市场不能保障产业经济主体的行为不损害社会和消费者的利益，需要产业规制予以弥补。总的来说，产业规制的主要目的或者说产业规制的基本原因，就是要弥补市场失灵，保障市场效率，维护社会公平，保护社会和消费者的利益。这也是产业规制应该发挥的作用。具体而言，产业规制需要或可能发挥以下主要作用。

1. 维护市场公平竞争，克服垄断的弊端，促进资源优化配置

产业规制能够维护市场竞争秩序，防止不正当竞争行为，限制或者消除垄断，规范自然垄断产业的企业行为，克服垄断可能产生的技术停滞、供给不足、价格过高的缺陷，更好地提供公共品，减少或消除经济活动的负外部性，缓解信息不对称及其不利影响，解决规模经济与竞争的矛盾，实现规模经济与竞争效率的统一，促进社会资源的有效配置。

2. 保护消费者的利益，减少消费者的支出，更好地满足消费者的需求

产业规制能够限制或消除垄断，规范自然垄断产业的企业行为，克服垄断可能产生的供给不足、价格过高的缺陷，还可以约束企业追求自身利益而无视环境、卫生、安全、健康的行为，因此具有更好地满足消费者的需求、减少消费者的支出、保护消费者的利益的作用。

3. 提供良好的产业发展环境，促进企业健康发展

合理的产业规制规范企业经营行为，维护市场公平竞争秩序，能够为产业创造良好的发展环境，促进相关产业及其企业在适度竞争、改进技术、合理经营、降低成本、提高效率、增加收益的同时，维护社会公正，不损害社会和消费者的利益。

（二）规制失灵

产业规制主要是为了克服市场失灵，但产业规制本身也不是万能的，也可能产生规制失灵。由于政府具有权威性、强制力、可能减少市场交易费用、追求社会公平和社会稳定、更多地考虑公共利益和社会福利等优势，所以能够发挥弥补市场失

灵、保障市场效率、维护社会公平、保护社会和消费者的利益的作用；又因为政府规制机构及其人员存在“信息局限性”和“利益局限性”，① 再加上相关利益集团的游说、公共关系活动的影响，所以产业规制有可能失误、不当、过度。产业规制失灵的主要表现是：不该限制的限制了，该限制的没有限制；应该多规制的规制少了，应该少规制的规制多了；规制成本大于规制收益，使得规制得不偿失；没有合理有效地解决规模经济与竞争的矛盾，不适当地限制了市场竞争优胜劣汰的作用，保护了垄断者的利益，损害了社会和消费者的利益。而且，规制在相当程度上制约着企业的经营自主权，对经营者积极性和创新能力的发挥可能产生不利影响；规制还可能使企业不再面对外部强大的竞争压力，从而弱化企业的激励机制，使得内部技术创新、管理创新、服务创新行动缓慢；规制的实施需要一定的时间，存在的时滞及其延长也会使企业蒙受一定的损失；规制还容易留下政府官员滥用职权乃至“权钱交易”、“寻租”、腐败的隐患，不利于行政的廉洁与高效。

克服产业规制失灵，政府规制机构及其人员必须尽可能克服“信息局限性”和“利益局限性”，充分注意行政的公正、廉洁与有效，提高规制决策的科学性和实施的水平，加强对利益集团的游说、公共关系活动的监督和管理，尽量缩小规制的对象范围，适时实行和调整规制，以保证产业规制的公平性和合理性。

三、产业规制的类型

产业规制可以按照不同的标准划分为多种不同的类型，这里主要介绍按最有代表性的标准划分的类型。按照产业规制的对象、内容和方式的不同特点，产业规制可分为自然垄断产业规制、竞争性产业规制和社会性规制三大类。

自然垄断产业规制也称经济性规制，是指主要在自然垄断产业领域（如电力、铁路运输、自来水供应、有线通信、管道燃气等）实行的规制，这类规制以自然垄断产业为规制对象，主要内容包括政府在价格、产量、质量、进入和退出等方面的规制。

竞争性产业规制也称反垄断和不正当竞争规制，是指主要在竞争性产业领域实行的规制，这类规制主要以竞争性产业中可能形成垄断和进行不正当竞争的行为或企业为规制对象，主要内容包括在企业兼并、串谋、市场集中、不正当竞争等方面的规制，其宗旨是限制或防止垄断，以维护市场公平竞争。

社会性规制是指在卫生、健康、安全、环境等领域实行的规制，这类规制不以特定产业为规制对象，是为实现一定的社会目标而实行跨行业、全方位的规制，主

---

① 所谓“信息局限性”主要是指掌握的信息（包括知识）不完全、不充分、不对称，所谓“利益局限性”是指政府机构和工作人员也有自身特殊利益的追求，不一定总能代表社会、总体的利益。

要内容包括对环境保护、污染防治、产品和服务的质量保证、生产或工作安全、产品和生产的卫生健康等方面的规制。

这三种类型产业规制的具体内容和特点，将在本章第三节比较详细地介绍。

四、产业规制的成本和收益

产业规制既有成本，又能给社会带来收益。权衡产业规制的利弊得失，判断产业规制是否应该实行、是否合理有效，必须进行成本收益分析比较。一般来说，如果产业规制的成本等于或大于收益，说明产业规制无效或负效应，应该放松或取消规制；只有产业规制的成本小于收益，才表明产业规制合理有效，应该实行或加强规制。产业规制的成本收益分析是一个难度较大的问题，这里只能作简单的原则性介绍。①

（一）产业规制的成本

产业规制的成本是国家规制机构实行产业规制全过程中的费用，主要包括：规制机构建立、人员、运行的费用，相关信息收集、处理、传递、实际情况调查研究的费用，相关法规和政策制定、颁布、执行、监督、检查、修正的费用，应付被规制者的游说、谈判、抵制、公共关系、必要补偿的费用，规制调整即加强、放松、取消规制的费用等。这些费用应该是可以统计的，问题只是国家规制机构往往具有多种职能，实行产业规制只是其中的一种职能，产业规制成本只能是由于实行产业规制而增加的费用。此外，产业规制的实际成本还应该包含被规制对象游说、抵制、公共关系活动、贿赂规制者的费用，但这类费用很难统计。由于产业规制不合理给消费者和社会福利造成的损失及给企业带来的不利影响不计入成本，而是作为负收益计入产业规制的收益。

（二）产业规制的收益

由于合理有效的产业规制一方面可以减少消费者的支出，更好地满足消费者的需求，另一方面还能促进相关产业及其企业合理经营、降低成本、提高效率、增加收益，所以产业规制的收益可用下面的公式计算：

产业规制收益=消费者的支出减少量+产业收益增加量

消费者的支出减少量=（实行规制前的相关消费品价格−实行规制后的相关消费品价格）×消费者购买的相关消费品总量

产业收益增加量=（实行规制后的相关产业利润率−实行规制前的相关产业利润率）×相关产业资本总量

---

① 王俊豪．政府管制经济学导论．北京：商务印书馆，2003：18-30.

值得注意的是，不合理的产业规制有可能增加消费者的支出、减少相关产业的收益，产业规制收益可能是负数。显然，这种不合理的产业规制是需要改进或取消的。

需要指出的是，这里介绍的是一种具有可操作性的简易的产业规制成本和收益的计算方法，是否科学、准确，还需要深入研究。实际上，产业规制的成本和收益中还包含非经济的、难以用货币价值衡量的内容，如规制过程中可能出现的设租、寻租、贿赂等现象，会造成政治腐败，对社会风气、行政效率产生极为有害的影响；产业规制能够发挥保护和改善环境、促进社会公平的有利作用。这些都难以在经济上准确计量。

五、放松规制与加强规制

产业规制是一个动态调整的过程，并不是一成不变的。20 世纪 80 年代以来，在全球范围内出现了放松规制与加强规制并存的现象，总的趋势是经济性规制和反垄断规制趋于放松、社会性规制趋于加强。① 所谓放松规制是指减少以至取消规制或缩小规制的范围、降低规制的强度。所谓加强规制则是指增加规制或扩大规制的范围、提高规制的强度。应对经济全球化、激烈的国际竞争，需要通过扩大规模增强本国产业竞争力；因为经济技术条件的变化，自然垄断的特性也发生变化，自然垄断产业的部分领域和环节也可以市场化经营，如带有网络特征的电力、运输等产业的“厂网分离”或“网运分离”，放松规制有助于相关产业的发展；替代品增加、产业之间的替代竞争加剧，规制限制了相关产业的发展，再加上规制的负作用日益显现，所以出现了经济性规制和反垄断规制放松的趋势。由于经济社会的发展、收入水平的提高、环境状况的恶化，人们更加重视和追求生活质量，再加上企业追求利润而无视环境、卫生、安全、健康的现象不断发生，使得社会性规制出现了加强等趋势。

第二节　产业规制的理论基础

产业规制理论主要研究为什么要规制、怎样规制、规制是否有效以及在规制无效即规制失灵（regulation failures）情况下如何通过成本—收益分析比较而选择加强规制（reregulation）或放松规制（deregulation）。产业规制理论的“中心任务是解释谁从管制得益，谁因管制受损，管制会采取什么形式，以及规制对资源配置的

---

① 于立，姜春海等．规制经济学的学科定位与理论应用．大连：东北财经大学出版社，2005：8.

影响”。① 产业规制的研究、产业规制理论的形成和发展大致经历的过程是从强调市场失灵和公共利益开始到引入“经济人”假设和供求分析方法，运用信息经济学、博弈论、激励理论；由公共利益规制理论转向利益集团规制理论和完善性规制理论；由强调规制的必要性转向更注意规制的效果和合理化；由加强规制转向放松规制而引入竞争；由单向限制转向博弈和激励；由限制垄断和不正当竞争转向规制与竞争平衡；由信息完全转向信息不完全；由作为外生变量转向内生变量；由注重需求分析转向注重供给分析，指出规制不能完全取代竞争、竞争也无法替代规制、没有理想的规制和竞争、理想状态是规制和竞争的兼容协调，深化和完善了产业规制理论，更好地说明了规制的基本问题，使产业规制理论更加贴近现实，更具解释力，并且加强了具体产业的规制的实证研究和应用研究，实现了产业规制理论的实践价值。以下是产业规制的逐步形成和发展的主要理论基础。②

一、公共利益规制理论

公共利益规制理论是早期占主导地位的规制理论，以市场失灵理论和福利经济学为基础，把政府看成公共利益的代表，将矫正市场失灵作为政府规制的动因，规制目的是为了克服市场活动的不公平和无效率，以提高整个社会的福利水平。公共利益规制理论的基本假设是：市场的自发运转是脆弱的、有缺陷的，如果放任自流，会导致不公平或无效率；政府是仁慈的、无所不知的、无所不能的，能减少或消除市场失灵带来的低效率，实现社会福利最大化；规制是政府应公众对公平和效率的要求所作出的无成本、有效的反应。市场失灵表现在自然垄断、外部性、公共品、信息不对称等多方面，相应的政府规制的矫正措施也有多种，具体包括控制进入、限制价格、确定企业回报率、规定质量和服务条件及对客户应尽的义务等，防止企业损害消费者的利益。公共利益规制理论主要包括自然垄断规制理论和传统最优规制理论。

（一）自然垄断规制理论

自然垄断规制理论认为，在自然垄断产业中，由于竞争无法开展或者说是不经济的、无效的，甚至是具有破坏性的，所以垄断难以避免，而垄断又可能在价格、供给数量和质量上损害消费者的利益，所以需要政府规制，以限制垄断力量、避免破坏性竞争。价格规制是自然垄断规制的重要内容，而价格规制存在定价悖论，即

---

① ［美］施蒂格勒．产业组织与政府管制．上海：上海人民出版社，上海三联书店，1996：210.

② 张红凤．规制经济学的变迁．经济学动态，2005（8）；杨公朴．产业经济学．上海：复旦大学出版社，2005：272-276.

按边际成本定价能够保证社会最优，企业却可能亏损，需要政府补贴；按平均成本定价可以保证企业收支相抵，社会总福利却可能遭受损失，所以政府需要在社会福利与企业利益之间权衡取舍。现代自然垄断理论基于成本的变动性进一步提出，在平均成本递增阶段，边际成本定价悖论不存在，规制政策相应地需要考虑的是边际成本定价带来超额利润而引发的问题；在平均成本递减阶段，则存在定价悖论。自然垄断规制理论还认为，自然垄断存在可维持与不可维持、强与弱、永久性与短暂性之分，因此自然垄断规制有些是必要的、具有合理性甚至应该长期存在，有些则可能是不必要的、不一定合理的或应该因势而变、只能短期存在的。

（二）传统最优规制理论

传统最优规制理论是在信息对称的假设条件下探讨政府怎样规制自然垄断以实行社会福利最大化，主要涉及边际成本定价、最优偏离边际成本定价、回报率规制等价格规制方案。边际成本定价方案认为，自然垄断产业应该实行边际成本定价规制，但需要由政府用税收弥补企业的亏损，可能造成扭曲性税收，不利于资源优化配置和社会福利最大化。最优偏离边际成本定价方案主张，自然垄断产业应该按照最优偏离边际成本的价格定价，认为这是受企业预算平衡约束的帕累托最优价格，是对有政府补贴的边际成本定价的改进。回报率规制则提出，规制当局应该允许相关企业获得投资的公平回报率并以此定价。这实际上是一种平均成本定价方式，也是大多数国家的规制实践所采用的定价方式。回报率价格规制具有能够保证企业收支相抵等优点，但也存在刺激被规制企业夸大成本而导致不合理定价等缺陷。传统最优规制定价方案都假设规制者和被规制者的信息完全、双方进行的是信息对称的博弈，由于实际上信息往往是不对称、不完全、不充分的，所以传统最优规制方式存在诸多缺陷。

随着政府规制的范围由经济性规制扩大到社会性规制，公共利益规制理论也用来解释各种规制问题。早期规制理论研究的主题是市场失灵与政府的矫正措施，后来出现了检验规制政策的效果、回答政府干预是否有效的第二个研究主题。在对规制政策效果的检验中发现，实践中的规制并不必然有效，也存在无效率的情况。公共利益规制理论认为政府规制有效的观点受到实证研究的批评。政府掌握的信息是不充分、不完全的，并不一定能矫正市场失灵，政府也不是无所不知、无所不能的。而且，什么是公共利益，政府规制维护的是否真正的社会公共利益，也受到置疑。因为有些政府规制是以公共利益的名义保护部分特殊集团的利益。实际情况表明，公共利益规制理论本身是不完善的，它没有真正解释清楚产业规制为什么能够克服市场失灵，仅仅以福利经济学和市场失灵为基础还不能完全说明“为什么规制、怎样规制、规制是否有效”等基本问题。正是对公共利益规制理论的批评和置疑，促进产业规制理论朝着两个方向发展：一是主要在为什么规制方面，超越

“公共利益”范式，形成利益集团规制理论；二是主要在怎样规制、规制是否有效方面，突破信息完全和规制必然有效的假设，形成完善性规制理论。

二、利益集团规制理论

利益集团规制理论是在规制效果的检验导致对“市场失灵是规制的动因、规制有效率”的传统规制信念发生动摇的情况下，提出的比较新的规制理论。利益集团规制理论的基本假设是，政府拥有强制权，能通过规制使收益或福利在不同的人之间转移，规制的需求方和供给方（规制的制定和实行者）都是理性经济人，都可能通过规制的选择影响规制的内容、方式及其制定和实行，以谋求自身利益的最大化。利益集团规制理论的主要观点是，利益集团的作用是规制产生的重要原因，利益集团往往通过寻求或影响规制以维护或增进自身的利益，强调利益集团在公共政策形成过程中可能发挥重要作用。利益集团规制理论主要包括规制俘获理论、规制经济理论、新规制经济理论。

（一）规制俘获理论

规制俘获理论是利益集团规制理论最早的雏形，建立在三个假设的基础之上，一是所有相关的利益各方都是纯粹的经济人，都是收益最大化的追求者；二是所有相关的利益各方都具有理性预期；三是规制是没有成本的。规制俘获理论认为，利益集团在规制中发生重大影响，促使政府进行规制的是代表社会某种特殊利益的集团，规制的供给是应相关产业或利益集团对规制的需求，或者规制机构逐渐被相关产业或利益集团控制，规制最终为被规制的产业或相关利益集团服务。这就是所谓规制者被被规制者俘获，或者立法者被相关产业或利益集团俘获。促使政府进行规制的利益集团，或是规制对象本身，或是其他有可能从中获益的人。产业规制的目的与其说是为了社会公共利益，毋宁说是特殊的利益集团寻租的结果。

规制俘获理论比公共利益规制理论在一定程度上符合规制的经验观察，在产业规制的实践过程中确实存在着设租和寻租的情形，因而具有一定的说服力。规制俘获理论具有反产业规制的倾向，也为政府科学地制定和实施规制政策敲响了警钟，英美国家出现的放松规制运动不能说与此无关。除了规制没有成本、规制各方都是纯粹的经济人等假设不符合或不完全符合实际之外，规制俘获理论的主要缺陷是没有说明利益集团如何控制或影响规制，也无法解释现实中不少规制维护的是消费者的利益而不是被规制企业的利益等许多现象。实践证明公共利益理论和规制俘获理论都不全面，都存在片面性。

（二）规制经济理论

规制经济理论以否定公共利益理论和扬弃规制俘获理论为基础，运用经济学的供求分析框架来分析规制，解释利益集团如何控制或影响规制。该理论的创始人施蒂格勒以政府的强制权和经济人的理性为两个基本假设，提出社会对规制有需求和供给，企业和消费者是需求方，政府是供给方，各个利益集团要求政府做出符合它们各自利益的规制，被规制的企业与消费者集团争夺对政府的影响①，并运用奥尔森的集体行为理论，推导出产业成员比数量更多的分散的消费者具有更强的激励组织起来影响政府，因而规制可能被产业集团俘获。佩尔兹曼扩展了施蒂格勒的理论，提出最优规制政策模型，认为政府官员在利益选择中并不总是取悦于产业集团，竞争性产业规制会使企业得利，垄断性产业规制则能使消费者受益。贝克尔进一步发展了规制经济理论②，认为规制实质是用来增加最有影响力利益集团的福利，强调规制过程中利益集团之间的竞争有益于纠正市场失灵、降低社会福利损失，因为可以改善社会福利的规制政策能得到更多人的拥护。

规制经济理论运用经济学标准的供求分析方法解释规制的产生，使得利益集团规制理论更为规范、简洁。但是，规制经济理论的利益集团直接影响规制的假设不一定能真正成为现实，因为规制程序复杂、参与者众多、要受许多因素的制约，利益集团直接影响规制需要相应的条件，而这些条件在实践中很难满足，因此规制经济理论的解释力有限。

（三）新规制经济理论

新规制经济理论主要是指麦克切斯尼在批判规制经济理论的基础上提出的抽租模型。他认为规制经济理论存在两个基本缺陷：一是把政治家看成是处在互相竞争的私人寻租者（利益集团）之间的被动局中人，自身对租金没有需求；二是只是描述规制者为胜出的利益集团创造租金的创租模型，不能解释许多规制现象。他提出所谓抽租模型，主要内容是政治家不仅是财富再分配的中间人，而且是有自身需求的独立行为人，除创租外还可能抽租，即从私人那里获利，抽取已经存在的私人租金。新规制经济理论克服规制经济理论过分关注需求方的缺陷，强调政治家在规制中的主动作用，而且抽租模型比创租模型更具普遍性，对现实更有说服力。

以上说明，利益集团规制理论超越了公共利益规制理论的“公共利益”范式，把“经济人”假设引入到对规制双方特别是政治家的分析中，运用供求分析的方法，发展和完善了政府为什么规制的理论，使得规制理论更加贴近现实，更具有解释力。

---

① Stigler，G . J.（1971）. Theory of Economic Regulation. Bell Journal of Economics and Management Science，2：3-21.

② Gary S. Beck（1983）. A Theory of Competition among Pressure Group for Political Influence. The Quarterly Journal of Economics，3：371-400.

三、完善性规制理论

所谓完善性规制理论主要在怎样规制、规制是否有效方面，突破信息完全和规制必然有效的假设，研究如何完善规制的内容和方式，提高规制的有效性的理论。完善性规制理论很多，包括把博弈论、委托代理理论、激励理论、信息经济学引进规制分析而形成的各种理论，引入竞争、放松规制、克服规制无效等方面的理论，这里主要介绍规制博弈理论、特许经营权竞标理论、可竞争性市场理论、激励性规制理论。

（一）规制博弈理论

李立威运用博弈论分析规制问题，认为规制的产生可以是一个增值的博弈。在这个博弈中，各方都可以成为赢家。规制之所以可能实现双赢或多赢，是因为具有强制性权力的政府能够迫使各方合作，监督合同的履行。只有政府才能够利用特殊的法律权利和税收手段，以很小的成本来促成规制各方联盟的形成。在规制的博弈中，消费者和垄断厂商都可能成为赢家，消费者因价格降低获得了好处，而垄断厂商则由国家保护它的专营权而不受竞争者的困扰，因避免残酷的竞争而减少了损失，所获得的利益可能大于为消费者降低价格而带来的损失①。李立威的规制博弈理论意味着由政府来监督私营法人之间的合同的执行能给它们节省成本。

（二）特许经营权竞标理论

特许经营权竞标理论的主要内容是主张实行特许经营权竞标。所谓特许经营权竞标，通常是指政府将特许经营权通过竞标的方式授予承诺以单位最低价格并保证质量达到特定标准而提供产品和服务的企业，其目的是通过事前的投标竞争，保证中标者在竞标后的生产和销售过程中不采取垄断行为，把价格和利润保持在竞争性水平上。特许经营权竞标理论是较早引入竞争替代规制、根治规制无效率的理论。从理论上看，特许经营权竞标通过引进市场竞争机制，形成一个有效率的市场结构，以实现成本最小化和社会最优的定价，可以获得比规制更好的成效。但在实践中特许经营权竞标能否产生社会合意的效果，还取决于竞标阶段是否有真正的充分的竞争、中标者日后如何去生产经营、能否切实兑现承诺等多种因素。如果弄虚作假、竞争不充分、违规经营、不遵守承诺等，特许经营权竞标将无法达到理想的效果。实际上，特许经营权竞标不能完全取代规制，只能是规制的完善或补充。

---

① Li Way Lee（1980）. A Theory of Just Regulation. The American Economic Review，5：848-862.

（三）可竞争性市场理论

可竞争性市场理论也称“进退无障碍市场理论”，是美国著名经济学家鲍莫尔首先提出的放松规制的理论。① 该理论把进入和退出视为促进竞争的力量，认为能否自由进入和无成本退出是判定一个产业是否具有可竞争性的依据，提出可竞争性市场是一个进入完全自由、退出完全无成本的市场。可竞争性市场理论的基本观点是：(1) 可竞争性市场的价格既不会高于平均成本也不会低于平均成本，是等于平均成本的均衡价格，假设各个厂商都是价格接受者 ；(2) 企业进入和退出市场（产业）是完全自由的，新进入者和现有经营者之间处于平等的地位，竞争者面临着相同的市场环境，拥有相似的市场知识，可用同样的成本获得相同的技术并生产质量相当的产品，相对于现有企业，潜在进入者在生产技术、产品质量、成本等方面不存在劣势；(3) 潜在进入者能根据现有企业的价格水平评估进入市场的盈利性；(4) 进入和退出市场的成本为零，厂商具有快速进出市场的能力，在退出市场时不存在沉淀成本，也不存在退出市场的其他障碍，潜在进入者能够采取“打了就跑”(hit and run) 或“撇奶油”的策略，甚至一个短暂的赢利机会都会吸引潜在进入者进入市场参与竞争，而在价格下降到无利可图时，它们会带着已取得的利润（奶油）离开市场；(5) 一个产业（或市场）即使是自然垄断，只要进入成本为零，进入者的威胁就能提供充分的市场规则，约束产业内企业实行竞争性定价，以最低成本进行有效率的生产，最终保证市场效率。该理论的核心论点是：即使是自然垄断产业，只要市场是可竞争的，就完全可以依靠潜在的竞争力量达到社会资源的最优配置和经济效率的最大化。该理论的主要政策主张是：政府规制机构无需对企业进行规制，无需限制进入，只需减少或消除产业的进入和退出障碍，形成可竞争的市场环境。

可竞争性市场理论是对传统自然垄断规制理论的挑战，似乎是反规制的理论，其实属于完善或放松规制的理论，并非要求政府完全放弃管制，实际上减少或消除产业的进入和退出障碍也属于规制的范畴。该理论也不断受到置疑或批评，存在的主要缺陷是：可竞争性市场理论依据的严格假设条件与现实差距太大，进入完全无成本和沉淀成本为零的假设不符合实际，资产专用性的存在使得退出无成本的观点难以成立，缺乏对不确定性、动态变化等的分析，没有看到新企业进入后采取的“撇奶油”战略可能导致自然垄断产业中的企业的不可维持性，实际存在的沉淀成本会使得竞争不完全等。规制不能完全取代竞争，竞争不可能替代规制，可竞争性市场理论也不能完全替代规制理论，二者是互补关系。没有理想的规制，也没有理

---

① William J. Baumol (1982). Contestable Markets: an Uprising in the Theory of Industry Structure. The American Economic Review, 1: 1-15.

想的竞争，理想的状态是实现二者的协调兼容，这正是各国政府实行规制、促进市场竞争的目标和方向。

（四）激励性规制理论

激励性规制理论是在传统规制理论因忽视信息不对称等缺陷而在实践中无效率、特许经营权竞标也无法达到理想的效果、实践中发生放松规制的运动、激励理论、委托代理理论、信息经济学的新理论和方法迅速发展的背景下兴起的规制理论，研究的主题是规制中的激励问题，目的是完善规制，提高规制的有效性。激励性规制理论不像传统规制理论那样关注特定的规制（内容和方式），而是在信息不对称的假设条件下，运用机制设计的理论和工具，以最优规制为目标，探求规制的激励机制。激励性规制理论提出了一系列规制激励理论模型，这里只简要介绍法国著名经济学家拉丰、梯若尔等人的“利益集团政治的委托代理理论”。① 该理论承认规制者可能被受规制的企业或其他利益集团俘获而与之合谋，提出了包括企业等利益集团、规制机构、国会在内的三层机构的规制体系，在更复杂的体系框架中探讨规制激励机制。该理论认为，利益集团要影响政治决策或规制的根本原因在于政治决策或规制关系到他们的切身利益，当切身利益大于或等于俘获规制机构的成本时，影响政治决策或规制的行为就会发生。为了合理规制，需要制定一套减少或阻止规制机构被俘获的激励机制。这套机制既涉及规制机构的行为和激励，又涉及利益集团的行为和激励，或涉及社会福利的最大化。具体的激励模型有多种，包括利益集团与规制机构无合谋的规制模型、利益集团与规制机构合谋下的规制模型、多重利益集团存在时的规制模型等。

第三节　产业规制的内容

本节按照自然垄断产业规制（即经济性规制）、竞争性产业规制（即反垄断和不正当竞争规制）和社会性规制三大类的划分来介绍产业规制的内容（包括规制的对象、目标、方式等）。

一、自然垄断产业规制

（一）自然垄断产业规制及其必要性

1. 自然垄断产业规制的内涵

① Laffont, J. -J&J. Tirole (1991). The Politics of Governmet Decision-making: a Theory of Regulatory Capture. Quarterly Journal of Economics, 106 (4): 1089-1127; Laffont, J. -J&J. Tirole, A Theory of Incentives in Procurement and Regulation. Cambridge: MIT Press, 1993.

自然垄断产业比较权威的定义是："如果有一个厂商生产整个行业产出的生产总成本比两个或两个以上厂商生产这个产出水平的生产总成本低，则这个行业是自然垄断的。"① 代表性的自然垄断产业有电力、铁路运输、自来水供应、有线通信、管道燃气等。

自然垄断产业规制也称经济性规制，是指主要在自然垄断产业领域实行的规制，主要内容包括政府在价格、产量、质量、进入和退出等方面的规制。自然垄断产业规制是产业规制的主要组成部分。

2. 自然垄断产业规制的必要性

自然垄断规制理论认为，从整个社会的利益出发，政府有必要对自然垄断产业进行规制，其原因主要在于：（1）在自然垄断产业中垄断难以避免，由于企业处于垄断地位，如果政府对企业定价、供给等生产经营行为不加控制，企业就可能按照利润最大化原则，通过制定垄断价格、降低供给数量和质量等途径，获得垄断利润，这就会在价格、供给数量和质量上损害消费者的利益，还会造成自然垄断产业的上游供应商的利益损失，扭曲社会资源的配置。为了克服垄断可能产生的技术停滞、供给不足、价格过高的缺陷，需要政府规制，以限制垄断力量、维护消费者和非自然垄断产业的利益，促进社会资源的优化配置。（2）由于自然垄断产业具有规模经济性，在自然垄断产业中竞争无法开展，或者说是不经济的、无效的，甚至是具有破坏性的，所以需要政府对市场的进入进行规制，以便让一家或极少数几家企业垄断经营，以避免破坏性竞争、获得规模经济效益。

（二）自然垄断产业规制的内容

自然垄断产业的规制主要包括进入规制、退出规制、价格规制、数量规制、质量规制和设备规制。

1. 进入规制

这是指在自然垄断产业中，为确保企业的规模经济效益和生产效率的提高，由规制机构对企业的从业资格、产品及服务的内容和标准进行审查、认证，确定一家或极少数几家企业获得特许经营权，承担该产业的供给责任，不能自由退出，并限制其他企业进入；或者从防止过度竞争的需要出发，由规制机关视整个产业的供求平衡情况来限制新企业的加入。进入规制的主要内容有：

（1）许可制，即对那些在法律上被禁止的企业行为如卡特尔等，规制机构将视其具体情况予以有限的解除，具体措施包括颁发许可证、政府特别的许可文件等。

---

① 约翰·依特维尔等．新帕尔格雷夫经济学大词典（第三卷：K—P）．北京：经济科学出版社，1996：648.

（2）注册制，即由规制机构先审查申请进入某产业的企业的资格，然后准许其进入特定产业，企业则履行有关工商注册程序而进入；如果不具备有关资格条件，政府则拒绝注册，不允许其进入，具体措施主要是颁发工商营业执照等。

（3）申报制，即准备进入有关产业的企业必须按照一定的程序向规制机构提出申报，如果申报被接受，即可进入；否则不得进入。具体措施主要有政府颁发的有特定格式的申报文件等。

2. 退出规制

这是指为了保障公共产品或服务的稳定供给而不允许自然垄断产业的经营者随意撤出原生产或服务领域的规制。例如，在电力、煤气、自来水由民间企业经营的情况下，政府需要以退出规制来防止这些直接关系到公众生活安定的公用事业出现供应中断的情况。

3. 价格规制

这是指在自然垄断产业中，从资源有效配置和产品或服务的公平合理供给出发，以限制垄断企业制定垄断价格为目的，对产业价格体系和价格水平实行的规制。其主要内容包括：规定利润率、规定成本核定方法、规定价格的上下限、规定价格变动的审批程序。

4. 数量规制

这是指在自然垄断产业中，为了防止因投资过多（过少）或产出过多（过少）造成价格波动和过度竞争而采取的规制。其主要内容有：

（1）投资规制，即政府主管部门对有关产业中企业的投资规模进行规制，主要手段包括：①建立产业重大投资计划审批制度，规定产业投资决策和审批程序；②规定有关产业投资的数量限额，如单个企业最低和最高固定资产投资规模、新进入企业的最低投资规模等，以防止投资过少或过多；③实行投资计划配额制度，即在一定时期内根据产业具体情况，在规定产业固定资产最高投资规模限额的同时，制定产业内所有企业或申报投资企业的重大固定资产和技术改造投资配额的计划。

（2）产量规制，即政府对有关产业的产品产量或所提供的服务量进行规制。主要手段有：①建立有关产业的产量指导计划，以有效控制产业的产出量；②当产业产出不足时，规定单个企业的最低产量限额，并以必要的政策扶持措施刺激产量的增长；③当产业产出过多时，可规定某一特定时期内（往往是以年度为单位）整个产业的产量最高限额，并对各企业实行产量的配额制度。

5. 质量规制

这是指为了防止自然垄断产业不存在激烈竞争而导致提供的产品或服务质量下降或不合格、保障消费者的权益而实行的规制。其主要内容包括：（1）制定有关产品和服务的质量标准和质量规范制度，规定有关产品和服务所必须达到的最低限度的质量标准体系；（2）根据被规制产业的产品或服务是否达到质量要求，通过发放许可证或政府认可的方式在一定时期内准许或不准其生产；（3）建立并强化对有关产业产品或服务质量的定期检查和监督的制度，并经过一定的程序定期颁布准许生产的有关产品或服务的目录，以防止有关产品或服务的质量下降或者不合格的产品或服务进入市场。

6. 设备规制

这是指出于对被规制产业产品或服务的质量、性能、规格、安全、外部性等方面因素的考虑，以一定的标准体系和审核制度为主要途径，对有关生产设备和服务设施提出要求的规制。其主要内容包括：（1）制定有关生产设备和服务设施的标准体系；（2）建立关键设备的公开登记和审核制度；（3）在有关产业中统一有关重要设备的规格标准；（4）对有关设备的折旧更新或技术改造予以必要的强制规定。

二、竞争性产业规制

（一）竞争性产业规制及其必要性

1. 竞争性产业规制的内涵

竞争性产业是产业内的企业数量较多、不存在严重的进入障碍、任何一家企业都不能完全左右定价、存在完全竞争或不完全竞争（垄断竞争）的产业。除了自然垄断产业之外的产业应该都属于竞争性产业。

竞争性产业规制也称反垄断和不正当竞争规制，是指主要在竞争性产业领域实行的规制，这类规制主要以竞争性产业中可能形成垄断和进行不正当竞争的行为或企业为规制对象，主要内容包括在企业兼并、串谋、市场集中、不正当竞争等方面的规制，其宗旨是限制或防止垄断，以维护市场公平竞争。

2. 竞争性产业规制的必要性

产业规制主要应用于自然垄断产业，竞争性产业主要通过市场机制运营和发展，一般不应实行政府规制。为什么竞争性产业领域也存在规制呢？总的来说，竞争性产业规制是要克服市场失灵、减少或消除垄断和不正当竞争的弊端，维护市场的正常秩序，实现公平有效竞争，促进资源优化配置，增进社会福利。垄断和不正当竞争都是市场失灵的表现，反垄断和不正当竞争规制，顾名思义就是要克服垄断和不正当竞争，竞争性产业规制的原因也主要体现在这两方面：

（1）克服垄断的弊端需要产业规制。虽然竞争性产业存在竞争，竞争有助于提高资源配置效率，但竞争又会导致集中，引起垄断，而垄断会通过垄断价格和垄断控制给社会经济造成极大的危害。首先，垄断阻碍价格机制在资源配置中的重要作用和生产要素的自由流动，使资源难以优化配置；其次，垄断会增加成本、降低效率，加重非垄断企业和消费者的负担；再次，垄断会造成收入分配不合理，减弱技术创新和扩大生产的动力，甚至限制技术进步，引起生产和技术停滞。市场机制自身难以避免垄断，需要政府实行反垄断规制，以克服垄断的弊端。

（2）消除不正当竞争需要产业规制。由于存在追求利润最大化的动机和信息不对称的条件，竞争性产业可能发生不正当竞争行为，企业有可能采用“假、冒、伪、劣”、坑蒙拐骗、囤积居奇、欺行霸市等侵权违法的、不正当的手段进行竞争，破坏市场运行的正常秩序，使市场竞争机制不能真正发挥作用，优不胜劣不败，也会给社会经济造成极大的危害。此外，毫无制约的进入和退出还可能产生无序过度竞争，也会造成资源的浪费。过度竞争实质上也是一种不正当竞争。市场机制自身也难以避免不正当竞争，需要实行反不正当竞争规制，维护市场的正常秩序，实行有效竞争，提高产业资源配置效率。

（二）竞争性产业规制的内容

竞争性产业规制的内容主要是制定和执行反垄断和不正当竞争的产业政策，为了避免重复，将在下一章产业政策中具体说明。

三、社会性规制

（一）社会性规制及其必要性

1. 社会性规制的内涵

社会性规制是指在卫生、健康、安全、环境等领域实行的规制，这类规制不以特定产业为规制对象，是为实现一定的社会目标而实行的跨行业、全方位的规制，主要内容包括对环境保护、污染防治、产品和服务的质量保证、生产或工作安全、产品和生产的卫生健康等方面的规制。

2. 社会性规制的必要性

由于负外部性和信息不对称的存在，再加上追求利润最大化的冲动，无论是竞争性产业的企业，还是自然垄断产业的企业，都有可能在卫生、健康、安全、环境等领域给社会和消费者造成危害。负外部性最典型的例子是环境污染，还有对不可再生资源的掠夺性、破坏性开采和浪费性使用。企业可能为了降低成本、取得更多收益，不惜任意排放废气、废水、废渣，不加处理，污染环境；乱挖乱采、滥砍滥伐、滥捕滥捞，破坏和浪费自然资源，导致资源枯竭，危害生态平衡。由于信息不对称，消费者往往不知情，很容易被欺骗，这就给企业蒙骗消费者提供了机会。企业为了扩大销售、降低成本、增加收入，甚至为了牟取暴利，可能不惜搀杂使假、坑蒙拐骗，生产不卫生、不健康的产品，甚至销售假烟、假酒、假药、假奶毒害消费者，还可能生产销售违禁的毒品、枪支武器、黄色书刊和音像制品等，危害社会。此外，企业为了降低成本、增加收入，有可能忽视生产经营过程中的安全保护，损害职工的身心健康。这些现象也是市场机制自身不能消除的，需要政府进行必要的监管，合理规范企业生产经营行为，保护资源环境，维持生态平衡，维护广大消费者和劳动者的身心健康与切身利益。

（二）社会性规制的方式

社会性规制的方式主要包括直接限制、行政手段、经济手段和信息提供等①。

1. 直接限制

直接限制的具体手段主要包括：

（1）禁止特定行为，即直接禁止因外部性、信息不对称和片面追求私利而损害社会和消费者利益的特定行为，如禁止排放污染物、乱开乱采、发布非法广告、掺杂使假、走私贩毒等。

（2）限制经营性活动，即通过批准、认可制度对提供某些产品或服务的对象进行营业场所及其经营方式的限制，如禁止未成年人进入某些营业场所。

（3）资格制度，即对从事与卫生、健康、安全、环保有关的经营活动规定必须通过有关部门的专业知识、经验、技能等认定和证明。资格制度包括执行资格限制（如医生、律师）、业务必备资格（如危险管理）和专业技能资格（如程序员）等。

（4）检查与鉴定制度，即为了确保产品的安全和设备的安全运转，规定对有关部门进行各种检查（如定期检查、事前检查、事后检查）和鉴定。

（5）基准与认证制度，即制定其产品、设备等的结构、强度、爆炸性、可燃性等安全标准，没有经过鉴定或没有表明认证标志的产品、设备等，禁止其销售和使用。

2. 行政手段

社会性规制的行政手段是指政府按照安全、健康与环保等社会性规制的基本要求，结合各种相关法律规章，运用行政权力对规制对象的违反法规行为予以罚款、损害赔偿等制裁。行政手段是比较常见的社会性规制方式，通常包括制定标准、发布实施、执行检查和实施处罚等步骤。利用这种方法进行社会性规制，强调的是对违反规章的行为要进行惩罚。

3. 经济手段

社会性规制的经济手段是指为达到社会性规制的目的，通过影响规制对象经济利益得失对其活动进行调节的政策措施。社会性规制的经济手段主要有：（1）税收和收费；（2）补贴，如财政补助、执行鼓励金、低息贷款、税收优惠等；（3）市场的开创，如排污权交易市场；（4）押金—返还制度。

---

① 杨公朴．产业经济学．上海：复旦大学出版社，2005：300-301.

4. 信息提供与公开

针对信息不对称问题，政府可以利用行政法规手段，强制厂商向市场提供真实的、比较全面及时的信息，如要求有关厂商必须在药品包装上标明配方、药品有效期、适用范围、使用方法、批号等方面的真实内容。政府还可以通过产品质量检查、市场调查等方式收集和公布有关信息，并鼓励有信誉的厂商。

本章小结

产业规制是指政府通过制定和执行一定的法规与政策对产业经济主体及其行为所做的规范和限制，是政府实行产业管理的一种重要方式。产业规制的基本特征是：规制的主体是政府机构；规制的对象是相关产业及其企业；规制的手段是以国家强制力为基础的法规和政策；规制的目的主要是弥补市场失灵、维护公共利益，对不同的利益集团会产生不同的影响；规制是规制者与规制对象的博弈过程。

按照产业规制的对象、内容和方式的不同特点，产业规制可分为自然垄断产业规制、竞争性产业规制和社会性规制三大类。权衡产业规制的利弊得失、是否合理有效，必须进行成本收益分析比较。

产业规制理论的形成和发展大致经历的过程是从强调市场失灵和公共利益开始到引入“经济人”假设和供求分析方法，运用信息经济学、博弈论、激励理论；由公共利益规制理论转向利益集团规制理论和完善性规制理论；由强调规制的必要性转向更注意规制的效果和合理化；由加强规制转向放松规制而引入竞争；由单向限制转向博弈和激励；由限制垄断和不正当竞争转向规制与竞争平衡；由信息完全转向信息不完全；由作为外生变量转向内生变量；由注重需求分析转向注重供给分析，指出规制不能完全取代竞争、竞争也无法替代规制、没有理想的规制和竞争、理想状态是规制和竞争的兼容协调，深化和完善了产业规制理论。

自然垄断产业规制也称经济性规制，是指主要在自然垄断产业领域实行的规制，主要包括进入规制、退出规制、价格规制、数量规制、质量规制和设备规制。

竞争性产业规制也称反垄断和不正当竞争规制，是指主要在竞争性产业领域实行的规制，以竞争性产业中可能形成垄断和进行不正当竞争的行为或企业为规制对象，主要内容包括在企业兼并、串谋、市场集中、不正当竞争等方面的规制。

社会性规制是指在卫生、健康、安全、环境等领域实行的规制，不以特定产业为规制对象，是跨行业、全方位的规制，主要内容包括对环境保护、污染防治、产品和服务的质量保证、生产或工作安全、产品和生产的卫生健康等方面的规制，主要方式有直接限制、行政手段、经济手段和信息提供等。

思考题

1. 什么是产业规制？如何正确认识对产业规制内涵的不同理解？

2. 产业规制有哪些基本特征？产业规制的原因和作用是什么？
3. 产业规制为什么会失灵？其表现是什么？应该怎样克服？
4. 产业规制主要有哪些类型？具有什么特点？
5. 如何判断产业规制是否应该实行？是否合理有效？
6. 怎样计量产业规制的成本收益？应该如何做才科学、准确？
7. 产业规制理论经历了什么样的形成和发展过程？
8. 为什么要对自然垄断产业实施规制？自然垄断产业规制有哪些？
9. 竞争性产业规制的必要性何在？社会性规制的方式有哪些？

第九章 产 业 政 策

产业不可能自动地或完全靠市场机制作用自发地实现结构优化、比例协调、布局合理、组织完善、发展健康，政府必须进行适当的管理和调控。上一章已经说明了产业规制问题，本章集中论述产业政策，主要包括产业政策的由来、特征、理论依据、作用和措施以及产业结构政策、产业组织政策和产业发展政策。

第一节 产业政策概述

一、产业政策的概念和体系

（一）产业政策的概念

产业政策是政府为了实现一定的经济和社会目标对产业活动进行干预而制定的各种政策的总和。产业活动包括产业类型、产业结构、产业关联、产业布局、产业组织、产业发展等各方面的状况和变化。产业政策的实质是针对产业活动中出现的资源配置的“市场失灵”情况而实行的政策性干预。产业政策的基本内容通常包括：政策对象、政策目标、政策措施和手段、政策实施的机制、步骤和方式。

产业政策与产业规制存在互相交叉的关系，但不完全相同。产业政策是产业规制的重要手段，但不是唯一手段，也不只是产业规制的手段。产业政策不仅具有规范和限制产业经济主体及其行为的内容与功能，而且包含支持、促进产业发展和优化的内容与功能。

（二）产业政策的类型和体系

产业政策涉及产业活动的各个方面，存在各种不同的类型。产业政策是由多种多样的有关产业的政策构成的一个体系。按照政策内容的不同，产业政策的主要类型和体系的基本构成如图 9-1 所示。产业政策体系主要由产业结构政策、产业组织政策、产业发展政策构成，这三大类产业政策又分别包括多种不同的具体政策，其具体内容将在后面分别加以介绍。

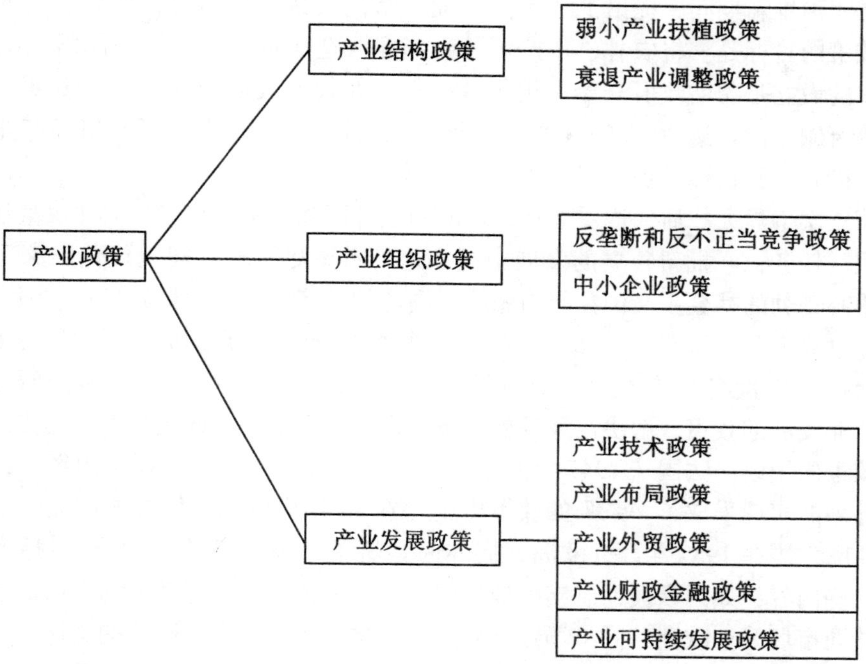

图 9-1　产业政策体系结构图

二、产业政策的由来

产业政策尽管是 20 世纪 70 年代以来才在世界各国广泛使用的概念，但可以说它是伴随着国家对经济活动干预的发生而萌芽的。例如我国春秋战国时期越王勾践的休养生息政策，古埃及的统一管理全国水利系统和开凿新水渠、扩大耕地面积的政策，古巴比伦的严格保护私有财产的汉漠拉比法典，等等，都可以说是产业政策的最初表现形式。现代意义的产业政策的基本内容在不同国家不同时期不同学者那里的侧重点是不同的。17 世纪英国重商主义者托马斯·孟等人认为，国家为了增加财富，必须通过国家干预来促进本国的生产和出口。他们关于产业政策的主要思路是：实行高额关税，限制外国商品的输入；保护航运业，航海贸易必须使用英国船舶；扶助出口工业；禁止优秀技工擅自离开国境；鼓励人口增殖等。1791 年亚历山大·汉弥尔顿向美国国会提交的《关于制造业报告》中，分析了市场的自发力量不可能完全解决机器制造业的发展问题，明确主张通过国家干预，消除制造业发展面临的各种障碍，以保护和促进本国制造业的发展。1841 年，李斯特依据当时德国经济落后的实际状况，提出了利用产业政策改变德国落后状况的必要性。①日本在明治维新期间，提出了“殖产兴业，富国强兵”的口号，他们制定的殖产兴业政策的目标是：将农林、水产等各种产业改造成近代化的经济部门。1870年工部省的设立是明治政府开始有组织地执行产业技术政策的标志。1886年，日本明治政府颁布的长达30卷的《兴业意见书》，首次系统地提出了扶植各产业发展的政策措施，其目标是加快工业化步伐。

第二次世界大战后，遭受严重破坏的西欧各国和日本面临着如何加快重建与复兴的艰巨任务；一批新独立的发展中国家迫切希望尽快缩短同现代化国家间的差距；雄心勃勃的社会主义国家努力想通过高速的经济增长，向世界显示它强大的生命力。世界上几乎所有国家都在寻找如何通过国家政策的帮助促使本国经济更快发展的途径。20世纪50年代初，日本通产省就逐步集中了一批人才，专门研究如何加快产业发展的政策，解决产业发展中不断遇到的问题，在此基础上，逐步产生了产业政策的用语。法国从1947年开始实行指导性计划，帮助重建法国经济，为了促进计划的实现采取了一系列的政策措施，到50年代后也开始形成产业政策的概念。西欧六国在1957年建立欧洲共同体时签署了《罗马条约》，其中包括产业政策的一些内容，如国家援助居支配地位的企业、促进资本和劳动力的自由流动以及建立共同市场等。欧洲共同市场建立后，曾多次发布有关产业政策的文件。印度于1948年宣布了第一个产业政策，主要内容有划分国营和私营企业的活动范围，强调发展小工业和家庭手工业，实现外国企业印度化等。韩国在1950年3月颁布了稳定经济的《十五项原则》，其中产业政策是重点发展日用消费品的生产。前苏联、东欧、中国等社会主义国家在战后很快恢复或制定了各种经济发展计划，实行优先发展重工业的政策，促进本国产业结构的转变和尽快建立独立完整的现代工业体系。1970年，日本通产省代表在经济合作与发展组织（OECD）大会上，正式提出了“产业政策”一词。这一与“战后日本奇迹”密切相关的概念由日本官方提出后，使得有关产业政策的理论研究和实践在更广更深的层次上进入了一个新阶段，现代的产业政策正是在第二次世界大战后新的社会经济背景下，在各国经济发展的实践中逐步形成的。

三、产业政策的性质和特点

（一）客观性

产业政策不仅客观存在，而且必须遵循产业变化和发展的客观规律。不管是否叫产业政策这个名称，不管是否承认产业政策的客观存在，无论哪个国家，实际上

① ［德］李斯特．政治经济学的国民体系．北京：商务印书馆，1983：91-215.

都存在关于产业发展的各种政策和法令。例如，美国素来标榜在经济中实行自由主义原则，一些美国学者坚持认为产业政策不适用于美国。不过，这种思想在决策上的体现也是一种产业政策。正如美国前商务部长助理弗兰克·韦尔所说，美国有一个产业政策，这个政策就是美国并不需要产业政策。另一些美国学者则认为这种说法不符合事实。实际上，美国曾制定过影响某些工业部门的投资和增长的部门政策，尽管这些政策都是特殊的、偶然的、零碎的。特别是对于发展中国家来说，由于人均收入的提高过程是发生在发达国家之后，需求结构和相应的产业结构、就业结构都会发生发达国家已经发生过的变化，其变化规律是客观的、有章可循的，因势利导的产业政策就能加快这个变化过程。相反，不承认产业政策的客观性，只从良好的主观愿望出发制定政策，不按产业演变的规律办事，结果必然事与愿违，不仅不能实现结构优化、经济增长，甚至可能导致经济发展的停滞。

（二）有序性和动态性

由于社会经济呈现出由低水平向高水平逐步发展的有序变动性，产业发展呈现出新兴产业逐渐取代传统产业的有序变动性，产业结构也呈现出不断优化升级的有序变动性，所以相应的产业政策也必然具有有序性和动态性，也就是说产业政策的内容会发生变化，政策目标会越来越高，政策手段会不断调整更新，越来越完善。

（三）体系的协调性

产业之间、产业内部企业之间都存在错综复杂的经济技术联系，只有这些关系互相协调时，社会经济才能顺利发展；否则，必然引起经济混乱、低效、停滞。作为协调产业活动的产业政策，是由多种有关产业的政策构成的，这些具体的产业政策也必须互相协调，政策目标必须一致，政策措施的作用不能相互矛盾、冲突、抵消。除此之外，国家的经济政策不仅有产业政策，还有财政政策、金融政策、收入政策、人力政策等，产业政策必须和其他政策协调一致、互相促进、相辅相成，才能有效地发挥其功能。雅克·莱苏诺曾指出，许多不属于产业政策的其他政府政策也许比产业政策本身对产业更重要。

（四）指导性

产业政策对社会经济的发展具有明确的指导性。产业政策作为旨在促进和加快产业发展的政策体系，一方面给企业指明了产业变化的方向，告诉企业哪些产业前途光明，哪些产业面临衰落，企业便能从中作出选择；另一方面，财政、金融、外贸及法律等部门可根据这些产业政策的内容，正确决定各种经济杠杆和法律措施对各类不同产业和企业的差别待遇，以保证产业政策目标的实现，促进国民经济的协调发展。

（五）时代性

产业政策随时代的发展而演变，具有鲜明的时代特征。产业政策的目标和手段必须符合时代要求，适应时代发展的需要。不同历史时期产业发展的实际需要不相同，适应这种需要的产业政策的内容也不一样。工业化初期的产业政策必然有别于发达工业化时代和后工业化时代的产业政策。现在人类社会正在向知识经济时代迈进，产业政策正面临一系列全新的课题，各国尤其是发展中国家的政策都需要适应经济知识化、信息化、全球化的挑战，必须迅速调整本国的产业结构，加快知识化、信息化进程，实现产业结构优化升级，更好地参与国际分工，提高本国产业的国际竞争力，在经济全球化过程中趋利避害，确保本国经济的安全和健康发展。

（六）民族性

产业政策具有鲜明的民族特征，主要表现在以下两个方面①：

1. 各国的产业政策都力图维护自身的民族利益

以贸易保护政策为例，后来才成为发达国家的德国、日本在实现赶超目标的过程中，对弱小的民族工业普遍采用过保护和扶植的政策。甚至直到现在，不少发达国家一方面将高能耗、高污染、低技术含量的传统产业转移到落后国家；另一方面又对本国的某些传统产业实行保护政策，在高科技领域对发展中国家实行技术封锁。大量事实证明：产业政策是维护民族经济利益的工具，不存在与民族经济利益相脱节的产业政策。在日益激烈的国际竞争中处于劣势地位的发展中国家更应当善于运用产业政策来维护自身的民族利益。

2. 产业政策必须同具体国情相适应

各国所处的经济发展阶段不同，产业发展的条件、状况、存在的问题和面临的任务也不完全相同，产业政策的内容和效果必然要受这些具体国情的制约，因此制定产业政策必须从国情出发，否则就不可能发挥应有的作用。产业政策的目标和手段必须同本国的经济发展阶段相适应，产业结构政策的制定必须以本国的资源禀赋、经济发展阶段、在国际环境中所处的地位为依据；产业组织政策总要打上本国经济体制、市场发育程度、文化传统的烙印；而且决策者的偏好、利益集团的力量对比关系等国情因素也会对产业政策的制定和执行产生影响，从而形成各国产业政策的独特性。

（七）供给导向性

各种不同的经济政策对经济发展的导向作用并不完全相同。财政政策、货币

---

① 苏东水．产业经济学．北京：高等教育出版社，2000：338.

政策主要调节需求总量，产业政策则着眼于供给能力的提高和供给结构的改善，因而被称为供给导向型经济政策。无论是产业组织政策，还是产业结构、产业发展政策，都服务于资源配置的优化和产业效率的提高，从而有助于增强一国有效供给能力。

（八）市场功能弥补性

产业政策的核心功能在于弥补市场的不足，而不是对市场功能的排斥和取代。第二次世界大战后日本的产业政策之所以能够取得巨大的成功，重要原因之一是产业政策建立在维护企业的经营自主权和重视发挥市场功能的基础上。通产省官员曾经对日本产业政策的成功经验作出精辟的概括："日本产业政策的基本理念是以市场自由竞争原理为基础。所以，我们最关心的是寻找如何通过最有效地保障市场功能来充分发挥个人和企业的创造性与活力的方法。"① 实行传统计划经济体制的国家实施的排斥市场作用的产业政策往往造成产业结构畸型化、经济效率低下。可见，成功的产业政策必须注重维护市场功能和发挥民间经济活力。

四、产业政策的理论依据

为什么制定和实施产业政策？产业政策是否真的有效？在理论界是一个有争议的问题。② 应该说，产业政策不完全是从良好愿望出发的，而是有理论依据的。

（一）"市场失灵"理论

市场机制不是万能的，即使在市场机制十分健全的情况下，仍存在着不少缺陷。产业政策主要是为了弥补市场机制可能造成的失误而由政府采取的一种补救措施。日本经济学家小宫隆太郎一针见血地指出："产业政策的中心课题，就是针对在资源分配方面出现的'市场失灵'采取对策。"③ 制定和推行产业政策的必要性首先在于解决"市场失灵"问题，主要体现在以下几个方面：

1. 垄断会导致"市场失灵"

在充分竞争的条件下，市场机制能使资源实现最优配置。然而，在现实经济活动中，许多产业都处在不充分竞争的状态，这些产业中某些企业可以对市场价格产生影响，甚至在一定程度上存在操纵价格的行为，即处在垄断地位。形成垄断的原因主要在于一些行业存在进出障碍。如由于存在规模经济，生产规模大的企业比规模小的企业享有成本上的优势；产品差异和产品优势导致该行业进入困难；法律或

---

① 苏东水．产业经济学．北京：高等教育出版社，2000：339.

② ［美］迈克尔·波特．国家竞争优势．北京：华夏出版社，2002：8.

③ ［日］小宫隆太郎等．日本的产业政策．北京：国际文化出版公司，1988：5-6.

行政上的限制导致其他企业难以进入。在某些自然垄断产业也会出现垄断问题，导致生产者竞争不足而供给不足，资源得不到最优配置，从而需要政府的政策引导。

2. 公共物品的提供中存在“市场失灵”问题

公共物品因其具有非独占性和非排他性，所以典型的公共物品是私人所不能提供的，因为提供者得不到应有的收益，仅仅依靠市场机制的作用，公共物品的提供将低于正常的与资源最优配置状态相适应的供给点。所以，典型的公共物品供给不能离开政府的作用，离开产业政策的有效引导。

3. 经济活动的外部性的存在可能导致“市场失灵”

市场经济活动是以互利互惠的交易为基础的，但是，人们的市场经济活动还可能对其他人产生一些不利或有益的影响，即存在所谓外部性。由于这种外部性是在市场交易活动之外发生的，有害的外部性不一定能以市场方式解决，为了使外部性问题不至于影响资源优化配置，需要通过产业政策的干预来予以调整。

4. 信息不完全、不充分和不对称导致“市场失灵”

通过市场竞争达到资源的最优配置，需要有完善和充分的市场信息，而在现实经济活动中，信息总是不完全、不充分的，买卖双方所拥有的信息往往也是不对称的，交易双方的信息占有都不完全，这就可能出现互相欺骗、损人利己的现象。所以在信息不完全、不充分和不对称的情况下，市场机制并不能最优地配置社会资源，需要政府政策的引导和调节。

以上各种“市场失灵”问题，是制定并推行产业政策的主要依据。政府必须根据矫正市场机制的缺陷、实现资源最优配置的要求，制定一系列弥补“市场失灵”的产业政策。

（二）比较优势理论

比较优势理论有两个理论来源，一是李斯特的“动态比较成本理论”，一是弗农的“产品循环理论”。传统的“比较成本理论”源自李嘉图的“国际分工理论”。李嘉图认为，各国生产条件不同，生产各种产品的成本不同，每个国家都应生产它最具成本优势的产品。如果一个国家各种产品都有成本优势，则在其中选择最具优势的产品，“两优取其重”；如果一个国家各种产品都处于成本劣势，则选择劣势最小的产品，“两劣取其轻”。这样进行国际分工、合作，各国都能获得利益，实现国际资源的最优配置。从静态的观点看，李嘉图的国际分工理论是有道理的，称为“静态比较成本理论”。按照李嘉图的“国际分工理论”，先进国家生产高附加值产品，后进国家生产低附加值产品，后进国家永远处于不利的国际分工地位，因此，该理论受到后进国家的非议。当时尚处于后进地位的德国的经济学家李斯特对此提出挑战，他认为，比较成本优势不是绝对的，是可以变化的，如果后进国家对尚处于“成本劣势”的“幼稚产业”进行保护、扶持，“成本劣势”可以转化为“成本优势”，从而跻身于高附加值产品的生产行列，改变自己不利的国际分工地位。因为李斯特从动态的观点看待“比较成本”，他的学说被称为“动态比较成本理论”。

美国经济学家弗农在考察美国进出口产品时发现原先美国出口产品后来变为进口产品，产品经历了“产品开发→产品出口→技术出口→产品进口→新产品开发”的循环过程，他把这种现象总结为“产品循环理论”。

在综合“动态比较成本理论”和“产品循环理论”的基础上，日本学者筱原三代平指出，后进国家具有劳动成本的优势，后进国家可利用发达国家技术成果，降低技术费用。如果后进国家政府能采用适当的产业政策，则进口产品可转化为出口产品，成本劣势可转化为成本优势，后进国可转化为先进国。筱原三代平的理论被人们称为“后发比较优势理论”。它特别强调后进国家制定产业政策的必要性和紧迫性，后进国家应该更多更好地利用产业政策，实现“赶超”先进国家的目标。

（三）结构转换理论

科林·克拉克、霍夫曼、西蒙·库兹涅茨等人都曾对经济增长与收入提高过程中的产业结构变化规律进行深入研究，并提出了“配第—克拉克定理”、“霍夫曼比率”、“库兹涅茨增长理论”等学说，在他们研究的基础上，日本学者提出了产业政策对于促进产业结构转换的推动作用，或是产业结构转换对于产业政策的依赖性：(1) 结构转换是一个重要的利益再分配过程，需要政府的产业政策干预才能适时顺利完成；(2) 结构转换不应是一个被动的结果，需要在产业政策的指导下主动实施；(3) 转换过程中应利用产业政策协调经济目标与非经济目标的关系。

（四）规模经济理论

规模经济是指随生产规模扩大而产生的成本降低的好处。在发展新兴产业初期，生产规模往往较小，尚未充分利用规模经济，通过规模扩张，能够取得更多收益。如果单凭市场力量来集聚企业、扩大生产规模，就会耗费时日、耽误时机、失去发展机会。政府应该实施组织合理化政策，采取各种措施促进企业合并、联合，迅速达到最佳规模，提高竞争力，发展新兴产业。

五、产业政策的作用及局限性

产业政策既能促进产业的发展和优化，也存在局限性。

（一）产业政策的作用

根据产业政策的特征和理论依据，参照各国实施产业政策的经验，可以看出产业政策的作用主要有以下几个方面：

1. 弥补“市场失灵”

产业政策形成的根本原因在于政府有责任弥补“市场失灵”的缺陷，由于垄断、公共产品、外部性、信息不对称等市场失灵领域的存在，如果仅仅依靠市场机制就无法避免垄断、不正当竞争、基础设施投资不足、过度竞争、环境污染、资源浪费等现象的发生与蔓延。历史经验表明，各国产业政策的最普遍作用就是弥补市场失灵的缺陷。如通过推行产业组织政策和产业结构政策，政府可以限制垄断的蔓延，促进有效竞争的形成，加速产业基础设施的建设，治理环境污染与保持生态平衡，加速教育与科技发展。

2. 促进超常规发展

产业政策是贯彻国家经济发展战略的有效工具。例如，发展中国家在经济“起飞”的初期都会遇到基础设施和基础工业薄弱的“瓶颈制约”。这些部门的“外部性”较强，对整个经济发展具有重大的促进作用，而本身投资巨大、盈利性低、资本回收期长，仅仅依靠市场机制肯定无法在短期内达到经济“起飞”所要求的条件，必须运用产业倾斜政策聚集资本，加快“瓶颈”产业的发展。韩国效仿日本的做法，以产业政策为手段，运用政策的力量推动产业结构的优化，“在短短二三十年的时间里走完了老工业国用一二百年才走完的历程”①。而且，有秩序地扩大对外开放、制定和实施出口导向型产业政策，能够有效地促进本国产业参与国际分工，充分发挥比较优势和后发优势，低成本地引进国外的先进技术和管理，在技术和管理领域较快地接近国际先进水平，增加收入，积累资本，为产业结构的升级创造条件。实践证明，产业政策是后发国家促进超常规发展、缩短赶超时间、实现赶超目标的重要工具。

3. 增强本国产业的国际竞争力

产业的国际竞争力是建立在本国资源的国际比较优势、骨干企业的生产力水平、技术创新能力和国际市场的开拓能力基础之上的，产业政策对促进企业创新和开拓国际市场等都有重要作用。例如，美国政府通过制定“信息高速公路”和“星球大战计划”，加强对研究开发活动的投资，并采取多种配套措施加快高新技术研究开发和产业化进程，有效地促进了技术创新和高新技术产业的发展。

4. 实现资源优化配置

产业政策的根本任务和最主要作用是尽可能地实现资源的优化配置。资源的优化配置包括资源在产业之间的合理分配和有效利用、资源在产业内部企业之间的合理分配和有效利用，这两方面分别是产业结构政策和产业组织政策的根本任务与主要作用。产业结构政策促进产业结构优化升级，能够减少或避免资源的闲置和浪费；产业组织政策促进产业组织完善化，能够提高企业资源使用的效果。产业政策

---

① 吴敬琏．市场经济的培育和运作．北京：中国发展出版社，1993：228.

弥补市场失灵的缺陷，就是为了更好地配置资源；产业政策之所以能够促进超常规发展，首先是因为可以促进资源的优化配置。

（二）产业政策的局限性

产业政策不仅对社会经济发展具有巨大的作用，同时也有相当的局限性。

1. 产业政策并非对任何产业都具有同等的作用

有研究表明："产业政策只对那些所得弹性值高、生产效率好、在国际贸易上有发展前途的产业有明显效果，而对其他产业则并非如此。"① 因此可以说，产业的发展最终取决于产业本身的素质和发展潜力，而不是产业政策。产业政策对绝大多数产业的发展来说，首先是一种外在变量。只有当产业政策对产业内部的技术、资金、人才等生产要素的投入和运作发生积极影响时，才能促进产业更好地发展。

2. 产业政策的作用不是万能的

产业政策本身并非万能的魔杖，片面夸大产业政策作用是不可取的。日本的经验表明，产业政策的成功需要高素质的公务员和企业家队伍、完备的法律体系，以及健全的企业制度等相关条件，将日本的成功完全归结为产业政策的功劳显然是违背事实的。有研究者指出，实际上日本最大的成功产业，即汽车和家用电器产业，并没有得到政策太多的优惠。此外，日本的工业机器人尽管已处于先导产业地位，通产省对确保它的研究开发资金却没有过多关照，惟有国内外激烈的竞争才是真正使其获得成功的原因。对产业的过分扶持或不适当的保护，都有可能造成对政府的依赖、削弱市场竞争的优胜劣汰作用，不利于产业的技术进步和高效发展，甚至可能保护落后，导致长期停滞。

3. 产业政策的实施需要一定的成本和代价

通常产业政策的力度越大，就越需要相应的政策投入作保障。而且，通过产业政策解决产业发展和优化的问题不一定比通过市场机制的成本低。因此，应对实施产业政策所涉及的各种"成本"和"收益"进行全面的综合比较，最后以政策总成本和政策总收益的比率来判别实施产业政策的效果。有得必有失，是永恒规律；只有得大于失，才是可行的。

4. 产业政策存在失败的可能性

导致产业政策失败的主要原因是存在"政府失灵"。产业政策是否成功有效，关键在于政府是否有动力和能力制定与实施正确的产业政策。制定和实施正确的产业政策，需要政策制定者和执行者知道产业演进的规律和趋势，全面、充分、及时地掌握与产业发展和优化有关的信息，从产业发展的总体利益出发制定和执行产业政策。由于政策制定者和执行者存在"信息局限性"和"利益局限性"，有可能产

---

① 苏东水．产业经济学．北京：高等教育出版社，2000：334.

生政策目标违背经济规律、产业界的愿望与政策要求不一致、政策措施与政策目标不配套、政策手段不合理、政策执行不力、政策内容脱离具体情况、政策实施机构和人员失职、政策环境发生不可预见的较大变化等问题，使得产业政策的效果事与愿违，甚至适得其反。

正是因为产业政策存在种种局限性，不少学者否定产业政策的积极作用，反对制定和执行产业政策。国内外产业政策的实践表明，产业政策并不都是无效或负效的，正确的产业政策能够促进产业的发展和优化，政府也不是完全不可能制定和执行比较正确的产业政策。不分青红皂白、利弊得失，一概反对产业政策是不可取的，也是不科学的。当然，政府必须尽可能克服“信息局限性”和“利益局限性”，努力提高决策和管理水平，以保证产业政策的正确性、合理性。

六、产业政策实施的主要措施

产业政策实施的主要措施包括组织措施、财政措施、金融措施、外贸措施、法律措施、政府订购措施及国有化（或私有化）措施。

（一）组织措施

这是实现政策目标的组织保证，大部分国家很重视建立一定的组织机构从事产业政策的研究制定和执行。只有建立有效的管理和监控机关，产业政策的实施才能得到有效保障。如日本有通产省内设的产业政策局、通商政策局、贸易局及公害局等负责开发和协调全部的产业政策。法国有工业战略开发部，英国有全国经济发展委员会，韩国有经济企划院、经济部长审议会和专门研究产业政策的全国产业政策研究院。在我国，产业政策的制定和执行权集中在国务院。

（二）财政措施

这是运用财政手段来实现产业政策目标，具体措施主要包括财政拨款、投资补贴、加速折旧、减免税或增税等几个方面。运用这些措施可以加快发展产业的薄弱环节，扶持新兴产业，补贴亏损企业，促进企业的设备投资，调整产业结构和组织结构，促进产业结构、布局和组织的合理化。从各国财政措施推行的实际效果来看，税收刺激的效果一般要优于财政补贴的办法，因为税收刺激容易通过差别优惠对技术和市场前景良好的企业进行有效的激励，又不容易形成企业对政府的依赖，财政拨款主要用于支持高新技术的研究和开发，财政补贴一般多用于扶助困难企业，以免成为严重的社会问题。

（三）金融措施

这是对政策上需要支持的产业采用规定较优惠的国有银行贷款利率、以相当长的贷款期限提供政府贷款等方法，给予资金支持。在政策性金融措施中起主要作用的一般是政府金融机构，如日本通过日本输出入银行对民间企业的进出口和海外投资提供资金，通过日本开发银行对大型企业提供贷款，通过中小企业金融公库为中小企业提供设备贷款和流动资金贷款。

（四）外贸措施

这是通过鼓励、保护、限制进出口贸易的方法实现产业政策目标。国内产业尚处于未成熟阶段，需要采取限制进口鼓励出口的措施，以保护和扶持本国产业的发展。主要手段有进口许可和进口数量限制以及作为间接控制手段的进口关税和出口退税、减税等。世界各国有关情况的比较表明：一般来说，后进国家在加快赶超时期，都有一个加强外贸保护措施再到逐步实现外贸自由化的过程，即使是发达国家，为了促进本国产业的发展和维护本国产业的利益，也决不会完全放弃对本国企业实行资助及对国内市场和本国产业的保护。

（五）法律措施

这是运用法律手段，保证产业政策目标的实现、政策措施的落实。产业组织和产业结构的变动既靠市场机制的自发作用，又离不开政府的有效引导，利用法律手段促进市场结构、产业组织和产业结构的变化，实现产业的发展，是推行产业政策的常见做法。各国普遍推行的反垄断法、反不正当竞争法等实际上都起着规范产业活动、引导产业发展的作用。

（六）政府订购措施

这是通过政府对产品和劳务的采购以实现产业政策的目标。在市场经济中，政府订购在社会订购中占据相当大的比重，对产业的发展具有十分重要的作用。利用政府订购影响社会需求，尤其是对特殊产品的需求，是推行产业政策的重要措施。美国在这方面的措施是较为突出的。庞大的军事开支和高新技术研发开支往往成为美国政府干预和调节经济活动、影响产业结构状况及其变化的重要手段。美国政府的采购极大地刺激了军事工业和高新技术产业的发展，形成了特有的产业结构。

（七）国有化或私有化措施

这是国家通过把民营企业收归国有、兴办国有企业，或把国有企业改为私有的措施，来影响产业结构或企业活力，促进产业的发展。世界各国经济发展的经验表明，所有制结构的单一私有化或单一国有化，都不利于社会经济的健康发展。在市场经济中，虽然需兴办国有企业以发展社会福利事业、搞好基础设施建设、有效实行宏观调控、提供公共产品，但国有经济的比重不能太大、管得也不能过死。因此，必须根据经济发展的需要，恰当地采用国有化或私有化的手段，以优化产业结构，提高经济效益。

第二节　产业结构政策

一、产业结构政策及其作用

（一）产业结构政策的概念与类型

产业结构政策是指政府依据本国的产业结构演化趋势，为推进产业结构优化升级而制定的产业政策。产业结构政策的实质在于从推动产业结构的合理演进中求得经济增长和资源配置效率的改善。产业结构政策按照政策目标和措施的不同，可以划分为多种不同的类型，主要有主导产业选择政策、弱小产业扶植政策、衰退产业调整政策。

（二）产业结构政策的特征

产业结构政策除了具有产业政策的一般特征之外，与其他产业政策相比较而言，还存在以下特点。

1. 产业结构政策的目标是产业结构的优化升级

产业结构政策与其他的产业政策不一样，它的主要任务是按照产业结构变化的规律，调整不合理的产业结构，纠正失衡的比例关系，弥补短线产业，缩短长线产业，克服“瓶颈”制约，正确选择主导产业，扶植弱小产业，改造传统产业，淘汰落后产业，发展高新技术产业，提高产业发展的层次和技术水平，实现产业结构的合理化和高级化。

2. 生产要素在产业间合理流动是产业结构政策实施的关键

生产要素在产业部门之间的合理流动对产业结构政策而言具有特别重要的意义，是产业结构政策目标实现的必要条件。生产要素如果不能从传统产业、衰退产业、长线产业合理流向新兴产业、弱小产业、短线产业，产业结构政策将无法实施，产业结构就不可能实现优化升级。

3. 产业结构政策是具有战略性的政策

产业结构的变化是整个国民经济的基础性、深层次、长期性的质的变化，产业结构的优化升级是社会经济发展的重要标志和必要的基本条件，关系到国民经济的长期、协调、稳定增长。因此，以产业结构优化升级为己任的产业结构政策，对社会经济发展具有全局性、根本性的战略意义。产业结构政策的内容和成效如何，直接制约着国民经济的健康发展。

（三）产业结构政策的作用

产业结构政策总的功能是促进产业结构的合理化和高度化，促进社会经济持续、稳定和协调发展。具体地说，产业结构政策有以下主要功能。

1. 协调产业发展的功能

产业结构政策具有促进不同层次产业协调发展的功能。在一定的经济发展阶段，产业结构内各产业因不同的发展程度和作用而处于不同的地位，形成产业间有序的排列组合。产业结构具有明显的层次性：从纵向来看有基础产业、支柱产业和主导产业的等级，有传统产业和新兴产业之分；从横向来看，在同一等级产业中，又有重点产业与一般产业的区分。多层次、多类型的产业存在极其复杂的经济技术联系，只有互相协调，结构才能合理，比例才能恰当，产业才能发展。产业结构政策的重要作用，就是协调产业之间的关系。产业结构政策依据不同产业的地位、作用、现状和发展趋势，分清轻重缓急和主次，对新兴的具有高增长率的未来主导产业进行培育，对薄弱的基础产业进行弥补，对生产不足产业进行鼓励，对弱小产业进行扶植，对生产过剩产业进行限制，对衰退产业进行调整。通过这些政策措施来促使不同层次的产业保持协调发展。

2. 促进产业结构转换的功能

产业结构政策具有加速产业结构的转换，促进产业结构优化的作用。所谓产业结构的转换，是指产业结构按合乎其规律的发展方向，从较低级型结构向较高级型结构的转变。实现产业结构的转换主要靠两种力量，即市场力量和政府干预力量。当市场需求发生变化时，价格信号会引导资源在产业间流动，从而导致新兴产业的壮大，传统产业的衰退，逐步实现结构的转换，这是依靠市场调节机制的作用实现的转换。一般地说，仅靠市场力量实现产业结构的转换是比较缓慢的，因为产业结构在市场机制作用下对需求结构作出反应是事后的，调整也要有一个过程。而且产业内的垄断、技术和资本壁垒的存在，会使市场机制的调节作用受阻乃至失灵，会使产业结构转换缓慢。因此，需要政府的干预力量来推动产业结构的转换，政府可以通过实施强有力的产业结构政策，采用调整、诱导、保护、扶植、改造、限制、淘汰等措施，加速产业结构的换代。产业结构政策不仅能够使产业结构换代，而且可以使产业结构升级。产业结构政策通过各种诱导和影响措施，提高产业的技术集约化程度，推进产业结构的高级化。

3. 推动产业技术水平提高的功能

用高新技术武装和改造传统产业，大力发展高新技术产业，是产业政策的重要内容。传统产业的改造和高新技术产业的发展，不仅能够提高产业的技术集约化程度，促使以劳动密集型产业为主的产业结构向以技术密集型产业为主的产业结构转变，实现产业结构的升级；而且可以推动产业技术的进步、高新技术的普及和运用，提高各种产业的技术水平。

二、主导产业选择政策

主导产业选择政策是指政府按照合理原则选择主导产业并采取有效措施支持其发展的政策，是产业结构政策的组成部分。

（一）主导产业的概念和特征

主导产业是指在国民经济中居于主导地位的产业部门。主导产业与其他产业的区别，在于其具有以下特征：（1）引入了创新成果，获得了新技术；（2）具有大大超出国民经济总增长率的持续的部门高增长率；（3）拥有巨大的市场潜力和光明的发展前景；（4）具有显著的关联带动和扩散效应，对其他产业的发展具有极大的引导和带动作用。以上四个方面的特征是一个有机整体，缺少其中一个，就不能成为主导产业。

主导产业对经济发展和产业结构的引导带动作用，主要通过其带动和扩散效应表现出来，主导产业的带动和扩散效应有三种形式：一是前向效应。主导产业广阔的市场前景和持续发展，必然扩大对相关设备、技术和原材料等要素的需求，从而推动为其提供这些要素的产业的迅速发展。二是后向效应。主导产业关联性强，技术领先，发展快速，能够为其后续产业的发展提供更多的产品和技术，创造更好的条件，带动这些后续产业的发展。三是旁侧效应。主导产业的发展还会引起一系列经济、社会、文化等多方面的变化，对主导产业主要分布地区的市场繁荣、就业面扩大、基础设施建设、经济发展、其他产业的形成和壮大产生积极的影响。

（二）主导产业的选择基准

主导产业对产业结构优化和经济发展意义重大，因此正确地选择主导产业至关重要。主导产业的合理选择必须遵循以下准则：

1. 从国情出发基准

每个国家的主导产业首先是由国情决定的，不同的国家主导产业也不完全相同，必须从每个国家的资源禀赋、比较优势、经济发展程度、产业结构的现状和所处的发展阶段等实际情况出发，正确地选择主导产业。否则，脱离本国实际选择的主导产业，不仅不能发挥主导作用，甚至会造成结构失衡、比例失调、效益低下。

2. 筱原基准

筱原基准是日本产业经济学家筱原三代平在20世纪50年代中期为规划日本当时的产业结构提出的基准。筱原基准包括“收入弹性基准”和“生产率上升率基准”两个方面。

收入弹性，又称需求收入弹性，是在价格不变的前提下，产业的产品需求的增加率和人均国民收入的增长率之比，反映该产业的产品社会需求随国民收入的增长而增长的趋势。不同产品的需求收入弹性是不同的。收入弹性基准要求选择收入弹性比较大的产业作为主导产业，优先重点发展。因为，收入弹性相对大的产品，随着社会收入水平的提高，产品的社会需求也相对多、增长快、市场前景广阔，以生产这种产品的产业作为主导产业，才能更好地发挥引导带动作用。

生产率是指产出对全部投入要素之比。技术进步是引起生产率上升的重要原因。哪个产业部门在技术上首先出现突破性进展，哪个产业部门便会迅速地增长和发展，生产率就能保持一个较高的上升率，该产业部门创造的国民收入相对比重就会随之增加。因此，生产率上升率基准就具体体现为技术进步率基准。生产率上升率基准要求选择生产率上升快，也就是选择技术进步率高的产业部门作为主导产业。

3. 赫希曼基准

它也称关联度基准，这是赫希曼在 1958 年提出的。赫希曼根据发展中国家的经验指出，在产业关联链中必然存在一个与其前向产业和后向产业在投入产出关系上关联系数最高的产业，这个产业的发展对其前、后向产业的发展具有较大的促进作用。因此，将这个产业作为主导产业有利于带动其他产业的同时发展。一般而言，制造中间产品的产业因其处于产品生产链的中间环节，其发展需要前、后向产业的支持，因而能促进前、后向产业的发展。但生产中间产品的产业很多，以关联度基准选择主导产业，还必须结合其他准则综合确定。在选择主导产业时，赫希曼基准可作为需求收入弹性基准和生产率上升基准的辅助指标。

4. 动态比较优势基准

各国由于资源禀赋和经济发展状况不同，具有不同的比较优势。只有发挥比较优势，才能更好地利用国际分工和地区分工，取得比较利益，提高本国资源的利用率，积累资本，改进技术，促进经济更快发展。并且，各国拥有的比较优势又会随着资源的开发利用和经济发展水平的提高而变化。因此，选择主导产业时应该尽可能选择更能发挥本国比较优势的产业，而且随着比较优势的变化进行调整。

5. 过密环境基准和丰富劳动内容基准

这是日本产业结构审议会在 20 世纪 70 年代提出的。过密环境基准要求选择能提高能源利用效率、保护环境、防止和改善公害，并具有扩充社会资本能力的产业作为主导产业。过密环境基准的着眼点是经济的长期发展和社会利益之间的协调关系。如果完全按照纯经济标准选择主导产业，有可能走上先以环境破坏为代价来发展经济，再以更大的代价治理环境的发展道路。对于发展中国家来说，在选择主导产业时遵循过密环境基准，就有可能避免重蹈西方发达国家经济发展伴随环境破坏、先污染后治理的覆辙。

丰富劳动内容基准要求在选择主导产业时考虑发展能为劳动者提供舒适安全和

稳定的劳动场所的产业。该标准的提出反映人们已经认识到发展经济的最终目的是为了提高社会成员的满足程度，但这只是在经济发展水平较高的条件下才可能真正做到。

6. 短缺替代弹性基准、增长后劲基准和瓶颈效应基准

实践和研究发现，上述几条标准在运用时需要一些必备的条件，如产业基础比较扎实，产业的比例关系比较正常，不存在严重的瓶颈制约；整个产业结构具有良好的同质性，不存在二元经济的结构性矛盾；企业素质较高，具有较强的自我调节能力；产业间要素流动性较好，不存在严重的要素流动障碍等。当这些条件得不到满足时，上述选择标准就会失去效用。为此，一些中国学者提出了适合发展中国家选择主导产业的三项标准，即重点扶植那些无法替代的短缺性产业，也就是替代弹性小的短缺性产业，以满足社会最迫切而又必不可少的需求的短缺替代弹性基准；重点支持那些对整个产业体系的发展有深刻和长远影响的产业，也就是增长潜力大、后劲足的产业，以保持整个经济持续稳定增长的增长后劲基准；重点发展那些瓶颈效应大的产业，也就是其短缺严重影响整个国民经济发展的产业，以减少因瓶颈而造成的妨碍效应的瓶颈效应基准。①

三、弱小产业扶植政策

弱小产业扶植政策是指政府支持和帮助幼小而有发展前途、短缺而又重要的产业发展壮大的政策。

（一）弱小产业的概念和特征

这里所说的弱小产业是指具有生命力的幼小产业和发展滞后的瓶颈产业。

1. 幼小产业

幼小产业从长期看具有收入弹性大、技术进步快、劳动生产率提高快、发展潜力大的特点，有可能成为未来的主导或支柱产业，但在目前却比较弱小、发展不成熟、没有比较优势，需要政府扶植和帮助。对幼小产业的扶植反映了产业政策的超前性特征。施蒂格勒描述了幼小产业的一些特征：“年轻的产业对现存经济系统来说，是‘陌生人’。它们需要新种类或新品质的原材料，所以只能自己制造；它们必须自己解决其产品使用中的技术而不能等待潜在使用者来解决之；它们必须劝诱顾客放弃其他方面，而不可能找到专业化的商业机制来承担这一任务；它们必须自行设计、制造专业设备；自己培训技术工人……”② 幼小产业面临的困难较多，依

---

① 杨公朴，夏大慰．产业经济学教程．上海：上海财经大学出版社，1998：83.

② ［美］施蒂格勒．产业组织和政府管制．上海：上海人民出版社，上海三联书店，1996：30.

靠自身力量难以较好地发展，需要政策的支持和帮助。

2. 瓶颈产业

瓶颈产业是指那些因发展不足而对国民经济发展造成短缺制约的产业，是国民经济发展的薄弱环节。确定瓶颈产业可以机会损失为依据，即由于该产业产品的短缺所造成的其他产业生产能力不能充分发挥作用而少创造的产品价值。瓶颈产业可分为两种情况：一种是其产品不能或难以通过进口来弥补供应缺口的产业，如电力、铁路等。这些产业部门对经济发展的制约缺乏弹性，除了投资建设、加快发展之外别无其他扭转途径。另一种是可以通过国际贸易缓解供需矛盾的产业部门，如钢铁、建材等部门。瓶颈产业往往靠自身力量很难快速发展，而短缺的消除越快越好，所以政府应该给予扶植。与前一种瓶颈产业部门相比，后一种瓶颈产业部门的扶植顺序可稍后一些。

（二）弱小产业扶植政策的原则

弱小产业扶植政策是对弱小产业的发展起鼓励、刺激和保护作用的产业政策，其制定和实施必须遵循以下原则：

（1）产业扶植政策的目标必须与产业结构优化升级的要求一致。产业扶植政策的根本目的，是要促进产业结构的优化升级。因此，政府应该根据产业结构优化升级的要求选择扶植的对象，不是所有的弱小产业都要扶植或都要同等程度的扶植，主要应该扶植更有助于产业比例协调、结构升级换代的弱小产业。

（2）产业扶植政策必须与发挥比较优势相结合。政府扶植的产业，首先应该选择更能充分利用本国资源、发挥比较优势的弱小产业，这样才能利用国际分工，扩大出口，带来更高的效率、更快的发展。

（3）产业扶植政策必须与发挥市场的作用相结合。产业结构的优化升级，主要应该依靠市场机制的调节作用。产业扶植政策只是弥补市场的不足，决不能取代市场的基础性作用。因此，在采取各种扶植措施的同时，更要完善市场体系，健全市场规则，规范市场竞争，扫除弱小产业发展的障碍。

（4）资金扶植必须与政策优惠相结合。政府扶植弱小产业的措施多种多样，其中包括政府财政拨款、直接投资、政策性贷款、贴息、允许发行股票和债券等。资金扶植虽然是不可缺少的重要手段，但也不能忽视其他措施的作用，如取消市场准入限制、税收政策、经营环境改善、政府采购等，都能发挥有效作用。

（5）产业扶植政策必须与增强产业竞争力相结合。政府应该扶植弱小产业，但不能无条件地支持、无限期地保护，必须采取有效措施，促使弱小产业面向国内外市场参与竞争，努力提高竞争力。只有形成竞争优势，弱小产业才能真正发展壮大。

四、衰退产业调整政策

产业结构政策不仅要正确选择和支持主导产业、保护和扶植弱小产业，而且要对陷入衰退的产业实行“关、停、并、转”。衰退产业调整政策就是收缩、转移、改造、淘汰衰退产业的政策。

(一) 衰退产业的概念及其产生的原因

衰退产业是指在产业结构中陷入停滞甚至萎缩的产业。一般来说，除了农业、工业、三次产业等大类产业之外，许多具体产业往往都存在由幼小期→成长期→成熟期→衰退期的生命周期。衰退产业正是处于衰退期的产业，其主要特征是产品的需求量和销售量大幅度减少，技术进步缓慢、创新乏力，在国民经济中的地位下降。造成产业衰退的原因有：

(1) 技术原因。新科技、新产品的出现使得一些传统产业失去市场和竞争力，出现衰退。

(2) 资源原因。如资源密集型产业的资源枯竭引起的产业衰退。

(3) 需求变化原因。随着经济发展和人均收入水平的提高，某些产业会因产品需求弹性下降而出现衰退。

(4) 效率原因。在经济发展过程中，各种投入要素的成本上升率会产生差异。当某种投入要素的成本上升率特别高时，需大量投入该要素的产业会因成本上升、利润下降而出现衰退。

(5) 国际竞争原因。由于国际分工格局的变化，某种有比较优势的产业会因竞争优势丧失被转移到其他国家，则会使本国原来具有比较优势的产业趋于衰退。

(6) 体制原因。市场体系不完善、市场机制不健全、企业制度落后造成过度竞争，导致某些产业过早出现衰退现象。

(二) 实施调整政策的必要性

在市场经济条件下，企业具有独立产权，以追求自身利益最大化为经营目标，衰退产业的收缩理应由企业独立自主地进行，即企业根据市场供求、价格以及利润率高低，将资本从衰退产业转移出来，投入到具有发展前景的产业部门。然而，市场机制对有些阻碍资本自由流动的因素显得力不从心，这些因素主要有：①

(1) 资本壁垒。对规模较大的资本密集型的衰退产业，具有专用性的固定资产数量庞大，转产损失巨大，以致难以自拔和转移；“兼并式”转移难以找到能容纳巨额资产的交易对象；采取新技术、生产新产品会面临大量资金投入的困难与

① 毛林根．产业经济学．上海：上海人民出版社，1996：120.

壁垒。

(2) 技术壁垒。劳动密集型衰退产业，其技术寿命已经或者行将到期，落后的设备已丧失转产或转移价值，只能淘汰和报废。这类衰退产业生产要素转移的困难主要发生在劳动力要素上，即使新兴产业能提供就业机会，但低下的劳动力技术素质使其转移困难重重，新兴产业的技术壁垒将成为其转移的严重屏障。

(3) 社会压力和利益刚性。衰退产业的调整必然伴随着工人的失业和再就业问题，必然给衰退产业的资本转移产生强大的社会压力。这种压力主要来自企业职工的利益刚性，使资本转移难以实现。

(4) 垄断歧视。衰退产业在其资产转移过程中，吸纳转移资产的产业由于其资本、技术和市场的垄断地位，在对衰退产业的资产购买、兼并或联合等过程中，往往会对转移资产采取低估、压价等歧视手段，损害衰退产业的利益。这种不公平的垄断交易行为在一定程度上会阻碍衰退产业资本存量的有效转移。

(5) 地方保护主义壁垒。在市场机制尚不健全的国家，为保证地方财政收入的强烈的地方保护主义，对某一所有制的特别偏好，政府官员在其任期内对以“经济产值”为标志的政绩的追求和冲动，也在很大程度上阻碍衰退产业的合理收缩和资本存量的转移。

这些因素的存在，仅靠市场和企业自身难以克服，需要政府实施产业调整政策，促进衰退产业的转移、收缩、改造、淘汰。

(三) 衰退产业调整政策的主要措施

主要包括：

(1) 促进转产。政府通过指定某个衰退产业部门减少或停止生产某些产品，协助其选择适宜的转产方向，提供转产所需的贷款，发放转产补贴等措施，加速衰退产业的转换过程。

(2) 技术与经营支持。政府通过协调专利与技术推广部门的工作，对衰退产业转产提供技术和经营上的指导、咨询与援助；采取各种优惠政策，鼓励用先进技术改造和武装衰退产业，使之焕发新的生机。

(3) 加速设备折旧。政府通过制定和实施衰退产业设备的报废量、报废时间表和提高折旧率的规定，采取促进折旧的特别税制，对因设备报废而产生的损失提供部分补偿，加速设备折旧，减少转产损失，鼓励资产转移。

(4) 市场保护和援助。政府通过限制竞争品进口的剧增对衰退产业实施一定的保护，为其生产调整、资本与劳动力转移创造时机。政府还可以通过价格补贴和参与采购、促销活动，对衰退产业实施援助。但这类措施不宜长期采用，否则容易导致消极后果。

(5) 劳动力援助。为了减少衰退产业调整引起的社会经济震荡，政府有必要建立完善的社会化援助体系，帮助衰退产业职工转岗再就业。劳动力援助措施主要有就业服务、转岗培训、完善社会保障制度、清除劳动力流动的制度障碍等。

(6) 体制改革。在某些因为经济体制不健全造成衰退产业调整困难的国家，政府可以通过经济体制改革、完善市场机制，让各类企业公平竞争，减少政府对经济的干预，克服地方保护主义，为衰退产业调整扫清障碍。

第三节 产业组织政策

一、产业组织政策的分类与目标

(一) 产业组织政策的概念和分类

产业组织政策是指政府为了获得理想的市场绩效而制定的干预产业的市场结构和市场行为的政策。产业组织政策的实质是政府通过协调规模经济与竞争的矛盾，以建立正常的市场秩序，提高市场绩效。产业组织政策存在不同的类型：

(1) 以政策导向为标准，产业组织政策通常分为两类：①鼓励竞争、限制垄断的促进竞争政策，目的是维护正常的市场秩序，主要有反垄断和反不正当竞争政策。②充分利用专业化和规模经济的产业组织合理化政策，目的是限制过度竞争，主要有直接规制政策、中小企业政策等。有关具体政策措施已在上一章说明，这里不再重复。

(2) 以政策对象为标准，产业组织政策也可分为两类：①市场结构控制政策。这是从市场结构方面禁止或限制垄断的政策，如控制市场集中度、降低市场进入壁垒等。②市场行为控制政策。这是从市场行为角度防范或制止妨碍竞争的情况、不公平交易现象以及诈骗、行贿等不道德商业行为的发生。①

(二) 产业组织政策的目标

产业组织政策的目标可分为一般目标、特有目标和具体目标。

(1) 一般目标。它是指产业组织政策和其他经济政策共有的目标。经济政策作为政府干预经济活动的重要手段所要实现的一般目标，凯恩克劳斯曾将其归纳为：①促进更大的经济平等；②充分就业；③避免通货膨胀；④保持对外收支平衡；⑤加速经济增长。②

(2) 特有目标。这是指产业组织政策作为一类特殊的经济政策有其特有的目

---

① 苏东水．产业经济学．北京：高等教育出版社，2000：346.

② ［英］凯恩克劳斯．经济学与经济政策．北京：商务印书馆，1990：45-49.

标。其特有目标主要是维护正常的市场秩序，形成有效的竞争环境，充分利用专业化和规模经济的作用，提高市场绩效，促进产业内资源的优化配置。

(3) 具体目标。产业组织政策的具体目标是其一般目标和特有目标在各个时期、各项具体政策内容上的具体化和细分化。贝恩在其《产业组织论》一书中提出，产业组织政策的具体目标主要应包括：①企业应达到并有效利用经济规模，市场的供给主要应由达到经济规模的企业承担，企业应有较高的开工率。②不应出现某些产业或企业长期获得超额利润或长期亏损的情况，即从较长时间看，产业的资本利润率应是比较均等的。③较快的技术进步主要是指技术和产业开发、革新等活动有效且比较充分。④不存在过多的销售费用。⑤产品的质量和服务水平较高，并有多样性，以适应提高大众福利和消费水平的要求。⑥能够有效利用自然资源。上述六项具体目标既是各类产业组织政策的具体目标，也是各类产业组织政策制定与实施的出发点和归宿。

（三）产业组织政策的手段

从产业组织的SCP理论可看出，影响市场绩效的主要因素是市场结构和市场行为。因此，政府主要采用调控市场结构和市场行为的政策手段，以实现产业组织政策的目标。实现产业组织政策目标的手段主要有三类。

1. 调控市场结构

这是采用相应的政策措施来改善不合理的市场结构，维持合理的市场结构。主要措施包括：(1) 改善市场结构的政策措施。如分割处于垄断地位的企业，以降低卖方集中度；适当降低进入壁垒；减少不合理的产品差别等。(2) 预防形成垄断性市场结构的措施。如建立企业合并的预审制度，对中小企业实行必要的扶植等。(3) 在某些产业如资源开发产业，实施限制政策，以防止过度竞争损害资源配置效率和社会福利。(4) 对适合大批量生产体制、经济规模显著的产业，为防止过度竞争造成的资源浪费，在政策上应鼓励适当集中。

2. 调节市场行为

这是对企业的市场行为进行监控、调整，以维护市场的公平交易、合理竞争，限制与消除不正当竞争和垄断行为。这类措施主要包括：(1) 禁止和限制竞争者的共谋、卡特尔及不正当的价格歧视；(2) 通过政府和公益组织以及大众媒介，对卖方的价格、质量进行广泛交流和监督；(3) 对欺骗、行贿、中伤竞争者的各种不正当行为进行限制和必要的惩处。

3. 直接改善不合理的资源配置

这主要适用于那些资源配置上市场机制缺陷明显的产业。政府用直接干预来弥补市场机制的不足，实现这些产业资源配置的合理化。如政府直接补助开始盈利不高的新兴产业，用立法或行政垄断形式禁止滥用稀缺资源，对高污染等外部不经济明显的企业予以限制和处罚，政府财政直接投资于某项重大公共工程或某一产业等。当然，各项政策手段的实施都要有个“度”，如降低生产集中度，应以不妨碍规模经济为界；鼓励适当集中，应以防止垄断弊端产生为限，否则会影响产业组织政策目标的实现。

二、反垄断和反不正当竞争政策

（一）反垄断及反不正当竞争政策的必要性

垄断就是独占和控制，会给社会经济造成极大的危害。首先，垄断阻碍价格机制在资源配置中的重要作用和生产要素的自由流动，使资源难以优化配置；其次，垄断增加成本、产生“X 非效率”，加重非垄断企业和消费者的负担；再次，垄断形成不合理的收入分配，减弱技术创新和扩大生产的动力，甚至限制技术进步，引起生产和技术停滞。不正当竞争是采用假冒伪劣、坑蒙拐骗、囤积居奇、欺行霸市等违法的、不正当的手段开展竞争，它破坏市场运行的正常秩序，使市场竞争机制不能真正发挥作用，优不胜劣不败，也会给社会经济造成极大的危害。

提高市场绩效，实现产业内部资源优化配置，必须坚决反对垄断和不正当竞争，促进市场的有效竞争。“所谓有效竞争，是指产业组织处于既能够保持产业内部各企业之间的适度竞争，又能获得规模经济效益的状态。即可以兼容竞争活力和规模经济效益的竞争。”① 但是，市场机制自身难以避免垄断和不正当竞争，需要政府制定与执行反垄断和反不正当竞争政策，维护市场的正常秩序，实行有效竞争，提高产业资源配置效率。

（二）反垄断和反不正当竞争政策的内容

反垄断和反不正当竞争政策是产业组织政策的重点，具体表现为制定和实施反垄断法或反托拉斯法及反不正当竞争的规定。反垄断法和反不正当竞争规定的主要内容可概括为以下几个方面：

1. 禁止私人垄断和卡特尔协议

私人垄断是指个人、公司或财团通过兼并、收买或低价倾销等手段，把其他竞争对手从市场上排挤出去，从而确定自己在市场中的垄断地位并以此支配市场。反垄断是坚决禁止这种情况。如美国的《谢尔曼法》规定，任何垄断或企图垄断者，或与他人联合、串谋，借以垄断州际、国际的贸易或商业活动者，将被视为犯罪。日本的《禁止垄断法》规定，对于已形成垄断的企业，要实行分割措施。需要注意的是，反垄断法一般并不反对一个或一个以上的企业在市场上占有支配地位，只

① 苏东水．产业经济学．北京：高等教育出版社，2000：347.

是禁止滥用支配地位，也就是说，凡是通过高效率、低消耗以及行使专利权或特许权，甚至由于历史原因形成的垄断并不属于被禁止的范围。卡特尔协议是指多个企业以垄断市场、获取高额利润为共同目的，在一定时期内就划分市场、规定产量、确定价格而达成的正式或非正式的协议。卡特尔协议又分为“纵向卡特尔协议”和“横向卡特尔协议”。对于第一种协议，在有些国家一般并不予以禁止。对于第二种协议，由于它限制了企业的生产能力，破坏了市场竞争，并有可能形成市场垄断，所以各国的反垄断法原则上都是禁止的。

2. 禁止市场过度集中

市场适度集中有利于发挥规模经济的作用，但过分集中又会产生企业垄断，从而限制竞争。企业兼并是实现市场集中的主要途径。就兼并来说，适当的企业兼并有利于企业扩大生产经营、取得规模效益，改善产品结构、提高设备的利用率、获取市场竞争的优势。但是，不当的企业兼并则会减少甚至消灭竞争。其原因是：竞争对手间的兼并像联合控制价格的协议一样，一些本来处于支配地位的企业能更有效地操纵市场；兼并会增加其他企业进入市场的障碍，减少潜在竞争者进入市场的机会；兼并通常与驱除对手定价或掠夺性定价行为同时出现。因此，各国的反垄断法对于能够形成市场过度集中的企业兼并是加以禁止的。

3. 禁止滥用市场势力

所谓滥用市场势力，是指在市场中居支配地位的大企业凭借自身的经济实力对其他企业施加影响，迫使它们按自己的意愿行事，从而妨碍公平竞争。滥用市场势力的做法大体有以下几种形式，有关的禁止法规主要见于美国的《克莱顿法》。一是价格歧视，即同一产品对不同的顾客或买主收取不同的价格，而不是根据生产和经营该产品的边际成本确定价格。但在有些国家允许一定条件下的价格歧视。二是独家交易，即只准经销一家的产品，而不得经销其他同行竞争者的产品。这种做法一方面限制了买方的贸易，另一方面又限制了竞争企业的客源，因此是不利于公平竞争的行为。三是搭配销售，即卖方在推销某种产品时，强行搭配另一种买方不需要或不情愿接受的产品。这类行为具有明显的反竞争性质。四是维持转售价格，即供给企业强迫转售者收取指定的价格。五是限定销售区域。六是公司董事交叉任职，即一人同时兼任两家或两家以上公司的董事，从而使有关公司间能够串通一气，达到减少或消灭竞争的目的。

虽然反垄断法的规定是严格的，但多少年来实际处理的违法案件并不多。由于反垄断法执行时涉及大量的调查和审理工作，不可能一一得到处理。因此，实际上反垄断法的效果并不在于事后的法律处理，而在于事先对有关企业或当事人的威慑和预防作用。另一方面，反垄断法本身就存在许多例外条款，最突出的是专利垄断问题。专利权是政府授予发明者的“垄断”权力。虽然在一定时期，专利不能被有关的其他企业使用，但这种方式对于鼓励人们的技术创新却是非常必要的。所以，尽管专利制度与鼓励竞争存在一定的不一致，但各国都把专利垄断视为反垄断法的例外加以豁免。

另外，根据行业特点和国家的需要，在有些特殊行业也允许存在垄断，如铁路、电力、石油开采等部门，但政府对这些部门不是放任不管，而是不用反垄断法去约束或调整，而是用直接管制政策来进行直接干预。

4. 禁止不正当竞争

除了上述反垄断法中的措施之外，反不正当竞争规定的内容还有：

（1）禁止欺诈行为。欺诈性行为包括欺骗性广告，虚假的合格验证，盗用的商标名称、商号名称等。

（2）禁止给予酬金和回扣的不正当销售行为。

（3）禁止贸易限制。贸易限制是指两个或更多的人（或企业）之间订有损害自由竞争的协议、共谋或行为，如瓜分市场、维持垄断高价、削减生产设备、限制产量及分配销售额等协议。

（4）其他禁止行为。诸如非法使用竞争对手的商标、商号、专利，败坏竞争对手的商誉，行贿、收买竞争对手的职员或代理人，窃取对方情报等均属不当竞争行为，均在禁止之列。①

三、中小企业政策

（一）中小企业政策的必要性

中小企业政策是指政府根据中小企业的实际情况和本国有关产业发展的特点，对各产业中的中小企业采取的扶持政策。其原因在于：

1. 中小企业的不可替代性

（1）中小企业具有大企业所不具有的优势，如制度创新和技术创新能力强、创立和管理成本低、对市场变化的适应速度快等，这使中小企业的地位不可替代。尤其在高新技术不断涌现的今天，中小企业的地位更加重要。

（2）从对中小企业产品需求上看，中小企业不可替代性的特点也非常明显。中小企业的生产经营范围主要是为生活消费服务的轻工业以及为生产消费服务的制造业。就生活消费品而言，需求的多样性与时令性要求这类产品的生产批量不能过大，因此对企业规模的要求有限，特别是一些由有限地域决定的狭小的市场，只有中小企业才能适应。就生产性消费而言，社会化大生产的发展，一方面要求工业生产过程在专业化基础上进行分工，另一方面又要求工业生产过程在专业化分解的基础上进行协作。为了降低规模过大过全的经营成本，取得分工协作的效益，大企业

① 毛林根．产业经济学．上海：上海人民出版社，1996：354.

愈来愈依赖于中小企业。

2. 保持产业组织内部的竞争活力

发展中小企业有利于保持产业组织内部的竞争活力。在产业内部，保持一定数量的中小企业并使其健康发展，使大、中、小并存，有利于增强产业组织内部的竞争活力。但中小企业在同大企业的竞争中，一般总是处于不利地位。具体表现在：

（1）劳动力条件。中小企业的稳定性较差，如不采用较高的工资率对此作补偿，对优秀的人才将缺乏吸引力。

（2）融资条件。中小企业在直接融资时，易受信用及制度上的制约；在间接融资时，不仅贷款利率高于大型企业，而且还往往有十分苛刻的附加条件。

（3）获取信息条件。中小企业只能从外部获取信息，不能从企业内部获取信息。

正是由于中小企业在这些方面的不利地位，所以如果仅仅引进竞争原理而不克服中小企业发展的劣势，就不可能形成一个有效的竞争环境。

（二）中小企业政策的内容

中小企业政策的内容按对象不同，大体可以分为：以所有中小企业为对象的一般政策、以特定中小企业为对象的特定政策和转包制政策。

1. 一般政策

主要包括：

（1）劳动政策。帮助中小企业进行职业培训和能力开发，协助中小企业提高人员素质。

（2）金融政策。包括有关支持中小企业的专门金融机构贷款和信用保证制度。

（3）交易公开化政策。对大企业运用市场支配能力加以限制，帮助中小企业组织起来，提高应变能力。

（4）诊断、指导政策。为中小企业提供技术、市场、经营等信息，为中小企业提供诊断和咨询服务。

2. 特定政策

特定政策是指以特定产业为对象或以特定中小企业群为对象的政策。以特定产业为对象的政策实际上是结构政策在中小企业政策的延伸，包括不同产业的现代化政策、衰退产业的调整政策，主要是以对成长产业的扶植和对衰退产业的调整为目标；对特定的中小企业群为对象的政策实际上是规模经济政策在中小企业政策上的延伸，它包括下面所要讲的转包制政策。

3. 转包制政策

转包制是指由中小企业承包大企业的中间产品，即由零部件供需所形成的大企业与中小企业间的相互联系、相互促进的一种制度。为了防止大企业利用其有利地位，采取不正当手段与中小企业进行交易，故要通过政策与法令来限制其不合理的行为。这些限制包括：

（1）价格限制。大企业购买中小企业的零部件的价格不能过低，保证中小企业有一定利润率。

（2）支付货款限制。即限定大企业对中小企业支付货款的最长期限。

（3）订货计划限制。即要求大企业预先向其转包企业提出订货计划，防止大企业将风险和压力转嫁给中小企业。

（三）中小企业政策的措施

主要包括：

（1）在金融方面，建立针对中小企业的专门金融机构和信用制度，由政策投入贷款提供资金，向中小企业发放低息贷款。

（2）在税收方面，减轻中小企业的法人纳税负担，对采用现代化设备的中小企业采取特别折旧制度，用实现特定政策目标的特别减税措施来支持中小企业。

（3）财政补助金。对从事中小企业贷款和咨询、指导等工作的地方公共团体和中小企业团体，给予财政补助金。

（4）规定限制。限制大企业滥用市场支配权力，建立中小企业互助团体，防止大企业干预中小企业。

（5）提供信息。对中小企业提供技术、市场、经营方面的信息和不同产业的现代化规划信息。

（6）产品优先采购。保证中小企业有平等地接受政府采购的机会。

第四节　产业发展政策

一、产业发展政策及其特点

（一）产业发展政策的概念和类型

产业发展政策是指政府为了促进产业形成和发展而制定的一系列具体政策的总称。产业发展政策主要类型有：产业技术政策、产业布局政策、产业外贸政策、产业财政金融政策、可持续发展政策等。其中，产业技术政策和产业布局政策是最基本的内容，下面主要介绍这两种政策。

（二）产业发展政策的特点

同产业结构政策和产业组织政策相比，产业发展政策有以下特点：

1. 产业发展政策的目标具有综合性

产业发展政策以一定时期的产业发展目标为出发点，而产业发展目标具有多维性，既有经济性目标，又有社会性目标。在经济性目标中，有经济增长、充分就业、物价稳定、国际收支平衡，等等；在社会性目标中，有社会安定、国家安全、民族团结、国民素质提高，等等。产业发展政策目标必须综合考虑经济性目标和社会性目标的要求，在权衡比较中确定。因此从这一点上讲，广义的产业发展政策也包含产业结构政策与产业组织政策的内容。

2. 产业发展政策的内容具有多样性

产业结构政策主要涉及产业结构的优化升级，产业组织政策主要涉及产业组织的合理有效化，产业发展政策则涉及产业形成和发展的各个方面，包括技术、布局、外贸、金融、发展战略和方式等，内容十分广泛多样。

二、产业技术政策

（一）产业技术政策的概念和必要性

科学技术进步是推动产业发展的决定性因素，产业技术政策是政府制定的促进产业技术进步的政策。产业技术政策是政府对产业的技术进步、技术结构选择和技术开发进行的预测、决策、规划、协调、推动、监督和服务等方面的综合体现。产业技术政策的主要内容包括产业技术发展的目标、主攻方向、重点领域、实现目标的策略和措施，是保障产业技术适度和有效发展的重要手段。政府制定产业技术政策的必要性主要体现在以下四个方面：

1. 促进技术进步是政府本身的职能要求

技术、知识具有公共产品的属性，政府应当是公共产品的重要提供者，因此政府有责任积极参与经济发展过程中的技术进步活动，保证和促进这种公共产品的供给。

2. 单纯依靠市场机制分配资源难以满足技术发展的需要

原因如下：（1）技术开发的成本与技术进步的收益之间存在非对称性，个人技术成本高，但个人收益往往低于社会收益，影响私人技术开发投资的积极性；（2）技术开发存在较大的商业风险和技术风险两重风险，这种风险一般难以通过加价等方式转移，使得一些生产者宁愿等待别人的开发成果而不愿意自己开发；（3）技术开发过程一般不可分割，需要一定的投入规模，中小企业难以承担。所以，政府有必要为满足技术发展的要求而干预资源分配，进行必要的投入。

3. 基础科学技术的研究需要国家的投入和组织

这是因为基础科学技术的研究和开发是技术进步不可缺少的前提，而基础科学技术研究和开发投资多、周期长、见效慢，很难成为直接获取收益的经济活动，私人企业往往不愿从事基础研究，需要国家出面组织，投入资金。

4. 迅速增强本国的技术力量需要政府干预

鼓励技术创新、支持技术研究和开发、保护本国的技术，是取得和维护本国技术处于领先地位的重要途径；引进、消化、吸收、改造国外先进技术，是低成本采用先进技术，加快本国技术进步的捷径。这些都需要政府制定正确的技术政策，采取相应的措施。

在知识经济、信息经济时代，产业技术的重要性日益突出。这是由于：第一，产业技术越来越高风险化和大规模化，所需的投资额空前增加，其投资风险无法由企业独立承担。从技术开发成本或技术安全看，国家对技术的管理和投入显得更为重要。第二，当今世界技术领域中的国际竞争日趋激烈，广大发展中国家的产业技术与发达国家之间的差距呈扩大趋势，如果政府不积极采取相应措施，本国在国际竞争中将处于不利地位，尤其是发展中国家更会拉大与发达国家的差距，更难跟上世界知识经济发展的步伐。这一切都要求政府制定正确的产业技术政策，有力推动本国技术进步。

（二）产业技术政策的主要类型

1. 技术发展规划

政府根据国内外产业技术的发展趋势、经济及社会的发展状况和现实条件、本国产业的发展任务和可能，提出恰当的科技奋斗目标，列出重点发展的技术领域，规定具体实施的步骤和时间安排，明确实现目标的方针和措施。

2. 技术引进政策

技术引进的全过程包括引进、消化、改进、扩散，技术引进政策必须鼓励适当引进，强调消化吸收，提倡改造创新。相配套的政策措施有：加强政府在技术引进方面的指导作用；以税收、外贸、外汇等优惠政策支持多种方式的引进；用经济、法规和必要的行政手段鼓励引进关键技术，做好引进技术的消化吸收工作。

3. 技术开发政策

技术开发是指主要依靠本国自己的科技力量，进行新技术、新工艺的研究、应用、推广。技术开发政策包括：技术开发的鼓励和保护政策，如鼓励新技术的发明和创造政策、知识产权保护政策、专利政策等；促进新技术传播和扩散政策；协调基础研究、应用研究和发展研究的政策；促进高新技术开发的政策；提高新技术、新工艺、新产品普及率的政策。

4. 技术结构政策

实施技术结构政策，是为了安排好各种技术类型和技术层次之间的相互联系和数量比例，实现技术结构的合理化。产业技术从不同的角度可以划分出不同的层次与类型。从产业技术的发展水平来看，可划分为“尖端技术”、“先进技术”、“中等技术”、“初级技术”。从产业技术对要素吸收的状况来看，可划分为劳动密集型技术、资本密集型技术和知识密集型技术。从产业技术的主要功能和作用来看，可划分为提高劳动生产率、促进经济增长的技术；节约原材料和能源消耗的技术；合成新的优质材料的技术；提高产品质量的技术；利用废旧物资和防治污染的技术等。合理的技术结构政策必须综合考虑一定时期本国的具体国情、资源状况和技术发展规律等各方面因素。一般来说，根据劳动者的状况和技术发展水平，考虑是以先进技术为主，还是以中等技术为主；根据资源和环境状况确立是以提高劳动生产率的技术为主，还是以节约原材料、能源和防治污染的技术为主；根据生产要素的丰度，决定是以劳动密集型技术为主，还是以资本密集型技术、知识密集型技术为主。

（三）产业技术政策实施的手段

产业技术政策实施的手段可分为直接和间接两大类。前者是政府依据有关产业技术进步的各种法规实行的直接干预，包括政府对引进技术实行鼓励和管制、直接投资于产业技术开发和应用推广、主持和参与重点技术攻关、特定产业技术开发项目等。后者主要是政府对产业技术的发展前景、战略目标、项目重点等提供指导；健全和发展技术市场，发挥市场对技术进步的促进作用；完善企业技术进步的内在机制，鼓励企业建立内部技术开发体系，设立技术开发基金，重视技术设备的更新改造；对产业技术开发提供补助金、委托费、税制优惠和融资支持。

三、产业布局政策

（一）产业布局政策的概念和目标

产业布局政策是政府为实现产业空间分布和组合合理化而制定的政策。产业布局的合理化实质上是地区分工协作的合理化、资源地区配置和利用的合理化。产业布局政策既是产业发展政策不可缺少的重要内容，又是区域发展政策体系的重要组成部分。产业政策总是围绕某些特定目标而制定的，产业布局政策的目标一般可归纳为经济发展、社会稳定、生态平衡和国家安全等四方面的内容①：

1. 经济发展目标

从经济发展角度看，产业布局政策主要有两个基本目标：

（1）经济增长。产业布局理论表明，产业布局的集中会产生聚集效益和规模效益，因此在资源有限的条件下，为加快经济增长，一国在一定时期的产业布局政策应该具有地区倾斜性。一般倾斜的地区有两类：一类为资源丰富、经济基础好、

---

① 杨公朴，夏大慰．产业经济学教程．上海：上海财经大学出版社，1998：264.

经济区位优越和产业较为集中的重点发展区域；另一类为贫困落后、经济规模小、急需发展的区域。

（2）布局平衡。美国经济学家杰弗里·威尔逊的研究表明，经济发展的区域不平衡度随经济增长呈倒“U”字形曲线变动，即在一国经济发展的起飞阶段，区域经济倾向于非均衡增长，地区差异增大；起飞阶段之后区域间的不平衡程度逐渐趋于稳定；当经济发展到成熟阶段时，区域经济增长呈均衡态势，地区差异缩小。因此从整体和长期的角度看，产业布局政策应该以产业布局均衡作为长远目标，从而促进经济的持续增长。经济增长和布局平衡目标是辩证统一、相辅相成的。

2. 社会稳定目标

产业布局政策不仅要考虑经济发展，而且还要顾及社会稳定。产业布局政策的社会目标主要包括两个方面：

（1）民族团结。少数民族大多居住于经济较为落后的偏远地区，故国家应该采取适度倾斜的产业布局政策，加快这些地区的经济发展，以促进民族团结和边疆稳定。

（2）充分就业。各地区劳动力资源的状况不同，产业布局是影响地区劳动就业的重要因素，严重的失业是造成社会不稳定的重要原因之一。因此，通过产业布局政策的实施提供更多的就业岗位，更好地就地安置失业者或将失业者向其他地区转移，这对维护社会稳定非常必要。

3. 生态平衡目标

经济的高度发展和产业活动的急剧扩大往往带来许多环境问题，可能直接破坏人类自然生态系统的平衡。因此，产业布局政策必须合理安排地区分工，适度分散产业布局，恰当调整地区产业结构，防止和治理环境污染，杜绝资源的破坏和浪费，维持生态平衡。

4. 国家安全目标

当国家安全受到威胁时，特别是当战争迫在眉睫或战争时期，国家安全目标将成为产业布局政策的首要目标。产业的分布必须根据战争的需要，首先保障国家的安全，但是，国家安全目标的确立可能会影响甚至牺牲经济、社会和生态目标，因此，正确估量国际形势，在综合考虑经济、社会、生态目标的基础上，适时恰当确立国家安全目标，对产业布局政策的制定和调整十分重要。

（二）产业布局政策的类型

产业布局政策主要有以下三类：

1. 区域产业扶持政策

在区域经济发展的各个阶段，一个地区总是存在着一个或若干个具有比较优势的产业部门。对区域拥有相对优势的产业实施产业扶持政策，促进区域重点产业的倾斜发展，能充分发挥各地区的比较优势，加速地区经济增长，增强地区经济实力。区域产业扶持政策主要包括创造良好的投资和发展环境、直接投资、给予各种优惠等措施。

2. 区域产业调整政策

区域经济发展到一定阶段，会出现产业结构不合理问题，这时就需要实施产业调整政策。如对衰退产业进行区域转移和行业转移、对污染环境的产业予以限制、对资源消耗过多的产业实行改造、压缩长线产业、发展短线产业等，以优化区域资源配置，推动地区产业结构合理化。

3. 区域产业保护政策

在区域经济发展过程中，有些产业在发展初始阶段缺乏应有的竞争力，但从长远来看具有发展前途，若不保护其发展，将不利于地区经济的持续发展，可能使地区经济运行缺乏稳定性，从而削弱地区经济对经济波动或其他不利影响的抗干扰能力。区域产业保护政策的一般做法是采取设置壁垒、排除竞争的措施，保护本地区的幼小产业。但保护政策必须适度，否则会形成地方保护主义，保护落后，引起地区产业结构趋同化，不利于整个国民经济的协调高效发展。

（三）产业布局政策的手段

产业布局政策的手段主要有以下几种：

1. 布局规划

政府通过制定产业布局规划，按照发挥比较优势、合理分工协作的原则，根据各地区经济的实际情况和发展趋势，确定各地区产业发展的目标和重点，指导各地区产业的选择、调整、发展，避免重复建设，防止地区产业结构趋同，实现产业布局的合理化，充分利用各地区的资源，促进各地区经济的协调发展。

2. 直接投资

政府通过财政拨款、发行国家债券、引进外资等方式筹集资金，根据产业布局的要求，恰当选择投资地区，直接投资兴建基础设备，发展高新技术产业，兴办必要的国有企业，以改变地区资源配置状况，调整产业分布的格局。

3. 限制手段

政府通过法律制度、政策规定，采用行政方法，直接限制某些产业的发展和在某些地区的布点，强行收缩某些地区过度膨胀的产业，淘汰某些地区落后的过剩生产能力，促进产业布局的合理化。

4. 诱导手段

政府采用税收、金融、采购、工资、就业等经济手段，通过影响各地区和企业的利益得失，间接地引导产业的扩张和收缩及其在某些地区的进和退，从而调整产业布局，实现产业布局政策的目标。

5. 信息手段

政府通过及时收集、整理、发布有关各地区产业分布、发展现状、前景预测、国家规划、优惠或限制政策等各方面的信息，尽可能克服由于信息不充分、不对称带来的盲目性，提高地区和企业在产业选择和地区分布上的自觉性，引导产业在各地区的合理分布和发展。

本章小结

产业政策是政府为了实现一定的经济和社会目标对产业经济活动进行干预而制定的各种政策的总和。产业政策是伴随着国家对经济活动干预的发生而萌芽的，现代产业政策是在第二次世界大战后新的社会经济背景下，在经济发展的实践中逐步形成的。产业政策具有客观性、有序性和动态性、体系的协调性、指导性、时代性、民族性、供给导向性、市场功能弥补性八大特征。它的理论依据有市场失灵理论、比较优势理论、结构转换理论、规模经济理论。它具有弥补市场失灵、促进超常规发展、增强本国产业的国际竞争力、实现资源优化配置的作用。产业政策不仅对社会经济发展具有巨大的作用，同时也有相当的局限性。产业政策的主要措施包括组织措施、财政措施、金融措施、外贸措施、法律措施、政府订购措施及国有化（或私有化）措施。

产业结构政策是指政府依据本国的产业结构演化趋势，为优化升级而制定的产业政策。其实质在于从推动产业结构的合理演进中求得经济增长和资源配置效率的改善。产业结构政策按照政策目标和措施的不同，可以划分为主导产业选择政策、弱小产业扶植政策、衰退产业调整政策。

产业组织政策是指政府为了获得理想的市场绩效而制定的干预产业的市场结构和市场行为的政策。其实质是政府通过协调规模经济与竞争的矛盾以建立正常的市场秩序，提高市场绩效。以政策导向为标准，产业组织政策通常分为两类：鼓励竞争、限制垄断的促进竞争政策和充分利用专业化与规模经济的产业组织合理化政策。以政策对象为标准，产业组织政策也可分为两类：市场结构控制政策和市场行为控制政策。

产业发展政策是指政府为了促进产业形成和发展而制定的一系列具体政策的总称。产业发展政策的主要类型有：产业技术政策、产业布局政策、产业外贸政策、产业财政金融政策、可持续发展政策等。其中，产业技术政策和产业布局政策是最基本的内容。

思考题

1. 什么是产业政策？产业政策的理论依据是什么？
2. 产业政策有哪些特性？如何正确评价产业政策的作用？

3. 产业政策的实施手段有哪些？
4. 如何理解主导产业的选择基准？
5. 扶植弱小产业必须遵循的原则是什么？
6. 调整衰退产业的原因和措施是什么？
7. 反垄断和反不正当竞争政策的内容有哪些？
8. 中小企业政策的必要性和内容是什么？
9. 同产业结构政策和产业组织政策相比，产业发展政策的特点是什么？
10. 产业技术政策主要有哪些类型？产业布局政策的主要类型和手段是什么？

主要参考文献

1. 杨治:《产业经济学导论》, 中国人民大学出版社, 1985 年版。
2. 杨公朴、夏大慰:《产业经济学教程》(修订版), 上海财经大学出版社, 2002 年版。
3. 杨公朴、干春晖等:《产业经济学》, 复旦大学出版社, 2005 年版。
4. 苏东水:《产业经济学》(第二版), 高等教育出版社, 2005 年版。
5. 芮明杰:《产业经济学》, 上海财经大学出版社, 2005 年版。
6. 邬义钧, 邱 钧:《产业经济学》, 中国统计出版社, 2001 年版。
7. 戴伯勋、沈宏达:《现代产业经济学》, 经济管理出版社, 2001 年版。
8. 李锐:《产业经济学》, 中国人民大学出版社, 1998 年版。
9. 史忠良:《产业经济学》(第二版), 经济管理出版社, 2005 年版。
10. 王俊豪:《产业经济学》, 高等教育出版社, 2008 年版。
11. 臧旭恒、徐向艺、杨蕙馨:《产业经济学》(第四版), 经济科学出版社, 2007 年版。
12. 刘志彪:《现代产业经济学》, 高等教育出版社, 2003 年版。
13. 邓伟根:《产业经济学研究》, 经济管理出版社, 2001 年版。
14. 杨建文等:《产业经济学》, 学林出版社, 2004 年版。
15. 龙茂发、马明宗:《产业经济学概论》, 西南财经大学出版社, 1996 年版。
16. 于立:《产业经济学理论与实践问题研究》, 经济管理出版社, 2000 年版。
17. 王述英:《现代产业经济理论与政策》, 山西经济出版社, 1999 年版。
18. [美] 斯蒂芬·马丁:《产业经济学》, 上海财经大学出版社, 2003 年版。
19. [英] 卡布尔主编:《产业经济学前沿问题》, 中国税务出版社, 2000 年版。
20. [英] 马歇尔:《经济学原理》, 商务印书馆, 1981 年版。
21. [法] 泰勒尔:《产业组织理论》, 中国人民大学出版社, 1997 年版。
22. [美] 丹尼斯·卡尔顿, 杰弗里·佩罗夫:《现代产业组织》(上、下册), 上海三联书店, 1998 年版。
23. [英] 多纳德·海、德理克·莫瑞斯:《产业经济学与组织》, (上、下册), 经济科学出版社, 2001 年版。
24. [美] 刘易斯·卡布罗:《产业组织导论》, 人民邮电出版社, 2002 年版。

25. ［美］潘卡基·格玛沃特：《产业竞争博弈》，人民邮电出版社，2002 年版。
26. ［美］迈克尔·温斯顿：《反垄断经济学前沿》，东北财经大学出版社，2007 年版。
27. ［英］马赫·达笆：《反垄断政策国际化研究》，东北财经大学出版社，2008 年版。
28. ［日］植草益：《产业组织论》，中国人民大学出版社，1988 年版。
29. ［日］植草益：《微观规制经济学》，中国发展出版社，1992 年版。
30. ［美］斯蒂格勒：《产业组织和政府管制》，上海三联书店，1996 年版。
31. ［美］戴维·纽伯里：《网络型产业的重组与规制》，人民邮电出版社，2002 年版。
32. 张昕竹、让·拉丰、安·易斯塔什：《网络产业：规制与竞争理论》，社会科学文献出版社，2000 年版。
33. 夏大慰：《产业组织学》，复旦大学出版社，1994 年版。
34. 于立、王询：《当代西方产业组织学》，东北财经大学出版社，1996 年版。
35. 金碚：《产业组织经济学》，经济管理出版社，1999 年版。
36. 张耀辉：《产业组织与规制》，经济科学出版社，2006 年版。
37. 马建堂：《组织与行为——中国产业组织研究》，中国人民大学出版社，1993 年版。
38. 王俊豪：《现代产业组织理论与政策》，中国经济出版社，2000 年版。
39. 王俊豪：《政府管制经济学导论》，商务印书馆，2003 年版。
40. 于立、姜春海等：《规制经济学的学科定位与理论应用》，东北财经大学出版社，2005 年版。
41. 肖兴志：《自然垄断产业规制改革模式研究》，东北财经大学出版社，2003 年版。
42. 戚聿东：《中国现代垄断经济研究》，经济科学出版社，1999 年版。
43. 戚聿东：《中国经济运行中的垄断与竞争》，人民出版社，2004 年版。
44. 谢地：《产业组织优化与经济集约增长》，中国经济出版社，1999 年版。
45. 陈富良：《我国转轨时期的产业规制》，中国财政经济出版社，2000 年版。
46. 郑秉文：《市场缺陷分析》，辽宁人民出版社，1993 年版。
47. ［美］沃西里·里昂惕夫：《1919～1929，美国经济结构》，商务印书馆，1993 年版。
48. ［美］沃尔特·亚当斯：《美国产业结构》（第十版），中国人民大学出版社，2003 年版。
49. 方甲：《产业结构问题研究》，中国人民大学出版社，1997 年版。
50. 周振华：《现代经济增长中的结构效应》，上海三联书店，1995 年版。

51. 周振华：《产业结构优化论》，上海人民出版社，1992 年版。
52. 周振华：《结构调整》，上海人民出版社，1999 年版。
53. 刘伟：《工业化进程中的产业结构研究》，中国人民大学出版社，1995 年版。
54. 郭克莎，王延中：《中国产业结构变动趋势及政策研究》，经济管理出版社，1999 年版。
55. 刘志彪：《经济结构优化论》，人民出版社，2003 年版。
56. 汪斌：《国际区域产业结构分析导论》，上海三联书店，2001 年版。
57. 潘强思，马传景：《经济结构与经济增长》，经济科学出版社，1998 年版。
58. 江小涓：《世纪之交的工业结构升级》，上海远东出版社，1996 年版。
59. 郭克莎：《中国：改革中的经济增长与结构变动》，上海三联书店，1996 年版。
60. 石磊：《中国产业结构成因与转换》，复旦大学出版社，1996 年版。
61. 王慧炯：《可持续发展与经济结构》，科学出版社，1999 年版。
62. 张健仁：《第三产业经济学》，中国人民大学出版社，1998 年版。
63. 林白鹏：《中国消费结构学》，经济科学出版社，1987 年版。
64. ［德］杜能：《农业和国民经济中的孤立国》，商务印书馆，1986 年版。
65. ［德］韦伯：《工业区位论》，商务印书馆，1997 年版。
66. ［美］胡佛：《区域经济学导论》，商务印书馆，1990 年版。
67. ［美］克鲁格曼：《地理与贸易》，北京大学出版社，2000 年版。
68. ［美］克鲁格曼：《发展、地理学与经济理论》，中国人民大学出版社，2000 年版。
69. ［日］藤田昌久、［美］克鲁格曼、［英］维纳布尔斯：《空间经济学——城市、区域与国际贸易》，中国人民大学出版社，2005 年版。
70. ［美］迈克尔·波特：《国家竞争优势》，华夏出版社，2002 年版。
71. ［美］迈克尔·波特：《竞争论》，中信出版社，2003 年版。
72. 朱英明：《产业集聚论》，经济科学出版社，2003 年版。
73. 梁琦：《产业集聚论》，商务印书馆，2004 年版。
74. 徐康宁：《产业聚集形成的源泉》，人民出版社，2006 年版。
75. 周起业：《西方生产布局学原理》，中国人民大学出版社，1987 年版。
76. 王志电：《当代中国产业布局》，中国城市经济社会出版社，1990 年版。
77. 中国人民大学区域经济研究所：《产业布局学原理》，中国人民大学出版社，1997 年版。
78. 彭震伟：《区域研究与区域规划》，同济大学出版社，1998 年版。
79. 刘再央：《中国生产力总体布局研究》，中国物价出版社，1995 年版。
80. 马克思：《资本论》（第 2 卷），人民出版社，1975 年版。
81. ［法］魁奈：《魁奈经济著作选集》，商务印书馆，1962 年版。

82. ［美］沃西里·里昂惕夫：《投入产出经济学》，商务印书馆，1980年版。
83. 钱伯海：《国民经济统计学》，中国财政经济出版社，1991年版。
84. 杨缅昆，杨灿：《国民经济统计学》，中国统计出版社，1999年版。
85. ［美］钱纳里等：《工业化和经济增长的比较研究》，上海人民出版社，1995年版。
86. ［美］钱纳里：《结构变化与发展政策》，经济科学出版社，1991年版。
87. ［美］约翰·科迪等：《发展中国家的工业化发展政策》，经济科学出版社，1990年版。
88. ［法］保尔·芒图：《十八世纪产业革命——英国近代大工业初期的概况》，商务印书馆，1997年版。
89. ［美］麦格劳：《现代资本主义：三次工业革命中的成功者》，江苏人民出版社，2000年版。
90. 吕政等：《中国工业发展报告》（1996—2008年各卷），北京，经济管理出版社，1996—2008年版。
91. 赵儒煜等：《产业革命论》，科学出版社，2003年版。
92. 教研组：《科学技术史讲义》，清华大学出版社，1982年版。
93. 何荣天：《产业技术进步论》，经济科学出版社，2000年版。
94. 吴季松：《21世纪社会的新趋势——知识经济》，北京科学技术出版社，1998年版。
95. 樊亢、宋则行：《外国经济史》（一、二、三册），人民出版社，1980年版。
96. 刘美峋：《当代资本主义经济特征》，清华大学出版社，1991年版。
97. 卢根鑫：《国际产业转移论》，上海人民出版社，1997年版。
98. 史忠良、何维达：《产业兴衰与转化规律》，经济管理出版社，2004年版。
99. 王如松等：《产业生态学》，新华出版社，2006年版。
100. 邓伟根、王贵明：《产业生态学导论》，中国社会科学出版社，2006年版。
101. ［日］小宫隆太郎：《日本的产业政策》，国际文化出版公司，1988年版。
102. ［英］凯恩克劳斯：《经济学与经济政策》，商务印书馆，1990年版。
103. 杨沐：《产业政策研究》，上海三联书店，1989年版。
104. 江小涓：《经济转轨时期的产业政策》，上海三联书店，1996年版。
105. 刘鹤、杨伟民：《中国的产业政策——理论与实践》，中国经济出版社，1999年版。
106. 郭万达：《现代产业经济学辞典》，中信出版社，1991年版。
107. 约翰·依特维尔等：《新帕尔格雷夫经济学大词典》，经济科学出版社，1996年版。
108. ［德］李斯特：《政治经济学的国民体系》，商务印书馆，1983年版。

109. 吴树青、卫兴华、洪文答：《政治经济学》（资本主义部分），中国经济出版社，1993年版。
110. 吴树青、古书堂、吴宣恭：《政治经济学》（社会主义部分），中国经济出版社，1993年版。
111. ［美］萨缪尔逊，诺德豪斯：《经济学》（上、下），首都经济贸易大学，1996年版。
112. ［美］斯蒂格利茨：《经济学》（上、下），中国人民大学出版社，1997年版。
113. 谭崇台：《发展经济学》，上海人民出版社，1989年版。
114. 张培刚：《新发展经济学》，河南人民出版社，1993年版。
115. 简新华：《中国经济发展探索》，武汉大学出版社，2008年版。
116. 简新华：《发展经济学研究——中国工业化和城镇化专题》，经济科学出版社，2007年版。
117. Baron, D. P. and R. B. Myerson (1982), Regulation a Monopolist with Unknown Cost, Econometrica, 50.
118. Berle, Adolph A., Jr. and Gardiner C. Means (1932), The Modern Corporation and Private Property, New York: Macmillan.
119. Chamberlin, Edward H. (1933), The Theory of Monoplistic Competition, Cambridge, MA.: Harvard University Press.
120. Clark, James Maurice (1940), Toward a Concept of Workable Competition, American Economic Review, Vol. XXX.
121. Gary S. Beck (1983), A Theory of Competition among Pressure Group for Political Influence, The Quarterly Journal of Economics, 3.
122. Jean-Jacques Laffont, Jean Tirole (2000), Competition in Telecommunication, Cambridge: The MIT Press.
123. Kahn. A. E. (1970), The Economics of Regulation, New York: John Wliey Press.
124. Laffont, J. &J. Tirole (1991), The Politics of Governmet Decision-making: A Theory of Regulatory Capture, Quarterly Journal of Economics, 106 (4).
125. Laffont, J. &J. Tirole (1993), A Theory of Incentives in Procurement and Regulation, Cambridge: The MIT Press.
126. Li Way Lee (1980), A Theory of Just Regulation, The American Economic Review, 5.
127. Leibenstein, Harvey (1966), Allocation Efficiency versus X-inefficiency, American Economic Review, June.
128. Lerner, Abba P. (1934), The Concept of Monopoly and Measurement of Monoply

Power, Review of Economic Studies, 1.

129. Loeb , M. and Magat , W. (1979), A Decentralized Method for Utility Regulation, Journal of Law and Economics, 22.

130. Paul L. Joskow (2000), Economic Regulation, Cheltenhan: Edward Elgar.

131. Stephen H. Sosnick (1958), A Critique of Concepts of Workable Competition, Quarterly Journal of Economics, Vol. 72 (3).

132. Stigler, G . J. (1971), Theory of Economic Regulation, Bell Journal of Economics and Management Science, 2.

133. Viscusi, W. K, J. M. Vernon (1992), Economics of Regulation and Antitrust, Cambridge: The MIT Prees.

134. William J. Baumol (1982), Contestable Markets: an Uprising in the Theory of Industry Structure, The American Economic Review, 1.

21世纪经济学系列教材

- 管理经济学
- 产业经济学
- 发展经济学概论
- 新制度经济学
- 国际贸易学
- 国际投资学
- 环境经济学
- 国际经济学
- 保险学
- 产业结构理论与政策